Chinesisch Sprechen und Schreiben für Dummies

Schummelseite

WICHTIGE FRAGEN

Wie geht's? Nǐ zěnmeyàng? (*nih dsën më iang*) 你怎么样?

Sprechen Sie Deutsch? Nǐ huì shuō Déyǔ ma? (*nih huäi schuo dë yü ma*) 你会说德语吗?

Können Sie mir helfen? Néng bu néng bāngmáng? (*nëng buh nëng bang mang*) 能不能帮忙?

Wie heißen Sie? Nín jiào shénme míngzi? (*nin djiau schën më ming dsı*) 您叫什么名字?

Wie spät ist es? Xiànzài jǐ diǎn zhōng? (*chiän dsai djih diän dschung*) 现在几点钟?

Wie ist das Wetter? Tiānqì zěnmeyàng? (*tiän tjih dsën më iang*) 天气怎么样?

Wie viel kostet das? Zhè ge duōshǎo qián? (*dschä ge duo schau tjiän*) 这个多少钱?

Wo gibt es ...? Nǎr yǒu ...? (*nahr yoh ...*) 哪儿有...?

Wo ist ...? ... zài nǎr? (*... dsai nahr*) ...在哪儿?

Wo ist die Toilette? Cèsuǒ zài nǎr? (*tsë ssuo dsai nahr*) 厕所在哪儿?

Wann öffnen/schließen Sie? Nín jǐ diǎn kāimén/guānmén? (*nin djih diän kai mën/guan mën*) 您几点开门/关门?

Können Sie bitte langsamer sprechen? Qǐng nǐ shuō màn yīdiǎn. (*tjing nih schuo man ih diän*) 请你说慢一点.

Können Sie das bitte noch einmal sagen? Qǐng nǐ zài shuō yī cì. (*tjing nih dsai schuo ih tsı*) 请你再说一次.

Warum? Wèishénme? (*wäi schën më*) 为什么?

NÜTZLICHE REDEWENDUNGEN

Guten Tag/Hallo. Nǐ hǎo. (*nih hau*) 你好!

Guten Morgen. Zǎoshang hǎo. (*dsau schang hau*) 早上好!

Gute Nacht. Wǎn'ān. (*wan an*) 晚安!

Ausgezeichnet! Tài hǎo le! (*tai hao lë*) 太好了!

Danke. Xièxie. (*chiä chiä*) 谢谢!

Nichts zu danken. Bù kèqi. (*buh kë tjih*) 不客气!

Entschuldigung. Duìbuqǐ. (*duäi buh tjih*) 对不起!

Kein Problem/Macht nichts. Méi guānxi. (*mäi guan chih*) 没关系!

Es tut mir leid. Hěn bàoqiàn. (*hën bau tjiän*) 很抱歉!

Ich verstehe nicht. Wǒ bù dǒng. (*uo buh dung*) 我不懂.

Chinesisch Sprechen und Schreiben für Dummies

Schummelseite

Guten Appetit! Mànman chī. (*man man tschı*) 慢慢吃!

Bis später. Yīhuìr jiàn. (*ih huär djiän*) 一会儿见!

Herzlich willkommen! Huānyíng huānyíng. (*huan ying huan ying*) 欢迎欢迎!

Herzlich Glückwunsch! Gōngxǐ gōngxǐ. (*gung chih gung chih*) 恭喜恭喜!

Gute Reise! Yī lù píng'ān. (*ih luh ping an*) 一路平安!

FÜR DEN NOTFALL

Vorsichtig! Xiǎo xīn! (*chiau chin*) 小心!

Hilfe! Jiù mìng! (*djiou ming*) 救命!

Haltet den Dieb! Zhuā zéi! (*dschuah dsäi*) 抓贼!

Feuer! Zháo huǒ le! (*dschau huo lë*) 着火了!

Rufen Sie einen Krankenwagen. Jiào jiàohùchē. (*djiau djiou huh tschë*) 叫救护车.

Rufen Sie die Polizei. Jiào jǐngchá. (*djiau djing tschah*) 叫警察.

Ich bin krank. Wǒ bìng le. (*uo bing lë*) 我病了.

Holen Sie schnell einen Arzt. Kuài qù zhǎo yīshēng. (*kuai tjüh dschau ih schëng*) 快去找医生.

Ich habe mich verlaufen. Wǒ mílù le. (*uo mih luh lë*) 我迷路了.

DER KALENDER AUF CHINESISCH

Woche Xīngqī (*ching tjih*) 星期

Montag Xīngqīyī (*ching tjih ih*) 星期一

Dienstag Xīngqī'èr (*ching tjih ër*) 星期二

Mittwoch Xīngqīsān (*ching tjih ssan*) 星期三

Donnerstag Xīngqīsì (*ching tjih ssı*) 星期四

Freitag Xīngqīwǔ (*ching tjih uh*) 期五

Samstag Xīngqīliù (*ching tjih liou*) 星期六

Sonntag Xīngqītiān (*ching tjih tiän*) 星期天

Monate Yuè (*yüä*) 月

Januar Yīyuè (*ih yüä*) 一月

Februar Èryuè (*ër yüä*) 二月

März Sānyuè (*ssan yüä*) 三月

April Sìyuè (*ssı yüä*) 四月

Mai Wǔyuè (*uh yüä*) 五月

Juni Liùyuè (*liou yüä*) 六月

Juli Qīyuè (*tjih yüä*) 七月

August Bāyuè (*bah yüä*) 八月

September Jiǔyuè (*djiou yüä*) 九月

Oktober Shíyuè (*schı yüä*) 十月

November Shíyīyuè (*schı ih yüä*) 十一月

Dezember Shí'èryuè (*schı ër yüä*) 十二月

Chinesisch Sprechen und Schreiben für Dummies

Schummelseite

ZAHLEN

0 líng (*ling*) 零

1 yī (*ih*) 一

2 èr (*ër*) 二

3 sān (*ssan*) 三

4 sì (*ssı*) 四

5 wǔ (*uh*) 五

6 liù (*liou*) 六

7 qī (*tjih*) 七

8 bā (*bah*) 八

9 jiǔ (*djiou*) 九

10 shí (*schı*) 十

11 shíyī (*schı ih*) 十一

12 shí'èr (*schı' ër*) 十二

13 shísān (*schı ssan*) 十三

14 shísì (*schı ssı*) 十四

15 shíwǔ (*schı uh*) 十五

16 shíliù (*schı liou*) 十六

17 shíqī (*schı tjih*) 十七

18 shíbā (*schı bah*) 十八

19 shíjiǔ (*schı djiou*) 十九

20 èrshí (*ër schı*) 二十

21 èrshíyī (*ër schı ih*) 二十一

22 èrshí'èr (*ër schı ër*) 二十二

23 èrshísān (*ër schı ssan*) 二十三

24 èrshísì (*ër schı ssı*) 二十四

25 èrshíwǔ (*ër schı uh*) 二十五

26 èrshíliù (*ër schı liou*) 二十六

27 èrshíqī (*ër schı tjih*) 二十七

28 èrshíbā (*ër schı bah*) 二十八

29 èrshíjiǔ (*ër schı djiou*) 二十九

30 sānshí (*ssan schı*) 三十

40 sìshí (*ssı schı*) 四十

50 wǔshí (*uh schı*) 五十

60 liùshí (*liou schı*) 六十

70 qīshí (*tjih schı*) 七十

80 bāshí (*bah schı*) 八十

90 jiǔshí (*djiou schı*) 九十

100 yībǎi (*ih bai*) 一百

1.000 yīqiān (*ih tjiän*) 一千

10.000 yīwàn (*ih wan*) 一万

100.000 shíwàn (*schı wan*) 十万

1.000.000 yībǎiwàn (*ih bai wan*) 一百万

100.000.000 yīyì (*ih ih*) 一亿

Chinesisch Sprechen und Schreiben für Dummies

Wendy Abraham und Jing Li

Chinesisch Sprechen und Schreiben

für dummies®

Übersetzung aus dem Amerikanischen
und angepasst von
Lena Thölke, Ying Xi und Katrin Buchta

WILEY
WILEY-VCH GmbH

Chinesisch Sprechen und Schreiben für Dummies

Bibliografische Information der Deutschen Nationalbibliothek

Die Deutsche Nationalbibliothek verzeichnet diese Publikation in der Deutschen Nationalbibliografie; detaillierte bibliografische Daten sind im Internet über http://dnb.d-nb.de abrufbar.

1. Auflage 2025

Coverillustration: Govan - stock.adobe.com
Korrektur: Geesche Kieckbusch
Satz: Straive, Chennai, India
Druck und Bindung: CPI Group (UK) Ltd, Croydon, CR0 4YY

Print ISBN: 978-3-527-72323-2
ePub ISBN: 978-3-527-85225-3

C9783527723232_220525

Über die Autorinnen

Wendy Abraham ist stellvertretende Direktorin des *Stanford Center for Buddhist Studies* und der *Asian Religions & Culture Initiative.* Sie hat am Hunter College, an der Georgetown Universität, der New York Universität und Stanford Universität Kurse zur chinesischen Sprache und Literatur und asiatischen Kultur gegeben. Zurzeit arbeitet sie an der Stanford Universität an ihrer zweiten Promotion zur modernen chinesischen Literatur. Ein einjähriger Studienaufenthalt in Taiwan, wo sie sich mit der Erforschung von Orakelknochen aus der Shang-Dynastie befasste, entfachte ihr Interesse an der chinesischen Schrift. Wendy Abraham hat Sprachprogramme für amerikanische Studenten in Beijing und Shanghai geleitet und außerdem als Dolmetscherin gearbeitet. Ihre erste Doktorarbeit an der Pädagogischen Fakultät der Columbia Universität schrieb sie über die chinesischen Juden in Kaifeng. Zu diesem Thema hat sie auch eine Vielzahl von Aufsätzen publiziert und hält regelmäßig Vorträge in den USA. Wendy Abraham organisiert auch Reisen auf den Spuren der Juden in China, die die Teilnehmer nach Shanghai und Kaifeng führen. Ihr Interesse an allen Facetten Chinas und seiner Bevölkerung ist ungebrochen.

Jing Li ist Sprachlehrerin und Forscherin am *National Institute for Oriental Languages and Civilizations* (INALCO) in Paris.

Über die Übersetzerinnen

Katrin Buchta hat Sinologie und Japanologie an der Humboldt Universität zu Berlin studiert. Nach dem Studienabschluss arbeitete sie unter anderem an der Capital Normal University Beijing und dem Goethe Institut in Beijing. Danach arbeitete Katrin Buchta als Lektorin für modernes Chinesisch an der Universität Leipzig und war auch als Übersetzerin und Dolmetscherin tätig.

Xi Ying ist seit 2018 Lehrperson für Chinesisch am Konfuzius-Institut Leipzig. Sie studierte Chinesisch als Fremdsprache an der Peking Universität in Beijing. Ihr Interesse gilt der interkulturellen Kommunikation und sie forscht zu deutsch-chinesischen bilingualen Familien. Außerdem kocht sie für ihr Leben gerne chinesisches Essen, wie zum Beispiel Jiaozi, chinesische Nudeln und Feuertopf.

Lena Thölke studierte Sinologie an der Universität Leipzig und an der Jilin-Universität in Changchun, China. Ihren Master in Modernen Chinastudien mit dem Schwerpunkt sozialwissenschaftliche Chinaforschung absolvierte sie an der Freien Universität Berlin. Als Sinologin mit einem ausgeprägten Interesse an interkulturellem Dialog und internationalen Bildungskooperationen setzt sie sich aktiv für den Austausch zwischen Kulturen ein und leitet Projekte zur Förderung von China-Kompetenz in Bildungseinrichtungen.

Auf einen Blick

Inhaltsverzeichnis

Einleitung

In unserer globalisierten Welt wird interkulturelle Kompetenz immer wichtiger. Der Austausch mit anderen Kulturen eröffnet neue Perspektiven, regt zum Nachdenken an und hilft uns sogar, die eigene Herkunft besser zu verstehen. Wer offen für Neues ist und bereit, auch mal die Sichtweise zu wechseln, wird nicht nur bereichert, sondern kann sich in unserer vielfältigen Gesellschaft besser zurechtfinden.

Der beste Zugang zu einer fremden Kultur ist der direkte Austausch mit Menschen – sei es persönlich oder online. Sprache spielt dabei eine zentrale Rolle, denn sie eröffnet uns nicht nur den Zugang zu neuem Wissen, sondern auch zu anderen Denkweisen. Durch das Internet sind wir nur einen Mausklick von Menschen am anderen Ende der Welt entfernt, dennoch geht nichts über ein persönliches Treffen mit einer Person, die uns in der eigenen Sprache begrüßt. Und genau hier setzt *Chinesisch Sprechen und Schreiben für Dummies* an.

Egal, ob Sie nach China reisen, geschäftlich dort zu tun haben, in China studieren oder einfach die chinesische Kultur besser kennenlernen möchten – dieses Buch bietet Ihnen die grundlegenden Sprachkenntnisse, die Sie benötigen. Sie werden in der Lage sein, einfache Gespräche zu führen, einzelne Zeichen zu lesen und zu schreiben, sowie sich sicherer im Umgang mit der chinesischen Kultur fühlen.

Chinesisch zu lernen ist ein fortlaufender Prozess – insbesondere die Schriftzeichen bieten immer neue Möglichkeiten zur Vertiefung. Doch mit der richtigen Herangehensweise und etwas Ausdauer werden Sie schnell Fortschritte sehen und Freude daran haben, sich in dieser faszinierenden Sprache auszudrücken.

Hinweis zum Gendern: Zur besseren Lesbarkeit wird auf durchgängig geschlechtsdifferenzierende Formulierungen verzichtet. Die verwendeten Begriffe gelten grundsätzlich für alle Geschlechter und beinhalten keine Wertung.

Über dieses Buch

Das Beste an *Chinesisch Sprechen und Schreiben für Dummies* ist seine flexible Anwendung: keine festen Unterrichtsstunden, keine Prüfungen, kein stures Auswendiglernen. Sie können gezielt das lernen, was Sie gerade brauchen – sei es für Alltagsgespräche, ein Gespräch mit chinesischsprachigen Kommilitonen oder Geschäftspartnern oder einfach, um sich beim nächsten Restaurantbesuch sicherer zu fühlen. Jedes Kapitel vermittelt sprachliche Grundlagen und greift dabei auch wichtige Aspekte der chinesischen Grammatik auf.

Die ersten Teile des Buchs (Teil I bis Teil III) legen den Fokus auf die mündliche Kommunikation, da Chinesisch eine Tonsprache ist, bei der die Bedeutung eines Wortes stark von der richtigen Aussprache abhängt. Möglicherweise fragen Sie sich, warum Sie zunächst viel Zeit mit der Aussprache und dem Aufbau eines alltäglichen Wortschatzes verbringen sollten, bevor Sie sich mit den Schriftzeichen beschäftigen? Der Grund dafür liegt in der Struktur der chinesischen Sprache. Chinesisch gehört zur sinotibetischen Sprachfamilie, die durch eine Vielzahl von Sprachen gekennzeichnet ist, bei denen der Ton eines Wortes dessen Bedeutung verändert. Ein und dasselbe Wort kann je nach Ton unterschiedliche Bedeutungen haben. Daher ist es entscheidend, zuerst die Aussprache zu meistern und sich einen soliden Wortschatz anzueignen, um in der alltäglichen Kommunikation sicher und verständlich zu agieren. Sobald Sie die Aussprache verinnerlicht haben und einen grundlegenden Wortschatz beherrschen, können Sie sich mit den chinesischen Schriftzeichen befassen. So machen Sie einen schnellen und motivierenden Einstieg in die Sprache, der Sie gut auf den weiteren Lernprozess vorbereitet.

Ab Teil IV des Buchs werden Sie schrittweise an die chinesischen Schriftzeichen herangeführt. Da Texte in China fast ausschließlich mit Schriftzeichen verfasst werden, ist es wichtig, sich auch mit dem Lesen und Schreiben vertraut zu machen. Sie lernen zunächst 100 grundlegende Zeichen kennen, von denen viele Piktogramme oder Ideogramme sind – also Zeichen, die das darstellen, was sie bedeuten.

Das Buch vermittelt Ihnen außerdem die wichtigsten Bausteine der Schriftzeichen sowie die grundlegenden Regeln zur Strichreihenfolge. So entwickeln Sie Schritt für Schritt ein Verständnis für die Struktur der Zeichen und können Ihren Wortschatz gezielt erweitern. Zwar gibt es weitaus mehr chinesische Schriftzeichen – für das alltägliche Lesen und Schreiben benötigt man mehrere tausend –, doch dieses Buch erleichtert Ihnen den ersten Einstieg und vermittelt eine solide Grundlage.

So schaffen Sie im Selbststudium das Fundament, um sich sowohl mündlich als auch schriftlich sicher und erfolgreich auf Chinesisch auszudrücken.

Konventionen in diesem Buch

Achten Sie auf die Konventionen, die in diesem Buch verwendet werden. Das wird bei der Benutzung des Buchs sehr hilfreich sein.

- ✔ Die ersten drei Teile des Buchs arbeiten ausschließlich mit den chinesischen Begriffen in Pīnyīn, einem phonetischen System, das auf dem lateinischen Alphabet basiert. Diese Begriffe werden **fettgedruckt** dargestellt. Pīnyīn wurde in den 1950er-Jahren in der VR China entwickelt und hilft Ihnen, die Aussprache der chinesischen Wörter zu üben.
- ✔ In Klammern direkt hinter dem chinesischen Begriff stehen dessen Aussprache und Bedeutung. Die Lautschrift ist *kursiv* gedruckt.
- ✔ Ab Teil IV werden die Schriftzeichen eingeführt. Die Pīnyīn-Umschrift eines chinesischen Zeichens wird weiterhin **fettgedruckt** dargestellt und erscheint in der Regel direkt vor dem Zeichen, obwohl es manchmal sinnvoll ist, das Zeichen zuerst zu zeigen.
- ✔ Beachten Sie, dass die chinesischen Sätze in diesem Buch nicht wörtlich ins Deutsche übersetzt wurden. Wichtiger ist es, die Bedeutung zu verstehen. Eine wörtliche Übersetzung wie »Pferd Pferd Tiger Tiger« ergibt im Chinesischen den Ausdruck »so lala«, der nichts mit Tieren zu tun hat. Wörtliche Übersetzungen werden *kursiv* hervorgehoben.

In diesem Buch finden Sie die folgenden Elemente, die Ihnen dabei helfen, das Gelernte zu festigen:

- **Im Gespräch:** Ein authentisches Gespräch beim Chinesischlernen ist durch nichts zu ersetzen. Deshalb finden Sie im gesamten Buch immer wieder Dialoge unter der Überschrift »Im Gespräch«. Die Dialoge sind in Pīnyīn mit deutscher Übersetzung und thematisieren oft kulturelle Fettnäpfchen, was für Sie eine große Hilfe sein wird.

  Dialoge mit dem Wiedergabe-Symbol finden Sie auf der Website zum Buch, sodass Sie den Dialog nachsprechen können. Da die Töne im Chinesischen besonders herausfordernd sind, ist dieses Element des Buchs von unschätzbarem Wert.

- **Kleiner Wortschatz:** Beim Sprachenlernen ist das Erlernen des Grundwortschatzes sehr hilfreich. Die wichtigsten Wörter und Wendungen aus den vorangehenden Abschnitten finden Sie in der Rubrik »Kleiner Wortschatz«.

- **Spiel und Spaß:** Wortspiele sind eine tolle Methode, die Wörter und Redewendungen eines jeden Kapitels zu wiederholen. Dieses Element hilft Ihnen, Ihre Fortschritte zu beurteilen und zugleich Ihre kognitiven Fähigkeiten zu fördern. Am Ende der Kapitel 1 bis 16 finden Sie diese Rubrik.

- **100 Schriftzeichen:** In Kapitel 20 werden Sie selbst aktiv und schreiben Ihre ersten Schriftzeichen, diese sind von den einfachsten bis zu den komplexesten geordnet. Falls Sie mehr Platz zum Üben benötigen, finden Sie im Anhang F ausreichend Freiraum zum Schreiben. Der Schlüssel zum Erlernen der chinesischen Schriftzeichen ist – halten Sie sich fest – tatsächlich das Schreiben selbst

Törichte Annahmen über die Leser

Das Buch richtet sich an alle, die daran interessiert sind, Chinesisch in Wort und Schrift zu lernen. Vorkenntnisse sind nicht notwendig, Ihren Fokus und Ihr Lerntempo bestimmen Sie selbst. Von folgenden Annahmen über Sie, verehrte Leser, gehen wir aus:

- Sie können kein Wort Chinesisch, außer vielleicht ein paar Wörter, die Sie in einem Kung-Fu-Film aufgeschnappt haben, oder das Wort »Tofu«, das Sie mal beim Einkaufen gehört haben.

- Ihr Ziel ist es nicht, bei der UNO zu dolmetschen. Sie wollen einfach ein paar nützliche Wörter, Wendungen und Sätze lernen, um sich in einer chinesischsprachigen Umgebung verständigen zu können.

- Sie wollen keinesfalls endlose Stunden damit verbringen, Vokabeln und Grammatik zu pauken.

- Sie möchten Grundlagen vermittelt bekommen, wie Sie ein chinesisches Schriftzeichen entschlüsseln und selbst auf Papier bringen können.

- ✔ Sie möchten einfach Spaß dabei haben, ein wenig Chinesisch zu sprechen, und stolz darauf sein, Ihre ersten Zeichen geschrieben zu haben.
- ✔ Nach dem Durcharbeiten dieses Buchs haben Sie ein solides Fundament gelegt, auf dem Sie nun eigenständig weiter aufbauen können.

Wie dieses Buch aufgebaut ist

Das Buch ist thematisch in Teile und Kapitel gegliedert und enthält mehrere Anhänge. Jeder Teil befasst sich mit einem bestimmten Aspekt der chinesischen Sprache; jedes Kapitel deckt ein nützliches Thema ab, zum Beispiel Essen im Restaurant, Verhalten in Notfällen oder Urlaubsplanung.

Zu Beginn liegt der Fokus auf der Aussprache und dem Wortschatz, um Ihnen eine solide Grundlage für die mündliche Kommunikation zu bieten. Sobald Sie diese Grundlagen beherrschen, erfolgt der Übergang zu den chinesischen Schriftzeichen. Darüber hinaus nimmt Sie das Buch auf eine kurze Reise durch die Geschichte der chinesischen Schrift mit und vertieft deren Entwicklung. Sie lernen nicht nur das Schreiben der Schriftzeichen, sondern machen sich mit der alten Sprache sowohl in ihrer gesprochenen als auch in ihrer geschriebenen Form vertraut.

Im Folgenden erfahren Sie, welche Informationen Sie in jedem Teil finden werden.

Teil I: Bevor es richtig losgeht

Dieser Teil macht Sie mit den Grundlagen der chinesischen Aussprache vertraut: Sie lernen beispielsweise, wie man die Wörter ausspricht, und das im richtigen Ton. Da Chinesisch eine Tonsprache ist, ist es äußerst wichtig, jedes Wort im richtigen Ton auszusprechen. Andernfalls sagen Sie womöglich etwas ganz anderes, als Sie eigentlich wollen. Manchmal sagt Ihnen allein der Blick Ihres Gegenübers, ob Sie ein Wort richtig ausgesprochen haben oder nicht. Sie sollten deshalb beim Sprechen größte Aufmerksamkeit auf die vier Töne legen.

Teil II: Chinesisch im Alltag

In diesem Teil wenden Sie das bisher gelernte Chinesisch an. Der Fokus liegt nicht auf Grammatik, sondern auf praktischen Alltagssituationen wie persönlichen Treffen, Essen im Restaurant oder Telefonieren.

Teil III: Chinesisch für unterwegs

Dieser Teil des Buchs vermittelt Ihnen praktische Chinesischkenntnisse für eine Vielzahl von Situationen. Was sagt man zum Beispiel, wenn man Geld wechselt, wie fragt man nach dem Weg und gibt selbst eine Wegbeschreibung, wie reserviert man ein Hotelzimmer und wie beschreibt man im Krankenhaus, was einem fehlt. In diesem Teil erfahren Sie alles, was für eine Reise in die chinesischsprachige Welt notwendig ist, ganz gleich, ob Sie nach Shanghai fahren oder nur an Ihrem Arbeitsplatz neben einer chinesischen Kollegin oder einem chinesischen Kollegen sitzen.

Teil IV: Einführung in die chinesischen Schriftzeichen

In diesem Abschnitt machen Sie Ihre ersten Schritte in der faszinierenden Welt der chinesischen Schriftzeichen. Sie lernen die grundlegenden »Puzzleteile« kennen – die Bestandteile, die Hinweise auf die Bedeutung oder Aussprache eines Zeichens geben. Schritt für Schritt werden Sie mit den wichtigsten Elementen vertraut, die das Verständnis der Schrift erleichtern. Zusätzlich erfahren Sie, welche Regeln die Strichreihenfolge bestimmen, um ein Zeichen korrekt zu schreiben. Aber nicht nur das: Sie bekommen auch einen Einblick in die kulturellen Hintergründe und die spannende Entstehungsgeschichte der chinesischen Schrift, die Ihnen hilft, die Entwicklung und Bedeutung dieser alten Schrift noch besser zu verstehen.

Teil V: Der Top-Ten-Teil

Hatten Sie jemals den Wunsch, die chinesische Kultur in zehn einfache Regeln zu fassen? Teil V bietet Ihnen ein Sammelsurium von nützlichen und gängigen Redewendungen sowie Hinweise darauf, was man im Umgang mit chinesischen Personen keinesfalls machen sollte. Sie werden mehr und mehr wie eine echte Chinesin oder ein echter Chinese klingen und gleichzeitig viele Umgangsformen und auch Tabus verinnerlichen, zu denen »normale« Chinesisch Lernende niemals vordringen.

Teil VI: Anhänge

Dieser Teil enthält eine Vielzahl wichtiger Hinweise, zu denen Sie sicher ab und zu blättern werden, wenn Sie in den einzelnen Kapiteln stöbern.

- ✔ Im Anhang A finden Sie die Liste der 214 Radikale, die Ihnen besonders beim Erlernen der Schriftzeichen ab Kapitel 17 hilfreich sein wird.
- ✔ Anhang B bietet eine Übersicht der gelernten Verben, die in verschiedenen Situationen nützlich sind. Neben der Pīnyīn-Umschrift finden Sie auch die entsprechenden Schriftzeichen zu jedem Wort.
- ✔ Anhang C ist ein Mini-Wörterbuch: Chinesisch – Deutsch und Deutsch – Chinesisch. Schlagen Sie dort einfach nach, wenn Sie auf ein unbekanntes Wort stoßen, das Sie unbedingt wissen wollen.
- ✔ Anhang D enthält die Lösungen zu den Übungen aus der Rubrik *Spiel und Spaß* aus jedem Kapitel.

- ✔ Anhang E führt die Audiodateien zum Buch auf. Diesen Anhang werden Sie zurate ziehen, wenn Sie für die Dialoge bereit sind.
- ✔ Anhang F stellt Ihnen ausreichend Platz zur Verfügung, um chinesische Schriftzeichen frei zu üben.

Symbole, die in diesem Buch verwendet werden

Überall im Buch werden Sie an verschiedenen Stellen am linken Seitenrand kleine Symbole sehen. Diese Symbole sagen Ihnen, was für eine Information Sie vor sich haben. Sie helfen Ihnen auch, bestimmte Informationen schnell zu finden. In diesem Buch werden folgende sechs Symbole verwendet:

Die Glühbirne taucht auf, wenn Ihnen ein wichtiger Hinweis gegeben wird, der Ihnen das Erlernen der chinesischen Sprache erleichtert.

Dieses Symbol, eine Schleife am Finger, dient als Verweis auf besonders wichtige Informationen zur chinesischen Sprache.

Das Ausrufezeichen ist ein Warnsignal. Sie erfahren, was Sie keinesfalls sagen oder tun sollten, um sich nicht vor Ihren neuen chinesischen Bekannten zu blamieren.

Auf dieses Symbol folgen faszinierende Informationen zu China und der chinesischen Kultur. Die Kenntnis einer Kultur ist untrennbar mit der Kenntnis ihrer Sprache verbunden. Dieses Symbol wird Ihnen also den Weg für Ihre Reise weisen.

Dieses Symbol lenkt Ihre Aufmerksamkeit auf Grammatikregeln. Auch wenn sich dieses Buch nicht in erster Linie auf die Grammatik konzentriert, so werden Sie auf jeden Fall davon profitieren, die kleinen Grammatikregeln zu verinnerlichen.

Auf der Website `www.wiley-vch.de/ISBN9783527723232` finden Sie die Audiodateien zu diesem Buch. Sie hören chinesische Muttersprachler, damit Sie ein Gefühl für die Aussprache bekommen. Das ist für Sie eine besonders große Hilfe bei der Unterscheidung der vier Töne. Das Symbol finden Sie bei der Einführung in die Laute der chinesischen Sprache und jeweils neben den Dialogen, die im Download-Paket enthalten sind.

Wie es weitergeht

Chinesisch wird oft als eine der schwierigsten Sprachen bezeichnet, aber keine Sorge – Sie müssen nicht perfekt sein. Ihr Ziel ist es, verstanden zu werden, etwa wenn Sie nach der Damen-Toilette fragen, ohne auf die Herren-Toilette verwiesen zu werden. Der Schlüssel liegt darin, die Wörter und Wendungen in diesem Buch immer wieder zu hören und nachzusprechen. Blättern Sie zu dem Kapitel, das Ihr Interesse weckt, hören Sie die Audiodateien zu Hause oder im Auto und üben Sie Ihre Lieblingsredewendungen, wann immer sich eine Gelegenheit bietet.

Ergänzen Sie Ihre mündlichen Fähigkeiten mit ersten schriftlichen Übungen und machen Sie sich mit den chinesischen Schriftzeichen vertraut. Lernen Sie zunächst die Bestandteile der Zeichen kennen, bevor Sie sich daranmachen, die 100 Zeichen zu üben. Wenn Sie jedoch nicht abwarten können, legen Sie einfach los – Sie sind frei, Ihr Lerntempo selbst zu bestimmen!

Denken Sie daran, wie ein Athlet durch regelmäßige Wiederholung von Bewegungsabläufen sein Muskelgedächtnis trainiert: So funktioniert auch das Schreiben chinesischer Schriftzeichen. Nur durch konsequentes Üben werden Sie die Zeichen meistern und Ihre Schreibgeschwindigkeit steigern. Mit der Zeit wird Ihre Hand instinktiv wissen, wie der nächste Strich zu setzen ist, um das Zeichen korrekt zu vollenden.

Auf geht's!

Teil I
Bevor es richtig losgeht

IN DIESEM TEIL …

Herzlich willkommen in der Welt der chinesischen Sprache. Sie erhalten in diesem Teil alle grundlegenden Informationen.

Wie spricht man die chinesischen Laute (und Töne) wie eine Muttersprachlerin oder ein Muttersprachler? Wie kann man chinesische Wörter sinnvoll aneinanderreihen? Wie zählt man auf Chinesisch? Wie kommuniziert man auf Chinesisch, mit all den kulturellen Besonderheiten, die es gibt?

Wǒmen kāishǐ ba! (*uo mën kai shı ba*; Lassen Sie uns anfangen!)

IN DIESEM KAPITEL

- Die chinesischen Laute fest im Griff
- Lesen, um zu kommunizieren
- Fließend klingen
- Die vier Töne richtig aussprechen
- Chinesische Sprichwörter
- Einige grundlegende Redewendungen und Gesten

Kapitel 1
Die Grundlagen

Tauchen Sie in die Grundlagen der chinesischen Sprache ein. In diesem Kapitel vermitteln wir Ihnen die Grundregeln der hochchinesischen Aussprache (Hochchinesisch beziehungsweise modernes Standardchinesisch ist die offizielle Sprache in der Volksrepublik China und in Taiwan). Außerdem lernen Sie, wie Sie die vier Töne bewältigen, die im Chinesischen eine bedeutungsunterscheidende Funktion haben. Wenn Sie diese Grundlagen beherrschen, führen wir Sie in die ersten chinesischen Redewendungen ein. Weitere Redewendungen finden Sie in Kapitel 23 und Kapitel 24.

Ein kleiner Rat, bevor Sie anfangen: Lassen Sie sich nicht von den vier Tönen einschüchtern! Wenn Sie eine Fremdsprache lernen, sollten Sie sich niemals Sorgen darüber machen, dass Sie einen Fehler machen könnten. Üben Sie Chinesisch zunächst mit Ihrem Hund oder Ihrer Katze, dann mit Ihren Goldfischen oder Ihrer kleinen Nichte. Wenn Sie sich endlich trauen, im chinesischen Laden um die Ecke ein paar Wörter auf Chinesisch zu sagen, haben Sie es geschafft! Und wenn Sie zum ersten Mal nach China fahren, werden Sie merken, wie sehr sich die Menschen dort über alle freuen, die auch nur versuchen, ihre Sprache zu sprechen. All die Stunden, die Sie Ihr Haustier vollgequatscht haben, zahlen sich aus. Haben Sie immer noch Zweifel? Sie werden erstaunt sein, was Sie auf Chinesisch sagen können, wenn Sie in *Chinesisch Sprechen und Schreiben für Dummies* geschmökert haben.

Der Kontakt mit der chinesischen Kultur ist genauso wichtig wie die Entdeckung der chinesischen Sprache. Sie können die Sprache eigentlich nur dann beherrschen, wenn Sie auch ein wenig mit der Kultur vertraut sind. Man kann fast sagen, es ist so etwas wie ein Akt der Diplomatie, wenn Sie versuchen, Chinesisch zu sprechen. Machen Sie sich keine Sorgen darüber, wie es klingt, wenn Sie Chinesisch sprechen – egal, was aus Ihrem Mund kommt: Sie tragen zur internationalen Völkerverständigung bei.

Chinesische Dialekte verstehen

Klopfen Sie sich jetzt auf die Schulter. Ja, jetzt, bevor Sie auch nur ein Wort auf Chinesisch gesagt haben. Wenn Sie es jetzt nicht tun, sind Sie später dazu vielleicht nicht mehr in der Lage. Nämlich dann, wenn Sie begriffen haben, dass es im Chinesischen Hunderte (ja, Hunderte!) von Dialektvarianten gibt. Jede ist für Sprecher anderer Dialektvarianten unverständlich. In jeder größeren Stadt und in jeder Provinz gibt es unterschiedliche Dialektvarianten, die dort als Muttersprache gesprochen werden (eine Übersicht finden Sie in Tabelle 1.1). Sicherlich haben Sie schon mal vom Shanghai-Dialekt, von Taiwanesisch oder Kantonesisch gehört, diese drei gehören zu den sieben Hauptdialekten.

Dann gibt es noch das Hochchinesische (manche sagen dazu auch Mandarin), so etwas wie der Dialekt der Massen. Hochchinesisch ist eine der am häufigsten gesprochenen Sprachen der Welt. Angesichts der riesigen Bevölkerung Chinas kann man sagen, dass etwa ein Viertel der Weltbevölkerung Hochchinesisch spricht. Wie wurde nun das Hochchinesische zur Standardsprache, die in den Schulen in China gelehrt wird, unabhängig davon, welche anderen Dialekte zu Hause oder in der Gemeinschaft gesprochen werden?

Guānhuà (*guan hua*; *wörtlich*: Beamtensprache) mit nur vier Tönen diente seit dem 15. Jahrhundert als Mischsprache in China, da sie auf der Sprache der Gebildeten im Gebiet um Beijing (Peking) beruhte. Auf dem chinesischen Festland wird der Begriff **Guānhuà** nicht mehr verwendet, die Standardsprache wird jetzt als **Pǔtōnghuà** (*puh tung hua*; Allgemeinsprache) bezeichnet. In Taiwan, Hongkong und unter den Auslandschinesen wird die Standardsprache **Guóyǔ** (*guo üh*; Landessprache) genannt. Die Standardsprache wird auch als **Zhōngwén** (*dschung wēn*; chinesische Sprache) oder **Hànyǔ** (*han üh*; Sprache der Han-Ethnie) bezeichnet. Hànyǔ, weil sich die Chinesen als Nachfahren der Han-Dynastie (206 v. Chr. bis 220 n. Chr.), eine der Hoch-Zeiten in der chinesischen Geschichte, sehen. Da Chinesisch die Sprache ist, die Han-Chinesen und Minderheiten in China sprechen, wird der umfassende Begriff **Zhōngwén** zur Bezeichnung der Sprache bevorzugt verwendet.

Dialekt	Aussprache	Region, in der er gesprochen wird
Pǔtōnghuà/Guóyǔ (Hochchinesisch)	*puh tung hua/ guo üh*	nördlich des Changjiang, wird aber landesweit in den Schulen gelehrt; offizielle Sprache in der VR China, wird auch in Taiwan gesprochen
Wú	*Uh*	Shanghai, Südwesten von Anhui, fast ganz Zhejiang
Xiāng	*chiang*	Hunan
Gàn	*Gan*	Jiangxi, Süden von Anhui, Südosten von Hubei

Dialekt	Aussprache	Region, in der er gesprochen wird
Kèjiā (Hakka)	*kë djiah*	Einzelne Gebiete im Osten und Südwesten von Guangxi, Nord-Guangdong (Kanton)
Yuè (Kantonesisch)	*Yüä*	Südosten von Guangxi, Guangdong (Kanton) und Hongkong
Mǐn	*Min*	Fujian, Süden von Zhejiang, Nordosten von Guangdong, Hainan, Taiwan

Tabelle 1.1: Die chinesischen Hauptdialekte

Die Bezeichnung **Pǔtōnghuà** (*wörtlich*: Allgemeinsprache) wird für die Bezeichnung der modernen Standardsprache in der Volksrepublik China verwendet, in Taiwan nennt man sie **Guóyǔ** (*wörtlich*: Landessprache). Den Begriff **Hànyǔ** (Sprache der Han-Ethnie) können Sie überall verwenden.

Das geschriebene Wort: Huch! Kein Alphabet!

Wetten, dass Sie sich wundern, wie es die Chinesinnen und Chinesen in den letzten fast 5000 Jahren geschafft haben, miteinander zu kommunizieren, wenn die gesprochene Sprache so viele Dialekte und Varianten kennt? Die Antwort (Trommelwirbel) lautet: Das geschriebene Wort hat dazu beigetragen.

Stellen Sie sich vor, im Zug von Kanton nach Shanghai sitzen zwei chinesische Personen nebeneinander. Wenn die kantonesische Person laut aus der Zeitung vorliest, versteht sein Nachbar aus Shanghai kein Wort. Aber wenn sie beide den Zeitungsartikel still lesen, wissen sie, was um sie herum passiert, denn die chinesischen Schriftzeichen sind im ganzen Land einheitlich.

Chinesische Wörter werden in Schriftzeichen geschrieben, in schönen, häufig symbolischen Strukturen. Jedes Schriftzeichen repräsentiert einen Begriff und ist häufig Teil eines Wortes. Ob Sie von rechts nach links, links nach rechts oder oben nach unten schreiben, ist ganz egal, da Schriftzeichen in jeder Anordnung gelesen und verstanden werden können. Heutzutage werden die Zeichen jedoch üblicherweise wie bei uns von links nach rechts geschrieben.

Das sind natürlich nicht die einzigen Regeln, die Sie beim Schreiben chinesischer Schriftzeichen beachten müssen – es gehört noch einiges mehr dazu. Teil IV dieses Buchs ist den chinesischen Schriftzeichen und ihrer Entstehungsgeschichte gewidmet. Hier werden Sie schrittweise an die Schriftsprache herangeführt.

Dennoch greifen wir an dieser Stelle bereits ein zentrales Thema auf: die sechs Bildungsprinzipien der Schriftzeichen, die zu den Grundlagen der chinesischen Sprache gehören. In Kapitel 18 wird dieses Thema erneut aufgegriffen und mit konkreten Beispielen ausführlicher erläutert.

In der Han-Dynastie hat der Lexikograf Xŭ Shèn sechs Bildungsprinzipien von Schriftzeichen gefunden. Die vier häufigsten sind:

- **Piktogramme:** Diese Schriftzeichen bilden die Form des Objektes ab, zum Beispiel Sonne und Mond. An ihnen ist die Bedeutung des Schriftzeichens erkennbar *und nicht* seine Aussprache.
- **Ideogramme:** Diese Schriftzeichen stellen abstraktere Begriffe dar. So bestehen zum Beispiel die Schriftzeichen für »oben« und »unten« jeweils aus einem waagerechten Strich, der den Horizont repräsentiert, und einem anderen Strich über oder unter dem Horizont.
- **Zusammensetzungen:** Kombination einfacher Schriftzeichen
- **Phonoideogramme:** Diese zusammengesetzten Schriftzeichen bestehen aus einem bedeutungshinweisenden Bestandteil und einem Hinweis, der einen Bezug zur Aussprache hat. Mehr als 80 Prozent der chinesischen Schriftzeichen werden so gebildet.

Wenn Sie es kaum erwarten können, werfen Sie einen Blick auf Tabelle 18.1 in Kapitel 18, wo Sie eine detaillierte Erklärung finden.

Egal, was für Schriftzeichen Sie sehen: Nirgendwo stehen Buchstaben, die sie zusammenhalten. Wie in aller Welt schlägt man dann in einem Wörterbuch nach? Dafür gibt es verschiedene Möglichkeiten.

Da chinesische Schriftzeichen aus verschiedenen (oft sehr vielen) Strichen bestehen, ist eine Möglichkeit, alle Striche des Schriftzeichens zu zählen und es nach seiner Gesamtstrichzahl nachzuschlagen. Bei der Verwendung zweisprachiger Wörterbücher müssen Sie dazu noch wissen, unter welchem Radikal das Schriftzeichen einzuordnen ist. Es gibt *214 Radikale* (es existieren zahlreiche Radikalsysteme, eine einheitliche Anzahl von Radikalen gibt es leider noch nicht), das sind Komponenten des Schriftzeichens, die zum Auffinden im Wörterbuch dienen und teilweise einen Hinweis auf die Bedeutung geben. So bedeuten zum Beispiel drei Punkte, die links im Schriftzeichen stehen, Wasser. Jedes Radikal besteht aus mehreren Strichen, Sie müssen also zuerst die Striche des Radikals zählen. Wenn Sie das Radikal im Wörterbuch gefunden haben, zählen Sie die restlichen Striche des Zeichens. So finden Sie das gesuchte Zeichen unter dem entsprechenden Radikal eingeordnet.

Im Anhang A finden Sie eine vollständige Auflistung aller *214 Radikale.* Diese Liste wird Ihnen besonders in Teil IV, wo Sie in das Erlernen der Schriftzeichen eingeführt werden, immer wieder von Nutzen sein.

Sie können Wörter natürlich auch nach ihrer Aussprache nachschlagen. In diesem Fall müssen Sie aber alle Schriftzeichen durchgehen, die dieselbe Aussprache haben. Die einzelnen Silben sind nach den Tönen aufgeführt, in der Reihenfolge erster, zweiter, dritter, vierter Ton. Da es im Chinesischen sehr viele Homonyme (Wörter mit doppeltem Sinn – Teekesselchen) gibt, ist das keine einfache Aufgabe!

Nun verstehen Sie sicher, warum sich dieses Buch zunächst auf die Vermittlung der Aussprache und den Aufbau eines Wortschatzes konzentriert, bevor es in die Schriftzeichen einführt. Sie sind bestimmt erleichtert, dass Sie sich nicht direkt mit der Schriftsprache auseinandersetzen müssen, sondern zuerst das gesprochene Chinesisch erlernen!

Pīnyīn-Transkription: Beijing und nicht Peking

Pīnyīn bedeutet wörtlich »Buchstabieren der Laute«. Lange Zeit gab es für die chinesische Sprache verschiedene Transkriptionssysteme. 1958 wurde in der Volksrepublik China Pīnyīn als ein neues lateinisches Alphabet zur Transkription der chinesischen Sprache vom Nationalen Volkskongress verabschiedet. 1977 beschloss die Konferenz der Vereinten Nationen zur Standardisierung der geografischen Namen, Pīnyīn als Standard anzuerkennen, und im Jahr 1982 wurde Pīnyīn von der Internationalen Standardisierungsorganisation (ISO) zum allgemeinen Standard gemacht. Seitdem verwenden fast alle Länder, auch Deutschland, zur Transkription chinesischer Begriffe Pīnyīn.

Achten Sie beim Pīnyīn auf die Besonderheiten der Aussprache folgender Anlaute:

- **J:** Klingt wie *dj*, ähnlich dem englischen j in Jeep. Häufig folgt auf ein j der Auslaut i. **Jǐ kuài qián?** (*djih kuai tjiän?*) bedeutet »Wie viel kostet das?«
- **Q:** Klingt wie *tj*, etwa wie in tja. Hinter einem q steht anders als im Deutschen niemals ein u, aber häufig ein i. Darauf kann ein weiterer Vokal oder ein oder mehrere Konsonanten folgen. **Qīngdǎo** (*tjing dau*)-Bier, finden Sie auch in anderen Transkriptionen als **Tsingtao** oder **ch'ing tao**.
- **X:** Das ist der dritte Anlaut, auf den oft ein i folgt. Es klingt wie eine Mischung aus *ß* und *ch* in »euch«. Das x kommt im Namen von **Dèng Xiǎopíng** (*dëng chiau ping*), dem großen chinesischen Reformpolitiker und ehemaligen Staats- und Parteichef, vor.
- **Zh:** Klingt etwa wie *dsch* in Dschingis Khan und kommt im Namen von **Zhōu Ēnlái** (*dschou ën lai*) vor, einem wichtigen Führer der KP Chinas und Premierminister ab 1949.
- **Z:** Kling etwa wie *ds* im englischen Wort birds. Das Z kommt im Namen von **Máo Zédōng** (*mau dsë dung*) vor, dem führenden Politiker der VR China im 20. Jahrhundert. Sie werden den Namen vielleicht auch in anderer Transkription sehen: **Mao Tse-tung**.
- **C:** Klingt wie *tz* in Katze und kommt zum Beispiel in den Wörtern **cài** (*tzai*; Gericht, Speise) oder **cèsuǒ** (*tzë ssuo*; Toilette) vor.
- **B, D und G:** Werden etwa wie im Deutschen gesprochen, sie sind stimmlos und nicht behaucht.
- **P, T, K** sind ebenfalls stimmlos, aber behaucht.

Anstimmen: Die chinesischen Laute

Machen Sie sich keinen Kopf darüber, ob Sie wie eine Chinesin oder ein Chinese klingen, wenn Sie das erste Wort auf Chinesisch sagen. Wer tut das schon! Aber je länger Sie zögern, sich mit den Grundlagen vertraut zu machen, desto größer wird womöglich Ihre Angst vor dieser einzigartigen Sprache werden. Wenn Sie anfangen, die Laute (und schließlich die

Töne) laut zu üben, werden Sie vielleicht daran zweifeln, jemals auch nur annähernd so zu klingen wie Bruce Lee in einem Kung-Fu-Film oder ein TikTok-Star. Chinesisch in normalem Sprechtempo zu hören, wirkt anfangs schon ein wenig einschüchternd. Sie sollten deshalb viele kleine Schritte machen und feiern, wenn die Bedienung im Chinarestaurant Ihre Chinesischkenntnisse lobt.

Sie sollten sich unbedingt merken, dass im Chinesischen (fast) jedes Morphem (das ist die kleinste bedeutungstragende Einheit) durch eine Silbe dargestellt wird. Diese wiederum besteht aus einem Anlaut, einem Auslaut und dem Ton. Das gilt fast für jede Silbe. Fehlt einer dieser Bestandteile, werden Sie nicht verstanden. Die Silbe **mā** zum Beispiel besteht aus dem Anlaut m und dem Auslaut a und wird im ersten Ton gesprochen. Zusammen bedeuten die drei Bestandteile »Mutter«. Wenn Sie den ersten Ton durch einen dritten ersetzen, **mǎ**, dann sagen Sie das Wort »Pferd«. Also passen Sie auf, dass Sie Ihre Mutter nicht zum Pferd machen, wenn Sie Anlaute, Auslaute und Töne üben. In den folgenden drei Abschnitten erfährt jeder der Silben-Bestandteile die ihm gebührende Behandlung.

Bevor Sie Sport machen oder ein Spiel spielen, müssen Sie die Regeln kennen. Dasselbe gilt für das Erlernen einer neuen Sprache. Geben Sie Ihr Bestes beim Erarbeiten der Ausspracheregeln und üben Sie immer wieder, bis Sie sich beim Sprechen wohlfühlen.

Zuerst die Anlaute

Die Anlaute im Chinesischen sind Konsonanten. Tabelle 1.2 führt alle Anlaute auf.

Track 1: Die chinesischen Anlaute

Hören Sie die Laute aus der Audiodatei und sprechen Sie die Anlaute nach.

Buchstabe in Pīnyīn	Laut	Entsprechung oder Erklärung
b	*bah*	**B**aum
p	*pah*	**P**ause
m	*mah*	**M**aus
f	*fah*	**F**aust
d	*dë*	**d**och
t	*të*	**T**opf
n	*në*	**n**och
l	*lë*	**L**och
g	*gë*	**g**ut
k	*kë*	**K**uh
h	*hë*	wie ch in a**ch**

Buchstabe in Pīnyīn	Laut	Entsprechung oder Erklärung
j	*djih*	wie dj in **J**eep
q	*tjih*	wie tj in **tj**a
x	*chih*	wie ch in eu**ch**
z	*dsı*	wie ds im englischen bir**ds**
c	*tsı*	Ka**tz**e
s	*ssı*	Han**s**
zh	*dschı*	**Dsch**ingis Khan
ch	*tschı*	Kla**tsch**
sh	*schı*	**Sch**ule
r	*rı*	wie -er im englischen Wort sist**er**
w	*uh*	kein deutsches w, wie in Englisch **w**ater
y	*yü*	ähnlich dem englischen **y**ear

Tabelle 1.2: Anlaute im Chinesischen (hören Sie dazu auch Track 1 in der Audiodatei)

Die Buchstaben -**n** und -**r** aus Tabelle 1.2 finden Sie auch bei den Auslauten wieder.

Zum Schluss die Auslaute

Das Chinesische weist mehr Konsonanten als Vokale auf. Es gibt tatsächlich nur sechs Vokale: **a, o, e, i, u** und **ü**. Wenn Sie die Vokale in dieser Reihenfolge aussprechen, ist beim **a** Ihr Mund am weitesten geöffnet und beim **ü** am wenigsten. Es gibt auch Laute, die aus zwei oder drei Vokalen bestehen. In Tabelle 1.3 sind alle Auslaute des Chinesischen aufgeführt.

Auslaute	Laut	Entsprechung oder Erklärung
a	*ah*	D**a**me
ai	*ai*	**Ei**
ao	*au*	B**au**m
an	*an*	**An**na
ang	*ang*	Anf**ang**
o	*o*	W**o**lke
ong	*ung*	Ordn**ung**
ou	*ou*	wie im englischen h**o**me
e	*ë*	ähnlich wie Hos**e**
ei	*äi*	wie im englischen w**ay**
en	*ën*	mach**en**
eng	*ëng*	ähnlich **Eng**agement
er	*ër*	ähnlich dem englischen **are**

Auslaute	Laut	Entsprechung oder Erklärung
i	*ih*	(nach b, p, d, t, m, n, l, j, q, x) **I**gel
ia	*ia*	Mar**ia**
iao	*iau*	m**iau**
ie	*iä*	wie im englischen **ye**llow
iu	*iou*	wie im englischen **you**
ian	*iän*	**Jen**s
iang	*iang*	wie im englischen **young**
in	*in*	**in**
ing	*ing*	D**ing**
iong	*iung*	**jung**
u	*uh*	H**u**t
ua	*ua*	G**ua**ve
uo	*uo*	wie im englischen **war**
ui	*uäi*	wie im englischen **way**
uai	*uai*	wie im englischen **why**
uan	*uan*	wie im spanischen J**uan**
un	*un*	**Un**fug
uang	*uangu*	uan+g
ueng	*uëng*	ähnlich sch**wäng**ern
ü	*üh*	T**ü**te
üe	*üä*	ähnlich H**yä**ne
üan	*üän*	ähnlich H**yän**e
ün	*ün*	B**ün**del

Tabelle 1.3: Chinesische Auslaute

Die Tonzeichen stehen im **Pīnyīn** immer über dem Vokal. Gibt es im Auslaut mehrere Vokale, steht das Tonzeichen immer über dem Hauptvokal, das ist der Vokal, den Sie am deutlichsten hören.

Manche Silben haben keinen Anlaut, sondern beginnen direkt mit einem Vokal, zum Beispiel **ǎi** (»klein« in Bezug auf die Körpergröße).

Die perfekte Tonlage – hier sind die vier Töne

Mmmm (Hüstel, hüstel). Entschuldigen Sie. Das war das Aufwärmen für die vier Töne. Stellen Sie sich einfach vor, dass die vier Töne Ihre besten Freunde sind, wenn es darum geht, auf Chinesisch verstanden zu werden. Außerdem sind sie das, was diese alte Sprache so faszinierend macht.

Kombiniert man alle An- und Auslaute, kommt man auf (nur) etwa 400 Silben – viel zu wenig, um alles auszudrücken, was man im Kopf hat. Fügt man noch die vier Töne hinzu, erhöht sich die Zahl auf ein Vierfaches. Töne dienen also dazu, die Zahl der Homophone im Chinesischen zu reduzieren. Allerdings kann eine Silbe mit einem bestimmten Ton trotzdem noch eine Vielzahl von Bedeutungen haben. Manchmal hilft nur das Schriftzeichen, um die Bedeutung zu entschlüsseln.

Im Hochchinesischen gibt es nur vier Töne. Versuchen Sie sich anhand der folgenden kurzen Beschreibungen vorzustellen, wie jeder der Töne klingt.

✔ **Erster Ton:** Gleichbleibend hoch. Sprechen Sie den ersten Ton so hoch, wie es Ihnen ohne Anstrengung möglich ist, ohne ein Zittern in der Stimme. Gekennzeichnet wird der Ton zum Beispiel über dem a so: ā.

✔ **Zweiter Ton:** Steigend. Der zweite Ton klingt, als ob Sie eine Frage stellen (was?) oder auf etwas Unvermutetes reagieren (ja?). Er beginnt auf mittlerer Höhe und steigt an. Wenn Sie einen zweiten Ton sprechen, stellen Sie also nicht automatisch eine Frage, der Ton klingt nur so. Gekennzeichnet wird der Ton über dem a so: **á**.

✔ **Dritter Ton:** Fallend und steigend. Der Ton beginnt auf mittlerer Höhe, fällt und steigt wieder leicht an. Er wird etwa so gesprochen wie »na« in »nanu« oder »na und«. Über dem a sieht er so aus: **ǎ**.

✔ **Vierter Ton:** Fallend. Der vierte Ton klingt wie ein Befehl, zum Beispiel so, wie Sie jemanden mit dem Wort »Raus!« des Raumes verweisen. Der vierte Ton beginnt auf derselben Tonhöhe wie der erste Ton und fällt dann ab. Über dem a sieht der vierte Ton so aus: **à**.

Zwei dritte Töne nacheinander

Wenn zwei dritte Töne aufeinanderfolgen, dann wird der erste dritte zum zweiten Ton. Wenn Sie zum Beispiel hören **Tā hěn hǎo** (*tah hën hau*; Es geht ihr gut), fällt Ihnen sicher nicht auf, dass sowohl **hěn** als auch **hǎo** einzeln jeweils im dritten Ton gesprochen werden. Hier wird **hěn** im zweiten Ton (**hén**) und nur **hǎo** im dritten Ton gesprochen.

Der halbe dritte Ton

Wenn auf einen dritten Ton ein erster, zweiter, vierter oder neutraler Ton folgt, wird der dritte zum halben dritten Ton. Sie sprechen hier nur den absinkenden Teil des Tones vor der anderen Silbe. Eigentlich fällt ein halber dritter Ton kaum auf, er klingt vielmehr wie ein gleichmäßig tiefer Ton (gewissermaßen als Gegenstück zum gleichmäßig hohen ersten Ton). Haben Sie das verstanden?

Neutrale Töne

Es gibt noch einen fünften Ton, den man aber gar nicht als solchen bezeichnen kann, da er tonlos oder neutral ist. Eine Silbe im neutralen Ton trägt nie ein Tonzeichen. Im leichten Ton gesprochen werden Partikeln oder das zweite Schriftzeichen in Wörtern, die aus zweimal demselben Zeichen bestehen, wie **bàba** (*bah bah*; Vater) oder **māma** (*mah mah*; Mutter).

Tonveränderung von yī und bù

Wenn Sie jetzt gerade denken, Sie bekommen die vier Töne und die Tonveränderungen in den Griff, gibt es noch etwas, was Sie berücksichtigen müssen: **yī** (*ih*; eins) und **bù** (*buh*; nein, nicht). Diese Töne sind recht ungewöhnlich, denn sie verändern ihren Ton in Abhängigkeit von der nachfolgenden Silbe. Wenn **yī** alleine steht, wird es im ersten Ton gesprochen. Folgen ein erster, zweiter oder dritter Ton, wird **yī** im vierten Ton gesprochen, wie zum Beispiel **yī zhāng zhǐ (in Pīnyīn Schreibsystem)-yì zhāng zhǐ (in gesprochenem Chinesisch)** (*ih dschang dschı*; ein Blatt Papier). Folgt auf **yī** eine Silbe im vierten Ton, wird es im zweiten Ton gesprochen, wie zum Beispiel im Wort **yīyàng (in Pīnyīn Schreibsystem)-yíyàng (in gesprochenem Chinesisch)** (*ih yang*; gleich). Ja, das klingt alles sehr kompliziert. Aber wenn Sie den Dreh mit den Tönen raushaben, klappt es mit der Aussprache wie von allein. Hören Sie dazu immer wieder die Audiodateien zum Buch. Sie werden sehen, das alles wird Ihnen schneller als gedacht in Fleisch und Blut übergehen.

Peppen Sie Ihren Wortschatz mit Sprichwörtern und Redewendungen auf

Auch wenn Chinesisch nichts mit dem Deutschen gemein zu haben scheint, wenn Sie es hören (vor allem hinsichtlich der Aussprache und der Töne), so gibt es doch wie im Deutschen *Phraseologismen* (das sind Wortgruppen, deren Bedeutung über die wörtliche Bedeutung der einzelnen Wörter hinausgeht), um bestimmte Ideen oder Vorgänge zum Ausdruck zu bringen. Wenn Sie versuchen, diese feststehenden Redewendungen zu übersetzen, werden Sie nicht sehr weit kommen.

Wenn Sie zum Beispiel plötzlich zu Ihrem chinesischen Mitbewohner sagen: **Wǒ huì jīnglì yèwǎn** (*uo huäi djing li iä wan*; *wörtlich*: Ich werde die Nacht durchmachen.), wird er nicht wissen, wovon Sie sprechen, und sich vielleicht fragen, was ihn dazu bewogen hat, im Wohnheim mit einem Nicht-Chinesen zusammenzuwohnen. Wahrscheinlich wären Sie genauso verwirrt, wenn er sagen würde: **Wǒ huì kāi yèchē.** (*uo huäi kai iä tschë*; *wörtlich*: Ich werde mit dem Nachtzug fahren.) Beides meint dasselbe, aber er wird sich wohl fragen, was Sie Schlimmes durchmachen, und Sie sind wahrscheinlich besorgt, in welcher Stadt er am nächsten Morgen ankommen wird. Vielleicht sind Sie sogar versucht, sich ihm auf seiner Reise anzuschließen. Langer Rede kurzer Sinn: In jeder Sprache gibt es idiomatische Wendungen, die nicht ohne Weiteres zu verstehen sind.

Im Chinesischen gibt es Tausende von idiomatischen Wendungen, sogenannte **chéngyǔ** (*tschëng üh*). Viele dieser **chéngyǔ** haben ihren Ursprung in Anekdoten, Fabeln, Märchen oder klassischen literarischen Werken, einige sind schon ein paar tausend Jahre alt. Die meisten bestehen aus vier Schriftzeichen und bringen prägnant eine Moral, die sich hinter einer langen Geschichte verbirgt, zum Ausdruck. Es gibt Redewendungen, die aus mehr als vier Zeichen bestehen. So oder so, Chinesen würzen gern jede Konversation mit diesen kurzen und bündigen Wendungen.

Hier finden Sie einige **chéngyǔ**, die Sie häufig hören:

- ✔ **mòmíngqímiào** (*mo ming tjih miau*; *wörtlich*: Niemand kann die Geheimnisse erklären.): Diese Redewendung beschreibt alles, was rätselhaft ist, einschließlich rätselhaftes Verhalten.
- ✔ **yǐshēn-zuòzé** (*ih schën dsuo tsë*; mit gutem Beispiel vorangehen)
- ✔ **yīmú-yīyàng** (*ih mo ih iang*; sich gleichen wie ein Ei dem anderen)
- ✔ **quánxīn-quányì** (*tjüän chin tjüän ih*; mit ganzem Herzen)
- ✔ **ànbù-jiùbān** (*an buh djiou ban*; Schritt für Schritt vorgehen)
- ✔ **húshuō-bādào** (*huh schuo bah dau*; Unsinn reden)
- ✔ **huǒshàngjiāoyóu** (*huo schang djiah you*; Öl ins Feuer gießen)
- ✔ **yīzhēnjiànxiě** (*ih dschën djiän chiä*; den wunden Punkt treffen)
- ✔ **yījǔ-liǎngdé** (*ih djüh liang dë*; zwei Fliegen mit einer Klappe schlagen)
- ✔ **rùxiāng-suísú** (*ruh chiang ssuäi ssuh*; sich den lokalen Gegebenheiten anpassen)

Wenn Sie **chéngyǔ** in Ihren Wortschatz aufnehmen, werden Sie feststellen, dass sie manchmal einen Bezug zu Tieren haben. Zum Beispiel:

- ✔ **gǒuzhàngrénshì** (*gou dschang rën schı*; *wörtlich*: der Hund verlässt sich auf die Macht seines Herrn; Vitamin B nutzen)
- ✔ **guà yángtóu mài gǒuròu** (*guah iang tou mai gou rou*; einen Schafskopf zur Schau stellen, aber Hundefleisch verkaufen; jemanden unter Vorspiegelung falscher Tatsachen in die Irre führen)
- ✔ **dǎcǎo-jīngshé** (*dah tsao djing schë*; das Gras schlagen, um die Schlange zu warnen; eine Warnung geben)
- ✔ **duìniútánqín** (*duäi niou tan tjin*; dem Ochsen die Zither vorspielen; Perlen vor die Säue werfen)
- ✔ **xuányá-lèmǎ** (*chüän yah lë mah*; das Pferd zügeln, bevor es in den Abgrund stürzt; gerade rechtzeitig handeln)
- ✔ **huàshé-tiānzú** (*hua schë tiän dsuh*; der Schlange Füße malen; etwas übertreiben)
- ✔ **hǔtóu-shéwěi** (*huh tou schë wäi*; Tigerkopf und Schlangenschwanz; etwas groß anfangen, aber kläglich enden)
- ✔ **chēshuǐ-mǎlóng** (*tschë schuäi mah lung*; Autos fließen dahin wie Wasser und Pferde sehen aus wie ein schwimmender Drache; hohes Verkehrsaufkommen)

Die wichtigsten Redewendungen auf einen Blick

Wenn Sie es sich zur Gewohnheit machen, die folgenden Redewendungen wann immer möglich zu benutzen, werden Sie sie in kürzester Zeit beherrschen. Sie werden jeden erschrecken – vor allem die, die kein Chinesisch sprechen. Aber das macht nichts. Zumindest Sie wissen ja, was Sie sagen. Wenn Sie also das nächste Mal in ein chinesisches Restaurant oder einen chinesischen Supermarkt gehen, können Sie alle beeindrucken. Versuchen Sie es mit folgenden Wendungen:

- **Nǐ hǎo!** (*nih hau*; Guten Tag!)
- **Xièxie.** (*chiä chiä*; Danke.)
- **Bù kèqi.** (*buh kë tjih*; Nichts zu danken.)
- **Méi shì.** (*mäi schı*; Macht nichts.)
- **Hǎo jí le.** (*hau djih lë*; Sehr gut/Toll.)
- **Tài hǎo le!** (*tai hao lë*; Ausgezeichnet!)
- **Duì le.** (*duäi lë*; Übrigens/Genau/Richtig.)
- **Gōngxǐ gōngxǐ!** (*gung chih gung chih*; Herzlichen Glückwunsch!)
- **Duìbuqǐ.** (*duäi buh tjih*; Entschuldigung.)
- **Suàn le.** (*ssuan lë*; Lass es sein! Vergiss es!)
- **Méiyǒu guānxi.** (*mäi yoh guan chih*; Macht nichts.)
- **Děng yī xià.** (*dëng ih chiah*; Warte mal.)

Im Gespräch

David und Susanne warten in Taipei auf einen Bus und üben dabei chinesische Redewendungen.

David:	**Susanne! Wǒ yǐjīng huì shuō Zhōngwén le.** *Susanne! Uo ih djing huäi schuo dschung wën lë.* Susanne, ich kann schon Chinesisch sprechen!
Susanne:	**Děng yī xià. Nǐ yīdìng húshuō-bādào. Nǐ zěnme huì Zhōngwén ne?** *Dëng ih chiah. Nih ih ding huh schuo bah dau. Nih dsën më huäi dschung wën në?* Warte mal, du erzählst doch bestimmt Unsinn. Wieso kannst du Chinesisch?

David: **Duì le. Wǒ měi gè xīngqī chī Zhōngguó fàn de shìhou, yībiān chīfàn, yībiān gēn fúwùyuán xuéxí Zhōngwén. Yǐjīng huì shuō hěn duō chéngyǔ le. Yījǔ-liǎngdé.**

Duäi lë. Uo mäi gë ching tjih tschı dschung guo fan dë schı hou, ih biän tschı fan, ih biän gën fuh uh yüän chüä chih dschung wën. Ih djing huäi schuo hën duo tschëng üh lë. Ih djüh liang dë.

Na, weißt du, jede Woche, wenn ich Chinesisch essen gehe, lerne ich beim Essen von den Bedienungen Chinesisch. Ich kann schon viele Sprichwörter. So schlage ich zwei Fliegen mit einer Klappe.

Susanne: **Nà, nǐ yǐshēnzuòzé. Wǒ xià gè xīngqī gēn nǐ yīqǐ qù chīfàn, hǎo bu hǎo?**

Nah, nih ih schën dsuo tsë. Uo chiah gë ching tjih gën nih ih tjih tjüh tschı fan, hau buh hau?

Da bist du ein gutes Beispiel. Ich gehe nächste Woche mit dir zusammen essen, in Ordnung?

David: **Hǎo jí le.**

Hau djih lë.

Sehr gut.

Körpersprache

Glauben Sie zu wissen, was manche Paare sagen oder denken, nur durch Beobachtung ihrer Körpersprache? Das kann man in China auch beobachten. Auch wenn die Gesten andere sind, kann man daraus doch Rückschlüsse auf den sozialen Status oder bestimmte Gefühle ziehen. Vielleicht entdecken Sie die folgenden Gesten:

- ✔ **Auf die eigene Nase zeigen:** Sie finden das sicher komisch, aber Chinesen zeigen auf die eigene Nase oder berühren diese gar, wenn sie über sich selbst sprechen und **wǒ** (*uo*; ich) sagen. Chinesen finden es sicher genauso komisch, wenn wir uns auf die Brust tippen.
- ✔ **Nicken und leichte Verbeugung:** Begegnet man älteren Menschen, einer Lehrkraft oder jemandem von hohem gesellschaftlichem Ansehen, wird als Würdigung und Respektserweisung der Kopf leicht gesenkt. Anders als Japaner, die sich tief verbeugen, verbeugen sich Chinesen sozusagen mit ihrem Kopf.
- ✔ **Händeschütteln:** Menschen von unterschiedlichem sozialem Status geben einander nicht die Hände. Aber unter Freunden oder Geschäftspartnern ist das Händeschütteln zu finden.
- ✔ **Verbeugung mit umfassten Händen:** Wenn Sie jemanden sehen, der sich mit umfassten Händen verbeugt, dann gibt es etwas zu feiern.

Mit dieser Geste werden Glückwünsche oder gute Wünsche zu feierlichen Anlässen übermittelt. Die Hände werden in Brusthöhe gehalten und der Kopf ist leicht geneigt (begleitet von einem Lächeln).

Track 2: Spiel und Spaß

Rufen Sie die Audiodatei auf, wählen Sie **Track 2** und versuchen Sie, die folgenden Wörter nachzusprechen, die sich nur durch die Töne unterscheiden. (Seien Sie auf der Hut: Werden Silben im selben Ton gesprochen, sind sie nur im Kontext oder durch das entsprechende Schriftzeichen zu unterscheiden.) Viel Erfolg!

- **mā** Mutter
- **má** Hanf
- **mǎ** Pferd
- **mà** schimpfen
- **fēi** fliegen
- **féi** dick
- **fěi** Gangster
- **fèi** Lunge
- **qīng** klar
- **qíng** Gefühl
- **qǐng** bitten
- **qìng** feiern
- **zhū** Schwein (oder Perle)
- **zhú** Bambus
- **zhǔ** Gastgeber, Herr
- **zhù** wohnen

IN DIESEM KAPITEL

Der Dreh mit den Wortarten

Fragen stellen

Zählen auf Chinesisch

Kapitel 2
Grundlagen der chinesischen Grammatik und Zahlen

Vielleicht gehören Sie zu denjenigen, die bei der bloßen Erwähnung des Wortes *Grammatik* zusammenzucken. Allein beim Gedanken an all die Regeln, wie man einen Satz konstruiert, bricht Ihnen der kalte Schweiß aus.

Keine Panik. Dieses Kapitel könnte auch die Überschrift tragen »Chinesisch leicht gemacht«. Es gibt Ihnen einen Überblick darüber, wie Sie die grundlegenden Satzbausteine im Chinesischen zusammenfügen – Substantive zur Bezeichnung von Dingen, Adjektive zur Beschreibung der Substantive, Verben, die eine Tätigkeit, ein Geschehen oder einen Zustand zum Ausdruck bringen, sowie Adverbien, die Verben, Adjektive oder andere Adverbien näher beschreiben. Wenn Sie wissen, wie man diese Bausteine kombiniert, können Sie all Ihre Gedanken in der Vergangenheit, Gegenwart und Zukunft zum Ausdruck bringen.

Wenn Sie Deutsch sprechen, analysieren Sie sicher nicht den Satzbau, bevor Sie den Mund aufmachen. Wenn Sie tiefer ins Chinesische vordringen, wird das gleichermaßen gelten. Sie kannten sicher nicht einmal den Begriff Grammatik, bevor Ihnen jemand sagte, dass das der Rahmen zur Analyse einer Sprache ist. Anstatt Sie zu erdrücken, macht Ihnen dieses Kapitel die Grammatik kinderleicht verständlich.

Seien Sie geduldig, haben Sie Spaß mit den Dialogen zu den einfachen Sätzen und hören Sie sich die jeweilige Audiodatei an.

Grundlegendes zu den Wortarten im Chinesischen

Geben Sie es zu: Die meisten von uns haben den größten Teil der ersten beiden Lebensjahre damit zugebracht, die Grundlagen der deutschen Sprache zu lernen. Mit diesem Buch können Sie das im Chinesischen in nur ein paar Minuten erreichen. Lesen Sie einfach dieses Kapitel. Versprochen: langfristig gesehen, sparen Sie so viel Zeit.

Die Grundwortstellung im chinesischen Satz ist genau dieselbe wie im Deutschen (mal davon abgesehen, dass es Verben gibt, die man über den ganzen Satz verteilen kann!). Schwer vorzustellen? Dazu ein Beispiel: »Ich mag Spinat.« Die Wortstellung in diesem Satz lautet Subjekt (ich), Verb (mag), Objekt (Spinat). Das ist im Chinesischen auch so, nur klingt es in Beijing eher nach: **Wǒ xǐhuān bōcài** (*uo chih huan bo tsai*).

Wenn Ihnen das noch nicht ausreicht, um Ihr Interesse am Chinesischen zu wecken, dann werden es bestimmt die nachfolgenden Informationen tun:

- ✔ Verben müssen nicht konjugiert werden.
- ✔ Sie müssen sich nicht mit den Zeitformen der Verben quälen. (Jetzt lieben Sie Chinesisch sicher schon!)
- ✔ Bei Substantiven müssen Sie nicht zwischen Singular und Plural unterscheiden.
- ✔ Es gibt keine geschlechtsspezifischen Substantive.
- ✔ Ein und dasselbe Wort kann sowohl Subjekt als auch Objekt sein.

Das sind doch tolle Neuigkeiten für alle mit einer Grammatik-Phobie, die schon seit Schulzeiten andauert, oder? Um eine Beziehung zwischen den einzelnen Wörtern im Satz herzustellen, dienen in der Regel *Partikeln* und die Wortstellung. (Für alle die, die jetzt grübeln, was eigentlich Partikeln sind: Damit sind im engeren Sinn die Wörter gemeint, die nicht den Subklassen Präposition, Adverb oder Konjunktion angehören, meist können sie ohne Kontext nur schwer übersetzt werden.)

Das Interessante an der chinesischen Sprache ist, dass es keine Konjugation gibt, also keinen Unterschied zwischen erster und dritter Person (zum Beispiel »ich esse« und »er isst«). Außerdem gibt es keinen Unterschied zwischen »hören« und »gehört werden« und keine Zeitformen (»Ich mag ihn« versus »Ich habe ihn gemocht«). Allerdings gibt es im Chinesischen *Aspekte*: Sie drücken die Haltung des Sprechers zur zeitlichen Struktur von Ereignissen oder Handlungen aus.

Substantive

Die chinesische Sprache ist voller Substantive:

- ✔ Gattungsnamen zur Benennung konkreter Dinge wie **háizi** (*hai dsı*; Kind) oder **yè** (*iä*; Blatt)
- ✔ Eigennamen zur Bezeichnung von zum Beispiel Ländern oder Personen: **Fǎguó** (*fah guo*; Frankreich) oder **Zhāng xiānsheng** (*dschang chiän schëng*; Herr Zhang)
- ✔ Nomen zur Bezeichnung von Stoffen, wie **kāfēi** (*kah fäi*; Kaffee) oder **jīn** (*djin*; Gold)
- ✔ Abstrakte Nomina wie zum Beispiel **zhèngzhì** (*dschëng dschı*; Politik) oder **wénhuà** (*wën hua*; Kultur)

Personalpronomen

Von Personalpronomen lässt sich sehr einfach eine Pluralform bilden. Was Sie dazu wissen müssen: Fügen Sie einfach das Suffix **-men** an die drei Grundformen an:

- ✔ **wǒ** (*uo*; ich) wird zu **wǒmen** (*uo mën*; wir)
- ✔ **nǐ** (*nih*; du/Sie) wird zu **nǐmen** (*nih mën*; ihr/Sie)
- ✔ **tā** (*tah*; er/sie/es) wird zu **tāmen** (*tah mën*; sie)

Manchmal wird anstelle von **wǒmen zánmen** (*dsan mën*) verwendet. Beide Begriffe bedeuten »wir« oder »uns«, aber es gibt feine Unterschiede in ihrer Verwendung. **Zánmen** wird verwendet, wenn die sprechende Person die zuhörende Person in ihre Aussage einbezieht. So zum Beispiel, wenn man sagt: **Zánmen zǒu ba.** (*dsan mën dsou ba*; Gehen wir.) Dies betont eher ein Gefühl der Exklusivität und Gemeinsamkeit. Es wird oft in informellen und vertrauten Gesprächen verwendet.

Wenn Sie mit einer Person sprechen, die älter ist als Sie oder wenn es jemand ist, den Sie nicht so gut kennen und dem Sie respektvoll gegenübertreten sollten, dann verwenden Sie das Personalpronomen **nín** (*nin*) anstelle des familiäreren **nǐ** (*nih*). Sprechen Sie mit mehreren Personen, auf die das oben Genannte zutrifft, bleibt der Plural **nǐmen** (*nih mën*).

In der chinesischen Kultur ist **nǐ** (*nih*) in der täglichen Kommunikation üblich, selbst wenn eine gewisse Höflichkeit oder Respekt ausgedrückt wird. In diesem Buch wird **nǐ** (*nih*) oft mit »Sie« auf Deutsch übersetzt und als formelle Anrede interpretiert.

Zählwörter

Zählwörter werden auch *Zähleinheitswörter* oder *Numeralklassifikatoren* genannt. Sie werden zur Bildung von Mengenangaben verwendet. Das Zählwort **běn** (*bën*) zum Beispiel wird verwendet, um Bücher, Zeitschriften, Wörterbücher und alles, was wie ein Buch gebunden ist, zu zählen. Sie könnten also zum Beispiel hören: **Wǒ yào yī běn shū.** (*uo yau ih bën schuh*; Ich möchte ein Buch.) oder auch **Wǒ yào kàn yī běn zázhì.** (*uo yau kan ih bën dsah dschı*; Ich möchte eine Zeitschrift lesen.)

Zählwörter stehen zwischen einer Zahl (oder einem Demonstrativpronomen wie »dieses« oder »jenes«) und einem Nomen. Im Deutschen finden sich auch einige Zählwörter, zum Beispiel ein Laib (Brot) oder ein Blatt (Papier), allerdings verwendet man sie nicht so häufig. Im Chinesischen dagegen müssen sie immer stehen, wenn auf eine Zahl ein Substantiv folgt oder zumindest ein impliziertes Substantiv (zum Beispiel »Ich nehme noch eine«, mit Bezug auf »eine Tasse Kaffee«).

Es gibt im Chinesischen sehr viele Zählwörter, merken Sie sich deshalb folgende Faustregel: Wenn Sie nicht sicher sind, verwenden Sie **gè** (*gë*). Das ist ein universelles Zählwort und wird am häufigsten gebraucht. Eigentlich kann man nichts falsch machen, wenn man **gè** benutzt. Sollten Sie versucht sein, das Zählwort einfach wegzulassen, weil Sie nicht wissen, welches das richtige ist, lassen Sie es lieber bleiben! Es kann sein, dass man Sie dann gar nicht versteht.

Im Chinesischen gibt es eine Vielzahl unterschiedlicher Zählwörter, die jeweils mit bestimmten Substantiven verwendet werden. In Tabelle 2.1 finden Sie Zählwörter für Naturobjekte. Einige weitere Beispiele sind:

- **gēn** (*gën*): wird für dünne Objekte verwendet, die wie ein Stock aussehen, wie zum Beispiel Nadeln, aber auch Grashalme
- **zhāng** (*dschang*): wird für Dinge mit flacher Oberfläche verwendet, wie Zeitungen, Tische oder Betten
- **kē** (*kë*): wird für kleine runde Dinge wie Perlen verwendet

Zählwort auf Chinesisch	Aussprache	Verwendung
duǒ	*duo*	Blumen
kē	*kë*	Bäume
lì	*lih*	(Reis-, Sand-) Korn
zhī	*dschı*	Tiere, Insekten, Vögel
zuò	*dsuo*	Berge

Tabelle 2.1: Einige Zählwörter für Naturobjekte

Wenn etwas paarweise vorkommt, können Sie das Zählwort **shuāng** (*schuang*) verwenden, zum Beispiel **yī shuāng kuàizi** (*ih schuang kuai dsı*; ein Paar Essstäbchen) oder **yī shuāng shǒu** (*ih schuang schou*; beide Hände). Manchmal werden Paare mit **duì** (*duäi*) gezählt, wie **yī duì ěrhuán** (*ih duäi ër huan*; ein Paar Ohrringe).

Singular und Plural sind kein Thema

Im Chinesischen wird nicht zwischen Singular und Plural unterschieden. Wenn Sie **shū** (*schuh*) sagen, kann das »Buch«, aber auch »Bücher« bedeuten. Eine Zahl und ein Zählwort vor dem Wort **shū** erlauben Ihnen herauszufinden, ob es sich um Singular oder Plural handelt, zum Beispiel **Wǒ yǒu sān běn shū.** (*uo yoh san bën schuh*; Ich habe drei Bücher.)

Bei Personalpronomen **wǒ** (*uo*; ich), **nǐ** (*nih*; du/Sie) und **tā** (*tah*; er/sie/es) oder Substantiven, die Personen bezeichnen wie **háizi** (*hai dsı*; Kind) oder **xuésheng** (*chüä schëng*; Student), kann durch Anfügen des Suffixes **-men** der Plural ausgedrückt werden.

Im Gespräch

Susanne und Michael schauen in die Landschaft.

Susanne: **Zhèr de fēngjǐng zhēn piàoliang!**
Dschër dë fëng djing dschën piau liang!
Die Landschaft ist wirklich schön.

Michael: **Nǐ kàn! Nà zuò shān yǒu nàme duō shù, nàme duō huā.**
Nih kan! Nah dsuo schan yoh nah më duo schuh, na më duo hua.
Schau mal, auf dem Berg gibt es so viele Bäume und Blumen.

Susanne: **Duì le. Nèi kē shù tèbié piàoliang. Zhè duǒ huā yě hěn yǒu tèsè.**
Duäi lë! Näi kë schuh të biä piau liang. Dsche duo hua iä hën yoh të ssë.
Ja, stimmt. Der Baum ist besonders hübsch. Und diese Blume ist einzigartig.

Michael: **Nà kē shù shàng yě yǒu sān zhī niǎo.**
Nah kë schuh schang iä yoh san dschı niau.
Auf dem Baum dort sind drei Vögel.

Wenn vor einem Substantiv Zahl- und Zählwort stehen, zum Beispiel **sān gè háizi** (*san gë hai dsı*; drei Kinder), darf das Suffix **-men** nicht verwendet werden. Der Plural ist bereits durch die Zahlenangabe verständlich.

Fügen Sie niemals das Suffix **-men** an ein Wort an, das *keine* Person bezeichnet. Man wird Sie für seltsam halten, wenn Sie mit dem Worten **wǒ de xiǎo māomen** (*uo dë chiau mau mën*; meine Katzen) über Ihre Katzen sprechen. Sagen Sie einfach **Wǒ de xiǎo māo hěn hǎo, xièxie.** (*uo dë chiau mau hën hau, chiä chiä*; Meinen Katzen geht es gut, danke der Nachfrage.)

Bestimmter und unbestimmter Artikel

Wenn Sie nach solchen kleinen Wörtern wie »der«, »die«, »das«, »ein«, »eine« suchen, ohne die im Deutschen nichts geht – auch *Artikel* genannt –, dann werden Sie im Chinesischen nicht fündig, weil es sie einfach nicht gibt. Ob auf etwas speziell (also bestimmt) oder allgemein (unbestimmt) Bezug genommen wird, können Sie aus der Wortstellung erkennen. Substantive, die sich auf etwas Spezielles beziehen, stehen in der Regel am Satzanfang, vor dem Verb:

- **Shū zài nàr.** (*schuh dsai nar*; Das Buch/Die Bücher ist/sind dort.)
- **Háizimen xǐhuān tā.** (*hai dsı mën chih huan tah*; Die Kinder mögen sie.)
- **Pánzi zài zhuōzi shàng.** (*pan dsı dsai dschuo dsı schang*; Der Teller/Die Teller ist/sind auf dem Tisch.)

Substantive, die sich auf etwas ganz Allgemeines beziehen (also unbestimmt sind) stehen eher am Satzende, hinter dem Verb:

- **Nǎr yǒu huā?** (*nahr yoh hua*; Wo gibt es Blumen?/Wo sind Blumen?)
- **Nàr yǒu huā.** (*nahr yoh hua*; Dort ist/sind eine Blume/Blumen.)
- **Zhège yǒu wèntí.** (*dschäi gë yoh wën tih*; Hiermit gibt es ein Problem.)

Ausnahmen bestätigen die Regel: Steht ein Substantiv am Satzanfang, kann es sich auf etwas Unbestimmtes beziehen, wenn man eine ganz allgemeine Aussage trifft (und keine lange Geschichte erzählt), zum Beispiel wenn Sie das Verb **shì** (*schı*; sein) in einem Satz sehen:

> **Xióngmāo shì dòngwù.** (*chiung mau schı dung uh*; Pandas sind Tiere.)

Dasselbe gilt, wenn ein Adjektiv hinter dem Substantiv als Prädikat steht, zum Beispiel:

> **Pútáo hěn tián.** (*puh tau hĕn tiän*; Weintrauben sind süß.)

Oder wenn im Satz ein Modalverb steht:

> **Xiǎo māo huì zhuā lǎoshǔ.** (*chiau mau huäi dschua lau schuh*; Kätzchen können Mäuse fangen.)

Oder wenn eine gewohnheitsmäßige Handlung ausgedrückt wird:

> **Niú chī cǎo.** (*niou tschı tsau*; Kühe fressen Gras.)

Substantive, vor denen ein Zahl- und ein Zählwort stehen und auf die **dōu** (*dou*; alle) folgt, gelten als bestimmt:

> **Sì gè xuésheng dōu hěn cōngmíng.** (*ssı gë chüä schëng dou hën tsung ming*; Die vier Studenten sind alle klug.)

Steht das Verb **yǒu** (*yoh*; existieren) vor einem Nomen und folgt darauf ein weiteres Verb, dann ist die Aussage unbestimmt:

> **Yǒu shū zài zhuōzi shàng.** (*yoh schuh dsai dschuo dsı schang*; Auf dem Tisch sind Bücher.)

Folgen **zhè** (*dschë*; dies) und **nà** (*nah*; jenes) zusammen mit einem Zählwort und einem Substantiv auf ein Verb, ist die Aussage bestimmt:

> **Wǒ yào mǎi nà zhāng huà.** (*uo yau mai nah dschang hua*; Ich möchte das Bild dort kaufen.)

Adjektive

Wie Sie in der Schule gelernt haben (Sie waren doch immer aufmerksam, oder?), beschreiben Adjektive Substantive. Die Frage ist hier aber, wo sie stehen. Als Faustregel gilt: Wenn das Adjektiv aus nur einer Silbe besteht, steht es direkt vor dem Substantiv, das es näher beschreibt.

- ✔ **lǜ chá** (*lüh tschah*; grüner Tee)
- ✔ **cháng zhītiáo** (*tschang dschı tiau*; langer Zweig)

Hat das Adjektiv zwei Silben, dann muss zwischen Adjektiv und Substantiv die Attributpartikel **de** (*dë*) stehen:

- ✔ **gānjìng de yīfu** (*gan djing dë ih fuh*; saubere Kleidung)
- ✔ **cáozá de wǎnhuì** (*tsau dsah dë wan huäi*; laute Party)

Zahl- und Zählwort stehen vor dem Adjektiv und dem Substantiv, auf das sie sich beziehen:

- **yī jiàn xīn yīfu** (*ih djiän chin ih fuh*; ein neues Kleidungsstück)
- **sān běn yǒu yìsi de shū** (*san bën yoh ih ssı dë schuh*; drei interessante Bücher)

Eine Besonderheit des Chinesischen ist: Wenn ein Adjektiv als Prädikat dient, steht es hinter dem Subjekt oder dem Thema, ohne dass ein verbindliches Verb **shì** (*schı*; sein) erforderlich ist:

- **Tā de fángzi hěn gānjìng.** (*tah dë fang dsı hën gan djing*; Sein Haus ist sauber.)
- **Nà jiàn yīfu tài jiù.** (*nah djiän ih fuh tai djiou*; Das Kleidungsstück ist zu alt.)

Verben

Gute Nachrichten! Sie müssen sich niemals den Kopf über die Konjugation chinesischer Verben zerbrechen. Wenn Sie jemanden sagen hören **Tāmen chī Yìdàlì fàn** (*tah mën tschı ih dah lih fan*), dann kann das heißen »Sie essen Italienisch« oder auch »Sie essen gerade Italienisch«. In Tabelle 2.2 finden Sie einige häufig verwendete Verben auf Chinesisch.

Chinesisch	Aussprache	Deutsch
chī	*tschı*	essen
kàn	*kann*	sehen
mǎi	*mai*	kaufen
mài	*mai*	verkaufen
rènshi	*rën schı*	kennen, kennenlernen
shì	*schı*	sein
yào	*iau*	wollen, brauchen
yǒu	*yoh*	haben
zhīdào	*dschı dau*	wissen
zǒu lù	*dsou luh*	(zu Fuß) gehen
zuò fàn	*dsuo fan*	kochen

Tabelle 2.2: Häufig verwendete chinesische Verben

Sein oder nicht sein: das Verb »shì«

Hat das chinesische Verb **shì** (*schı*) wirklich die Bedeutung »sein«? Oder bedeutet es nicht sein? Es ähnelt in der Tat in seiner Verwendung dem deutschen Verb »sein«, häufig gefolgt von einem Substantiv, das eine Aussage über das Satzthema trifft. Zum Beispiel **Tā shì wǒ de lǎobǎn.** (*tah schı uo dë lau ban*; Er ist mein Chef.) oder **Nà shì yī gè huài huà.** (*nah schı ih gë huai hua*; Das ist ein schlimmes Wort.)

Achten Sie darauf, das Verb **shì** nicht vor ein Adjektiv zu stellen, es sei denn, Sie wollen Ihre Aussage betonen. In einem normalen Gespräch sagen Sie vielleicht **Nà zhī bǐ tài guì.** (*nah dschı bih tai guäi*; Der Stift ist zu teuer.) Sie würden nicht sagen **Nà zhī bǐ shì tài guì.** (*nah dschı bih schı tai guäi*), außer Sie möchten sagen: Der Stift IST zu teuer. In diesem Fall müssten Sie **shì** betont aussprechen.

Um das Verb **shì** zu negieren, stellen Sie einfach das Negationsadverb **bù** davor. **Shì bu shì?** (*schı buh schı*; Ist es so?) **Zhè bù shì táng cù yú.** (*dschë buh schı tang tsuh üh*; Das ist nicht Fisch süß-sauer.)

Im Anhang B finden Sie eine vollständige Übersicht aller Verben, die in diesem Buch behandelt werden.

Angespannt? »le«, »guò« und andere Wörter zur Kennzeichnung der Aspekte

Sie können sich entspannen. Kein Grund nervös zu werden – chinesische Verben kennen keine Zeitformen. Dazu gibt es kleine Wörter, die die *Aspekte* kennzeichnen. Sie zeigen an, ob eine Handlung abgeschlossen ist, andauert, gerade angefangen hat oder irgendetwas dazwischen ist.

Das Suffix **le** (*lë*) zum Beispiel bringt zum Ausdruck, dass eine Handlung abgeschlossen ist, wenn es als Verbsuffix verwendet wird:

- ✔ **Nǐ mǎile hěn duō shū.** (*nih mai lë hen duo schuh*; Du hast viele Bücher gekauft.)
- ✔ **Tā dàile tā de yǔsǎn.** (*tah dai lë tah dë üh san*; Er hat seinen Regenschirm dabei.)

Wenn Sie daraus eine Frage machen wollen, setzen Sie einfach **méiyǒu** (*mäi yoh*) ans Satzende.

- ✔ **Nǐ mǎile hěn duō shū méiyǒu?** (*nih mai lë hen duo schuh mäi yoh*; Hast du viele Bücher gekauft?)
- ✔ **Tā dàile tā de yǔsǎn méiyǒu?** (*tah dai lë tah dë üh san mäi yoh*; Hat er seinen Regenschirm dabei?)

Dann gibt es noch **guò** (*guo*), das zum Ausdruck bringt, dass irgendetwas irgendwann schon einmal gemacht wurde.

- ✔ **Tā qùguo Měiguó.** (*tah tjüh guo mäi guo*; Er war schon mal in den USA.)
- ✔ **Wǒmen chīguo Fǎguó cài.** (*uo mën tschı guo fah guo tsai*; Wir haben schon mal Französisch gegessen.)

Wenn eine Handlung abläuft, wenn Sie sprechen, benutzen Sie den Aspektmarker **zài** (*dsai*):

- ✔ **Wǒmen zài chī fàn.** (*uo mën dsai tschı fan*; Wir essen gerade.)
- ✔ **Nǐ māma zài zuò fàn.** (*nih mah mah dsai dsuo fan*; Deine Mutter kocht gerade.)

Wenn Sie **zài** verwenden, können Sie zur Betonung davor auch das Adverb **zhèng** (*dschëng*) stellen. Es kann übersetzt werden als »gerade in einem bestimmten Moment dabei sein, etwas zu tun«.

Wenn eine Handlung andauert oder das Ergebnis einer anderen Handlung ist, setzen Sie einfach **zhe** (*dschë*) hinter das Verb:

- ✔ **Tā dàizhe yī gè huáng màozi.** (*tah dai dschë ih gë huang mau dsı*; Er hat eine gelbe Mütze auf.)
- ✔ **Nǐ chuānzhe yī jiàn piàoliang de chènshān.** (*nih tschuan dschë ih djiän piau liang dë tschën schan*; Du hast ein hübsches Hemd an.)

Sie können **zhe** auch verwenden, wenn Sie ausdrücken wollen, dass zwei Handlungen gleichzeitig ablaufen:

- ✔ **Tā zuòzhe chī fàn.** (*tah dsuo dschë tschı fan*; Sie isst/aß im Sitzen.)

Track 3: Im Gespräch

Anna und Martin machen sich einen Spaß daraus, die Leute auf den Straßen Shanghais zu beobachten.

Anna: **Nǐ kàn! Nàge xiǎo háizi dàizhe yī gè hěn qíguài de màozi, shì bu shì?**

Nih kan! Nah gë chiau hai dsı dai dschë ih gë hën tjih guai dë mau dsı, schı buh schı?

Schau mal. Hat das Kind nicht wirklich einen komischen Hut auf?

Martin: **Duì le. Tā hái yībiān zǒu, yībiān chàng gē.**

Duäi lë. Tah hai ih biän dsou, ih biän tschang gë.

Stimmt. Und außerdem singt es beim Laufen.

Anna: **Wǒ méiyǒu kànguo nàme kě'ài de háizi.**

Uo mäi yoh kan guo na më kë ai dë hai dsı.

Ich habe noch nie so ein süßes Kind gesehen.

Martin: **Zài Zhōngguó nǐ yǐjīng kànle tài duō kě'ài de xiǎo háizi.**

Dsai dschung guo nih ih djing kan lë tai duo kë ai dë chiau hai dsı.

Du hast in China schon zu viele niedliche Kinder gesehen.

Kleiner Wortschatz

Chinesisch	Aussprache	Deutsch
kě'ài	*kë ai*	niedlich, süß
shì bu shì?	*schı bu schı*	Stimmt's?/ Ist es so?
qíguài	*tjih guai*	komisch, eigenartig
chàng gē	*tschang gë*	(ein Lied) singen

Ein besonderes Verb: »yǒu« (haben)

Haben Sie einen Computer? Nein?! Schade. Mittlerweile scheint jeder einen zu haben. Wie sieht es mit einem Ferrari aus? Haben Sie einen? Falls nicht, willkommen im Club. Menschen, die viel haben, benutzen häufig das Verb **yǒu**. Es bedeutet »haben/besitzen«.

- ✔ **Wǒ yǒu yī wàn kuài qián.** (*uo yoh ih wan kwai tjiän*; Ich habe 10.000 Kuai.)
- ✔ **Wǒ yǒu sān gè fángzi – yī gè zài Ōuzhōu, yī gè zài Yàzhōu, yī gè zài Měiguó.** (*uo yoh sang gë fang dsı – ih gë dsai ou dschou, ih gë dsai iah dschou, ih gë dsai mäi guo*; Ich habe drei Häuser, eins in Europa, eins in Asien und eins in den USA.)

Yǒu bedeutet auch »es gibt«:

- ✔ **Yǒu hěn duō háizi.** (*yoh hěn duo hai dsı*; Es gibt viele Kinder.) Im Gegensatz zu **Wǒ yǒu hěn duō háizi.** (*uo yoh hěn duo hai dsı*; Ich habe viele Kinder.)
- ✔ **Shūzhuō shàng yǒu wǔ zhāng zhǐ.** (*shuh dschuo schang yoh uh dschang dschı*; Auf dem Schreibtisch sind fünf Blatt Papier.)

Um das Verb **yǒu** zu negieren, sollten Sie nicht **bù** verwenden. Verwenden Sie stattdessen das Negationsadverb **méi**:

- ✔ **Méiyǒu hěn duō háizi.** (*mäi yoh hěn duo hai dsı*; Es gibt nicht viele Kinder.)
- ✔ **Shūzhuō shàng méiyǒu wǔ zhāng zhǐ.** (*shuh dschuo schang mäi yoh uh dschang dschı*; Auf dem Schreibtisch sind keine fünf Blatt Papier.)

Im Gespräch

Ramona und Linda sprechen über ihre Familien.

Ramona: **Nǐ yǒu méiyǒu xiōngdì jiěmèi?**
Nih yoh mäi yoh chiung dih djiä mäi?
Hast du Geschwister?

Linda: **Wǒ yǒu liǎng gè mèimei. Méiyǒu dìdi yě méiyǒu gēge. Nǐ ne?**
Uo yoh liang gë mäi mäi. Mäi yoh dih dih iä mäi you gë gë. Nih në?
Ich habe zwei jüngere Schwestern und keine jüngeren oder älteren Brüder. Und du?

Ramona: **Wǒ měiyǒu mèimei. Zhǐ yǒu yī gè dìdi.**
Uo mäi yoh mäi mäi. Dschı yoh ih gë dih dih.
Ich habe keine jüngere Schwester, nur einen jüngeren Bruder.

Linda: **Yǒu háizi ma?**
Yoh hai dsı ma?
Hast (du) Kinder?

Ramona: **Yǒu. Yǒu sān gè háizi.**
Yoh san gë hai dsı.
Ja, (ich) habe drei Kinder.

Kleiner Wortschatz

Chinesisch	Aussprache	Deutsch
wǒ yǒu	*uo yoh*	ich habe
nǐ méi yǒu	*nih mäi yoh*	du hast nicht
xiōngdì jiěmèi	*chiung dih djiä mäi*	Geschwister
háizi	*hai dsı*	Kind/Kinder

Nach etwas fragen, das man möchte: das Verb »yào«

Seit der 2,29 Meter große chinesische Basketball-Superstar Yao Ming aufgetaucht ist, hat das Verb **yào** eine nie gekannte Popularität erfahren: Auch wenn das Schriftzeichen für den Familiennamen ein ganz anderes ist als das für das Verb **yào**, so können Sie es doch zumindest aussprechen:

Yào ist eins der besten Verben im Chinesischen. Wenn Sie es benutzen, bekommen Sie meist, was Sie wollen. Genau genommen bedeutet die bloße Erwähnung des Verbes **yào**, das Sie etwas möchten/wollen:

- ✔ **Wǒ yào yī bēi kāfēi.** (*uo yau ih bäi kah fäi*; Ich möchte eine Tasse Kaffee.)
- ✔ **Wǒ yào gēn nǐ yīqǐ qù kàn diànyǐng.** (*uo yau gën nih ih tjih tjüh kan diän ying*; Ich möchte mit dir ins Kino gehen.)

Mit dem Verb **yào** können Sie auch Anweisungen geben, aber nur mit einem Personalpronomen in der zweiten Person:

- ✔ **Nǐ yào xiǎoxīn!** (*nih yau chiau chin*; Du musst vorsichtig sein!)
- ✔ **Nǐ yào xǐ shǒu!** (*nih yau chih schou*; Du musst dir die Hände waschen!)

Adverbien

Adverbien dienen dazu, Verben oder Adjektive zu verändern. Sie stehen immer vor dem Verb oder dem Adjektiv. Am häufigsten finden Sie im Chinesischen die Adverbien **hěn** (*hën*; sehr) und **yě** (*ië*; auch).

Wenn Sie sagen möchten, dass etwas nicht einfach nur **hǎo** (*hau*; gut), sondern *sehr* gut ist, dann sagen Sie **hěn hǎo** (*hën hau*). Wenn Ihr Freund seinen Senf dazugeben möchte und sagt, dass etwas anderes auch sehr gut ist, dann sagt er: **Zhège yě hěn hǎo.** (*dschäi gë iä hën hau*; Das ist auch sehr gut.) **Yě** steht dabei immer vor **hěn**.

»Bù« und »méiyǒu«: Vollständige Verneinung

Buh! Haben Sie Angst bekommen? Keine Sorge, wir sind nur auf Chinesisch negativ. Ja, **bù** (*buh*) wird so ausgesprochen, wie es ein Gespenst tun würde, um Sie zu erschrecken, mit derselben Intensität.

Mit **bù** können Sie etwas Vergangenes oder Gegenwärtiges verneinen (oder zumindest darauf hinweisen, dass Sie etwas zurzeit im Allgemeinen nicht tun), außerdem können Sie auch ein Geschehen in Zukunft mit **bù** verneinen.

- ✔ **Tā xiǎo de shíhou bù xǐhuān chī shūcài.** (*tah chiau dë schı hou buh chih huan tschı schuh tsai*; Als er klein war, hat er nicht gern Gemüse gegessen.)
- ✔ **Wǒ bù xiǎng chànggē.** (*uo buh chiang tschang gë*; Ich möchte nicht singen.)
- ✔ **Wǒ bù huà huàr.** (*uo buh hua huar*; Ich male nicht.)
- ✔ **Diànyǐngyuàn xīngqīliù bù kāi mén.** (*diän ying yüän ching tjih liou buh kai mën*; Das Kino ist am Samstag nicht geöffnet.)

Das Negationsadverb **bù** wird normalerweise im vierten Ton (fallend) gesprochen. Folgt darauf allerdings eine weitere Silbe im vierten Ton, dann wird es im zweiten Ton (steigend) gesprochen. So zum Beispiel in **bú qù** (*buh tjüh*; nicht gehen/nicht gehen werden) oder **bú yào** (*buh yau*; nicht wollen/nicht gewollt haben/nicht wollen werden). Zu Ihrer Erleichterung wird die Tonveränderung angegeben. Mehr zu den Tönen lesen Sie in Kapitel 1.

Méiyǒu wird ebenfalls zur Negation von Verben verwendet, allerdings nur für abgeschlossene Handlungen. Es bedeutet, dass etwas nicht stattgefunden hat oder zumindest nicht zu einer bestimmten Zeit.

- ✔ **Wǒ méiyǒu kàn nèi bù diànyǐng.** (*uo mäi yoh kan näi buh diän ying*; Ich habe den Film nicht gesehen.)
- ✔ **Zuótiān méiyǒu xià yǔ.** (*dsuo tiän mäi you chiah üh*; Gestern hat es nicht geregnet.)

Steht **guò** hinter einem Verb, das mit **méi yǒu** verneint wird, bedeutet das, dass etwas bis jetzt noch nie stattgefunden hat. Übrigens wird **méiyǒu** häufig zu **méi** verkürzt.

- ✔ **Wǒ méi qùguo Fǎguó.** (*uo mäi tjüh guo fah guo*; Ich war noch nie in Frankreich.)
- ✔ **Wǒ méi chīguo Yìndù cài.** (*uo mäi tschı guo in duh tsai*; Ich habe noch nie Indisch gegessen.)

Track 4: Im Gespräch

Peter, Christine und Ulla überlegen, wohin sie zum Abendessen gehen.

Peter: **Nǐmen jīntiān wǎnshang yào bu yào qù fànguǎn chī fàn?**
Nih mën djin tiän wan schang yau buh yau tjüh fan guan tschı fan?
Wollt ihr heute Abend zum Essen ins Restaurant gehen?

Christine: **Nà tài hǎo le! Dāngrán yào.**
Nah tai hau lë. Dang ran yau.
Tolle Idee. Natürlich möchte ich.

Ulla: **Wǒ bù yào. Wǒ méiyǒu qián.**
Uo buh yau. Uo mäi yoh tjiän.
Ich möchte nicht. Ich habe kein Geld.

Peter: **Wǒ yě méiyǒu qián, dànshì méiyǒu guānxi. Wǒ zhīdào yī gè hěn hǎo, hěn piányi de Zhōngguó fànguǎn.**
Uo iä mäi you tjiän, dan shı mäi yoh guan chih. Uo dschı dau ih gë hën hau, hën piän ih dë dschung guo fan guan.
Ich habe auch kein Geld, aber das macht nichts. Ich kenne ein tolles, billiges Chinarestaurant.

Ulla: **Hǎo ba. Zánmen zǒu ba.**
Hau ba. Dsan mën dsou ba.
In Ordnung. Lasst uns gehen.

Kleiner Wortschatz

Chinesisch	Aussprache	Deutsch
jīntiān wǎnshang	*djin tiän wan schang*	heute Abend
tài hǎo le	*tai hau lë*	toll
dāngrán	*dang ran*	natürlich
dànshì	*dan schı*	aber
zǒu ba	*dsou ba*	lass/lasst uns gehen

Ergreifen Sie mit der Partikel »de« Besitz

Die Partikel **de** ist allgegenwärtig im Chinesischen. Wohin man auch schaut, überall ist sie. **Wǒ de tiān!** (*uo dë tiän*; Mein Gott!) Hoppla, … da ist sie schon wieder. **de** ist einfach zu verwenden. Fügen Sie es an ein Personalpronomen an, zum Beispiel **nǐ de chē** (*nih dë tschë*; dein Auto) oder an ein anderes Bestimmungswort, zum Beispiel **tā gōngsī de jīnglǐ** (*tah gung ssı dë djing lih*; der Manager seiner Firma), und schon bringt es Besitz oder Zugehörigkeit zum Ausdruck.

Die Partikel **de** funktioniert wie ein vorangestellter Genitiv im Deutschen, also genau andersherum als ein »von« oder ein »de« im Französischen.

Im Gespräch

Luise fragt Anke nach ihrem Computer.

Luise: **Nǐ de diànnǎo yǒu méiyǒu Yīntewǎng?**
Nih dë diän nau yoh mäi yoh in të wang?
Hat dein Computer einen Internetzugang?

Anke: **Kěxī méiyǒu. Nǐ de ne?**
Kë chih mäi yoh. Nih dë në?
Leider nicht. Und deiner?

Luise: **Dāngrán yǒu.**
Dang ran yoh.
Na klar.

Anke: **Nǐ yǒu méiyǒu yī gè shǒutíshì?**
Nih yoh mäi you ih gë schou tih schı?
Hast du einen Laptop?

Luise: **Táishì, shǒutíshì, liǎng gè dōu yǒu.**
Tai schı, schou tih schı, liang gë dou yoh.
Ich habe einen (Desktop-)Computer und einen Laptop.

Kleiner Wortschatz

Chinesisch	Aussprache	Deutsch
wǒ méiyǒu	*uo mäi yoh*	ich habe nicht/kein
kěxī	*kë chih*	leider, bedauerlich
Yīntèwǎng	*in të wang*	Internet
táishì	*tai schı*	(Desktop-)Computer
shǒutíshì	*schou tih schı*	Laptop

Fragen stellen

Es gibt einige einfache Möglichkeiten, um auf Chinesisch Fragen zu stellen. Hoffentlich sind Sie so neugierig, dass Sie darauf brennen, Fragen zu stellen, sobald Sie wissen, wie es geht.

Die Fragepartikel »ma«

Die einfachste Art, eine Frage zu bilden, ist, einfach an das Ende eines Aussagesatzes **ma** zu setzen. Das macht aus der Aussage automatisch eine Frage. Zum Beispiel: **Tā chī fàn.** *(tah tschı fan*; Er isst.) wird zu **Tā chī fàn ma?** (*(tah tschı fan ma*; Isst er?); **Nǐ shuō Zhōngwén.** (*nih schuo dschung wën*; Du sprichst Chinesisch.) wird zu **Nǐ shuō Zhōngwén ma?** (*nih schuo dschung wën ma*; Sprichst Du Chinesisch?)

Entscheidungsfrage mit »bù« zwischen wiederholten Verben

Eine zweite Möglichkeit zur Fragebildung ist, das Verb in seiner positiven und negativen Form hintereinanderzustellen. Man könnte es vielleicht auf Deutsch so sagen: »Isst du, isst (du) nicht?« Diese Form wird nur zur Bildung von Entscheidungsfragen verwendet, also Fragen, auf die Sie mit ja oder nein antworten.

- **Nǐ shì bu shì Zhōngguórén?** (*nih schı buh schı dschung guo rën*; Bist du Chinese?)
- **Tā yào bu yào háizi?** (*tah yau buh yau hai dsı*; Möchte er Kinder?)
- **Tāmen xǐhuān bu xǐhuān chī Zhōngguó cài?** (*tah mën chih huan buh chih huan tschı dschung guo tsai*; Essen sie gern Chinesisch?)

Fragepronomen

Sie können natürlich Fragen auch mit Fragepronomen stellen. Im Chinesischen werden dazu verwendet:

- **shéi/shuí** (*schäi*; wer/wem/wen)
- **shéi de** (*schäi dë*; wessen)
- **shénme** (*schën më*; was)
- **nǎ** (*nah* + Zählwort, welcher/welche/welches)
- **nǎr/nǎlǐ** (*nahr*; wo)
- **shénme dìfāng** (*schën më dih fang*; wo/welchen Ort)

Verwechseln Sie nicht **nǎ** und **nǎr**. Ein Buchstabe entscheidet darüber, ob Sie fragen, welcher (**nǎ**) oder wo (**nǎr**).

Wo das Fragepronomen hingehört, ist leicht herauszufinden. Es kommt dorthin, wo die Antwort im Satz steht. Zum Beispiel:

- Frage: **Nǐ shì shéi?** (*nih schı schäi*; Wer bist du?)
- Antwort: **Nǐ shì wǒ péngyou.** (*nih schı uo pĕng yoh*; Du bist mein Freund/meine Freundin.)
- Frage: **Tā de nǚ péngyou zài nǎr?** (*tah dë nüh pĕng yoh dsai nahr*; Wo ist seine Freundin?)
- Antwort: **Tā de nǚ péngyou zài jiālǐ.** (*tah dë nüh pĕng you dsai djiah lih*; Seine Freundin ist zu Hause.)

Das gilt auch für Antworten auf Fragen nach dem Muster Verb – **bù** – Verb. Wenn Sie darauf antworten, lassen Sie entweder die positive Verbform oder **bù** + Verb weg:

- Frage: **Nǐ hǎo bu hǎo?** (*nih hau buh hau*; Geht es dir gut? *wörtlich*: Geht es dir gut, nicht gut?)
- Antwort: **Wǒ hěn hǎo.** (*uo hen hau*; Mir geht es gut.) oder **Wǒ bù hǎo.** (*uo buh hau*; Mir geht es nicht gut.)

Wenn Sie fragen, »wer« oder »welche Person«, und nicht unhöflich oder zu vertraut klingen wollen, können Sie auch fragen **něi wèi** (*näi uäi*; *wörtlich*: wer/welche Person). Zum Beispiel: **Nǐ yéye shì něi wèi?** (*ni iä iä schı näi uäi*; Wer ist dein Großvater?)

Oft finden Sie Fragepronomen am Satzanfang, wenn darauf das Verb **yǒu** (haben, existieren) folgt: **Shéi yǒu wǒ de bǐ?** (*schäi yoh uo dë bih*; Wer hat meinen Stift?)

Im Gespräch

Ruth fragt Matthias, was er von ihrem neuen Auto hält.

Ruth: **Nǐ xǐhuān bu xǐhuān wǒ de xīn qìchē?**
Nih chih huan buh chih huan uo dë chin tjih tschë?
Gefällt dir mein neues Auto?

Matthias: **Shéi bù xǐhuān zhè liàng chē? Tā hěn piàoliang.**
Schäi buh chih huan dschë liang tschë. Tah hĕn piau liang.
Wem würde das Auto nicht gefallen? Es ist schön.

Ruth: **Kěnéng yǒu yīxiē péngyou yǐwèi tài guì.**
Kë nĕng yoh ih chiä pĕng yoh ih wäi tai guäi.
Vielleicht finden einige (meiner) Freunde es zu teuer.

Matthias: **Nà yǒu shénme guānxi?**
Nah yoh schën më guan chih?
Was macht das schon?

Ruth: **Duì le. Nǎr yǒu gèng hǎo de qìchē?**
Duäi lë. Nahr yoh gëng hau dë tjih tschë?
Du hast Recht. Wo gibt es schon bessere Autos?

Matthias: **Méiyǒu gèng hǎo de qìchē. Nǐ de yùnqì bù cuò.**
Mäi yoh gëng hau dë tjih tschë. Nih dë ün tjih buh tsuo.
Es gibt keine besseren Autos. Du hast wirklich Glück!

Kleiner Wortschatz

Chinesisch	Aussprache	Deutsch
xǐhuān	*chih huan*	mögen, gern haben
qìchē	*tjih tschë*	Auto
bù cuò	*buh tsuo*	ziemlich gut
yǒu shénme guānxi	*yoh schën më guan chih*	Was macht das schon?

Auf Chinesisch zählen

Wenn Sie die Zahlen nicht kennen, ist es eine rechte Qual zu sagen, wie viel Kilo Fleisch Sie auf dem Markt kaufen oder wie viel Geld Sie auf dem Flughafen tauschen wollen, oder herauszufinden, wie viel die Fahrt mit dem Taxi vom Hotel nun wirklich kostet.

Zahlen von 1 bis 10

Von eins bis zehn auf Chinesisch zu zählen, ist ganz einfach. In Tabelle 2.3 finden Sie die Zahlen von null bis zehn.

Chinesisch	Aussprache	Übersetzung
líng	*ling*	0
yī	*ih*	1
èr	*ër*	2
sān	*san*	3
sì	*ssı*	4
wǔ	*uh*	5

Chinesisch	Aussprache	Übersetzung
liù	*liou*	6
qī	*tjih*	7
bā	*bah*	8
jiǔ	*djiou*	9
shí	*schı*	10

Tabelle 2.3: Die Zahlen von 0 bis 10 auf Chinesisch

Wenn die Zahl zwei vor einem Zählwort steht (siehe den Abschnitt *Zählwörter* weiter vorn in diesem Kapitel), dann muss **liǎng** (*liang*) anstelle von **èr** (*ër*) verwendet werden. Man sagt also, dass man **liǎng běn shū** (*liang bën schuh*; zwei Bücher) hat und *nicht* **èr běn shū** (*ër bën schuh*).

Hören Sie zum Üben die Zahlen auf der Audiodatei zur Schlafenszeit und schon bald werden Sie auf Chinesisch Schäfchen zählen können.

Zahlen von 11 bis 99

Die Zahlen von 11 bis 19 werden gebildet, indem man an die Zahl zehn einfach die zweite Ziffer anhängt. 11 ist also **shíyī** (*schı ih*) – wörtlich 10 plus 1, dasselbe gilt für 12 und so weiter. In Tabelle 2.4 finden Sie die Zahlen von 11 bis 19.

Chinesisch	Aussprache	Übersetzung
shíyī	*schı ih*	11
shí'èr	*schı ër*	12
shísān	*schı san*	13
shísì	*schı ssı*	14
shíwǔ	*schı uh*	15
shíliù	*schı liou*	16
shíqī	*schı tjih*	17
shíbā	*schı bah*	18
shíjiǔ	*schı djiou*	19

Tabelle 2.4: Die Zahlen von 11 bis 19 auf Chinesisch

Wenn Sie bei 20 angelangt sind, denken Sie einfach 2 mal 10. Für 21 bis 29 fügen Sie dazu die zweite Ziffer an, wie es Ihnen Tabelle 2.5 zeigt.

Chinesisch	Aussprache	Übersetzung
èrshí	*ër schı*	20
èrshíyī	*ër schı ih*	21
èrshí'èr	*ër schı ër*	22
èrshísān	*ër schı san*	23
èrshísì	*ër schı ssı*	24
èrshíwǔ	*ër schı uh*	25
èrshíliù	*ër schı liou*	26
èrshíqī	*ër schı tjih*	27
èrshíbā	*ër schı bah*	28
èrshíjiǔ	*ër schı djiou*	29

Tabelle 2.5: Die Zahlen von 20 bis 29 auf Chinesisch

So bilden Sie auch **sānshí** (*san schı*; 30, wörtlich 3 mal 10), **sìshí** (*ssı schı*; 40), **wǔshí** (*uh schı*; 50), **liùshí** (*liou schı*; 60), **qīshí** (*tjih schı*; 70), **bāshí** (*bah schı*; 80) und **jiǔshí** (*djiou schı*; 90). Es könnte nicht einfacher sein, oder?

Die Zahlen von 100 bis 9.999

Nach der Zahl 99 können Sie nicht mehr in Zehnern zählen.

- ✔ 100 ist **yī bǎi** (*ih bai*)
- ✔ 1000 ist **yī qiān** (*ih tjiän*)

Chinesen zählen bis **wàn** (*wan*; 10.000), das Stellenwertsystem ist nicht in Tausendern gruppiert, eigene Zahlwörter für die Zahlen 100.000, 1.000.000 gibt es nicht, erst wieder für 100 Millionen – **yì** (*ih*).

Zahlen werden von der größten zur kleinsten Stelle angegeben. 387 heißt also auf Chinesisch **sānbǎi bāshíqī** (*san bai bah schı tjih*); 15.492 **yīwàn wǔqiān sìbǎi jiǔshí'èr** (*ih wan uh tjiän ssı bai djiou schı ër*).

Die Zahl eins (**yī**) wird nicht im ersten, sondern im vierten Ton gesprochen, wenn darauf eine Silbe im ersten Ton **yì qiān** (*ih tjiän*; 1000), im zweiten Ton **yì nián** (*ih niän*; ein Jahr) oder im dritten Ton **yì bǎi** (*ih bai*; 100) folgt. **Yī** wird im zweiten Ton gesprochen, wenn eine Silbe im vierten Ton folgt, zum Beispiel **yí wàn** (*ih wan*, 10.000). Wenn eins, zwei, drei … gezählt wird, behält **yī** den ersten Ton. Zu Ihrer Erleichterung sind die Tonveränderung immer angegeben.

Zahlen von 10.000 bis 100.000 und darüber hinaus

Hier sind die großen Zahlen:

- 10.000: **yīwàn** (*ih wan*; ein mal zehntausend)
- 100.000: **shíwàn** (*schı wan*; zehn mal zehntausend)
- 1.000.000: **yībǎi wàn** (*ih bai wan*; einhundert mal zehntausend)
- 100.000.000: **yī yì** (*ih ih*; einmal hundert Millionen)

Zahlen spielen im Alltagsleben in China eine wichtige Rolle. Sie werden vielleicht mal jemanden sagen hören **Nǐ qiānwàn bù yào xìn tā de huà.** (*nih tjiän wan buh yau chin tah dë hua*; Glaub ihm auf gar keinen Fall.) **Qiān** bedeutet tausend und **wàn** zehntausend, aber zusammen bedeuten sie »unter allen Umständen«, vor dem Negationsadverb **bù** verstärken Sie Ihre Aussage (»unter *keinen* Umständen«). Was man früher oft gehört hat, ist die Redewendung **wàn suì!** (*wan ssuäi*; Es lebe …!); vielleicht zusammen mit einem Namen: **Máo zhǔxí wàn suì!** (*mau dschuh chih wan ssuäi*; Es lebe der Vorsitzende Mao!) Wenn Sie heutzutage diese Redewendung benutzen, dann klingt das wie eine Parodie einer Sache, die vor einigen Jahrzehnten noch sehr ernst genommen wurde.

Und was ist mit den Hälften?

Und was passiert, wenn Sie irgendwo »ein halb« hinzufügen möchten? Das fragen Sie sich jetzt vielleicht. »Halb« heißt auf Chinesisch **bàn** (*ban*), es kann am Anfang einer Wortgruppe stehen, wie in **bàn bēi kèlè** (*ban bäi kë lë*; ein halbes Glas Cola), oder hinter einem Zahl- und Zählwort vor dem Objekt. Dann bedeutet es »und ein halb«, wie in **yī gè bàn xīngqī** (*ih gë ban ching tjih*; anderthalb Wochen).

Ordnungszahlen

Wenn Sie eine Ordnungszahl angeben wollen, setzen Sie einfach das Präfix **dì** (*dih*) vor die Kardinalzahl (Tabelle 2.6).

Chinesisch	Aussprache	Übersetzung
dì-yī	*dih ih*	erstens
dì-èr	*dih ër*	zweitens
dì-sān	*dih san*	drittens
dì-sì	*dih ssı*	viertens
dì-wǔ	*dih uh*	fünftens
dì-liù	*dih liou*	sechstens
dì-qī	*dih tjih*	siebtens

Chinesisch	Aussprache	Übersetzung
dì-bā	*dih bah*	achtens
dì- jiǔ	*dih djiou*	neuntens
dì-shí	*dih schı*	zehntens

Tabelle 2.6: Kardinalzahlen

Steht ein Substantiv hinter der Ordnungszahl, muss dazwischen ein Zählwort stehen, zum Beispiel **dì-bā ge xuésheng** (*dih bah gë chüä shëng*; der achte Student) oder **dì-yī ge háizi** (*dih ih gë hai dsı*; das erste Kind).

Die Frage nach der Anzahl: wie viel

Es gibt zwei Möglichkeiten, zu fragen, wie viel etwas kostet oder wie viele es von irgendetwas gibt. Sie können das Fragewort **duōshǎo** (*duo schau*) verwenden, wenn Sie nach einer Anzahl fragen, die vermutlich größer als zehn ist. Sie verwenden **jǐ** (*djih*), wenn Sie erwarten, dass Ihnen eine Zahl bis zehn genannt wird.

- ✔ **Nàge qìchē duōshǎo qián?** (*nah gë tjih tschë duo schau tjiän*; Wie viel kostet das Auto?)
- ✔ **Nǐ xiǎo nǚ'ér jīnnián jǐ suì?** (*nih chiau nüh ër djin niän djih suäi*; Wie alt ist Ihre kleine Tochter dieses Jahr?)

Spiel und Spaß

Zählen Sie bis zehn und dann in Zehnerschritten bis einhundert. Ergänzen Sie die fehlenden Zahlen. Die Lösungen finden Sie in Anhang D.

yī

èr

sān

sì

____

liù

____

bā

jiǔ

____

èrshí

____

sìshí

wŭshí

____

qīshí

bāshí

____

yībăi

IN DIESEM KAPITEL

Sich und andere vorstellen

Begrüßung und Plauderei mit Familie, Freunden und Kollegen

Kapitel 3 Vorstellung und Begrüßung: Nǐ hǎo!

Nǐ hǎo! (*nih hau*; Guten Tag!) Das sind wahrscheinlich die wichtigsten zwei Wörter, die Sie kennen müssen, um mit Ihrer chinesischen Kollegenschaft, Ihren chinesischen Schwiegereltern, die zu Besuch kommen, mit einem chinesischen Klassenkameraden oder dem Flughafenpersonal bei Ihrer Ankunft in China ein Gespräch zu beginnen. Wenn Sie diese beiden Wörter sagen, ist das der erste Schritt, um neue Freundschaften zu schließen und Kontakte zu knüpfen.

In diesem Kapitel zeigen wir Ihnen, wie Sie mit den passenden Wörtern Ihre neue Beziehung beginnen können. Dann benötigen Sie nur noch ein Lächeln. Das versteht man überall auf der Welt.

Vorstellung

Nichts ist besser, als bei einer **wǎnhuì** (*wan huäi*; Party), auf der **xīn gōngzuò** (*chin gung dsuo*; neue Arbeit), in der **dìtiě** (*dih tiä*; U-Bahn) oder einfach **zài lùshang** (*dsai luh schang*; auf der Straße) neue Freunde kennenzulernen. Vielleicht lernen Sie gleich jemanden kennen, nachdem Sie dieses Kapitel durchgearbeitet haben, und werden Freunde fürs Leben. Dieser Abschnitt gibt Ihnen einen Vorsprung, wenn es darum geht, einen guten ersten Eindruck zu hinterlassen. Nur zu, üben Sie die Grußformeln, um auf alles vorbereitet zu sein.

Sich selbst vorstellen

Wenn Sie chinesischsprachige Menschen kennenlernen oder nach China reisen, werden Sie schnell feststellen, dass eine paar Redewendungen auf Chinesisch viel dazu beitragen, Sympathie zwischen den beiden Kulturen zu schaffen. Chinesische Personen wissen es sehr zu schätzen, wenn sich jemand die Mühe macht, ihre verzwickte und schwierige Sprache zu lernen. Ihre Anstrengungen werden Ihnen also auf jeden Fall vergolten.

Wenn Sie das erste Mal jemanden treffen, können Sie natürlich auch etwas anderes als **nǐ hǎo** (*nih hau*; Guten Tag) sagen, so zum Beispiel **Hěn gāoxìng jiàndào nǐ.** (*hën gau ching djiän dau nih*; Freut mich, dich kennenzulernen.) oder **Wǒ hěn róngxìng.** (*uo hën rung ching*; Es ist mir eine Ehre.) Nur zu, nennen Sie Ihren **míngzi** (*ming dsı*; Name) und dann werden Sie schon sehen, wie das Gespräch weiterläuft.

Sie wissen nicht, was Sie nach dem ersten **Nǐ hǎo** sagen sollen? Hier sind ein paar gängige Anfangswendungen:

- ✔ **Qǐng ràng wǒ jièshào wǒ zìjǐ.** (*tjing rang uo djiä schau uo dsı jih*; Gestatten Sie mir, mich vorzustellen.)
- ✔ **Wǒ jiào ... Nǐ ne?** (*uo djiau ... nih në*; Ich heiße ... Und du?)
- ✔ **Nǐ jiào shénme míngzi?** (*nih djiau shën më ming dsı*; Wie ist dein Name?)
- ✔ **Wǒ shì Déguórén.** (*uo shı dë guo rën*; Ich bin Deutsche/-r.)

Familie und Freunde vorstellen

Sie können Ihren Freunden helfen, noch mehr Freunde kennenzulernen, wenn Sie sie einander vorstellen. Sie müssen einfach nur sagen **Qǐng ràng wǒ jièshào wǒ de péngyou, Karl.** (*tjing rang uo djiä schau uo dë pëng yoh Karl*; Darf ich euch meinen Freund Karl vorstellen.) Außer Ihrem Freund können Sie natürlich auch die nachfolgenden wichtigen Personen vorstellen:

- ✔ **māma** (*mah mah*; Mutter)
- ✔ **bàba** (*bah bah*; Vater)
- ✔ **tàitai** (*tai tai*; Ehefrau)
- ✔ **zhàngfu** (*dschang fuh*; Ehemann)
- ✔ **lǎoshī** (*lau schı*; Lehrkraft)
- ✔ **tóngwū** (*tung uh*; Mitbewohner/Mitbewohnerin)
- ✔ **tóngxué** (*tung chüä*; Kommilitone/Kommilitonin)
- ✔ **wǒ de péngyou** (*uo dë pëng yoh*; mein Freund/meine Freundin)
- ✔ **nán péngyou** (*nan pëng yoh*; fester Freund)
- ✔ **nǚ péngyou** (*nüh pëng yoh*; feste Freundin)
- ✔ **tóngshì** (*tung schı*; Kollege/Kollegin)
- ✔ **lǎobǎn** (*lau ban*; Chef/Chefin)

Wenn Sie zwei Personen einander vorstellen, stellen Sie immer die Person von niedrigerem sozialen Status und/oder jüngerem Alter der Person von höherem Status vor. Das gilt als höflich.

Nach dem Namen fragen

In vielen Situationen sind informelle Grußformeln angebracht wie zum Beispiel **Wǒ jiào Katja. Nǐ ne?** (*uo djiau Katja, nih në*; Ich heiße Katja. Und du?) oder **Nǐ jiào shénme míngzi?** (*nih djiau shën më ming dsı*; Wie ist dein Name?) Sie können natürlich höflicher und respektvoller fragen **Nín guì xìng?** (*nin guäi ching*; Wie ist Ihr werter Familienname?) Fragen Sie allerdings jemanden, der jünger als Sie ist und in der sozialen Hierarchie unter Ihnen steht, dann fragen Sie einfach **Nǐ jiào shénme míngzi?** (*nih djiau shën më ming dsı*; Wie ist dein Name?) Auch wenn **míngzi** meist den Vornamen meint, werden Sie dem Gefragten seinen Vor- und Familiennamen entlocken. Üben Sie die verschiedenen Wendungen und fragen Sie, wer wer ist. Sie werden bestimmt schnell Freundschaften schließen (oder zumindest viele chinesische Familiennamen kennenlernen).

Wenn jemand fragt **Nín guì xìng?**, antworten Sie keinesfalls mit **guì**, wenn Sie über sich selbst sprechen. Ihre neuen Bekannten halten Sie sonst für überheblich. Es würde etwa so klingen wie: »Mein ehrwürdiger Familienname ist Schmidt.« Die beste Antwort auf die Frage lautet **Wǒ xìng Schmidt.** (*uo ching Schmidt*; Mein Familienname ist Schmidt.)

Sagt Ihnen jemand seinen Namen, dann ist die erste Silbe garantiert der Familienname und *nicht* der Vorname. Wenn jemand also sagt, sein Name laute **Lǐ Shìmín**, dann ist sein Familienname **Lǐ** und sein Vorname **Shìmín**. Sie sollten ihn weiterhin **Lǐ Shìmín** nennen (und nicht nur **Shìmín**), bis Sie vielleicht einmal gute Freunde werden. Wollen Sie ihn mit **xiānsheng** (*chiän shëng*; Herr) oder eine Frau mit **nǚshì** (*nüh shı*; Frau) ansprechen, dann nennen Sie erst den Familiennamen und danach die Anredeform, also **Lǐ xiānsheng** oder **Lǐ nǚshì**. Verheiratete Frauen werden mit **tàitai** (*tai tai*) angesprochen, allerdings dann mit dem Familiennamen des Ehemannes.

Track 5: Im Gespräch

Sylvia stellt ihre Freundinnen Irene und Melanie einander vor.

Sylvia: **Irene, qǐng ràng wǒ jièshào wǒ de péngyou Melanie.**
Irene, tjing rang uo djiä schau uo dë pëng yoh Melanie.
Irene, darf ich dir meine Freundin Melanie vorstellen?

Irene: **Nǐ hǎo. Hěn gāoxìng jiàndào nǐ.**
Nih hau. Hën gau ching djiän dau nih.
Hallo. Freut mich, dich kennenzulernen.

Melanie: **Hěn gāoxìng jiàndào nǐ. Wǒ shì Sylvia de tóngxué.**
Hën gau ching djiän dau nih. Uo shı Sylvia dë tung xüä.
Freut mich (auch). Ich bin eine Kommilitonin von Sylvia.

Irene:	**Hĕn gāoxìng jiàndào nĭ.**
	Hën gau ching djiän dau nih.
	Freut mich.
Melanie:	**Nĭmen zĕnme rènshi de?**
	Nih mën zën më rën shı dë?
	Woher kennt ihr euch?
Irene:	**Wŏmen shì tóngshì.**
	Uo mën shı tung shı.
	Wir sind Kolleginnen.

Begrüßen und Schwatzen

Wenn Sie **dă zhāohu** (*dah dschau huh*; grüßen), dann halten Sie die Beziehung zu anderen aufrecht oder verbessern sie sogar. Das gilt, wenn Sie mit Ihrem **àirén** (*ai rën*; Ehepartner) den Tag beginnen, wenn Sie Ihrem **lăoshī** (*lau shı*; Lehrer) Respekt zollen, sich gut mit Ihrem **lăobăn** (*lau ban*; Chef) stellen oder den Weg für ein Geschäft mit Ihrem neuen **shēngyì huŏbàn** (*schëng ih huo ban*; Geschäftspartner) ebnen.

Gehen Sie nach der Begrüßung nicht gleich weg, plaudern Sie ein wenig und lernen Sie sich besser kennen. Durch kleine Gespräche können Sie Anschluss finden und mehr übereinander erfahren. In diesem Abschnitt finden Sie die wichtigsten Redewendungen, die Sie dazu kennen sollten.

Neue Bekannte und Fremde anreden

In Ihrer Heimat haben Sie sicher viele **lăo péngyou** (*lau pëng yoh*; alte Freunde), aber in einer anderen Stadt oder einem anderen Land sollten Sie sich gleich daran gewöhnen, andere so anzusprechen, wie sie es gewohnt sind. Im Laufe der Zeit können Sie vertraulicher werden, aber vermeiden Sie es, zu schnell zu freundlich und zu dreist zu klingen.

Im beruflichen Umfeld ist es immer am besten, jemanden mit seinem Familiennamen und seiner Amtsbezeichnung anzusprechen, zum Beispiel **Wáng xiàozhăng** (*wang chiau dschang*; Rektor Wang) oder **Jīn zhŭrèn** (*djin dschuh rën*; Direktor Jin). Hier sind einige weitere Berufs- und Amtsbezeichnungen zur Anrede:

- ✔ **bùzhăng** (*buh dschang*; Minister/in oder Abteilungsleiter/in)
- ✔ **fùzhŭrèn** (*fuh dschuh rën*; Stellvertretende/r Direktor/in)
- ✔ **jiàoshòu** (*djiau schou*; Professor/in)
- ✔ **jīnglĭ** (*djing lih*; Manager/in; Geschäftsführer/in)
- ✔ **lăoshī** (*lau shı*; Lehrer/in)

Wenn Sie den Titel Ihres Gegenübers nicht kennen, können Sie ihn gefahrlos mit Familiennamen und **xiānsheng** (*chiän shëng*; Herr) oder **nǚshì** (*nüh shı*; Frau) ansprechen.

Ein Vorteil, wenn Sie in China die Familie von jemandem kennenlernen, ist, dass die Kinder dazu angehalten werden, jemand Älteren als **shūshu** (*shuh shuh*; Onkel) oder **āyí** (*ah ih*; Tante) anzureden. Das gibt Ihnen das Gefühl, Teil der Familie im fremden Land zu sein.

Manchmal wird vor den Familiennamen **lǎo** (*lau*; alt) oder **xiǎo** (*chiau*; jung) gesetzt. Das bringt einen Grad an Vertrautheit und Freundlichkeit zum Ausdruck, der sich nur über die Jahre entwickeln kann. Achten Sie darauf, dass Sie das richtige Wort verwenden – **lǎo** für jemanden, der älter als Sie ist, **xiǎo** für jemanden, der jünger ist. Für Nicht-Chinesen klingen diese Anreden etwas komisch. Wenn jemand mit Familiennamen **Yáng** (*iang*) heißt, genauso ausgesprochen wie »Schaf«, dann klingt es so, als würden Sie Ihren guten Freund »altes Schaf« rufen.

Gespräch rund um die Uhr

Nǐ hǎo (*nih hau*; Guten Tag) können Sie immer sagen, wenn Sie jemanden treffen. Aber zu manchen Tageszeiten gibt es besondere Grußformeln, die Sie verwenden können.

Am Morgen, wenn Sie Familienmitglieder, Freunde, Kollegen oder Kommilitonen treffen, können Sie **zǎo** (*dsau*; Morgen) oder **zǎo ān** (*dsau an*; Guten Morgen) sagen.

Am Abend, bevor Sie zu Bett gehen, können Sie **wǎn'ān** (*wan an*; Gute Nacht) sagen. **Zǎo** bedeutet früh und **wǎn** spät. Wenn also jemand sagt **Nǐ lái de tài wǎn** (*nih lai dë tai wan*) oder **Nǐ lái de tài zǎo** (*nih lai dë tai dsau*), bedeutet das, dass Sie zu spät oder zu früh gekommen sind.

Ein Wort zu richtigem Verhalten gegenüber Chinesen

Chinesen sind sehr freundlich und sprechen manchmal auch eine ausländische Person auf der Straße an, um ihr Englisch zu üben. Das kann für Sie eine gute Gelegenheit sein, Chinesisch zu üben. Sie müssen sich an eine Reihe kultureller Unterschiede gewöhnen. Wundern Sie sich also nicht, wenn jemand, den Sie das erste Mal treffen, Sie nach Ihrem Gehalt und dem Preis Ihres schönen Pullovers fragt. Gesprächsthemen, die in Deutschland tabu sind, sind es in China oft nicht. (**Beachten Sie:** Fragen Sie *nicht* nach den politischen Ansichten oder dem Liebesleben, es sei denn, Sie kennen sich sehr gut. Ansonsten stoßen Sie auf eine Mauer des Schweigens.)

Im Allgemeinen zeigen Chinesinnen und Chinesen ihre Emotionen nicht gern öffentlich. Absolut tabu sind Wut, Enttäuschung und Missfallen. Versuchen Sie das auch in einer chinesisch geprägten Umgebung zu beachten, weil Sie sonst Gefahr laufen, jemanden unabsichtlich zu beleidigen.

Und damit lassen Sie Ihr Gegenüber sein Gesicht verlieren – eine Todsünde, wenn Sie in China klarkommen wollen. Das Letzte, was Sie wollen, ist jemanden beleidigen, anschreien oder öffentlich bloßstellen. Also verkneifen Sie sich negative Emotionen. Man wird Sie achten, wenn Sie Ihre Emotionen unter Kontrolle halten.

Sie werden vielleicht überrascht sein, dass viele Chinesen keine Bedenken haben, bestimmte Körperfunktionen in der Öffentlichkeit zu zeigen. Chinesen empfinden es nicht als unanständig, vor anderen zu rülpsen, zu spucken oder zu pupsen. Und da es so etwas wie Nichtraucherbereiche nicht gibt, werden die meisten Raucher Sie auch nicht fragen, ob Sie sich direkt neben Ihnen eine Zigarette anzünden dürfen. Zu all dem, bei dem Ausländer sich vor den Kopf gestoßen fühlen, kommt dann noch, dass manche Chinesen Sie anstarren – vor allem in kleinen Städten oder Dörfern, wo es kaum ausländische Touristen gibt. Dieses Verhalten gilt als akzeptabel, also ärgern Sie sich nicht darüber. Schwimmen Sie einfach mit dem Strom und antworten Sie mit einem Lächeln.

Wenn Chinesen mit jemandem sprechen, dann haben sie ein anderes Verständnis vom angemessenen Abstand, der zum Gegenüber einzuhalten ist. Es ist nicht unüblich, dass jemand sehr nah bei einem sitzt oder steht, egal wie sehr Sie versuchen, wegzurücken. Wenn Sie zwei Personen desselben Geschlechts Arm in Arm gehen sehen, schließen Sie keine voreiligen Schlüsse. Es bedeutet nur, dass die beiden Freunde sind.

Beachten Sie: Vermeiden Sie es, Chinesen, die Sie nicht gut kennen, auf die Schulter zu klopfen, egal wie sehr Sie sich freuen, denjenigen zu treffen. Und im Umgang mit dem anderen Geschlecht kann jeder Körperkontakt mit Personen, die Sie nicht so gut kennen, missverstanden werden. Versuchen Sie also auch den zu vermeiden.

Track 6: Im Gespräch

Frank und Jonas sind gute Freunde, die sich eines Morgens vor der Universität treffen. Jonas stellt Frank Lǐ, einen neuen Studenten, vor.

Jonas: **Zǎo. Nǐ zěnmeyàng?**

Dsau. Nih dsën më iang?

Guten Morgen. Wie geht's?

Frank: **Hěn hǎo, xièxie. Nǐ ne?**

Hën hau, chiä chiä. Nih në?

Gut, danke. Und dir?

Jonas: **Wǒ yě hěn hǎo. Zhè wèi shì wǒmen de xīn tóngxué.**
Uo iä hën hau. Dschë wäi shı uo mën dë chin tung chüä.
Mir geht es auch gut. Das ist unser neuer Kommilitone.

Frank: **Nǐ hǎo. Qǐng wèn, nǐ xìng shénme?**
Nih hau. Tjing wën, nih ching shën më?
Hallo. Wie heißt du (mit Familiennamen)?

Lǐ: **Wǒ xìng Lǐ. Nǐ jiào shénme míngzi?**
Uo ching lih. Nih djiau shën më ming dsı?
Ich heiße (mit Familiennamen) Li. Wie heißt du?

Frank: **Wǒ jiào Frank. Nǐ xué shénme?**
Uo djiau Frank. Nih chüä shën më?
Ich heiße Frank. Was studierst du?

Lǐ: **Wǒ xué lìshǐ. Nǐ ne?**
Uo chüä lih shı. Nih në?
Ich studiere Geschichte. Und du?

Frank: **Wǒ xué kuàijì.**
Uo chüä kuai djih.
Ich studiere Buchhaltung.

Kleiner Wortschatz

Chinesisch	Aussprache	Deutsch
míngzi	*ming dsı*	Vorname
xìng	*ching*	Familienname
tóngxué	*tung chüä*	Kommilitone/Kommilitonin, Mitschüler/Mitschülerin
xué	*chüä*	lernen, studieren
yǔyánxué	*üh iän chüä*	Linguistik
lìshǐ	*lih shı*	Geschichte
gōngchéng	*gung tschëng*	Ingenieurwesen
kuàijì	*kuai djih*	Buchhaltung

Über das Wetter sprechen

Über **tiānqì** (*tiän tjih*; Wetter) zu sprechen, ist in jedem Gespräch ein gefahrloses Thema. Genau genommen ist es der ideale Eisbrecher. Ist der Himmel blau und die Welt in

Ordnung, dann können Sie sagen **Jīntiān de tiānqì zhēn hǎo, duì bu duì?** (*djin tiän dë tiän tjih dschën hau, duäi buh duäi*; Das Wetter heute ist wirklich gut, stimmt's?) Hier sind einige Adjektive, um Temperatur und Luftfeuchtigkeit zu beschreiben:

- ✔ **lěng** (*lëng*; kalt)
- ✔ **liángkuài** (*liang kuai*; angenehm kühl)
- ✔ **mēnrè** (*mën, rë*; schwül)
- ✔ **nuǎnhuo** (*nuan huo*; warm)
- ✔ **rè** (*rë*; heiß)

Wenn es heiß ist, können Sie **rè** zur Beschreibung des Wetters verwenden. Ist Ihr Essen zu heiß, um es in den Mund zu nehmen, sagen Sie **tàng** (*tang*). Wenn es so gut gewürzt, also scharf ist, dass es im Mund brennt, dann ist es **là** (*lah*).

Die **sìjì** (*ssı djih*; vier Jahreszeiten) – **dōngtiān** (*dung tiän*; Winter), **chūntiān** (*tschun tiän*; Frühling), **xiàtiān** (*chiah tiän*; Sommer) und **qiūtiān** (*tjiou tiän*; Herbst) – haben alle ihren Reiz. Jede Jahreszeit hat in Bezug auf das Wetter ihre Besonderheiten, die Sie mit den folgenden Wörtern in jedem Gespräch ausdrücken können:

- ✔ **bàofēngxuě** (*bau fëng chüä*; Schneesturm)
- ✔ **dàfēng** (*dah fëng*; starker Wind)
- ✔ **duōyún** (*duo ün*; wolkig)
- ✔ **fēng hěn dà** (*fëng hën dah*; es ist windig)
- ✔ **léiyǔ** (*läi üh*; Gewitter)
- ✔ **qínglǎng** (*tjing lang*; heiter)
- ✔ **qíngtiān** (*tjing tiän*; schöner/sonniger Tag)
- ✔ **xià máomáoyǔ** (*chiah mau mau üh*; es nieselt)
- ✔ **xià wù** (*chiah uh*; es ist neblig)
- ✔ **xià xuě** (*chiah chüä*; es schneit)
- ✔ **xià yǔ** (*chiah üh*; es regnet)
- ✔ **yīntiān** (*in tiän*; bedeckt)

Im Gespräch

Monika und Tobias sprechen über das Wetter in Harbin, einer der kältesten Städte in China.

Monika: **Hā'érbīn dōngtiān hěn lěng. Chángcháng xià xuě.**
Hah ër bin dung tiän hën lëng. Tschang tschang chiah chüä.
In Harbin ist es im Winter sehr kalt. Es schneit oft.

Tobias: **Zhēnde ma?**
Dschën dë ma?
Wirklich?

Monika: **Zhēnde. Yě yǒu bàofēngxuě. Xiàtiān hái hǎo. Bǐjiào nuǎnhuo.**
Dschën dë. Iä yoh bau fëng chüä. Chiah tiän hai hau. Bih djiau nuan huo.
Ja. Es gibt auch Schneestürme. Der Sommer ist nicht schlecht. Recht warm.

Tobias: **Lěng tiān kěyǐ qù huá xuě, hái kěyǐ qù liū bīng. Nàme Hā'ěrbīn dōngtiān de shíhou hěn hǎo wán.**
Lëng tiän kë ih tjüh hua chüä, hai kë ih tjüh liou bing. Na më Hah ër bin dung tiän dë shı hou hën hau wan.
Wenn es kalt ist, kann man Ski fahren oder Schlittschuh laufen. In Harbin kann man sich also im Winter toll vergnügen.

Finden Sie heraus, woher jemand kommt

Es ist ganz natürlich nachzufragen, woher jemand kommt, wenn man ihm zum ersten Mal begegnet. Vielleicht stammt er/sie aus Ihrer Heimatstadt. Vielleicht ist die Mutter Ihrer neuen Bekanntschaft früher zusammen mit Ihrem Vater zur Schule gegangen? Was auch immer Sie dazu bewegt, zu fragen, Sie fragen mit diesen Worten: **Nǐ shì nǎr de rén?** (*nih shı nahr dë rën*; Woher kommen Sie?)

Um auf die Frage zu antworten, ersetzen Sie **nǐ** (*nih*; du, Sie) durch **wǒ** (*uo*; ich) und setzen den Namen des Ortes, aus dem Sie kommen, an die Stelle von **nǎr**.

Fragt man »wo«, sagt man in Taiwan **nǎlǐ** (*nah lih*) anstelle von **nǎr** (*nahr*). **Nǎr** deutet auf einen nordchinesischen Dialekt hin und wird hauptsächlich in Nordchina verwendet.

Hier sind einige Länder, die in einem Gespräch vorkommen können:

- **Fǎguó** (*fah guo*; Frankreich)
- **Déguó** (*dë guo*; Deutschland)
- **Aòdìlì** (*au dih lih*; Österreich)
- **Měiguó** (*mäi guo*; USA)
- **Rìběn** (*rı bën*; Japan)
- **Ruìdiǎn** (*ruäi diän*; Schweden)

- **Ruìshì** (*ruäi shı*, Schweiz)
- **Yìdàlì** (*ih dah lih*; Italien)
- **Yuènán** (*yüä nan*; Vietnam)
- **Zhōngguó** (*dschung guo*; China)

Im Gespräch

Barbara hat sich gerade Ulrike in der Wohnung einer gemeinsamen Freundin vorgestellt. Barbara fragt Ulrike, woher sie kommt.

Barbara: **Ulrike, nǐ shì nǎr de rén?**
Ulrike, nih shı nahr dë rën?
Ulrike, woher kommst du?

Ulrike: **Wǒ shì Déguórén. Nǐ ne?**
Uo shı dë guo rën, Nih në?
Ich bin Deutsche. Und du?

Barbara: **Wǒ bù shì Déguórén. Wǒ shì Yīngguó Lúndūn lái de.**
Uo buh shı dë guo rën. Uo shı ying guo lun dun lai dë.
Ich bin keine Deutsche. Ich komme aus England, aus London.

Ulrike: **Nà tài hǎo le.**
Nah tai hau lë.
Das ist toll.

Kleiner Wortschatz

Chinesisch	Aussprache	Deutsch
Déguó	*dë guo*	Deutschland
Déguórén	*dë guo rën*	Deutscher/Deutsche
Yīngguó	*ying guo*	Großbritannien
Nà tài hǎo le.	*nah tai hau lë*	Das ist toll!

Komplimente annehmen (besser bekannt als »zurückweisen«)

Chinesen sind immer beeindruckt, wenn sie einen Ausländer treffen, der sich die Zeit genommen hat, ihre Sprache zu lernen. Wenn Sie also mit einem **Zhōngguórén** (*dschung guo* *rën*; Chinese) **Zhōngwén** (*dschung wën*; Chinesisch) sprechen, dann kann es gut sein, dass er sagt: **Nǐ de Zhōngwén tài hǎo le.** (*nih dë dschung wën tai hau lë*; Ihr Chinesisch ist toll.) Anstatt sich selbst auf die Schulter zu klopfen, sollten Sie in Ihrer Reaktion bescheiden sein (mehr dazu, was Sie niemals tun sollten, lesen Sie in Kapitel 22). Geben Sie sich nicht der Versuchung hin, das Kompliment einfach mit einem **xièxie** (*chiä chiä*; danke) zu akzeptieren. Das würde bedeuten, dass Sie voll und ganz der lobenden Einschätzung zustimmen. Versuchen Sie es mit einer der folgenden Redewendungen. Sie können übersetzt werden als »Ach, woher denn« oder »Zu viel der Ehre«:

- ✔ **guò jiǎng guò jiǎng** (*guo djiang guo djiang*)
- ✔ **nǎlǐ nǎlǐ** (*nah lih nah lih*)
- ✔ **nǎr de huà** (*nahr dë hua*)

Sich verabschieden

Wenn es Zeit wird, sich zu verabschieden, können Sie auf jeden Fall **zài jiàn** (*dsai djiän*) sagen. Wenn Sie nur mal kurz wegmüssen und gleich zurückkommen, können Sie sagen **yí huìr jiàn** (*ih huäir djiän*; bis später). Wenn Sie jemanden erst am nächsten Tag wiedersehen werden, können Sie sich mit den Worten **míngtiān jiàn** (*ming tiän djiän*; bis morgen) verabschieden. Für ein »Bis gleich« können Sie **huítóu jiàn** (*huäi tou djiän*) benutzen. Hier sind weitere Redewendungen, mit denen Sie sich verabschieden können:

- ✔ **huítóu jiàn** (*huäi tou djiän*; bis gleich)
- ✔ **míngnián jiàn** (*ming niän djiän*; bis nächstes Jahr)
- ✔ **míngtiān jiàn** (*ming tiän djiän*; bis morgen)
- ✔ **xiàge lǐbài jiàn** (*chiah gë lih bai djiän*; bis nächste Woche)
- ✔ **xīngqī'èr jiàn** (*ching tjih ër djiän*; bis Dienstag)
- ✔ **yīhuìr jiàn** (*ih huäir djiän*; bis später)
- ✔ **yī lù píng'ān** (*ih luh ping an*; gute Reise)
- ✔ **zài jiàn** (*dsai djiän*; auf Wiedersehen)

Die Bedeutung des Gemeinwohls

In China hat die Gemeinschaft immer Vorrang vor dem Individuum. Chinesen sind keinesfalls so ichbezogen wie die Menschen im Westen und ordnen meist ihre individuellen Wünsche dem Gemeinwohl unter, ganz gleich, ob das Gemeinwohl das Wohl der Familie, das der Klasse in der Schule oder das der Kollegen meint. Diese Denkweise spiegelt sich auch in der Form, wie Briefumschläge beschriftet sind, wider: zuerst das Land, dann die Stadt, die Straße und in der letzten Zeile der Name des Empfängers. Und in dieser letzten Zeile steht zuerst der Familienname und dann der Vorname. Das gilt gleichermaßen für die Art und Weise, wie man seine Herkunft angibt: Die große Einheit steht immer vor der kleineren. Deshalb würde man also sagen, man kommt aus **Yīngguó Lúndūn** (*ying guo lun dun*) und nicht anders herum.

Im Gespräch

Christoph trifft am Morgen zufällig seinen Geschichtsprofessor nach Unterrichtsschluss.

Christoph: **Lǎoshī zǎo.**
Lau shı dsau.
Guten Morgen, Herr Professor.

Professor: **Zǎo. Nǐ hǎo.**
Dsau. Nih hau.
Guten Morgen. Hallo.

Christoph: **Jīntiān de tiānqì hěn hǎo, duì bu duì?**
Djin tiän dë tiän tjih hën hau, duäi buh duäi.
Heute ist das Wetter schön, nicht wahr?

Professor: **Duì. Hěn hǎo.**
Duäi. Hën hau.
Ja. Es ist sehr schön.

Christoph: **Nàme, míngtiān shàng kè de shíhou zài jiàn.**
Nah më, ming tiän schang kë dë shı hou dsai djiän.
Dann sehen wir uns morgen im Unterricht.

Professor: **Hǎo. Míngtiān jiàn.**
Hau. Ming tiän djiän.
Ja. Bis morgen.

Spiel und Spaß

Hier sind ein paar Wörter aus der Reihe getanzt. Setzen Sie sie an die passenden Stellen im Text ein.

míngzi, bàofēngxuě, jiàn, Déguórén, hǎo

Zǎo. Nǐ ______. Wǒ de _______ jiào Johannes. Wǒ shì ________. Jīntiān de tiānqì hěn hǎo. Méi yǒu ______. Huítóu _______.

Die Antworten finden Sie in Anhang D.

Ordnen Sie den Situationen die passende Redewendung zu.

1. Sie sehen jemanden nach langer Zeit wieder.
2. Sie treffen am Abend einen Freund.
3. Sie treffen am Morgen Ihren Lehrer.
4. Jemand macht Ihnen ein Kompliment über Ihre neue Frisur.
5. Jemand stellt Sie seinem Bruder vor.
6. Ihr bester Freund fliegt nach Frankreich.

a. Hěn gāoxìng jiàndào nǐ.
b. Yī lù píng'ān.
c. Hǎo jiǔ méi jiàn.
d. Wǎn ān.
e. Zǎo.
f. Nǎr de huà.

Teil II
Chinesisch im Alltag

IN DIESEM TEIL ...

Dieser Teil hilft Ihnen, direkt in den Alltag einzutauchen: mit Freunden quatschen, essen, trinken, einkaufen bis zum Umfallen, Arbeit im Büro, zu Hause abhängen oder einfach die Freizeit genießen.

In den folgenden Kapiteln werden all diese Themen behandelt, damit Sie all diese Aktivitäten auf Chinesisch machen können.

Suchen Sie Ihr Lieblingsthema aus und setzen Sie Ihr Chinesisch ein!

IN DIESEM KAPITEL

Mit neuen Bekannten scherzen

Über Ihre Arbeit plaudern

Etwas über Ihr Zuhause erzählen

Kapitel 4
Man lernt Sie kennen: Smalltalk

Wenn Sie mit jemandem kommunizieren, den Sie gerade getroffen haben oder kaum kennen, dann kann Smalltalk wirklich das Eis brechen. So lernen Sie jemanden kennen, können einen kurzen Plausch mit dem Herrn neben Ihnen im Flugzeug halten oder mehr über Ihre chinesischen Teammitglieder erfahren. Dieses Kapitel hilft Ihnen, einige wichtige Redewendungen und Fragen zu meistern, die Sie zur Beziehungsarbeit nutzen können.

Xiánliáo (*chiän liau*) bedeutet Smalltalk auf Chinesisch. **Xiántán** (*chiän tan*) bedeutet plaudern … beides erfüllt seinen Zweck.

Eine Verbindung herstellen

Ein absolut sicherer Weg, ein Gespräch zu beginnen, ist, eine Frage zu stellen. Denken Sie an die folgenden grundlegenden Fragewörter, wenn der Moment des Kennenlernens näher rückt:

- ✔ **shéi** (*schäi*; wer?)
- ✔ **shénme** (*schën më*; was?)
- ✔ **zài nǎr** (*dsai nahr*; wo?)
- ✔ **shénme shíhou** (*schën më shı hou*; wann?)
- ✔ **wèishénme** (*wäi shën më*; warum?)
- ✔ **zěnme** (*dsën më*; wie?)
- ✔ **duō jiǔ** (*duo djiou*; wie lange?)

Hier einige Beispiele für die Anwendung der Fragewörter in einfachen Sätzen. Manchmal können die Fragepronomen, wie im Deutschen, auch allein verwendet werden:

- ✔ **Tā shì shéi?** (*tah shı schäi*; Wer ist er/sie?)
- ✔ **Nǐ yào shénme?** (*nih iau shën më*; Was möchtest du?/Was möchten Sie?)
- ✔ **Jǐ diǎn zhōng?** (*djih diän dschung*; Um wie viel Uhr?)
- ✔ **Cèsuǒ zài nǎr?** (*cë ssuo dsai nahr*; Wo ist die Toilette?)
- ✔ **Nǐ shénme shíhou chī fàn?** (*nih shën më shı hou tschı fan*; Wann isst du/essen Sie?)
- ✔ **Nǐ wèishénme yào qù Zhōngguó?** (*nih wäi schën më yau tjüh dschung guo*; Warum möchtest du/möchten Sie nach China fahren?)
- ✔ **Nǐ zěnmeyàng?** (*nih zën më iang*; Wie geht's?)
- ✔ **Nǐ yǐjīng zài zhèr duō jiǔ le?** (*nih ih djing dsai dschër duo djiou lë*; Wie lange bist du/sind Sie schon hier?)
- ✔ **Xiànzài jǐ diǎn zhōng?** (*chiän dsai djih diän dschung*; Wie spät ist es?)

Wenn sich Ihnen jemand nähert, können Sie auf die Fragen auch Folgendes erwidern. Dies sind grundlegende Redewendungen für einen Smalltalk, die nützlich sind, wenn Sie Chinesisch lernen:

- ✔ **Wǒ bù dǒng.** (*uo buh dung*; Ich verstehe nicht.)
- ✔ **Wǒ bù zhīdao.** (*uo buh dschı dau*; Ich weiß nicht.)
- ✔ **Wǒ bù rènshi tā.** (*uo buh rën shı tah*; Ich kenne ihn/sie nicht.)
- ✔ **Duìbuqǐ.** (*duäi buh tjih*; Entschuldigung.)
- ✔ **Hěn bàoqiàn.** (*hën bau tjiän*; Es tut mir leid.)

Track 7: Im Gespräch

Kerstin hat keine Uhr. Sie möchte wissen, wie spät es ist, und spricht auf der Straße einen Mann an.

Kerstin: **Duìbuqǐ. Qǐng wèn, xiànzài jǐ diǎn zhōng?**
Duäi buh tjih. Tjing wën chiän dsai djih diän dschung?
Entschuldigung. Können Sie mir sagen, wie spät es ist?

Mann: **Xiànzài yī diǎn bàn.**
Chiän dsai ih diän ban.
Es ist 1:30 Uhr.

Kerstin: **Hǎo. Xièxie.**

Hau. chiä chiä.

Gut. Vielen Dank.

Mann: **Bù kèqi.**

Buh kë tjih.

Keine Ursache.

Kerstin: **Máfan nǐ, sì lù chēzhàn zài nǎr?**

Mah fan nih, ssı luh tschë dschan dsai nahr?

Ich muss Sie noch einmal stören. Wo ist die Haltestelle von Buslinie 4?

Mann: **Chezhàn jiù zài nàr.**

Tschë dschan djiou tsai nahr.

Die Haltestelle ist gleich dort.

Kerstin: **Hǎo. Xièxie.**

Hau. Chiä chiä.

Ah. Danke.

Mann: **Méi wèntí.**

Mäi wën tih.

Kein Problem.

Kleiner Wortschatz

Chinesisch	Aussprache	Deutsch
Xiànzài jǐ diǎn zhōng?	*chiän dsai djih diän dschung*	Wie spät ist es jetzt?
chēzhàn	*tschë dschan*	Bushaltestelle
méi wèntí	*mäi wën tih*	kein Problem

Einfache einleitende Fragen stellen

Wenn Sie jemanden treffen, können Sie folgende einfache Fragen stellen. (Für mögliche Antworten blättern Sie zu Kapitel 3 zurück.)

- ✔ **Nǐ jiào shénme míngzi?** (*nih djiau schën më ming dsı*; Wie heißt du/heißen Sie?)
- ✔ **Nǐ niánjì duō dà?** (*nih niän djih duo dah*; Wie alt bist du/sind Sie?)
- ✔ **Nǐ zhù zài nǎr?** (*nih dschuh dsai nahr*; Wo wohnst du/wohnen Sie?)
- ✔ **Nǐ jiéhūn le méiyǒu?** (*nih djiä hun lë ma*; Bist du/Sind Sie verheiratet?)

- **Nǐ yǒu háizi ma?** (*nih yoh hai dsı ma*; Hast du/Haben Sie Kinder?)
- **Nǐ zuò shénme gōngzuò?** (*nih dsuo schën më gung dsuo*; Was machst du/machen Sie beruflich?)
- **Nǐ huì jiǎng Zhōngwén ma?** (*nih huäi djiang dschung wën ma*; Kannst du/Können Sie Chinesisch sprechen?)
- **Nǐ xǐhuān kàn diànyǐng ma?** (*nih chih huan kan diän ying ma*; Siehst du/Sehen Sie gern Filme?)
- **Nǐ shénme shíhou zǒu?** (*nih schën më schı hou dsou*; Wann gehst du/gehen Sie?)
- **Jīntiān de tiānqì zěnmeyàng?** (*djin tiän dë tiän tsjih dsën më iang*; Wie ist das Wetter heute?)

Über die Familie plaudern

Wenn Sie bei Ihren Antworten auf die Fragen über Ihre Familie sprechen wollen, dann sollten Sie folgende Wörter kennen:

- **àirén** (*ai rën*; Ehepartner, meist in China verwendet, in Taiwan eher nicht)
- **tàitai** (*tai tai*; Ehefrau – häufig in Taiwan verwendet)
- **qīzi** (*tjih dsı*; Ehefrau)
- **zhàngfu** (*dschang fuh*; Ehemann)
- **fùmǔ** (*fuh muh*; Eltern)
- **xiōngdì jiěmèi** (*chiung dih djiä mäi*; Geschwister)
- **mǔqīn** (*muh tjin*; Mutter)
- **fùqīn** (*fuh tjin*; Vater)
- **háizi** (*hai dsı*; Kind)
- **érzi** (*ër dsı*; Sohn)
- **nǚ'ér** (*nüh ër*; Tochter)
- **zǔfù** (*dsuh fuh*; Großvater)
- **zǔmǔ** (*dsuh muh*; Großmutter)
- **sūnzi** (*ssun dsı*; Enkelsohn)
- **sūnnǚ** (*ssun nüh*; Enkeltochter)

Im Gespräch

Lǐ Huá trifft Bettina, eine Klassenkameradin ihrer Tochter, und fragt sie nach ihrer Familie.

Lǐ Huá: **Bettina, nǐ yǒu méiyǒu xiōngdì jiěmèi?**
Bettina, nih yoh mäi yoh chiung dih djiä mäi?
Bettina, hast du Geschwister?

Bettina: **Wǒ yǒu yī gè jiějie. Tā shíwǔ suì, bǐ wǒ dà liǎng suì.**
Uo yoh ih gë chiä chiä. Tah shı uh ssuäi. Bih uo dah liang ssuäi.
Ich habe eine ältere Schwester. Sie ist 15, zwei Jahre älter als ich.

Lǐ Huá: **Tā yě huì jiǎng Zhōngwén ma?**
Tah iä huäi djiang dschung wën ma?
Kann sie auch Chinesisch sprechen?

Bettina: **Bù huì. Tā zhǐ huì Déyǔ.**
Buh huäi. Tah dschı huäi dë üh.
Nein. Sie spricht nur Deutsch.

Lǐ Huá: **Nǐ de fùmǔ zhù zài nǎr?**
Nih dë fuh muh dschuh dsai nahr?
Wo wohnen deine Eltern?

Bettina: **Wǒmen dōu zhù zài Běijīng. Wǒ bàba shì wàijiāoguān.**
Uo mën dou dschuh dsai bäi djing. Uo bah bah shı uai djiau guan.
Wir wohnen alle in Beijing. Mein Vater ist Diplomat.

Lǐ Huá: **Nà tài hǎo le.**
Nah tai hau lë.
Das ist toll.

Kleiner Wortschatz

Chinesisch	Aussprache	Deutsch
jiǎng	*djiang*	sprechen
zhù	*dschuh*	wohnen
wàijiāoguān	*uai djiau guan*	Diplomat/Diplomatin
Déyǔ	*dë üh*	Deutsch
Zhōngwén	*dschung wën*	Chinesisch

Smalltalk über die Arbeit

Ihre Arbeit kann viel über Sie aussagen. Sie kann auch ein tolles Gesprächsthema sein oder ein sonst langweiliges Gespräch aufpeppen. Um jemanden nach seiner **gōngzuò** (*gung dsuo*; Arbeit) zu fragen, können Sie sagen **Nǐ zuò shénme gōngzuò?** (*nih dsuo schën më gung dsuo*; Was machen Sie/machst du beruflich?) Sie können natürlich auch eine Vermutung äußern und fragen **Nǐ shì lǎoshī ma?** (*nih schı lau schı ma*; Sind Sie/bist du Lehrer?)

Hier sind einige Berufe, die Sie oder Ihr Gesprächspartner vielleicht ausüben:

- **lǎoshī** (*lau schı*; Lehrer/Lehrerin)
- **jiàoshòu** (*djiau schou*; Professor/Professorin)
- **lǜshī** (*lüh schı*; Rechtsanwalt/Rechtsanwältin)
- **yīshēng** (*ih schëng*; Arzt/Ärztin)
- **hùshì** (*huh schı*; Krankenschwester/Krankenpfleger)
- **biānjí** (*biän djih*; Redakteur/Redakteurin)
- **kuàijì** (*kuai djih*; Buchhalter/Buchhalterin)
- **shuǐnuǎngōng** (*schuäi nuan gung*; Klempner/Klempnerin)
- **diàngōng** (*diän gung*; Elektriker/Elektrikerin)
- **yǎnyuán** (*yän üän*; Schauspieler/Schauspielerin)
- **zhǔguǎn** (*dschuh guan*; Geschäftsführer/Geschäftsführerin)
- **fēixíngyuán** (*fäi ching üän*; Pilot/Pilotin)
- **chéngwùyuán** (*tschëng uh üän*; Flugbegleiter/Flugbegleiterin)
- **hǎiguān guānyuán** (*hai guan guan üän*; Zollbeamter/Zollbeamtin)
- **lièchēyuán** (*liä tschë üän*; Schaffner/Schaffnerin)
- **jiēxiànyuán** (*djiä chiän üän*; Telefonist/Telefonistin)
- **qiántái fúwùyuān** (*tjiän tai fuh uh üän*; Rezeptionist/Rezeptionistin)
- **kèfáng fúwùyuán** (*kë fang fuh uh üän*; Zimmerpersonal im Hotel)
- **chūnàyuán** (*tschuh, nah üän*; Kassierer/Kassiererin in der Bank)
- **yóudìyuán** (*yoh dih üän*; Postbote/Postbotin)
- **cáifeng** (*tsai fëng*; Schneider/Schneiderin)

Folgende Wörter und Wendungen sind nützlich, wenn Sie über die Arbeit reden:

- **bàn rì gōngzuò** (*ban rı gung dsuo*; Halbtagsarbeit)
- **quán rì gōngzuò** (*tjüän rı gung dsuo*; Vollzeitarbeit)
- **shīyè** (*schı iä*; arbeitslos)
- **miànshì** (*miän schı*; Vorstellungsgespräch)
- **jīnglǐ** (*djing lih*; Direktor, Manager)
- **gùyuán** (*guh üän*; Arbeitnehmer)
- **gùzhǔ** (*guh dschuh*; Arbeitgeber)

In China ist die **dānwèi** (*dan wäi*; Arbeitseinheit) ein wichtiger Bestandteil des Lebens. (Dieses Wort bezeichnet die Arbeitsstelle, die sich irgendwo im Land befinden kann. Ihre **dānwèi** übernimmt die Verantwortung für Sie, also auch für die Fehler, die Sie vielleicht machen.) Es ist tatsächlich so, dass man, wenn man wissen möchte, wer am anderen Ende der Telefonleitung ist, **Nǐn nǎr** (*nin nahr*; Wo sind Sie?) fragt, um zu wissen, zu welcher **dānwèi** der Gesprächspartner gehört.

Unter Mao Zedong (Vorsitzender der Kommunistischen Partei Chinas und Begründer der Volksrepublik China im Jahr 1949) wurde den Menschen gleich nach dem Schulabschluss eine Arbeit zugewiesen. Viele dachten nicht einmal ans Heiraten, solange sie nicht wussten, wohin sie geschickt wurden. Es konnte daher sein, dass jemand eine Arbeit im nördlichen Hinterland zugewiesen bekam und die Verlobte im Süden lebte. So konnte man sich nur einmal im Jahr, zum chinesischen Neujahrsfest, sehen.

Auch wenn die Rolle der **dānwèi** im Zuge der Wirtschaftsreformen nachlässt, so sorgt sie doch zum Teil noch heute für die Wohnung der Angestellten und setzt staatliche Richtlinien um. Man benötigt die Zustimmung der Arbeitseinheit, um zu heiraten, ein Kind zu bekommen oder staatliche Beihilfen zu erhalten.

Track 8: Im Gespräch

Yáng und Xiǎo Liú sprechen über ihre Berufe, die völlig verschieden sind. Xiǎo Liú ist Krankenschwester in einer Stadt in der Provinz Henan, nicht weit entfernt vom berühmten Shaolin-Tempel.

Xiǎo Liú: **Yáng, nǐ zuò shénme gōngzuò?**
Iang, nih dsuo schën më gung dsuo?
Yang, was machst du beruflich?

Yáng: **Wǒ shì lánqiú duìyuán.**
Uo shı lan tjiou duäi üän.
Ich bin Basketballspieler.

Xiǎo Liú: **Nà hěn yǒu yìsi.**
Nah hën yoh ih ssı.
Das ist ja interessant.

Yáng: **Nǐ ne?**
Nih në?
Und du?

Xiǎo Liú: **Wǒ shì hùshì. Wǒ zài Kāifēng dì-yī yīyuàn gōngzuò.**
Uo shı huh schı. Uo dsai kai fëng dih ih ih üän gung dsuo.
Ich bin Krankenschwester. Ich arbeite im Krankenhaus Nummer 1 in Kaifeng.

Yáng: **Nán bu nán?**
Nan buh nan?
Ist (die Arbeit) schwer?

Xiǎo Liú: **Bù nán. Wǒ hěn xǐhuān wǒ de gōngzuò.**
Buh nan, Uo hën chih huan uo dë gung dsuo.
Nein. Ich mag meinen Beruf sehr.

Kleiner Wortschatz

Chinesisch	Aussprache	Deutsch
zhíyè	*dschı iä*	Beruf
nán	*nan*	schwer, schwierig
xǐhuān	*chih huan*	mögen, gern haben
yīyuàn	*ih üän*	Krankenhaus
gōngzuò	*gung dsuo*	arbeiten, Arbeit
hùshì	*huh schı*	Krankenschwester/ Krankenpfleger

Über die Wohnung sprechen

Nachdem man sich durch Smalltalk ein wenig kennengelernt hat, tauscht man vielleicht Adressen und Telefonnummern aus, um in Kontakt zu bleiben. Es kann sein, dass die einleitende Frage **Nǐ zhù zài nǎr?** (*nih dschuh dsai nahr*; Wo wohnst du/wohnen Sie?), die weiter vorn in diesem Kapitel schon vorkam, auftaucht. Vielleicht wollen Sie auch eine der folgenden Fragen stellen:

- ✔ **Nǐ de dìzhǐ shì shénme?** (*nih dë dih dschı schı schën më*; Wie ist deine/Ihre Adresse?)

- **Nǐ de diànhuà hàomǎ shì duōshǎo?** (*nih dë diän hua hau mah schı duo schau*; Wie ist deine/Ihre Telefonnummer?)
- **Nǐ shénme shíhou zài jiā?** (*nih schën më schı hou dsai djiah*; Wann bist du/sind Sie zu Hause?)

Ab und zu werden Sie auch über Ihr Zuhause sprechen. Dabei können die folgenden Wörter und Redewendungen nützlich sein:

- **Wǒmen zhù de shì fángzi.** (*uo mën dschuh dë schı fang dsı*; Wir wohnen in einem Haus.)
- **Tā zhù de shì gōngyù.** (*tah dschuh dë schı gung üh*; Er/Sie wohnt in einem Apartment.)
- **Tāmen yǒu yī gè yuànzi.** (*tah mën yoh ih gë üän dsı*; Sie haben einen Hof.)
- **Nǐ yǒu yī gè huāyuán.** (*nih yoh ih gë hua üän*; Du hast/Sie haben einen Garten.)
- **Wǒ zhù zài chéngli.** (*uo dschuh dsai tschëng lih*; Ich wohne in der Stadt.)
- **Wǒ zhù zài jiāowài.** (*uo dschuh dsai djiau wai*; Ich wohne in einem Vorort.)
- **Wǒ zhù zài nóngcūn.** (*uo dschuh dsai nung tsun*; Ich wohne auf dem Land.)

Außer Ihrer **diànhuà hàomǎ** (*diän hua hau mah*; Telefonnummer) und **dìzhǐ** (*dih dschı*; Adresse) wollen die meisten auch Ihre **diànzǐ yóuxiāng dìzhǐ** (*diän dsı yoh chiang dih dschı*; E-Mail-Adresse) wissen. In einer eher formellen Situation ist es angemessen, eine **míngpiàn** (*ming piän*; Visitenkarte) zu überreichen. (Wie man die Zahlen ausspricht, finden Sie in Kapitel 2.)

Im Gespräch

Silke trifft Andrea auf einer Konferenz in Wuhan. Sie ist der Meinung, dass Andrea die passende Partnerin für ihr Elektronik-Projekt ist.

Silke: **Zhè shì wǒ de míngpiàn. Yǒu dìzhǐ, diànhuà hàomǎ hé diànzǐ yóuxiāng dìzhǐ.**

Dschë schı uo dë ming piän. Yoh dih dschı, diän hua hau mah hë diän dsı yoh chiang dih dschı.

Hier ist meine Visitenkarte mit Adresse, Telefonnummer und E-Mail.

Andrea: **Xièxie.**

Chiä chiä.

Danke.

Silke: **Kěshì wǒ de diànhuà hàomǎ biàn le. Xiànzài shī liù wǔ lǐng qī èr yī, sì gè líng.**

Kë schı uo dë diän hua hau mah biän lë. Chiän dsai schı liou uh ling tjih ër ih ssı gë ling.

Aber meine Telefonnummer hat sich geändert. Sie lautet jetzt 650-721-0000.

Andrea: **Hǎo. Xièxie.**
Hau. Chiä chiä.
In Ordnung. Danke.

Silke: **Yǒu kòng, qǐng gěi wǒ dǎ diànhuà.**
Yoh kung, tjing gäi uo dah diän hua.
Rufen Sie mich bitte an, wenn Sie Zeit haben.

Andrea: **Yīdìng huì.**
Ich ding huäi.
Das werde ich machen.

Kleiner Wortschatz

Chinesisch	Aussprache	Deutsch
dǎ diànhuà	*dah diän hua*	telefonieren
diànhuà hàomǎ	*diän hua hau mah*	Telefonnummer
gǎibiàn	*gai biän*	verändern
míngpiàn	*ming piän*	Visitenkarte
diànzǐ yóuxiāng dìzhǐ	*diän dsı yoh chiang dih dschı*	E-Mail-Adresse

Spiel und Spaß

Verbinden Sie chinesische und deutsche Berufsbezeichnungen. Überprüfen Sie Ihre Lösung in Anhang D.

yīshēng	Fußballspieler/Fußballspielerin
lǎoshī	Arzt/Ärztin
fēixíngyuán	Pilot/Pilotin
zúqiú duìyuán	Lehrer/Lehrerin

IN DIESEM KAPITEL

Essen auf chinesische Art

Bestellung und Unterhaltung im Restaurant

Das Essen bezahlen

Lebensmittel einkaufen

Kapitel 5
Essen und Trinken: Gān bēi!

Sie denken vielleicht, Sie wissen schon alles über chinesisches Essen. Aber wenn Sie bei chinesischen Freunden zu Gast sind oder Ehrengast bei einem festlichen Empfang Ihrer Firma in Shanghai sind, sollten Sie vielleicht doch weiterlesen. Dieses Kapitel hilft Ihnen nicht nur, sich auszudrücken, wenn Sie hungrig oder durstig sind, Lebensmittel einzukaufen oder im Restaurant zu bestellen, sondern gibt Ihnen auch nützliche Tipps, wie Sie sowohl ein guter Gast als auch ein noch besserer Gastgeber sein können, wenn Sie nur eine einzige Gelegenheit haben, einen guten Eindruck zu hinterlassen.

Schon hungrig? Hier erhalten Sie einen tieferen Einblick in die weltberühmte chinesische Küche. Zweifelsohne kennen Sie bereits viele chinesische Gerichte, von gebratenen Nudeln über Chop Suey, über Schweinefleisch süß-sauer bis hin zur leckersten aller chinesischen Speisen – Dim Sum.

Chinesische Speisen und Tischmanieren zu erkunden, ist ein toller Weg, die chinesische Kultur zu ergründen. Was Sie in diesem Kapitel entdecken, können Sie auch verwenden, um Ihre Verabredung beim nächsten Essen im Chinarestaurant mit einer Bestellung auf Chinesisch zu beeindrucken.

Alles über das Essen

Falls Sie hungrig sind, wenn Sie mit diesem Kapitel beginnen, sollten Sie eine Pause machen, um eine **fàn** (*fan*; Mahlzeit) zu **chī** (*tschı*; essen). Genau genommen, taucht **fàn** immer auf, wenn Sie in China über das Essen sprechen. Die verschiedenen Mahlzeiten am Tag heißen:

- ✔ **zǎofàn** (*dsau fan*; Frühstück)
- ✔ **wǔfàn** (*uh fan*; Mittagessen)
- ✔ **wǎnfàn** (*wan fan*; Abendessen)

Über Jahrhunderte hinweg und bis heute begrüßen sich Chinesen nicht mit den Worten **Nǐ hǎo ma?** (*nih hau ma*; Geht es dir gut?), sondern mit **Chī fàn le méiyǒu?** (*tschı fan lë möi yoh*; Hast du gegessen?).

Fàn bedeutet eigentlich gekochtes Getreide, vor allem gekochter Reis. Sie können **mǐfàn** (*mih fan*; Reis) bestellen, der kann Ihnen als **chǎofàn** (*tschau fan*; gebratener Reis) oder **bái mǐfàn** (*bai mih fan*; [gekochter weißer] Reis) serviert werden, oder Sie bestellen **miàntiáo** (*miän tiau*; Nudeln), **bāozi** (*bau dsı*; gefüllte Dampfbrötchen) oder **jiǎozi** (*djiau dsı*; gefüllte Teigtaschen). Es gibt also viele Sorten **fàn**, aus denen Sie wählen können.

Den Hunger stillen

Wenn Sie hungrig sind, können Sie sagen **Wǒ hěn è.** (*uo hën ë*; Ich habe Hunger.) und auf einen Freund warten, der Sie zum Essen einlädt. Wenn Sie durstig sind, sagen Sie einfach **Wǒ de kǒu hěn kě.** (*uo dë kou hën kë*; *wörtlich*: Mein Mund ist durstig.) und verschiedene Getränke werden Ihnen angeboten. Allerdings werden Sie vielleicht gar nicht die Gelegenheit bekommen, diese Wörter auszusprechen, da es die chinesischen Höflichkeitsregeln gebieten, Gästen sofort Essen und Trinken anzubieten.

Es gibt einige raffinierte Möglichkeiten, zu sagen, dass Sie hungrig sind, ohne dass Sie zu dreist klingen. Sie können sagen:

- ✔ **Nǐ è ma?** (*nih ë ma*; Hast du/Haben Sie Hunger?)
- ✔ **Nǐ è bu è?** (*nih ë buh ë*; Hast du/Haben Sie nicht Hunger?)
- ✔ **Nǐ hái méi chī wǎnfàn ba?** (*nih hai mäi tschı wan fan ba*; Du hast/Sie haben bestimmt noch nicht zu Abend gegessen.)

Wenn Sie zuerst nachfragen, ob Ihr Gegenüber hungrig ist, dann zeigen Sie die hoch geschätzte chinesische Rücksichtnahme auf andere und geben sich so selbst die Gelegenheit, elegant zu verschleiern, dass Sie eigentlich die Person sind, die unbedingt etwas essen möchte. Wenn Sie wollen, können Sie natürlich auch direkt sagen, dass Sie hungrig sind, indem Sie **nǐ** (*nih*; du, Sie) durch **wǒ** (*uo*; ich) ersetzen.

Wenn Sie am Ende eines Satzes **ba** hören, dann können Sie das als »ich vermute« verstehen, wie im Satz **Nǐ hái méi chī wǎnfàn ba.** (*nih hai mäi tschı wan fan ba*; Sie haben bestimmt noch nicht zu Abend gegessen.) oder »Lass/Lasst uns … « wie in **Wǒmen qù chī fàn ba.** (*uo mën tjüh tschı fan ba*; Lass/Lasst uns essen gehen.) Dieses kleine Wort kann den Ton einer Aufforderung (oder Anweisung) abmildern.

Sie können auch **Nǐ xiān hē jiǔ.** (*nih chiän hë djiou*; Trinken Sie zuerst Wein.) sagen, aber es klingt netter und höflicher, wenn Sie sagen: **Nǐ xiān hē jiǔ ba.** (*nih chiän hë djiou ba*; Wie wäre es zuerst mit einem Schluck Wein?)

Wenn eine Bekannte Sie zum Essen einlädt, fragt sie vielleicht **Nǐ yào chī fàn háishì yào chī miàn?** (*nih yau tschı fan hai schı yau tschı miän*; Möchten Sie Reis oder Nudeln essen?)

Natürlich wird die Gastgeberin Ihnen nicht einfach eine Schüssel Reis oder Nudeln servieren. Sie möchte nur wissen, welche Hauptspeise sie zum **cài** (*tsai*; Gericht) vorbereiten soll.

Die große Vielfalt an **cài** lässt die kulinarische Welt neidisch auf China schauen. Ein Leben am Existenzminimum über mehrere Jahrhunderte hat die Chinesen gelehrt, nicht einen Bissen Fleisch oder Gemüse zu verschwenden, wenn man diesen Bissen essen kann. Chronischer Mangel an Nahrungsmitteln in der Geschichte Chinas lässt die Redewendung »Not macht erfinderisch« glaubwürdig erscheinen. Allerdings sagen die Chinesen das anders: »Sie essen alles mit Beinen, das kein Tisch ist, und alles mit Flügeln, außer Flugzeuge.« Egal wie, Sie verstehen, was gemeint ist ...

Platz nehmen zum Essen

Sobald Sie Ihr Essen gewählt haben, das Essen auch serviert wird und Sie nun anstarrt, möchten Sie vielleicht wissen, mit welchen Utensilien man isst. Seien Sie nicht zu schüchtern, auch in einem chinesischen Restaurant nach dem guten alten Besteck zu fragen. Es ist ohnehin ein Mythos, dass Chinesen alles mit Stäbchen essen. Tabelle 5.1 bietet Ihnen eine Liste mit Utensilien, die Sie möglicherweise irgendwann mal auf Chinesisch benennen möchten.

Chinesisch	Aussprache	Deutsch
yáqiān	*yah tjiän*	Zahnstocher
chāzi	*tschah dsı*	Gabel
dāozi	*dau dsı*	Messer
sháozi	*schau dsi*	Löffel
bēizi	*bäi dsı*	Tasse, Glas
pánzi	*pan dsı*	Teller
wǎn	*wan*	Schale, Schüssel
cānjīnzhǐ	*tsan djin dschı*	Papierserviette

Tabelle 5.1: Geschirr und Utensilien auf Chinesisch

Auch wenn chinesisches Essen so abwechslungsreich ist, dass Sie es Ihr Leben lang dreimal täglich essen könnten, kann es doch vorkommen, dass Sie sich ab und an nach einer Bratwurst oder Pommes frites sehnen. Sie werden überrascht sein, dass Sie in Asien fast alles finden. Auch McDonald's oder Kentucky Fried Chicken. Und das oft dort, wo Sie es am wenigsten erwarten. Tabelle 5.2 hilft Ihnen bei der Bestellung von gewohnten Imbissen und heimischen Gerichten, Tabelle 5.3 führt einige gängige Getränke auf.

Chinesisch	Aussprache	Deutsch
hànbǎobāo	*han bau bau*	Hamburger
règǒu	*rë gou*	Hot Dog
zhá shǔtiáo	*dschah schuh tiau*	Pommes frites
zhá jī	*dschah djih*	Gebratenes Hähnchen

Chinesisch	Aussprache	Deutsch
zhá yángcōng quān	*dschah iang tsung tjüän*	Gebratene Zwiebelringe
bǐsābǐng	*bih sah bing*	Pizza
kǎo tǔdòu	*kau tuh dou*	Gebackene Kartoffel
tǔdòuní	*tuh dou nih*	Kartoffelpüree
Yìdàlì miàn	*ih dah lih miän*	Spaghetti
yángpái	*iang pai*	Lammkotelett
zhūpái	*dschuh pai*	Schweinekotelett
sānmíngzhì	*san ming dschı*	Sandwich
shālā zìzhù	*schah lah dsı dschuh*	Salatbar
shālājiàng	*shah lah djiang*	Salatsoße

Tabelle 5.2: Westliche Speisen auf Chinesisch

Chinesisch	Aussprache	Deutsch
jiǔdān	*djiou dan*	Weinkarte
píjiǔ	*pih djiou*	Bier
gān hóng pútáojiǔ	*gan hung puh tau djiou*	Rotwein (trocken)
kuàngquánshuǐ	*kuang tjüän schuäi*	Mineralwasser
guǒzhī	*guo dschı*	Fruchtsaft
niúnǎi	*niou nai*	Milch
kāfēi	*kah fäi*	Kaffee
chá	*tschah*	Tee
níngméng qìshuǐ	*ning mëng tjih schuäi*	Zitronenlimonade
kělè	*kë lë*	Cola

Tabelle 5.3: Getränke auf Chinesisch

Das Verb **xiǎng** (*chiang*) hat zwei Bedeutungen: »denken« oder »vermissen«. Vielleicht hören Sie mal jemanden sagen **Wǒ xiǎng wǒ xiǎng jiā.** (*uo chiang uo chiang tjiah*; Ich glaube, ich habe Heimweh.) **Xiǎng** ist auch ein Modalverb, das mit »wollen« übersetzt werden kann.

Bevorzugen Sie Fleisch háishì (oder) Fisch?

Wenn Sie auf der chinesischen Speisekarte zwischen mehreren Speisen wählen können, können Sie Alternativfragen bilden, indem Sie das Wort **háishì** (*hai schı*; oder) zwischen zwei Alternativen stellen. Wenn Sie in

Aussagesätzen »oder« verwenden – wenn Sie zum Beispiel sagen, dass sie heute *oder* morgen ankommt –, dann müssen Sie **huò** (*huo*) oder **huòzhě** (*huo dschë*) verwenden.

Die richtigen Tischmanieren

Wenn Sie von jemandem nach Hause eingeladen werden, denken Sie immer daran, ein kleines Geschenk mitzunehmen und den anderen zuzuprosten, bevor Sie selbst während des Essens trinken. Chinesen haben übrigens kein Problem damit, ihre Suppe zu schlürfen und während oder nach dem Essen zu rülpsen. Seien Sie also nicht erstaunt, wenn beides bei einem recht förmlichen Beisammensein passiert. Um höflich zu bleiben und Anstand zu zeigen, sollten Sie immer bemüht sein, den anderen etwas auf den Teller zu legen, bevor Sie sich bedienen, anderenfalls gelten Sie als unhöflich und ichbezogen.

Scheuen Sie sich nicht, einige der folgenden Redewendungen bei Tisch zu benutzen:

- **Màn chī** (*man tschı*) oder **mànman chī** (*man man tschı*; Guten Appetit!) Wörtlich übersetzt heißt diese Wendung »Iss/Essen Sie langsam«, frei übersetzt »Lassen Sie sich Zeit und genießen Sie Ihr Essen.«
- **Zìjǐ lái.** (*dsı djih lai*; Ich nehme mir selbst.)
- **Gānbēi.** (*gan bäi*; Prost! *Wörtlich*: Auf Ex trinken.)
- **Duō chī yīdiānr ba!** (*duo tschı ih diär ba*; Essen Sie noch etwas.)
- **Wǒ chībǎo le.** (*uo tschı bau lë*; Ich bin satt.)

Wann immer Ihnen ein Tischnachbar Essen auf den Teller legt, so wie es Brauch ist, sollten Sie Protest vorgeben mit den Worten **Wǒ zìjǐ lái.** (*uo dsı djih lai*; Ich nehme mir selbst.) So scheint es nicht so, als würden Sie davon ausgehen, dass Sie bedient werden sollten. Schlussendlich, wenn Sie Gast sind, sollten Sie gemäß der Etikette Ihren Tischnachbarn erlauben, Ihnen von allen Speisen aufzutun.

Egal was passiert: Verwenden Sie niemals einen **yáqiān** (*yah tjiän*; Zahnstocher), ohne Ihren Mund zu verbergen. Einer der schlimmsten Fehler beim Essen ist, die Zähne bei der Benutzung eines Zahnstochers zu zeigen.

Die chinesischen Küchen kennenlernen

Sie haben sicher schon bemerkt, dass es in verschiedenen Regionen Chinas unterschiedliche Küchen gibt. Jede Provinz hat ihre eigenen Spezialitäten, Zubereitungsarten und Lieblingszutaten. Manche beherrschen den Markt in Bezug auf scharfe Gerichte, andere bevorzugen eher milde Speisen. Egal wohin Sie gehen, Sie werden auf jeden Fall ein oder zwei neue Geschmacksknospen bei sich entdecken.

Nordchinesisches Essen, das man zum Beispiel in Beijing findet, ist berühmt für seine Fleischgerichte. Es gibt Rind, Lamm und Ente (erinnern Sie sich an Peking-Ente?). Als Garnierung gibt es obendrein noch Knoblauch oder Frühlingszwiebeln. Die Küche im Norden ist eher fad, weil sparsam mit Gewürzen umgegangen wird, also gibt es nichts, was zu salzig, süß oder scharf ist.

Shanghaier Speisen vertreten zusammen mit den Speisen aus den angrenzenden Provinzen Jiangsu und Zhejiang die östliche Küche. Da diese Regionen nah am Meer liegen und es hier viele Seen gibt, gibt es in diesem Teil Chinas unendlich viele Varianten von Meeresfrüchten. Frisches Gemüse, verschiedene Sorten Bambus und viel Sojasoße sowie Zucker sind kennzeichnend für diese Küche.

Speisen aus den Provinzen Sichuan und Hunan werden zur westchinesischen Küche gezählt. In Chinarestaurants in Europa findet man auf der Karte häufig Speisen dieser Küche. Da es in diesem Teil Chinas heiß und feucht ist, findet man hier gewöhnlich Peperoni und Salz als typische Zutaten.

Die südchinesische Küche ist in den Provinzen Guangdong und Fujian zu finden. Wie die Shanghai-Küche bietet sie ein reiches Angebot an Meeresfrüchten, frischen Früchten und Gemüse. Eine der bekanntesten Speisen aus Guangdong, deren Namen Sie sicher schon gehört haben, ist **Dim Sum**, in Hochchinesisch wird es **diǎn xīn** (*diän chin*) ausgesprochen.

Auswärts essen

Ob Sie bei Freunden zu Hause essen oder in einem schicken chinesischen Restaurant, Sie sollten wissen, wie man nach einigen wichtigen Utensilien fragt oder wie man Dinge, die bereits auf dem Tisch stehen, bezeichnet.

Mit den Worten **Qǐng nǐ gěi wǒ …** (*tjing gäi uo …*; Geben Sie mir bitte … Gib mir bitte…) bitten Sie höflich um etwas.

Sie können auch sagen **Máfan nǐ gěi wǒ …** (*mah fan nih gäi uo …*; Darf ich Sie/dich um einen Gefallen bitten, bitte geben Sie/gib mir …)

Wenn Sie auswärts essen, treffen Sie auf die folgenden Dinge oder müssen vielleicht danach fragen:

- ✔ **yī gè wǎn** (*ih gë wan*; eine Schale)
- ✔ **yī gè pánzi** (*ih gë pan dsı*; ein Teller)
- ✔ **yī gè bēizi** (*ih gë bäi dsı*; ein Glas/eine Tasse)
- ✔ **yī gè sháozi** (*ih gë schau dsi*; ein Löffel)
- ✔ **yī gè dāozi** (*ih gë dau dsı*; ein Messer)
- ✔ **yī gè chāzi** (*ih gë tschah dsı*; eine Gabel)
- ✔ **yī zhāng cānjīn** (*ih dschang tsan djin*; eine Serviette)

- ✔ **yī gēn yáqiān** (*ih gën yah tjiän*; ein Zahnstocher)
- ✔ **yī gè shī máojīn** (*ih gë schı mau djin*; ein feuchtes Tuch)
- ✔ **yī gè rè máojīn** (*ih gë rë mau djin*; ein heißes Tuch)
- ✔ **yī shuāng kuàizi** (*ih schuang kuai dsı*; ein Paar Stäbchen)

Wenn Sie nicht sicher sind, verwenden Sie das Zählwort **gè** (*gë*) vor dem Substantiv, das Sie durch ein Zahlwort oder ein Demonstrativpronomen, wie **zhè** (*dschë*; dies) oder **nà** (*nah*; jenes), abwandeln wollen. Wie Sie aus der obigen Liste erkennen können, wird ein/eine im Chinesischen immer mit **yī** (*ih*), der Zahl für »eins«, ausgedrückt. Das Zählwort steht zwischen **yī** und dem Substantiv. Für Stäbchen wird **shuāng** (*schuang*; Paar) verwendet; für die Serviette **zhāng** (*dschang*), ein Zählwort für Dinge mit flacher Oberfläche (wie Papier, Landkarten oder Betten). Zahnstocher werden mit **gēn** (*gën*) gezählt, einem Zählwort für alles, was einem Stock ähnelt, wie ein Seil, ein Faden oder ein Grasbüschel. Im Chinesischen gibt es sehr viele Zählwörter, **gè** ist bei Weitem das häufigste.

Im Gespräch

Linda und Charlotte treffen sich nach der Arbeit in Düsseldorf und überlegen, wohin sie zum Essen gehen.

Linda: **Charlotte, nǐ hǎo!**
Charlotte, nih hau!
Charlotte, hallo!

Charlotte: **Nǐ hǎo. Hǎo jiǔ méi jiàn.**
Nih hau. Hau djiou mäi djiän.
Hallo. Lange nicht gesehen.

Linda: **Nǐ è bu è?**
Ni ë buh ë?
Hast du Hunger?

Charlotte: **Wǒ hěn è. Nǐ ne?**
Uo hën ë. Nih në?
Ja, ich bin sehr hungrig. Und du?

Linda: **Wǒ yě hěn è.**
Uo iä hën ë.
Ich bin auch hungrig.

Charlotte: **Wǒmen qù chéngli chī Zhōngguó cài, hǎo bu hǎo?**
Uo mën tjüh tschëng lih tschı dschung guo tsai, hau buh hau?
Lass uns in die Stadt gehen, Chinesisch essen.

Linda: **Hǎo. Nǐ zhīdao nǎ jiā cānguǎn hǎo ma?**
Hau. Nih dschı dau nah djiah tsan guan hau ma?
In Ordnung. Weißt du, welches Restaurant gut ist?

Charlotte: **Běijīng kǎoyā diàn hǎoxiàng bù cuò.**
Bäi djing kau yah diän hau chiang buh tsuo.
Das Peking-Enten-Restaurant scheint ziemlich gut zu sein.

Linda: **Hǎo jí le. Wǒmen zǒu ba.**
Hau djih lë. Uo mën dsou ba.
Super. Lass uns gehen.

Nǐ hǎo (*nih hau*), die Wendung, die gerade im Dialog vorkam, kann auch als »Hallo!« oder »Wie geht's?« übersetzt werden.

Kleiner Wortschatz

Chinesisch	Aussprache	Deutsch
Nǐ è bu è?	*nih ë buh ë*	Bist du hungrig?
Zhōngguó cài	*dschung guo tsai*	chinesische Speisen
cānguǎn	*tsan guan*	Restaurant

Die Speisekarte verstehen

Sind Sie Vegetarier? Falls ja, dann wollen Sie bestimmt **sùcài** (*ssuh tsai*; vegetarisches Gericht) bestellen. Wenn Sie ein Fleischesser sind, dann sollten Sie auf **hūncài** (*hun tsai*; Fleisch- oder Fischgericht) auf der **càidān** (*tsai dan*; Speisekarte) achten. Anders als **fàn** (*fan*; Reis) oder **miàn** (*miän*; Nudeln), die Sie vielleicht bestellen und die in einzelnen Schälchen serviert werden, werden die **cài** (*tsai;* Gerichte) auf großen Tellern serviert, die Sie mit den anderen Gästen am Tisch teilen.

Machen Sie sich mit den grundlegenden Arten von Speisen auf der Speisekarte vertraut, für den Fall, dass die Karte nur in Schriftzeichen oder Pīnyīn-Transkription ist. So wissen Sie gleich, auf welchen Teil Sie sich konzentrieren müssen (oder welchen Sie ignorieren sollten).

Nehmen wir Fleisch zum Beispiel. Im Deutschen wie im Chinesischen ist aus der Bezeichnung für das Fleisch erkennbar, von welchem Tier es stammt: **zhū** (*dschuh*; Schwein), **niú** (*niou*; Rind) und **yáng** (*iang*; Lamm). Kombinieren Sie diese Wörter einfach mit **ròu** (*rou*; Fleisch) und Sie haben **zhūròu** (*dschuh rou*; Schweinefleisch), **niúròu** (*niou rou*; Rindfleisch) und **yángròu** (*iang rou*; Lammfleisch).

In Tabelle 5.4 finden Sie die Hauptkategorien einer **càidān** (*tsai dan*; Speisekarte).

Chinesisch	Aussprache	Deutsch
kāiwèicài	*kai wäi tsai*	Vorspeisen
ròu lèi	*rou läi*	Fleischgerichte
jī lèi	*djih läi*	Geflügelgerichte
hǎixiān	*hai chiän*	Fisch und Meeresfrüchte
sùcài	*ssuh tsai*	vegetarische Gerichte
tāng	*tang*	Suppen
diǎnxīn	*diän chin*	Nachspeisen
yǐnliào	*in liau*	Getränke

Tabelle 5.4: Typische Kategorien auf der chinesischen Speisekarte

Track 9: Im Gespräch

Moritz, Katharina und Lydia treffen sich nach der Arbeit in einem Restaurant in Shanghai. Als sie das Restaurant betreten, werden sie von einer Bedienung begrüßt.

Bedienung: **Jǐ wèi?**
Djih wäi?
Wie viele Personen (sind Sie)?

Lydia: **Sān wèi.**
San wäi.
Drei.

Die Bedienung bringt sie zum Tisch. Die drei müssen jetzt entscheiden, was sie bestellen.

Bedienung: **Qǐng zuò zhèr. Zhè shì càidān.**
Tjing dsuo dschër. Dschë schı tsai dan.
Bitte nehmen Sie Platz. Hier ist die Karte.

Lydia: **Nǐmen yào chī fàn háishì yào chī miàn?**
Nih mën yau tschı fan hai schı yau tschı miän?
Wollt ihr Reis oder Nudeln essen?

Moritz: **Liǎng gè dōu kěyǐ.**
Liang gë dou kë ih.
Beides ist in Ordnung.

Katharina: **Wǒ hěn xǐhuān yāoguǒ jīdīng. Nǐmen ne?**
Uo hën chih huan yau guo djih ding. Nih mën në?
Ich mag gewürfeltes Huhn mit Cashewkernen. Und ihr?

Moritz: **Duìbuqǐ, wǒ chī sù. Wǒmen néng bu néng diǎn yīdiǎnr dòufu?**

Duäi buh tjih, uo tschı ssuh. Uo mën nëng buh nëng diän ih diär dou fuh?

Entschuldigung, ich bin Vegetarier. Können wir irgendwas mit Tofu bestellen?

Katharina: **Dāngrán kěyǐ.**

Dang ran kë ih.

Natürlich.

Lydia: **Bù guǎn zěnmeyàng, wǒmen lái sān píng píjiǔ, hǎo bu hǎo?**

Buh guan dsën më iang, uo mën lai san ping pih djiou, hau buh hau?

Lasst uns auf jeden Fall drei Flaschen Bier bestellen. In Ordnung?

Moritz: **Hěn hǎo!**

Hën hau!

Sehr gut.

Kleiner Wortschatz

Chinesisch	Aussprache	Deutsch
bù guǎn zěnmeyàng	*buh guan dsën më iang*	auf jeden Fall
fànguǎn	*fan guan*	Restaurant
gāojí jiǔlóu	*gau djih djiou lou*	nobles Restaurant
xiǎochīdiàn	*chiau tschı diän*	Imbissbude
Zhōngcān	*dschung tsan*	chinesisches Essen
Xīcān	*chih tsan*	westliches Essen
kuàicān	*kuai tsan*	Fastfood
kāfēitīng	*kah fäi ting*	Café
píjiǔ	*pih djiou*	Bier

Vegetarisches Vergnügen

Falls Sie Vegetarier sind, fühlen Sie sich beim Anblick einer chinesischen Speisekarte, auf der es hauptsächlich Schweinefleisch (das beliebteste Fleisch in China), Rindfleisch- und Fischgerichte gibt, wohl verloren. Keine Sorge. Merken Sie sich einfach einige der Begriffe aus Tabelle 5.5, dann bleiben Sie nicht hungrig.

Chinesisch	Aussprache	Deutsch
biăndòu	*biän dou*	grüne Bohne
bōcài	*bo tsai*	Spinat
dòufu	*dou fuh*	Tofu
fānqié	*fan tjiä*	Tomate
gàilán	*gai lan*	Rapsgemüse
mógū	*mo guh*	Pilz
qiézi	*tjiä dsı*	Aubergine
qīngjiāo	*tjing djiau*	Paprika
tŭdòu	*tuh dou*	Kartoffel
xīlánhuā	*chih lan hua*	Brokkoli
yáng báicài	*iang bai tsai*	Weißkohl
yùmĭ	*üh mih*	Mais
zhúsŭn	*dschuh ssun*	Bambussprossen

Tabelle 5.5: Gemüsesorten, die gewöhnlich auf chinesischen Speisekarten zu finden sind

Wenn Sie verstehen, welche Gemüsesorten in chinesischen Speisen enthalten sind, dann können Sie vegetarische Gerichte in all Ihren Lieblingsrestaurants bestellen. Tabelle 5.6 führt einige vegetarische Gerichte auf, die Ihnen angeboten werden, wenn Sie ausgehen, oder die Sie für Freunde zubereiten können.

Chinesisch	Aussprache	Deutsch
dànhuā tāng	*dan hua tang*	klare Suppe mit Ei
gānbiān sìjìdōu	*dan biän ssı tjih dou*	gebratene Bohnen
hóngshāo dòufu	*hung schau dou fuh*	Tofu in Sojasoße geschmort
suānlà tāng	*ssuan lah tang*	Suppe sauer-scharf
yúxiāng qiézi	*üh chiang tjiä dsı*	Aubergine mit Knoblauch

Tabelle 5.6: Vegetarische Gerichte auf Chinesisch

Typische chinesische Gerichte

Wenn Sie schon mal in einem Chinarestaurant waren, kennen Sie vielleicht die folgenden Gerichte:

- ✔ **Běijīng kăoyā** (*bäi djing kau yah*; Peking-Ente)
- ✔ **chūnjuăn** (*tschun djüän*; Frühlingsrolle)
- ✔ **dànhuā tāng** (*dan hua tang*; Klare Suppe mit Ei)
- ✔ **dòufu gān** (*dou fuh gan*; Getrockneter Tofu)

- **gàilán niúròu** (*gai lan niou rou*; Rindfleisch mit Senfgemüse)
- **gōngbǎo jīdīng** (*gung bau djih ding*; Hühnchenwürfel mit Erdnüssen und Chilischoten)
- **háoyóu niúròu** (hau yoh niou rou; Rindfleisch in Austernsoße)
- **hóngshāo dòufu** (*hung schau dou fuh*; Tofu in Sojasoße geschmort)
- **húntun tāng** (*hun tun tang*; Wonton-Suppe)
- **shuàn yángròu** (*schuan iang rou*; Mongolischer Feuertopf)
- **suānlà tāng** (*ssuan lah tang*; Suppe sauer-scharf)
- **tángcù yú** (*tang tsuh üh*; Fisch süß-sauer)
- **yān huángguā** (*iän huang guah*; eingesalzene Gurkenscheibchen)

Saucen und Gewürze

Um ihre Gerichte schmackhaft zu machen, verwenden Chinesen allerlei Soßen und Gewürze. Hier sind ein paar Grundlagen:

- **jiāng** (*djiang*; Ingwer)
- **làyóu** (*lah yoh*; Chiliöl)
- **yán** (*iän*; Salz)
- **máyóu** (*mah yoh*; Sesamöl)
- **jiàngyóu** (*djiang yoh*; Sojasoße)
- **cù** (*tsuh*; Essig)

Futtern am chinesischen Neujahr

Am Abend des chinesischen Neujahrs nach dem Mondkalender **chúxī** (*tschuh chih*) essen Chinesen ein großes **niányèfàn** (*niän iä fan*; Neujahrsessen). Teil dieses Essens ist fast immer ein ganzer gekochter **yú** (*üh*; Fisch), da das Wort genauso klingt wie Überfluss (**yú**; *üh*), auch wenn sich die Schriftzeichen unterscheiden.

In den ärmeren Regionen Chinas isst man meist **jiǎozi** (*djiau dsı*; Teigtaschen), da ihre Form den **yuánbǎo** (*üän bau*; Goldbarren) ähnelt, die früher von den Wohlhabenden als Zahlungsmittel verwendet wurden. Die Menschen hoffen, dass, wenn sie **jiǎozi** (*djiau dsı*) essen, der Wohlstand der reichen Familien auch in ihren Familien Einzug halten wird.

Im Süden isst man oft **fācài** (*fah tsai*; eine Algensorte), da der Name so ausgesprochen wird wie **fācái** (*fah tsai*; reich werden), wenn auch in anderen Tönen. Und in der Tat ist der häufigste Neujahrsgruß **Gōngxǐ fācái** (*gung chih fah tsai*; Glückwünsche und Reichtum).

Etwas bestellen und mit der Bedienung plaudern

Sie sind es sicher gewohnt, dass im Restaurant jeder für sich selbst ein Gericht bestellt. In China teilt man sich das Essen mit den Gästen am Tisch, das auf großen Platten in der Mitte des Tisches steht, von denen jeder sich bedienen kann. Sie werden sich daran gewöhnen, beim Bestellen an alle zu denken und nicht nur an sich selbst – ein weiteres Beispiel dafür, dass in China das Kollektiv immer vor dem Individuum kommt.

Chinesische Tischmanieren erfordern es, dass alle Gäste am Tisch gemeinsam entscheiden, was bestellt wird. Dabei wird über zwei Hauptkategorien entschieden: **cài** (*tsai*; Gericht) und **tāng** (*tang*; Suppe). Zögern Sie nicht, als Erste zu fragen **Wǒmen yīnggāi jiào jǐ gè cài jǐ gè tāng?** (*uo mën ying gai djiau djih gë tsai djih gë tang*; Wie viele Gerichte und Suppen sollen wir bestellen?) Idealerweise sollte jede der fünf Hauptgeschmacksrichtungen unter den gewählten Gerichten sein, damit es ein echtes chinesisches Essen ist. Diese sind: **suān** (*ssuan*; sauer), **tián** (*tiän*; süß), **kǔ** (*kuh*; bitter), **là** (*lah*; scharf) und **xián** (*chiän*; salzig).

Sicher, es ist schwer, aus all den tollen Gerichten zu wählen, die einen von der Speisekarte anlächeln. Chinesen haben die Kochkunst lange vor den Franzosen und Italienern perfektioniert. Wenn Sie endlich etwas gefunden haben, das Sie bestellen möchten, müssen Sie nur noch der Bedienung sagen, was Sie **chī** (*tschi*; essen) wollen und ob Sie **là** (*lah*; scharfes) Essen mögen oder nicht, ob Sie **wèijīng** (*wäi djing*; Glutamat) am Essen haben möchten oder nicht, welches Bier Sie **hē** (*hë*; trinken) möchten, und fragen, welche **náshǒucài** (*nah schou tsai*; Spezialität des Hauses) es gibt.

Hier sind einige Fragen, die Ihnen die Bedienung stellen wird:

- **Nǐmen yào shénme cài?** (*nih mën yao schën më tsai*; Was möchten Sie essen?)
- **Nǐmen yào hē diǎnr shénme?** (*nih mën yau hë diär schën më*; Was möchten Sie trinken?)
- **Yào jǐ píng píjiǔ?** (*yao djih ping pih djiou*; Wie viele Flaschen Bier möchten Sie?)

Die folgenden Redewendungen eignen sich als mögliche Antworten:

- **Wǒmen yào yī gè suānlà tāng.** (*uo mën yau ih gë ssuan lah tang*; Wir möchten eine sauer-scharfe Suppe.)
- **Wǒ bù chī là de.** (*uo buh tschi lah dë*; Ich esse nichts Scharfes.)
- **Qǐng bié fàng wèijīng, wǒ guòmǐn.** (*tjing biä fang wäi djing, uo guo min*; Bitte verwenden Sie kein Glutamat, ich bin darauf allergisch.)

- Wenn Sie einen Kellner oder eine Kellnerin ansprechen, können Sie das mit **fúwùyuán** (*fuh uh üän*) machen. Er, sie, es ist im Chinesischen immer **tā** (*tah*). Das ist doch leicht zu merken, oder?
- **Qǐng gěi wǒ càidān.** (*tjing gäi uo tsai dan*; Bitte geben Sie mir die Speisekarte.)
- **Nǐ gěi wǒmen jièshào cài, hǎo ma?** (*nih gäi uo men djiä schau tsai, hau ma*; Können Sie uns etwas empfehlen?)
- **Dà shīfu náshǒu cài shì shénme?** (*dah schı fuh nah schou tsai schı schën më*; Was ist die Spezialität Ihres Chefkochs?)
- **Yú xīnxiān ma?** (*üh chin chiän ma*; Ist der Fisch frisch?)
- **Wǒ bù yuànyì chī hǎishēn.** (*uo buh üän ih tschı hai schën*; Ich möchte keine Seegurke essen.)
- **Nǐmen yǒu kuàngquánshuǐ ma?** (*nih mën yoh kuang tjüän schuäi ma*; Haben Sie Mineralwasser?)
- **Wǒ bù yào là de cài.** (*uo buh yau lah dë tsai*; Ich möchte nichts Scharfes.)
- **Wǒ bù néng chī yǒu táng de cài.** (*uo buh nëng tschı yoh tang dë tsai*; Ich kann nichts mit Zucker essen.)
- **Wǒ bù chī zhūròu.** (*uo buh tschı dschuh rou*; Ich esse kein Schweinefleisch.)
- **Qǐng cā zhuōzi.** (*tjing tsah dschuo dsı*; Bitte wischen Sie den Tisch ab.)
- **Qǐng bǎ yǐnliào sòng lái.** (*tjing bah in liau ssung lai*; Bitte bringen Sie die Getränke.)
- **Wǒ méi jiào zhèi ge.** (*uo mäi djiau dschäi gë*; Das habe ich nicht bestellt.)

Bei chinesischen Substantiven unterscheidet man nicht zwischen Singular und Plural. Ob Sie über einen **píngguǒ** (*ping guo*; Apfel), zwei **júzi** (*djüh dsı*; Orange) oder **píngguǒ hé júzi** (*ping guo hë djüh dsı*; Äpfel und Orangen) sprechen, die Früchte klingen im Chinesischen immer gleich. Wenn Sie über Personen sprechen, können Sie das Suffix **-men** (*mën*) anfügen. **Wǒ** (*uo*) heißt »ich«, »wir« wird **wǒmen** (*uo mën*). Dasselbe gilt für **nǐ** (*nih*; du, Sie) und **tā** (*tah*; er, sie, es). Sie werden zu **nǐmen** (*nih mën*) und **tāmen** (*tah mën*). Wenn Sie über Äpfel sprechen, können Sie das Suffix **-men** nicht verwenden. Entweder sagen Sie hier **píngguǒ** (*ping guo*), für Apfel oder Äpfel oder zum Beispiel **liǎng gè píngguǒ** (*liang gë ping guo*) für zwei Äpfel. Verstanden?

Im Gespräch

Thomas und Wencke gehen in ein Chinarestaurant, das sich auf Hunan- und Sichuan-Küche, zwei der schärfsten Küchen in China, spezialisiert hat. Sie rufen nach dem Kellner, um nach der Speisekarte zu fragen.

Thomas: **Wǒmen néng bu néng kànkan càidān?**
Uo mën nëng buh nëng kan kan tsai dan?
Können wir bitte die Speisekarte sehen?

Kellner: **Dāngrán kěyǐ.**
Dang ran kë ih.
Natürlich.

Ein paar Minuten später können sich beide immer noch nicht entscheiden, was sie bestellen. Sie rufen noch einmal den Kellner herbei.

Kellner: **Nǐmen xiǎng diǎn shénme cài?**
Nih mën chiang diän schën më tsai?
Was möchten Sie bestellen?

Thomas: **Qǐng wèn, nǐmen de náshòucài shì shénme?**
Tjing wën, nih mën dë nah schou tsai schı schën më?
Entschuldigung, was ist die Spezialität des Hauses?

Kellner: **Mápó dòufu hé Chángshājī dōu yǒumíng.**
Mah po dou fuh hë tschang schah djih dou yoh ming.
Mapo Tofu und Changsha-Hühnchen sind beide sehr bekannt.

Wencke: **Tīngshuō Mápó dòufu hěn là. Duìbuqǐ, kěshì wǒ bù chī là de. Yǒu méiyǒu biéde cài?**
Ting schuo mah po dou fuh hën lah. Duäi buh tjih, kë schı uo buh tschı lah dë. Yoh mäi yoh biä dë tsai?
Ich habe gehört, Mapo Tofu ist sehr scharf. Tut mir leid, aber ich esse nichts Scharfes. Haben Sie etwas anderes?

Kellner: **Dāngrán yǒu. Jièlánjī hé xiālónghú dōu bù là. Hǎo bu hǎo?**
Dang ran yoh. Djiä lan djih hë chiah lung huh dou buh lah. Hau buh hau?
Natürlich. Huhn mit Senfgemüse und Shrimps mit Hummersoße sind nicht scharf. Wie wäre es damit?

Wencke: **Hěn hǎo. Xièxie.**
Hën hau. Chiä chiä.
Sehr gut. Vielen Dank.

Thomas: **Qǐng lìngwài gěi wǒmen làjiāojiàng. Wǒ hěn xǐhuān chī là de.**
Tjing ling wäi gäi uo men lah djiau djiang. Uo hën chih huan tschı lah dë.
Bitte bringen Sie uns auch eine Pfeffer-Suppe. Ich esse gern scharf.

Kellner: **Hái yào biéde ma?**
Hai yau biä dë ma?
Möchten Sie noch etwas anderes?

Thomas: **Qǐng zài lái yī gè chǎo qīngcài.**
Tjing dsı lai ih gë tschau tjing tsai.
Bitte bringen Sie auch ein gebratenes grünes Gemüse.

Kellner: **Hǎo. Xièxie.**
Hau. Chiä chiä.
In Ordnung. Danke.

Kleiner Wortschatz

Chinesisch	Aussprache	Deutsch
Wǒ hěn è.	*uo hën ë*	Ich bin hungrig.
Wǒ de kǒu hěn kě.	*uo dë kou hën ë*	Ich habe Durst.
náshǒucài	*nah schou tsai*	Spezialität des Hauses
tuījiàn	*tuäi djiän*	empfehlen
yán	*iän*	salzig
suān	*ssuan*	sauer
là	*lah*	scharf
tián	*tiän*	süß
yóu	*yoh*	ölig
wèijīng	*wäi djing*	Glutamat
guòmǐn	*guo min*	Allergie, allergisch
kuàizi	*kaui dsı*	Stäbchen

Dim Sum

Dim Sum stammen ursprünglich aus der kantonesischen Küche, stehen inzwischen aber fast überall in China und Chinarestaurants weltweit auf der Speisekarte.

Dim Sum sind kleine Gerichte, die meist gedämpft oder frittiert sind und in kleinen Bambuskörbchen gereicht werden. Oft wird zu den Dim Sum Tee serviert, zur besseren Verdauung. Es gibt sie in unzähligen Variationen und allen Preisklassen, vor allem im Süden und Osten Chinas.

Im Dim-Sum-Restaurant werden die verschiedenen Dim Sum auf einem Wagen durch das Restaurant gefahren. Wenn Sie auf dem Wagen eine Sorte entdeckt haben, die Sie probieren wollen, geben Sie der Bedienung ein Zeichen. In Dim-Sum-Restaurants ist es meist sehr voll und laut, aber das macht auch ihren Reiz aus.

Chinesen gehen meist am Wochenende Dim Sum essen, es kann nämlich Stunden dauern, ehe man sich durch die ganze Dim-Sum-Vielfalt durchprobiert hat. Aber es ist auch eine gute Gelegenheit, beim Essen endlich mal wieder mit alten Freunden zu plaudern.

Da die Portionen so klein sind, wird nach der Anzahl der Teller pro Tisch abgerechnet. Wenn Sie eine ganz bestimmte Sorte Dim Sum möchten, sagen Sie zum Kellner: **Qǐng lái yī dié … .** (*Tjing lai ih diä …*; Bitte bringen Sie eine Portion … .) Setzen Sie in die Lücke Ihr Lieblings-Dim-Sum aus Tabelle 5.7.

Chinesisch	Aussprache	Deutsch
guō tiē	*guo tiä*	gebratene gefüllte Teigtaschen
xiǎolóng bāo	*chiau lung bau*	kleine gefüllte Dampfbrötchen im Korb
xiā jiǎo	*chiah djiau*	gefüllte Teigtäschchen mit Garnelen
xiā wán	*chiah wan*	Garnelenbällchen
niúròu wán	*niou rou wan*	Rindfleischbällchen
yùjiǎo	*üh djiau*	frittierte gefüllte Süßkartoffel
dàntǎ	*dan tah*	Eitörtchen
luóbōgāo	*luo bo gau*	Rübenküchlein
niàng qīngjiāo	*niang tjing djiau*	gefüllte Peperoni
chūnjuǎn	*tschun djüän*	Frühlingsrolle
dòushā bāo	*dao schah bau*	süßes Dampfbrötchen mit Bohnenpaste

Tabelle 5.7: Dim-Sum-Gerichte auf Chinesisch

Die Toilette finden

Mitten in einem 12-Gänge-Menü in Beijing müssen Sie möglicherweise dem Ruf der Natur folgen. Nach einigen Gläsern **Máotái** (*mau tai*; dem stärksten aller chinesischen Schnäpse) wird es vielleicht sogar ein ganz dringendes Bedürfnis.

Sie müssen jetzt nur noch all Ihren Mut zusammennehmen und fragen, wenn Sie in Nordchina sind: **Cèsuǒ zài nǎr?** (*tsë ssuo dsai nahr*; Wo ist die Toilette?). In Südchina fragen Sie: **Cèsuǒ zài nǎlǐ?** (*tsë ssuo dsai nah lih*). Sie können auch fragen **Nǎlǐ kěyǐ xǐ shǒu?** (*nah lih kë ih chih shou*; Wo kann ich mir die Hände waschen?)

Ganz gleich, wie Sie nach der Toilette fragen, vergessen Sie auf dem Festland nicht, Toilettenpapier mitzunehmen, wenn Sie Ihr Hotel verlassen. In den meisten öffentlichen Toiletten gibt es nämlich keins.

Die richtige Tür zu finden, ist nicht schwer: Meist sind die Bilder auf den Toilettentüren eindeutig. Manchmal finden Sie auch die Pīnyīn-Transkription für männlich (**nán**; *nan*) oder weiblich (**nǚ**; *nüh*) vor dem Wort **cèsuǒ**. Auf diese Wörter sollten Sie unbedingt achten.

Übrigens ist **cèsuǒ** auch Bestandteil des chinesischen Wortes für Wandschmierereien: **cèsuǒ wénxué** (*tsë ssuo wën chüä*, Toiletten-Literatur). Wie passend!

Nach dem Essen: Nach der Rechnung fragen

Wenn Sie alle Varianten der chinesischen Küche (oder auch der französischen oder italienischen) probiert haben, können Sie sich nicht einfach unbemerkt davonschleichen. Zeit zum Zahlen! Hoffentlich war das Essen seinen Preis wert. In China ist es nicht üblich, Trinkgeld zu zahlen und oft wird es nicht angenommen, da es eher negativ konnotiert ist.

Diese Redewendungen sollten Sie kennen, wenn es so weit ist:

- ✔ **jiézhàng** (*djiä dschang*; die Rechnung bezahlen)
- ✔ **fēnkāi suàn** (*fën kai ssuan*; getrennt zahlen)
- ✔ **Wǒ qǐng kè.** (*uo tjing kë*; Das geht auf mich.)
- ✔ **Qǐng jiézhàng.** (*tjing djiä dschang*; Die Rechnung bitte.)
- ✔ **Zhàngdān yǒu cuò.** (*dschang dan yoh tsuo*; Die Rechnung stimmt nicht.)
- ✔ **Bāokuò fúwùfèi.** (*bau kuo fuh uh fäi*; Das Trinkgeld ist enthalten.)
- ✔ **Qǐng kāi shōujù.** (*tjing kai schou djüh*; Bitte geben Sie mir eine Quittung.)
- ✔ **Wǒ kěyǐ yòng xìnyòngkǎ ma?** (*uo kë ih yung chin yung kah ma*; Kann ich mit Kreditkarte bezahlen?)

China und der Tee

In China gibt es genauso viele verschiedene Teesorten wie Dialekte, nämlich Hunderte. Damit Sie einfacher Tee bestellen oder kaufen können, sollten Sie die häufigsten Teesorten kennen:

- ✔ **Lǜ chá** (*lüh tschah*; Grüner Tee). Grüner Tee ist der älteste aller chinesischen Tees. Es gibt ihn in einer Vielzahl unfermentierter Varianten. Der bekannteste grüne Tee ist der **lóngjǐng chá** (*lung djing tschah*), der Drachenbrunnen-Tee. Er wird am Westsee in Hangzhou angebaut. In Südchina wird dieser Tee bevorzugt getrunken.
- ✔ **Hóng chá** (*hung tschah*; Schwarzer Tee). Auch wenn **hóng** rot bedeutet, bezeichnet **hóng chá** trotzdem den schwarzen Tee. Schwarzer Tee ist fermentiert und wird hauptsächlich in der Provinz Fujian getrunken.
- ✔ **Wūlóng chá** (*uh lung tschah*; Schwarzer Drachen-Tee, Oolong-Tee). Diese Teesorte ist halbfermentiert und wird hauptsächlich in den Provinzen Guangdong und Fujian getrunken.
- ✔ **Mòlìhuā chá** (*mo lih hua tschah*; Jasmintee). Dieser Tee ist eine Mischung aus schwarzem, grünen und Oolong-Tee, die zu Jasmin- oder Magnolienblüten hinzugefügt wird. Die meisten Nordchinesen bevorzugen diesen Tee – vermutlich, weil der Norden kalt ist und dieser Tee die Körpertemperatur erhöht.

Sobald ein Gast eine Wohnung in China betritt, wird ihm Tee angeboten. Das ist mehr als einfach nur Höflichkeit. Mit dem Tee wird dem Gast Respekt gezollt und eine Gemeinsamkeit hergestellt. Um nicht als unhöflich zu gelten, sollte man zumindest am Tee nippen. Es ist eine Gepflogenheit, die Teetasse nur zu zwei Dritteln zu füllen, der Rest sind Freundschaft und Zuneigung.

Das Adjektiv **hǎo** (*hau*; gut) wird häufig mit einem Verb kombiniert, um »gut zu … « zum Ausdruck zu bringen. Hier sind einige Beispiele:

- ✔ **hǎohē** (*hau hë*; gut schmecken, *wörtlich*: gut zu trinken)
- ✔ **hǎochī** (*hau tschı*; gut schmecken, *wörtlich*: gut zu essen)
- ✔ **hǎowán** (*hau wan*; amüsant, Spaß machen, *wörtlich*: gut zum Amüsieren)
- ✔ **hǎokàn** (*hau kan*; hübsch, schön, *wörtlich*: gut anzusehen. Das kann auf Personen oder auch Filme zutreffen.)

Sie sind vielleicht versucht, im Restaurant Suppe zu **chī** (*tschı*; essen)? Sie sollten diese in China besser **hē** (*hë*; trinken)! Wenn Ihnen die Suppe schmeckt, können Sie sagen **hěn hǎohē** (*hën hau hë*; schmeckt gut), so wie Sie es bei Getränken machen.

Im Gespräch

Hong Kong ist für seine Dim-Sum-Restaurants bekannt. Georg, Susanne und Rita essen auf ihrer Hong-Kong-Reise Dim Sum.

Georg: **Nǐmen chīguo diǎnxīn ma?**
Nih mën tschı guo diän chin ma?
Habt ihr schon mal Dim Sum gegessen?

Rita: **Méi yǒu. Zhè shì dì-yī cì.**
Mäi yoh. Dschë schı dih ih tsı.
Nein, das ist das erste Mal.

Susanne: **Wèidào zěnmeyàng?**
Wäi dau tsën më iang?
Wie schmeckt es?

Rita: **Hǎo jí le.**
Hau djih lë.
Toll.

Georg: **Nǐ xǐ bu xǐhuān chī diǎnxīn?**
Nih chih buh chih huan tschı diän chin?
Schmecken dir Dim Sum?

Susanne: **Hěn xǐhuān.**

Hën chih huan.

Ja. Sehr.

Rita: **Nǐ zuì xǐhuān chī de diǎnxīn shì shénme?**

Nih tsuäi chih huan tschı dë diän chin schı schën më?

Welche Dim Sum magst du am liebsten?

Susanne: **Nà hěn nán shuō. Bù shì guōtiē jiù shì xiājiǎo ba. Diǎnxīn wǒ dōu xǐhuān chī.**

Nah hën nan schuo. Buh schı guo tiä djiou schı chiah djiau ba. Diän chin uo dou chih huan tschı.

Das ist schwer zu sagen. Gebratene gefüllte Teigtaschen, aber genauso gefüllte Teigtäschchen mit Garnelen. Ich mag alle Sorten Dim Sum.

Wenn Sie fragen möchten, ob jemand schon einmal irgendetwas gemacht hat, dann verwenden Sie das Wort **guò** (guo) direkt hinter dem Verb, um das deutlich zu machen. **Nǐ qùguo Déguó méiyǒu?** (*nih tjüh guo dë guo mäi yoh*; Warst du schon mal in Deutschland?) **Ní chīguo Yìdàlì fàn ma?** (*nih tschı guo ih dah lih fan ma*; Hast du schon mal Italienisch gegessen?)

Einige chinesische Verben haben zwei Silben. **Yào** (*yau*; wollen) gehört nicht dazu, aber **xǐhuān** (*chih huan*; mögen, gernhaben). In der Verb-**bù**-Verb-Form (durch »**bù**« zwischen zwei Verben wird automatisch eine Entscheidungsfrage gebildet) wird im Gespräch häufig vom ersten Verb die zweite Silbe weggelassen. Man sagt also nicht **Tā xǐhuān bu xǐhuān hē jiǔ?** (*tah chih huan buh chih huan hë djiou*; Trinkt er/sie gern Alkohol?), sondern **Tā xǐ bu xǐhuān hē jiǔ?** (*tah chih buh chih huan hë djiou*)

Chinesisch zum Mitnehmen

Restaurants sind toll, aber ab und zu möchten Sie sich vielleicht lieber unter Chinesinnen und Chinesen mischen, wenn sie Zutaten für ein hausgemachtes Familienessen einkaufen. In China gibt es sehr viele Märkte. Ein Marktbesuch ist eine gute Gelegenheit, um zu sehen, wie und was die Einheimischen einkaufen, und natürlich, um Ihr Chinesisch zu testen. Sie können mit dem Finger auf das zeigen, was Sie wollen und so vom Verkaufspersonal das richtige Wort dafür lernen.

Außer Kleidung, Büchern und Küchengeräten finden Sie auf Märkten auch Lebensmittel:

- **ròu** (*rou*; Fleisch): **niúròu** (*niou rou*; Rindfleisch), **yángròu** (*iang rou*; Lammfleisch) oder **jīròu** (*djih rou*; Hühnchen)
- **yú** (*üh*; Fisch): **xiā** (*chiah*; Garnele), **pángxiè** (*pang chiä*; Krabbe), **lóngxiā** (*lung chiah*; Hummer) oder **yóuyú** (*yoh üh*; Tintenfisch)
- **shuǐguǒ** (*schuäi guo*; Obst): **píngguǒ** (*ping guo*; Apfel) oder **júzi** (*djüh dsı*; Apfelsine)

Chinesen essen normalerweise nichts Rohes. Ein Salatbuffet mutet ihnen immer noch recht fremd an. **Shēngcài** (*schëng tsai*; Kopfsalat) bedeutet wörtlich übersetzt »rohe Speise« und das ist eigentlich nur etwas für Nutztiere.

Maße und Gewichte im Visier

Sowohl in China als auch in Taiwan wird das metrische System verwendet. Die Basiseinheit für das Gewicht ist **gōngkè** (*gung kë*; Gramm). Wenn Sie also Obst und Gemüse kaufen, dann in einem Vielfachen dieser Menge. Die Grundeinheit für Flüssigkeiten ist **shēng** (*schëng*; Liter). Tabelle 5.8 gibt Ihnen einen Überblick über die gebräuchlichen Einheiten für Maße und Gewichte.

Chinesisch	Aussprache	Deutsch
gōngkè	*gung kë*	Gramm
gōngjīn	*gung djin*	Kilogramm
háokè	*hau kë*	Milligramm
jīn	*djin*	Pfund, 500 g
liǎng	*liang*	50 g
shēng	*schëng*	Liter
háoshēng	*hau schëng*	Milliliter
límǐ	*lih mih*	Zentimeter
mǐ	*mih*	Meter
gōnglǐ	*gung lih*	Kilometer

Tabelle 5.8: Maße und Gewichte auf Chinesisch

Obwohl das metrische System in China verwendet wird, hört man sehr häufig traditionelle Maßangaben wie zum Beispiel **cùn** (*tsun*; Zoll) oder **chǐ** (*tschı*; Fuß).

Vergleiche anstellen

Wenn man Personen oder Dinge vergleicht, stellt man das Wort **bǐ** (*bih*; verglichen mit) zwischen zwei Substantive, dahinter folgt ein Adjektiv: A **bǐ** B (Adjektiv). Das bedeutet: »A ist … als B«.

Hier sind einige Beispiele für Vergleiche:

- **Píngguǒ bǐ júzi hǎochī.** (*ping guo bih djüh dsı hau tschı*; Äpfel schmecken besser als Apfelsinen.)
- **Zhèi ge fànguǎn bǐ nèi ge fànguǎn guì.** (*dschäi gë fan guan bih näi gë fan guan guäi*; Dieses Restaurant ist teurer als jenes.)
- **Tā bǐ nǐ niánqīng.** (*tah bih nih niän tjing*; Er/Sie ist jünger als du.)

Wie viel kosten die tausendjährigen Eier?

Wenn Sie genügend Vergleiche angestellt haben und nun bereit sind, etwas zu kaufen, können Sie mit folgenden zwei einfachen Fragen den Preis der Ware in Erfahrung bringen:

- ✔ **Duōshǎo qián?** (*duo schau tjiän*; Wie viel kostet das?)
- ✔ **Jǐ kuài qián?** (*djih kuai tjiän*; Wie viel Kuai kostet das?)

Der Unterschied zwischen beiden Fragen liegt in der Höhe des erfragten Betrages. Wenn Sie das Fragepronomen **duōshǎo** (*duo schau*) verwenden, erwarten Sie eine Preisangabe *über* zehn Kuai. Verwenden Sie hingegen **jǐ** (*djih*) vor der Währungseinheit **kuài** (*kuai*), nehmen Sie an, dass die Ware *nicht* teurer als zehn Kuai ist.

Wenn Sie nach dem Alter eines Kindes unter zehn Jahren fragen, verwenden Sie **jǐ** vor **suì** (*ssuäi*; Lebensjahre): **Tā jǐ suì?** (*tah djih ssuäi*; Wie alt ist er/sie?)

Track 10: Im Gespräch

Auf dem Markt in Kaifeng begutachten Linda und Adrian das Gemüse. Sie verhandeln mit dem älteren Verkäufer über den Preis. **Shīfu** (*schı fuh*) wird zur Anrede von Verkäufern, Handwerkern, Fahrern usw. verwendet. Das Wort bringt mehr Respekt aufgrund des Alters zum Ausdruck als **fúwùyuán** (*fuh wuh üän*), was jede Art von Servicepersonal bezeichnet.

Linda: **Shīfu, qǐng wèn, nǐ yǒu méiyǒu bōcài?**
Schı fuh, tjing wën, nih yoh mäi yoh bo tsai?
Entschuldigung, haben Sie Spinat?

Shifu: **Dāngrán. Yào jǐ jīn?**
Dang ran. Yau djih djin?
Natürlich? Wie viel Pfund wollen Sie?

Adrian: **Wǒmen mǎi sān jīn, hǎo bu hǎo?**
Uo mën mai ssan djin, hau buh hau?
Lass uns drei Pfund nehmen, in Ordnung?

Linda: **Hǎo. Sān jīn ba.**
Hau. Ssan djin ba.
Gut. Also drei Pfund.

Shifu: **Méi wèntí. Yī jīn sān kuài qián. Nàme, yīgòng jiǔ kuài.**
Mäi wën tih. Ih djin ssan kuai tjian. Na më, ih gung djiou kuai.
Kein Problem. Ein Pfund kostet drei Kuai. Also insgesamt neun Kuai.

Adrian: **Děng yīxià. Bōcài bǐ gàilán guì duō le. Wǒmen mǎi gàilán ba.**
Dëng ih chiah. Bo tsai bih gai lan guäi duo lë. Uo mën mai gai lan ba.

Einen Moment. Spinat ist viel teurer als Rapsgemüse. Lass uns Rapsgemüse nehmen.

Shifu: **Hǎo. Gàilán liǎng kuài yī jīn. Hái yào sān jīn ma?**

Hau. Gail an liang kuai ih djin. Hai yau ssan djin ma?

Gut. Rapsgemüse kostet zwei Kuai pro Pfund. Wollen Sie auch drei Pfund?

Linda: **Shì de.**

Schı dë.

Ja.

Shifu: **Nà, sān jīn yīgòng liù kuài.**

Nah, ssan djin ih gung liou kuai.

Dann sind es insgesamt sechs Kuai.

Adrian: **Hǎo. Zhè shì liù kuài.**

Hau. Zhë schı liou kuai.

In Ordnung. Hier sind sechs Kuai.

Shifu: **Xièxie.**

Chiä chiä.

Danke.

Adrian: **Xièxie. Zàijiàn.**

Chiä chiä. Dsai djiän.

Danke. Auf Wiedersehen.

Shifu: **Zàijiàn.**

Dsai djiän.

Auf Wiedersehen.

Kleiner Wortschatz

Chinesisch	Aussprache	Deutsch
chāojí shìchǎng	*tschau djih schı tschang*	Supermarkt
shìchǎng	*schı tschang*	Markt
shòuhuòtān	*schou huo tan*	Stand
zǎishāzhě	*dsai schah dschë*	Schlachter/Schlachterin
záhuòshāng	*dsah huo schang*	Lebensmittelhändler/Händlerin
shípǐn záhuò	*schı pin dsah huo*	Lebensmittel
zhǐdài	*dschı dai*	Papiertüte

Spiel und Spaß

Wie heißen diese Obst- und Gemüsesorten auf Chinesisch? Die Antworten finden Sie in Anhang D.

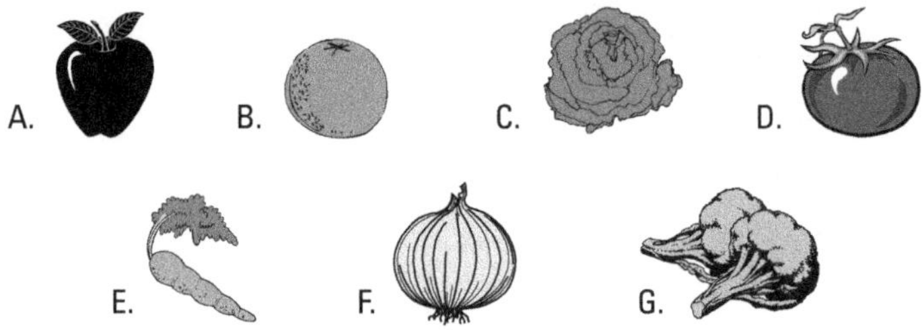

A ______________________________

B ______________________________

C ______________________________

D ______________________________

E ______________________________

F ______________________________

G ______________________________

IN DIESEM KAPITEL

Geschäfte erkunden

Nach Kleidung und anderen Dingen Ausschau halten

Um einen besseren Preis feilschen

Kapitel 6
Einkaufen leicht gemacht

Haben Sie schon einmal davon geträumt, in einem Land mit einem wirklich guten Wechselkurs bis zur völligen Erschöpfung einzukaufen? Oder in einem fernen Land, wo es belebte Märkte in Hülle und Fülle gibt? Dieses Kapitel hilft Ihnen dabei, Ihren Weg durch kleine Läden und schicke Kaufhäuser zu finden, mit den Preisen, Farben und Waren klarzukommen und das bestmögliche Geschäft abzuschließen.

Mǎi dōngxi (*mai dung chih*; einkaufen) ist einer der angenehmsten Zeitvertreibe für Menschen in der ganzen Welt. Ganz gleich, ob Sie einfach nur **guàng shāngdiàn** (*guang schang diän*; einen Schaufensterbummel machen) oder tatsächlich **mǎi dōngxi** (*mai dung chih*; einkaufen), es macht einfach Vergnügen, all die **shāngpǐn** (*schang pin*; Ware) anzuschauen, davon zu träumen, den **zuànshí jièzhi** (*dsuan schı djiä dschı*; Diamantring) zu kaufen oder um den **jiàgé** (*jiah gë*; Preis) zu feilschen.

Ins Geschäft gehen

Wenn Sie nicht wissen, wo Sie Ihren Einkauf beginnen sollen oder was Sie eigentlich kaufen wollen, sollten Sie vielleicht in einem der vielen **bǎihuò shāngdiàn** (*bai huo shang diän*; Kaufhaus) anfangen, die in den letzten Jahren in ganz China aus dem Boden geschossen sind. Hier finden Sie fast alles, was Ihr Herz begehrt, von **zhūbǎo** (*dschuh bau*; Schmuck) und **huāpíng** (hua ping; Blumenvase) bis hin zu **yīfu** (*ih fuh*; Kleidung) und **yuèqì** (*yüä tjih*; Musikinstrument).

Natürlich gibt es nicht nur Kaufhäuser. Aber dort kauft es sich am besten, denn alles ist in Gehweite und Sie können in Ruhe stöbern, ohne ständig übereifriges Verkaufspersonal abwehren zu müssen. Vielleicht sind Sie ja aber auch jemand, dem das Handeln auf dem Markt Spaß macht und der lieber einen belebten **cài shìchǎng** (*tsai shı tschang*; Lebensmittelmarkt) erlebt.

Es gibt zwar in China noch traditionelle Straßenmärkte und Geschäfte, aber westlich geprägte Einkaufszentren drücken Städten wie Beijing oder Shanghai mehr und mehr ihren Stempel auf. Die besten Preise findet man aber nach wie vor auf Märkten und bei Straßenhändlern, die traditionelles Kunsthandwerk und verschiedenste Kuriositäten verkaufen. Der **Xiùshuǐ jiē** *(chiou schuäi djiä*; Seidenmarkt) in Beijing (seit 2005 allerdings nicht mehr im Freien) ist bei Touristen genauso bekannt wie die Große Mauer. Die drei Haupteinkaufsviertel in Beijing sind **Wángfǔjǐng** (*wang fuh djing*) und **Dōngdān** (*dung dan*), beide in der Nähe des **Tiān'ānmén**- (*tiän an mën*) Platzes, und **Xīdān** (*chih dan*).

Hier sind ein paar Läden und die Dinge, die Sie dort kaufen können:

- **Zài yī gè shūdiàn nǐ kěyǐ mǎi shū, zázhì hé bàozhǐ.** (*dsai ih gë schuh diän nih kë ih mai schuh, dsah dschı hë bau schı*; In einer Buchhandlung können Sie Bücher, Zeitschriften und Zeitungen kaufen.)
- **Zài yī gè wǔjīndiàn nǐ kěyǐ mǎi zhuǎnjiēqì, chātóu hé yānwù bàojǐngqì.** (*dsai ih gë uh djin diän nih kë ih mai dschuan djiä tjih, tschah tou hë iän uh bau djing tjih*; In einem Eisenwarengeschäft können Sie Adapter, Steckdosen und Rauchmelder kaufen.)
- **Zài yī gè yāncǎodiàn nǐ kěyǐ mǎi xuějiāyān, xiāngyān, yāndǒu hé gèzhǒng gèyàng de yāncǎo.** (*dsai ih gë iän tsau diän nih kë ih mai chüä djiah iän, chiang iän, iän dou hë gë dschung ge iang dë iän tsao*; In einem Tabakwarengeschäft können Sie Zigarren, Zigaretten, Pfeifen und verschiedene Sorten Tabak kaufen.)
- **Zài yī gè zhūbǎodiàn nǐ kěyǐ mǎi shǒuzhuó, ěrhuán, xiàngliàn, xiōngzhēn hé jièzhi.** (*dsai ih gë dschuh bau djiän nih kë ih mai schou dschuo, ër huan, chiang liän, chiung dschën hë djiä dschı*; In einem Schmuckgeschäft können Sie Armreifen, Ohrringe, Ketten, Broschen und Ringe kaufen.)

Wenn Sie endlich wissen, was Sie kaufen wollen, dann möchten Sie vielleicht wissen, wann das Geschäft geöffnet ist. Diese Fragen helfen Ihnen dabei:

- **Nín jǐ diǎn zhōng kāi/guān mén?** (*nin djih diän dschung kai/guan mën*; Wann öffnen/schließen Sie?)
- **Nǐmen wǔ diǎn zhōng yǐhòu hái kāi ma?** (*nih mën uh diän dschung ih hou hai kai ma*; Ist nach 17 Uhr noch geöffnet?)
- **Nímen xīngqītiān kāi bu kāi?** (*nih mën ching tjih tiän kai buh kai*; Haben Sie am Sonntag geöffnet?)

Viele Geschäfte in China öffnen bereits um acht Uhr und schließen um 20 Uhr oder später. Wenn Sie in Ruhe einkaufen möchten, sollten Sie dafür keinesfalls das Wochenende wählen. Dann hat nämlich etwa ein Viertel der Menschheit dasselbe vor.

Im Gespräch

Martina und Helene wollen einkaufen gehen. Ihr Einkaufsbummel beginnt so:

Martina: **Wǒ jīntiān xiǎng qù mǎi dōngxi.**
Uo djin tiän chiang tjüh mai dung chih.
Ich möchte heute einkaufen gehen.

Helene: **Nǐ qù nǎr mǎi dōngxi?**
Nih tjüh nahr mai dung chih?
Wohin gehst du zum Einkaufen?

Martina: **Wǒ yào qù bǎihuò gōngsī mǎi yīfu.**
Uo yau tjüh bai huo gung ssı mai ih fuh.
Ich möchte ins Kaufhaus gehen, um Kleidung zu kaufen.

Helene: **Tīngshuō zài zhè gè chénglǐ dōngxi dōu hěn guì.**
Ting schuo dsai dschäi gë tschëng lih dung chih dou hën guäi.
Ich habe gehört, dass hier in dieser Stadt alles sehr teuer ist.

Martina: **Nà bù yīdìng. Kàn shì shénme diàn. Yǒude hěn guì, yǒude yīdiǎn dōu bù guì.**
Nah buh ih ding. Kan schı schën më diän. Yoh dë hën guäi, yoh dë ih diän dou buh guäi.
Nicht unbedingt, es kommt auf das Geschäft an. Manche sind teuer, andere überhaupt nicht.

Helene: **Hǎo ba. Wǒmen zǒu ba. Wǒmen qù mǎi yīfu.**
Hau ba. Uo mën dsou ba. Uo mën tjüh mai ih fuh.
Okay, lass uns gehen. Lass uns Kleidung kaufen.

Wenn Sie vor einem Adjektiv **yīdiǎn dōu bù …** (*ih diän dou buh …*) verwenden, bedeutet das *überhaupt nicht (Adjektiv)*. Diese Konstruktion eignet sich gut zur Betonung. Sie können zum Beispiel sagen **Wǒ yīdiǎn dōu bù lèi.** (*uo ih diän dou buh lei*; Ich bin überhaupt nicht müde.) oder **Tā yīdiǎn dōu bù piàoliang.** (*tah ih diän dou buh piau liang*; Sie ist überhaupt nicht hübsch.), um Ihren Standpunkt deutlich zu machen.

Kleiner Wortschatz

Chinesisch	Aussprache	Deutsch
bǎihuò shāngdiàn	*bai huo schang diän*	Kaufhaus
cài shìchǎng	*tsai schı tschang*	Lebensmittelmarkt
chàngpiàndiàn	*tschang piän diän*	Plattenladen

Chinesisch	Aussprache	Deutsch
chāojí shìchǎng (chāoshì)	*tschau djih schı tschang (tschau schı)*	Supermarkt
fúzhuāngdiàn	*fuh dschuang diän*	Bekleidungsgeschäft
lǐpǐndiàn	*lih pin diän*	Geschenkartikelladen
shūdiàn	*schuh diän*	Buchhandlung
wánjùdiàn	*wan djüh diän*	Spielwarengeschäft
wǔjīndiàn	*uh djin diän*	Eisenwarengeschäft
xiédiàn	*chiä diän*	Schuhgeschäft
yàofáng	*yau fang*	Apotheke
zhūbǎodiàn	*dschuh bau diän*	Schmuckgeschäft

Sich ein wenig umsehen

Es ist ein wunderschöner Tag, Sie haben gute Laune, alles ist in Ordnung und Sie wollen einen Schaufensterbummel machen – im Kaufhaus. Die Öffnungszeiten haben Sie schon in Erfahrung gebracht, es kann also losgehen! Sie beginnen im **yī céng** (*ih tsëng*; Erdgeschoss), dann fahren Sie mit der **zìdòng lóutī** (*dsı dung lou tih*; Rolltreppe) ins **sān céng** (*ssan tsëng*; drittes Obergeschoss) und genießen es, die Unmengen von Waren ohne Hast allein unter die Lupe zu nehmen. Plötzlich schleicht sich ein **shòuhuòyuán** (*schou huo üän*; Verkäufer) an Sie heran und sagt **Nǐn xiǎng mǎi shénme?** (*nihn chiang mai schën më*; Was möchten Sie kaufen?)

Sie wollen eigentlich Ihre Ruhe haben, deshalb können Sie an dieser Stelle ganz höflich sagen: **Wǒ zhǐ shì kànkan. Xièxie.** (*uo dschı schı kan kan. chiä chiä*; Ich schaue mich nur um. Danke.)

Um Hilfe bitten

Was aber, wenn Sie wirklich Hilfe benötigen? Dann sollten Sie sich am besten zuerst nach der Verkäuferin umschauen, die sie gerade weggeschickt haben. Wenn Sie eine Verkäuferin wirklich brauchen, werden Sie wahrscheinlich keine finden. Wenn doch, dann wollen Sie vielleicht Folgendes fragen oder sagen:

- ✔ **Néng bu néng bāngmáng?** (*nëng buh nëng bang mang*; Können Sie mir helfen?)
- ✔ **Wǒ zhǎo yī běn yǒuguān Zhōngguó lìshǐ de shū.** (*uo dschau ih bën yoj guan dschung guo lih schı dë schuh*; Ich suche ein Buch zur chinesischen Geschichte.)
- ✔ **Nǐ yǒu méiyǒu Yīngwén de shū?** (*nih yoh mäi yoh ying wën dë schuh*; Haben Sie englischsprachige Bücher?)
- ✔ **Nǎr yǒu wàitào?** (*nahr yoh wai tau*; Wo gibt es Jacken?)

- ✔ **Qǐng nǐ gěi wǒ kànkan nǐ de xīzhuāng.** (*tjing nih gäi uo kan kan nih dë chih dschuang*; Bitte zeigen Sie mir die Anzüge.)
- ✔ **Nǐmen mài bu mài guāngpán?** (*nih mën mai buh mai guang pan*; Verkaufen Sie CDs?)
- ✔ **Nǎr yǒu ruǎnjiàn?** (*nahr yoh ruan djiän*; Wo gibt es Software?)

Track 11: Im Gespräch

Barbara und Katrin sind in einem Bekleidungsgeschäft. Sie suchen nach einer **shòuhuòyuán** (*schou huo üän*; Verkäuferin), die ihnen behilflich sein soll, Kleider in ihren Größen zu finden.

Barbara: **Shòuhuòyuán, nín néng bāng wǒmen ma?**
Schou huo üän, nihn nëng bang uo mën ma?
Entschuldigung, können Sie uns helfen?

Shòuhuòyuán: **Kěyǐ. Qǐng děng yīxià.**
Kë ih. Tjing dëng ih chiah.
Ja, einen Moment bitte.

Nachdem die Verkäuferin einige Kartons weggeräumt hat, hilft sie Barbara und Katrin.

Shòuhuòyuán: **Hǎo. Nǐmen yào mǎi shénme?**
Hau. Nih mën yau mai schën më?
Gut. Was möchten Sie kaufen?

Barbara: **Nǎr yǒu qúnzi?**
Nahr yoh tjün dsı?
Wo haben Sie Röcke?

Shòuhuòyuán: **Qúnzi jiù zài nàr.**
Tjün dsı djiou dsai nahr.
Die Röcke sind dort.

Barbara und Katrin gehen zu den Röcken.

Katrin: **Zhè tiáo hóng qúnzi duōshǎo qián?**
Dschë tiau hung tjün dsı duo schau tjiän?
Wie viel kostet der rote Rock?

Shòuhuòyuán: **Nà tiáo qúnzi èrshíwǔ kuài qián.**
Nah tiau tjün dsı ër schı uh kuai tjiän.
Der Rock kostet 25 Kuai.

Barbara: **Nà tài guì le! Nǐ néng bu néng dǎ zhé?**
Nah tai guäi lë. Nih nëng buh nëng dah dschë?
Das ist zu teuer! Geht es nicht billiger? (*wörtlich:* Können Sie einen Rabatt geben?)

Shòuhuòyuán: **Kěnéng.**
Kë nëng.
Vielleicht.

Barbara: **Nǐ néng gěi wǒ duō dà de zhékòu?**
Nih nëng gäi uo duo dah dë dschë kou?
Wie viel Rabatt können Sie mir geben?

Shòuhuòyuán: **Bǎi fēn zhī shí, hǎo bu hǎo?**
Bai fën dschı schı, hau buh hau?
Zehn Prozent, in Ordnung?

Barbara: **Nà tài hǎo le. Xièxie.**
Nah tai hau lë. Chiä chiä.
Das ist super. Danke.

Für Kleidungsstücke gibt es verschiedene Zählwörter, zum Beispiel **jiàn** (*djiän*) und **tiáo** (*tiau*). Zählwörter stehen zwischen einer Zahl oder einem Demonstrativpronomen [**zhè** (*dschë*) oder **nà** (*nah*)] und dem Kleidungsstück, über das Sie sprechen. **Jiàn** wird für Kleidungsstücke oberhalb der Gürtellinie verwendet, **tiáo** für Kleidungsstücke unterhalb. Es heißt also **yī jiàn chènshān** (*ih djiän tschën schan*; ein Hemd/eine Bluse) oder **sān tiáo kùzi** (*ssan tiau kuh dsı*; drei Hosen).

Kleiner Wortschatz

Chinesisch	Aussprache	Deutsch
bǎi fēn zhī shí	*bai fën dschı schı*	10 Prozent
bǎi fēn zhī shíwǔ	*bai fën dschı schı uh*	15 Prozent
dǎ zhé	*dah dschë*	Rabatt geben
duōshǎo qián?	*duo schau tjiän*	Wie viel kostet es?
shòuhuòyuán	*schou huo üän*	Verkäufer/Verkäuferin
shīfu	*schı fuh*	Meister (Anredeform)

Kleidung kaufen

Kleidung einzukaufen, ist eine Kunst – es bedarf viel Geduld und Standhaftigkeit, ganz zu schweigen von den Unmengen neuer Vokabeln, die man benötigt, wenn das Ganze auf Chinesisch abläuft. Sie müssen wissen, wie Sie nach Ihrer Größe fragen, was Sie sagen, wenn Sie eine andere Farbe oder Qualität möchten, und wie Sie Äpfel und Birnen vergleichen (oder wenigstens Röcke und Hemden).

Welche Größe haben Sie?

Wenn Sie in Taiwan oder in China nach der **dàxiǎo** (*dah chiau*; Größe) fragen, die Sie in Deutschland haben, werden Sie eine Überraschung erleben. Also sollten Sie sich besser schnell an die chinesischen Größen gewöhnen.

Die folgenden Redewendungen helfen Ihnen bei der Wahl der richtigen Größe:

- **Nín chuān duō dà hào?** (*nin tschuan duo dah hau*; Welche Größe haben Sie?)
- **Dàxiǎo bù duì.** (*dah chiau buh duäi*; Die Größe stimmt nicht.)
- **Hěn hé shēn.** (*hën hë schën*; Es passt gut.)
- **Zài Déguó wǒ de chǐcùn shì sìshí hào.** (*dsai dë guo uo dë tschı tsun schı ssı schı hau*; In Deutschland trage ich Größe 40.)

Sie können auch andere Wörter anstelle von **dàxiǎo** verwenden:

- **Wǒ chuān sānshíqī hào.** (*uo tschuan ssan schı tjih hau*; Ich trage [Schuh-] Größe 37.)
- **Nín chuān jǐ hào de chènshān?** (*nin tschuan djih hau dë tschën schan*; Welche Hemdengröße haben Sie?)
- **Wǒ chuān xiǎo hào.** (*uo tschuan chiau hau*; Ich trage Größe S.)

Sie werden sicher etwas finden, das annähernd Ihrer Größe entspricht, wenn Sie die folgenden Wörter verwenden:

- **xiǎo** (*chiau*; klein, S)
- **zhōng** (*dschung*; mittel, M)
- **dà** (*dah*; groß, L)

Im Gespräch

Julia wendet sich in einem großen Kaufhaus in Beijing an die Verkäuferin. Sie ist nicht sicher, welche Größe sie benötigt, da es in China andere Größen als in Deutschland gibt.

Julia: **Shòuhuòyuán, nǐ hǎo!**
Schou huo üän, nih hau!
Guten Tag, Verkäuferin.

Fúwùyuán: **Nǐ hǎo. Xiǎng mǎi shénme?**
Nih hau. Chiang mai schën më?
Guten Tag. Was möchten Sie kaufen?

Julia: **Wǒ xiǎng mǎi yī jiàn jiákè.**

Uo chaing mai ih djiän djiah kë.

Ich suche eine Jacke. (*wörtlich:* Ich möchte eine Jacke kaufen.)

Fúwùyuán: **Hǎo ba. Nǐ chuān jǐ hào?**

Hau bah. Nih tschuan djih hau?

Gut. Welche Größe haben Sie?

Julia: **Wǒ bù zhīdao. Déguó de hàomǎ hé Zhōngguó de hàomǎ hěn bù yīyàng.**

Uo buh dschı dau. Dë guo dë hau mah hë dschung guo dë hau mah hën buh ih iang.

Ich weiß es nicht. Die deutschen Größen sind ganz anders als die chinesischen.

Fúwùyuán: **Wǒ gūjì nǐ chuān xiǎohào.**

Uo guh djih nih tschuan chiau hau.

Ich schätze, Sie tragen Größe S.

Julia: **Hǎo ba. Nà máfan nǐ gěi wǒ kànkan xiǎohào de jiákè. Xièxie.**

Hau ba. Nah mah fan nih gäi uo kan kan chiau hau dë djiah kë. Chiä chiä.

Das kann stimmen. Können Sie mir bitte Jacken in Größe S zeigen. Danke.

Kleiner Wortschatz

Chinesisch	Aussprache	Deutsch
chǐcùn	*tschı tsun*	Größe
dàhào	*dah hau*	Größe L
jiādàhào	*djiah dah hau*	Größe XL
kuān	*kuan*	weit
sōng	*sung*	locker
Wǒ bù zhīdao.	*uo buh dschı dau*	Ich weiß nicht.
xiǎohào	*chiau hau*	Größe S
zhǎi/jǐn	*dschai/djinh*	eng, schmal
zhōnghào	*dschung hau*	Größe M

Qualitätsvergleich: gut, besser, am besten

Wenn Sie einen Superlativ in Worte fassen möchten, also wenn Sie sagen möchten, dass etwas am besten ist – oder vielleicht auch am schlechtesten, dann sollten Sie immer an das kleine Wörtchen **zuì** (*dsuäi*) denken, das den Superlativ zum Ausdruck bringt (am …-sten).

Auf **zuì** muss ein anderes Wort folgen, allein hat es keine Bedeutung. Für die folgenden Superlative finden Sie sicher ab und zu Verwendung:

- **zuì lèi** (*dsuäi lei*; am meisten müde)
- **zuì màn** (*dsuäi man*; am langsamsten)
- **zuì máng** (*dsuäi mang*; am meisten beschäftigt)
- **zuì qíguài** (*dsuäi tjih guai*; am merkwürdigsten)
- **zuì yǒumíng** (*dsuäi yoh ming*; am berühmtesten)
- **zuì yǒuqián** (*dsuäi you tjiän*; am reichsten)

Wenn Sie nur sagen möchten, dass etwas besser oder mehr als etwas anderes ist, dann verwenden Sie **gèng** (*gëng*) vor einem Adjektiv. **Gèng** entspricht etwa der Endung *-er* im Deutschen. Ein anderes Wort, mit dem Sie *-er* oder *mehr* ausdrücken können, ist **yīdiǎn** (*ih diän*; *wörtlich*: etwas). **Gèng** steht immer vor einem Adjektiv, **yīdiǎn** dahinter. Anstelle von **gèng kuài** (*gëng kuai*; schneller) können Sie also auch sagen **kuài yīdiǎn** (*kuai ih diän*; schneller).

Hier sind einige Beispiele:

- **gèng cōngmíng** (*gëng tsung ming*; klüger)
- **gèng guì** (*gëng guäi*; teurer)
- **piányi yīdiǎn** (*piän ih ih diän*; etwas billiger)
- **gèng kuài** (*gëng kuai*; schneller)
- **gèng màn** (*gëng man*; langsamer)
- **hǎo** (*hau*; gut)
- **gèng hǎo** (*gëng hau*; besser)
- **zuì hǎo** (*dsuäi hau*; am besten)
- **duǎn yīdiǎn** (*duan ih diän*; etwas kürzer)
- **cháng yīdiǎn** (*tschang ih diän*; etwas länger)
- **xiǎo yīdiǎn** (*chiau ih diän*; etwas kleiner)
- **dà yīdiǎn** (*dah ih diän*; etwas größer)
- **gèng piányi** (*gëng piän ih*; billiger)

Zwei Dinge miteinander vergleichen

Die einfachste Möglichkeit, etwas zu vergleichen, ist mit dem *Koverb* (ähnlich einer Präposition) **bǐ** (*bih*; verglichen mit) zwischen den beiden Dingen, gefolgt von einem Adjektiv. Wenn Sie sagen **A bǐ B hǎo** (*A bih B hau*), dann heißt das: A ist besser als B.

So können Sie Vergleiche mit **bǐ** bilden:

- ✔ **Tā bǐ wǒ lǎo/dà.** (*tah bih uo lau/dah*; Er/Sie ist älter als ich.)
- ✔ **Zhèi gè wūzi bǐ nèi gè dà.** (*dschäi gë uh dsı bih näi gë dah*; Dieses Zimmer ist größer als jenes.)
- ✔ **Hóngde bǐ huángde hǎo.** (*hung dë bih huang dë hau*; Das rote ist besser als das gelbe.)

Mit den Koverben **gēn** (*gën*) oder **hé** (*hë*) können Sie ausdrücken, dass zwei Dinge gleich sind. **Gēn** oder **hé** stehen zwischen den beiden Dingen, die Sie vergleichen, dahinter steht **yīyàng** (*ih iang*), gefolgt von einem Adjektiv. **A gēn B yīyàng dà** (*A gën B ih iang dah*) heißt also »A ist genauso groß wie B«. Sie können auch einfach nur sagen: **A gēn B yīyàng** (*A gën B ih iang*), also »A und B sind gleich«. Mit diesem Satzmuster können Sie Sätze wie die folgenden bilden:

- ✔ **Gēge hé dìdi yīyàng gāo.** (*gë gë hë dih dih ih iang gau*; Mein älterer Bruder ist genauso groß wie mein jüngerer Bruder.)
- ✔ **Māo gēn gǒu yīyàng tiáopí.** (*mau gën gou ih iang tiau pih*; Katzen sind genauso frech wie Hunde.)
- ✔ **Wǒ gēn nǐ yīyàng dà.** (*uo gën nih ih iang dah*; Ich bin genauso alt wie du.)

Was nun, wenn Sie einen negativen Vergleich anstellen wollen, also zum Beispiel »Ich bin nicht so groß wie er«? Dann können Sie folgendes Satzmuster verwenden:

A méiyǒu B nàme [Adjektiv] (*A mäi yoh B na më [Adjektiv]*)

Das bedeutet »A ist nicht so [Adjektiv] wie B«. Sehen Sie sich die folgenden Beispiele zur Verdeutlichung an:

- ✔ **Shāyú méiyǒu jīngyú nàme kě'ài.** (*Schah üh mäi yoh djing üh na më kë ai*; Haie sind nicht so niedlich wie Wale.)
- ✔ **Déwén méiyǒu Zhōngwén nàme nán.** (*dë wën mäi yoh dschung wën na më nan*; Deutsch ist nicht so schwierig wie Chinesisch.)
- ✔ **Māo de wěiba méiyǒu tùzi de wěiba nàme cū.** (*mau dë wäi ba mäi yoh tuh dsı dë wäi ba na më tsuh*; Der Schwanz einer Katze ist nicht so dick wie der eines Hasen.)

Im Gespräch

Olivia und Lěiléi gehen einkaufen. Sie schauen sich **qípáo** (tjih pau), traditionelle chinesische Etuikleider an.

Olivia: **Zhèi jiàn qípáo zěnmeyàng?**
Dschäi djiän tjih pau dsën më iang?
Wie gefällt dir dieses Qipao?

Lěiléi: **Wǒ juéde hěn hǎo.**
Uo djüä dë hën hau.
Ich finde es gut.

Olivia: **Zhēnde ma?**
Dschën dë ma?
Wirklich?

Lěiléi: **Zhēnde. Kěshì jīnsède méiyǒu hóngde nàme piàoliang.**
Dschën dë. Kë schı djin së dë mäi yoh hung dë na më piau liang.
Wirklich. Aber das goldfarbene ist nicht so hübsch wie das rote.

Olivia: **Jīnsède hé hóngde yīyàng guì ma?**
Djin së dë hë hung dë ih iang guäi ma?
Kosten das goldfarbene und das rote dasselbe?

Lěiléi: **Méiyǒu. Jīnsède bǐ hóngde piányi.**
Mäi yoh. Djin së dë bih hung dë piän ih.
Nein, das goldfarbene ist billiger als das rote.

Olivia: **Nà, wǒ jiù mǎi jīnsède.**
Nah, uo djiou mai djin së dë.
Dann kaufe ich das goldfarbene.

Was trägst du? »chuān« versus »dài«

Dài (*dai*) und **chuān** (*tschuan*) haben beide die Bedeutung »tragen«, werden aber für unterschiedliche Sachen verwendet, die man am Körper tragen kann. Im Deutschen unterscheiden wir ja auch zwischen »anhaben« (Pullover) und »tragen« (Mütze). **Dài** kann man nur verwenden für **màozi** (*mau dsı*; Mütze, Hut) und **yǎnjìng** (*iän djing*; Brille), das heißt eher für Accessoires als für Kleidungsstücke. **Chuān** hingegen können Sie zum Beispiel für **qúnzi** (*tjün dsı*; Rock) oder **dàyī** (*dah ih*; Mantel) benutzen.

Hier sind einige Sachen, die Sie **chuān** können:

- ✔ **bèixīn** (*bäi chin*; Pullunder, Weste)
- ✔ **chángkù** (*tschang kuh*; Hose; man kann einfach auch nur **kùzi** sagen)
- ✔ **chángxiù** (*tschang chiou*; langärmliges Oberteil)
- ✔ **chènshān** (*tschën schan*; Hemd, Bluse)
- ✔ **dàyī** (*dah ih*; Mantel)
- ✔ **duǎnkù** (*duan kuh*; kurze Hose)
- ✔ **duǎnxiù** (*duan chiou*; kurzärmliges Oberteil)

- **jiákè** (*djiah kë*; Jacke)
- **kùzi** (*kuh dsı*; Hose)
- **nèiyī** (*näi ih*; Unterwäsche)
- **niúzǎikù** (*niou dsai kuh*; Jeans)
- **qúnzi** (*tjün dsı*; Rock)
- **tuōxié** (*tuo chiä*; Pantoffeln, Slipper)
- **wàzi** (*uah dsı*; Strümpfe)
- **yǔyī** (*üh ih*; Regenkleidung)
- **gāogēnxié** (*gau gën chiä*; Absatzschuhe)

Folgende Sachen können Sie nur **dài**:

- **lǐngdài** (*ling dai*; Krawatte)
- **shǒubiǎo** (*schou biau*; Armbanduhr)
- **shǒutào** (*schou tau*; Handschuhe)
- **zhūbǎo** (*dschuh bau*; Schmuck)

Nach der Farbe fragen

Wenn Sie **yīfu** (*ih fuh*; Kleidung) kaufen, können Sie unter Kleidungsstücken in den verschiedensten **yánsè** (*iän së*; Farbe) auswählen, was Ihnen am besten steht. Mögen Sie eher **dānsè** (*dan së*; einfarbige) oder **huā** (*hua*; gemusterte) Blusen? Wie wäre es mit einem **hēi** (*häi*; schwarz) Hut oder **fěnhóng** (*fěn hung*; rosa) Rock? Ganz gleich, wie Ihr Geschmack ist, wenn Sie Ihren Wusch mit dem korrekten Wort äußern, dann finden Sie das Richtige.

Die folgende Aufzählung hilft Ihnen bei Ihrem nächsten Kleiderkauf oder wenn Sie Stoff kaufen, um selbst zu schneidern. **Shénme yánsè** (*schën më iän së*; welche Farbe) ist Ihre Lieblingsfarbe? Trauen Sie sich ruhig, über Ihre Vorlieben zu sprechen. Wenn jemand möchte, dass Sie zu einer Hochzeit Pink mit lila Punkten tragen, können Sie immer noch höflich erwidern **Yánsè bù duì.** (*iän së buh duäi*; Die Farbe passt nicht.)

- **bái** (*bai*; weiß)
- **fěnhóng** (*fën hung*; rosa)
- **hēi** (*häi*; schwarz)
- **hóng** (*hung*; rot)
- **huáng** (*huang*; gelb)

- ✔ **júhóng** (*djüh hung*; orange)
- ✔ **lán** (*lan*; blau)
- ✔ **zǐ** (*dsı*; violett)
- ✔ **dānsè** (*dan së*; einfarbig)
- ✔ **dàn yīdiǎn** (*dan ih diän*; etwas heller)
- ✔ **duànzi** (*duan dsı*; Satin)
- ✔ **huā** (*huah*; gemustert)
- ✔ **kāishìmǐ** (kai schı mih; Kaschmir)
- ✔ **liàozi** (*liau dsı*; Material)
- ✔ **shēn yīdiǎn** (*schën ih diän*; etwas dunkler)
- ✔ **sīchóu** (*ssı tschou*; Seide)
- ✔ **yángmáo** (*iang mau*; Wolle)

Track 12: Im Gespräch

Laura geht mit ihrem Mann Jörg Pullover kaufen. Sie fragt ihn, welche Farbe ihr am besten steht.

Laura: **Zhèi jiàn máoyī nǐ juéde zěnmeyàng?**
Dschäi djiän mau ih nih djüä dë dsën më iang?
Wie gefällt dir dieser Pullover?

Jörg: **Nèi jiàn máoyī tài xiǎo. Yánsè yě bù piàoliang.**
Näi djiän mau ih tai chiau. Iän së iä buh piau liang.
Der Pullover ist zu klein. Die Farbe ist auch nicht hübsch.

Laura: **Nǐ xǐhuān shénme yánsè?**
Nih chih huan schën më iän së?
Welche Farbe gefällt dir?

Jörg: **Wǒ xǐhuān hóngde. Bù yào nèi gè hēide.**
Uo chih huan hung dë, Buh yau näi gë häi dë.
Mir gefällt der rote. Den schwarzen solltest du nicht nehmen.

Laura: **Hǎo le. Nà, wǒ jiù mǎi hóng de ba.**
Hau lë. Nah, uo djiou mai hung dë ba.
Gut, dann kaufe ich den roten.

Wenn die Possessiv-Partikel **de** (*dë*) hinter einem Adjektiv steht, ohne dass ein Substantiv folgt, dann kann die Wortgruppe übersetzt werden als »das, was [Adjektiv] ist«: **hóng de** (*hung dë*; *wörtlich*: das, was rot ist; das Rote), **dà de** (*dah dë*; das Große), **tián de** (*tiän dë*; das Süße).

Andere Dinge kaufen

Natürlich kann man noch etwas anderes als Kleidung kaufen (obwohl einige anderer Ansicht sein mögen). Wie wäre es mit Antiquitäten oder Hightech-Spielzeug?

Auf Antiquitäten-Jagd

Wie unschwer zu erraten, ist China einer der besten Orte in der Welt, um nach **gǔdǒng** (*guh dung*; Antiquitäten) zu suchen. **Gǔdǒngdiàn** (*guh dung diän*; Antiquitätengeschäfte) sind in größeren Städten reichlich zu finden, in Einkaufsvierteln oder in kleinen Gassen. Dort kann man alles finden, von 200 Jahre alten **diāokèpǐn** (*diau kë pin*; Schnitzerei) über 100 Jahre alte **bíyānhú** (*bih iän huh*; Schnupftabakfläschchen) bis zu seltenen Kuriositäten.

Etwas südwestlich vom **Tiān'ānmén-** (*tiän an mën*) Platz in Beijing befindet sich die **Liúlíchǎng** (*liou lih tschang*), eine historische Einkaufsstraße, die in den 1980er-Jahren rekonstruiert wurde. Heute werden dort vor allem Antiquitäten verkauft, wenn auch nicht immer echte. In Shanghai sollten Sie zum **Dōngtái-** (*dung tai*) Antik-Markt gehen, nicht weit von der **Huáihǎi Lù** (*huai hai luh*) entfernt. Auf dem **Yùyuán-** (*üh üän*) Basar in der Altstadt gibt es sogar einen Geistermarkt. Seinen Namen hat er bekommen, weil die Händler ihre Stände zu einer frühen Stunde aufschlagen – vor Sonnenaufgang, wenn nur Geister die Auslagen beäugen. Wenn Sie das perfekte Stück gefunden haben, müssen Sie sich allerdings über mögliche Exportbeschränkungen informieren, zum Beispiel für Porzellan, das älter als 200 Jahre ist, oder Produkte aus seltenem Holz. Um einen Gegenstand legal auszuführen, benötigen Sie ein rotes Wachssiegel vom Büro für Kulturgüter der Stadt, in der Sie ihn gekauft haben. Übrigens: Auch wenn es sich um Antiquitäten handelt, können Sie um den Preis feilschen.

Wenn Sie auf Antiquitäten-Jagd sind, nützen Ihnen sicher die folgenden Redewendungen:

- **Zhèi shì něi ge cháodài de?** (*dschäi schı näi gë tschau dai dë*; Aus welcher Dynastie ist das?)
- **Néng dàichū guó ma?** (*nëng dai tschuh guo ma*; Darf man das ausführen?)
- **Ní de gǔdǒng dìtǎn zài nǎr?** (*nih dë guh dung dih tan dsai nahr*; Wo sind Ihre antiken Teppiche?)
- **Kěyǐ bu kěyǐ jiā zhǔnxǔ chūguó de huǒqīyìn?** (*kë ih buh kë ih djiah dschun chüh tschuh guo dë huo tjih yin*; Können Sie das Siegel, das den Export gestattet, darauf machen?)
- **Zhèi ge duōshǎo nián?** (*dschäi gë duo schao niän*; Wie alt ist das?)

- **Něi ge cháodài de?** (*näi gë tschau dai dë*; Aus welcher Dynastie?)
- **bíyānhú** (*bih iän huh*; Schnupftabakfläschchen)
- **dēnglóng** (*deng lung*; Laterne)
- **diāokèpǐn** (*diau kë pin*; Holzschnitzerei)
- **fóxiàng** (*fo chiang*; Buddhafigur)
- **gǔdǒngdiàn** (*guh dung diän*; Antiquitätengeschäft)
- **gǔdǒng jiājù** (*guh dung djiah djüh*; antike Möbel)
- **guìzi** (*guäi dsı*; Kommode)
- **jìbài yòng de zhuōzi** (*djih yung dë dschuo dsı*; Altar)
- **jǐngtàilán** (*djing tai lan*; Cloisonné)
- **píngfēng** (*ping fëng*; Wandschirm)
- **shénxiàng** (*schën chiang*; Götzenbild)
- **shūfǎ** (*schuh fah*; Kalligrafie)
- **xiōngzhēn** (*chiung dschën*; Brosche)
- **xiùhuā zhìpǐn** (*chiou huah dschı pin*; Stickerei)
- **yù** (*üh*; Jade)

Hightech und Elektronikgeräte einkaufen

Alle zwei Minuten kommt ein neues technisches Gerät auf den Markt, so scheint es zumindest. Gerade, wenn Sie denken, Sie haben das neueste Modell von irgendetwas erstanden, kommt das nächste mit großem Tusch heraus. Nachfolgend finden Sie eine Liste mit häufig benutzten Geräten und Zubehör (und genauso häufig gekauften). Selbst wenn Sie dieses Buch lesen, werden Sie das eine oder andere benötigen. Jetzt wissen Sie, wonach Sie fragen müssen.

- **chuánzhēnjī** (*tschuan dschën djih*; Faxgerät)
- **dǎyìnjī** (*dah yin djih*; Drucker)
- **diànnǎo shèbèi** (*diän nau schë bäi*; Computerzubehör)
- **diànshìjī** (*diän schih djih*; Fernsehapparat)
- **gèrén diànnǎo** (*gë rën diän nau*; PC)
- **guāngpán** (*guang pan*; CD; meist sagt man **CD guāngpán**)

- **shùzì duō yòngtú guāngpán** (*schuh dsı duo yung tuh guang pan*; DVD; meist sagt man **DVD guāngpán**)
- **shǔbiāo** (*schuh biau*; Maus)
- **jiànpán** (*djiän pan*; Tastatur)
- **jìsuànjī** (*djih suan djih*; Computer)
- **kǎlā OK jī** (*kah lah OK djih*; Karaoke-Gerät)
- **ruǎnjiàn** (*ruan djiän*; Software)
- **sǎomiáojī** (*sau miau djih*; Scanner)
- **shèxiàngjī** (*schë chiang djih*; Videokamera)
- **bǐjìběn diànnǎo** (*bih djih bën diän nau*; Notebook)
- **xiǎnshìqì** (*chiän schı tjih*; Monitor)
- **yìngjiàn** (*ying djiän*; Hardware)
- **zǔhé yīnxiǎng** (*dsuh hë yin chiang*; Stereoanlage)

Einen guten Preis erzielen und bezahlen

Jeder möchte gute Geschäfte machen, das nehmen wir zumindest an. Dieser Abschnitt wird Ihnen dabei helfen, die Freuden (und Tücken) des Handelns zu entdecken.

Auf dem Nachtmarkt Preise aushandeln

Wenn Sie in Taiwan oder in China sind, müssen Sie unbedingt auf einen Nachtmarkt gehen. Dort gibt es alles, von Kleidung und Schmuck bis zu Antiquitäten und Essen. Chinesen lieben **mǎi dōngxi** (*mai dung chih*; einkaufen) und **tǎojià huánjià** (*tau djiah huan djiah*; feilschen), Sie sind also in guter Gesellschaft.

Auf Märkten kann man immer über den Preis verhandeln. Stellen Sie einfach eine der folgenden Fragen und warten Sie, was passiert:

- **Néng bu néng piányi yīdiǎn?** (*nëng buh nëng piän ih ih diän*; Geht es ein bisschen billiger?)
- **Néng bu néng shǎo yīdiǎn?** (*nëng buh nëng schau ih diän*; Können Sie etwas runtergehen?)

Sie können natürlich auch mit harten Bandagen kämpfen und verärgert sagen **Zěnme zhème guì a?** (*dsën më dschën më guäi a*; Warum ist das so teuer?) Gehen Sie dann einfach weiter und warten Sie, was passiert. (Ich wette, der Händler läuft Ihnen nach und bietet einen niedrigeren Preis.)

Diese Redewendungen sind für das Feilschen auch sehr nützlich:

- ✔ **Nǐmen shōu bu shōu Ōuyuán?** (*nih men schou buh schou ou üän*; Nehmen Sie Euro?)
- ✔ **Zhèi gè duōshǎo qián?** (*dschäi gë duo schao tjiän*; Wie viel kostet das?)
- ✔ **Dǎ zhé, hǎo bu hǎo?** (*dah dschë, hau buh hau*; Wie sieht es mit einem Rabatt aus?)
- ✔ **Kěyǐ jiǎngjià ma?** (*kë ih djiang djiah ma*; Können wir über den Preis verhandeln?)

In einigen Städten werden Sie auf einen **Yǒuyì Shāngdiàn** (*yoh ih schang diän*; Freundschaftsladen) stoßen. **Yǒuyì Shāngdiàn** sind staatliche Kaufhäuser, die in den 1950er-Jahren entstanden und anfangs importierte Waren und chinesisches Kunsthandwerk ausschließlich an Ausländer verkauften. Hier werden Sie beim Handeln kein Glück haben, denn die Preise sind festgesetzt. Sonst können Sie überall handeln.

Vorsicht vor Waren ohne Preise! Wenn Sie nachfragen, wird man Ihnen ganz sicher einen Preis nennen, der um ein Vielfaches höher liegt als der Preis für die Einheimischen. Sie sollten das Handeln ein wenig üben, bevor Sie es auf dem Markt versuchen, dann wird es Ihnen auch gelingen, den genannten Preis um 20 Prozent und mehr zu drücken.

Den Einkauf bezahlen (oder eine Rückerstattung verlangen)

Wenn Sie sich alle Waren angesehen, über den Preis verhandelt (oder auch nicht) und sich entschieden haben, was Sie **mǎi** (*mai*; kaufen) wollen, dann greifen Sie wahrscheinlich nach Ihrer **qiánbāo** (*tjiän bau*; Geldbörse). Sie werden überlegen, ob Sie Ihre **xìnyòngkǎ** (*chin yung kah*; Kreditkarte) zücken oder **xiànjīn** (*chiän chin*; Bargeld) herausnehmen oder, wenn Sie ein wirklich gutes Geschäft gemacht haben, nur etwas **língqián** (*ling tjiän*; Kleingeld). Wenn Sie **fù qián** (*fuh tjiän*; bezahlen), dann denken Sie an eine **shōujù** (*schou djüh*; Quittung).

Sollten Sie **bù yúkuài** (*buh üh kuai*; unglücklich) über Ihren Kauf sein, nützen Ihnen die folgenden Redewendungen, wenn Sie Ihre **huò** (*huo*; Ware) **tuì** (*tuäi*; zurückgeben) wollen:

- ✔ **Wǒ yào tuì kuǎn.** (*uo yau tuäi kuan*; Ich möchte eine Rückerstattung.)
- ✔ **Wǒ yào tuì huò.** (*uo yau tuäi huo*; Ich möchte das zurückgeben.)
- ✔ **Qǐng nǐ bǎ qián jìrù wǒ de xìnyòngkǎ.** (*tjing nih bah tjiän djih ruh uo dë chin yung kah*; Bitte erstatten Sie das Geld auf meine Kreditkarte.)
- ✔ **Wǒ néng bu néng jiàn zǒngjīnglǐ?** (*uo nëng buh nëng djiän dsung djing lih*; Kann ich den Geschäftsführer sprechen?)
- ✔ **Qǐng nǐ bāo qǐlai.** (*tjing nih bau tjih lai*; Bitte packen Sie das ein.)
- ✔ **Duì wǒ bù hé shēn.** (*duäi uo buh hë schën*; Es passt mir nicht.)

Spiel und Spaß

Sehen Sie sich die Bilder an. In welchen Geschäften finden Sie diese Dinge? Die Antwort steht in Anhang D.

A. 

B. 

C. 

D. 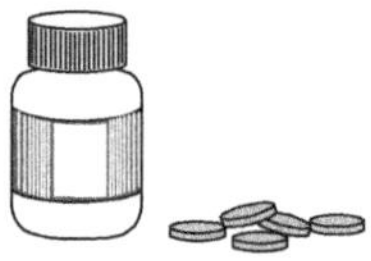

E. 

1. **zhūbǎodiàn** ______________________
2. **càishìchǎng** ______________________
3. **huādiàn** ______________________
4. **yàofáng** ______________________
5. **wánjùdiàn** ______________________

IN DIESEM KAPITEL

Datum und Uhrzeit

Eine Pekingoper-Aufführung

Museen und Sehenswürdigkeiten besichtigen

Ein Film- oder Konzertbesuch

Auf Kneipen- und Clubtour

Kapitel 7
Die Stadt erkunden

Kommen Sie ja nicht auf den Gedanken, an einem schönen sonnigen Tag im **bīnguǎn** (*bin guan*; Hotel) oder zu Hause zu bleiben, wenn Sie die Gelegenheit haben, eine neue **chéngshì** (*tschëng schı*; Stadt) in China erkunden zu können. Es gibt so viel zu sehen und zu erleben! Wie wäre es mit einem Besuch der **Jīngjù** (*djing djüh*; Pekingoper) oder in einem **bówùguǎn** (*bo uh guan*; Museum), um die neueste **yìshù zhǎnlǎn** (*ih schuh dschan lan*; Kunstausstellung) zu sehen? Wenn Sie nicht genau wissen, wo Ihr Ziel liegt, dann müssen Sie nach der **fāngxiàng** (*fang chiang*; Richtung) fragen. Sie sollten wissen, wie man eine **dìtú** (*dih tuh*, Karte) liest und von hier nach dort mit **gōnggòng qìchē** (*gung gung tjih tschë*; Bus), **dìtiě** (*dih tjiä*; U-Bahn) oder **chūzū qìchē** (*tschuh dsuh tjih tschë*; Taxi) fährt. Wenn Sie einen Blick auf einen Zug- oder Bus-**shíjiānbiǎo** (*schı djiän biau*; Fahrplan) werfen, fragen Sie sich vielleicht, welcher Tag **jīntiān** (*djin tiän*; heute) ist und wie spät es **xiànzài** (*chiän dsai*; jetzt) ist.

Datum und Uhrzeit

Welcher Wochentag ist heute? Vielleicht **Xīngqīliù** (*ching tjih liou*; Samstag) und Sie können ausschlafen und abends mit Freunden einen **diànyǐng** (*diän ying*; Film) sehen? Oder ist **Xīngqīyī** (*ching tjih ih*; Montag) und Sie müssen um **jiǔ diǎn zhōng** (*djiou diän dschung*; 9 Uhr) auf der Arbeit sein, weil Sie um zehn Uhr **kāi huì** (*kai huäi*; eine Sitzung haben)? Vielleicht ist ja auch **Xīngqīwǔ** (*ching tjih uh*; Freitag) und Sie haben bereits **liǎng zhāng piào** (*liang dschang piau*; zwei Karten) für die **jiāoxiǎngyuè** (*djiau chiang yüä*; Sinfonie), die **wǎnshang bā diǎn** (*wan shang bah diän*; abends um acht Uhr) beginnt?

Tage, Wochen, Monate und mehr

Von **Xīngqīyī** (*ching tjih ih*; Montag) bis **Xīngqīwǔ** (*ching tjih uh*; Freitag) arbeiten zu gehen, ist für die meisten ein notwendiges Übel. Aber am **zhōumò** (*dschou mo*; Wochenende) kann man zwei freie Tage genießen! Leider ist es schneller als gedacht schon wieder **Xīngqīyī** (*ching tjih ih*).

Die Wochentage

Die chinesische Woche beginnt mit **Xīngqīyī** (*ching tjih ih*; Montag) und endet mit **Xīngqītiān** (*ching tjih tiän*; Sonntag). Mit **zhèi ge xīngqī** (*dschäi gë ching tjih*) bezeichnen Sie die laufende Woche, die vergangene ist **shàng ge xīngqī** (*schang gë ching tjih*), die nächste **xià ge xīngqī** (*chiah gë ching tjih*). Tabelle 7.1 führt alle Wochentage auf.

Chinesisch	Aussprache	Deutsch
Xīngqīyī	*ching tjih ih*	Montag
Xīngqī'èr	*ching tjih ër*	Dienstag
Xīngqīsān	*ching tjih ssan*	Mittwoch
Xīngqīsì	*ching tjih ssı*	Donnerstag
Xīngqīwǔ	*ching tjih uh*	Freitag
Xīngqīliù	*ching tjih liou*	Samstag
Xīngqītiān	*ching tjih tiän*	Sonntag

Tabelle 7.1: Die Wochentage auf Chinesisch

Also: **Jīntiān xīngqījǐ?** (*djin tiän ching tjih djih*; Welcher Wochentag ist heute?) Wie sieht Ihr Plan für heute und die nächsten Tage aus?

- ✔ **Jīntiān Xīngqī'èr.** (*djin tiän ching tjih ër*; Heute ist Dienstag.)
- ✔ **Wǒ Xīngqīyī dào Xīngqīwǔ gōngzuò.** (*uo ching tjih ih dau ching tjih uh gung dsuo*; Ich arbeite von Montag bis Freitag.)
- ✔ **Wǒmen měi ge Xīngqīyī kāi huì.** (*uo mën mäi gë ching tjih ih kai huäi*; Wir haben jeden Montag eine Sitzung.)
- ✔ **Xià ge Xīngqīsān shì wǒ de shēngrì.** (*chiah gë ching tjih ssan schı uo dë schëng rı*; Ich habe nächsten Mittwoch Geburtstag.)

Im Gespräch

Michael und Viktoria stellen fest, dass bald Wochenende ist, und machen Pläne.

Michael: **Jīntiān xīngqījǐ?**
Chin tiän ching tjih djih?
Welcher Wochentag ist heute?

Viktoria: **Jīntiān Xīngqīwǔ.**
Chin tiän ching tjih uh.
Heute ist Freitag.

Michael: **Hǎo jí le. Míngtiān bù gōngzuò.**
Hau djih lë. Ming tiän buh gung dsuo.
Super. Morgen arbeiten wir nicht.

Viktoria: **Duì le. Hòutiān qù yìshù zhǎnlǎn.**
Duäi lë. Hou tiän tjüh ih schuh dschan lan.
Das stimmt. Übermorgen gehe ich in eine Kunstausstellung.

Michael: **Hǎo. Wǒ gēn nǐ yīqǐ qù.**
Hau. Uo gën nih ih tjih tjüh.
Gut. Ich komme mit.

Kleiner Wortschatz

Chinesisch	Aussprache	Deutsch
zhèi ge xīngqī	*dschäi gë ching tjih*	diese Woche
shàng ge xīngqī	*schang gë ching tjih*	letzte Woche
xià ge xīngqī	*chiah gë ching tjih*	nächste Woche
zuótiān	*dsuo tiän*	gestern
jīntiān	*djin tiän*	heute
míngtiān	*ming tiän*	morgen
hòutiān	*hou tiän*	übermorgen
qiántiān	*tjiän tiän*	vorgestern

Monate und Jahreszeiten

Tage existieren nicht allein, sie sind Teil einer Woche und diese wiederum ist Teil eines Monats. Wenn Sie nicht nur sagen möchten, dass heute Montag ist, sondern Montag, der 1. Juni, dann müssen Sie den **yuè** (*yüä*; Monat) vor Monatstag und Wochentag angeben.

✔ **Liùyuè yī hào Xīngqīyī.** (*liou yüä ih hau ching tjih ih*; Montag, der 1. Juni)

✔ **Sìyuè èr hào Xīngqītiān.** (*ssı yüä ër hau ching tjih tiän*; Sonntag, der 2. April)

Die größere Datumseinheit muss immer vor der kleineren stehen:

✔ **Yīyuè èr hào** (*ih yüä ër hau*; 2. Januar)

✔ **Sānyuè sì hào** (*ssan yüä ssı hau*; 4. März)

✔ **Shí'èryuè sānshí hào** (*shı ër yüä ssan schı hau*; 30. Dezember)

Wenn Sie nach dem Datum fragen, dann einfach mit dem Satz **Jīntiān jǐyuè jǐhào?** (*djin tiän djih yüä djih hau*; *wörtlich*: Welcher Monat, welcher Tag ist heute?; Welches Datum haben wir heute?)

Die chinesischen Monatsnamen werden gebildet, indem man die Zahlen 1 bis 12 vor das Wort **yuè** (*yüä*; Monat) setzt. Wenn Sie das Zählwort **gè** zwischen Zahl und **yuè** verwenden, dann zählen Sie die Monate, »ein Monat«, »zwei Monate« und so weiter. **Bāyuè** (*bah yüä*), zum Beispiel, bedeutet August, **bā gè yuè** (*bah gë yüä*) acht Monate.

Die Wochentage zu bilden, ist auch ganz einfach: Sie müssen nur die Zahlen 1 bis 6 hinter **lǐbài** (*lih bai*) oder **xīngqī** (*ching tjih*) (beides bedeutet »Woche«) stellen. Eine Ausnahme ist der Sonntag, dafür fügen Sie **tiān** (*tiän*; Himmel oder Tag) an. **Wǒ de tiān!** (*uo de tiän*; Mein Gott!)

In Tabelle 7.2 finden Sie alle Monate, in Tabelle 7.3 die Jahreszeiten.

Chinesisch	Aussprache	Deutsch
Yīyuè	*ih yüä*	Januar
Èryuè	*ër yüä*	Februar
Sānyuè	*ssan yüä*	März
Sìyuè	*ssı yüä*	April
Wǔyuè	*uh yüä*	Mai
Liùyuè	*liou yüä*	Juni
Qīyuè	*tjih yüä*	Juli
Bāyuè	*bah yüä*	August
Jiǔyuè	*djiou yüä*	September
Shíyuè	*schı yüä*	Oktober
Shíyīyuè	*schı ih yüä*	November
Shí'èryuè	*schı ër yüä*	Dezember
zhèi ge yuè	*dschäi gë yüä*	dieser Monat
shàng ge yuè	*schang gë yüä*	letzter Monat
xià ge yuè	*chiah gë yüä*	nächster Monat
shēngrì	*schëng rı*	Geburtstag

Tabelle 7.2: Die Monate und andere wichtige Begriffe auf Chinesisch

Chinesisch	Aussprache	Deutsch
sì jì	*ssı djih*	die vier Jahreszeiten
dōngjì	*dung djih*	Winter
chūnjì	*tschun djih*	Frühling

Chinesisch	Aussprache	Deutsch
xiàjì	*chiah djih*	Sommer
qiūjì	*tjiou djih*	Herbst

Tabelle 7.3: Die Jahreszeiten auf Chinesisch

Im Gespräch

Sebastian fragt Xiǎo Lán nach ihrem Geburtstag.

Sebastian: **Xiǎo Lán, nǐ de shēngrì shì jǐyuè jǐhào?**

Chiau lan, nih dë schëng rı djih yüä djih hau?

Xiǎo Lán, wann hast du Geburtstag?

Xiǎo Lán: **Wǒ de shēngrì shì Liùyuè èr hào. Nǐ de ne?**

Uo dë schëng rı schı liou yüä ër hau. Nih dë në?

Mein Geburtstag ist am 2. Juni. Und deiner?

Sebastian: **Wǒ de shēngrì shì Wǔyuè qī hào.**

Uo dë schëng rı schı uh yüä tjih hau.

Meiner ist am 7. Mai.

Xiǎo Lán: **Nàme, xià ge Xīngqīsān jiù shì nǐ de shēngrì! Zhù nǐ chà jǐ tiān shēngrì kuàilè!**

Na më, chiah gë ching tjih ssan djiou schı nih dë schëng rı. Dschuh nih tschah djih tiän schëng rı kaui lë.

Dann hast du ja schon nächste Woche Geburtstag! Herzlichen Glückwunsch zum Fast-Geburtstag.

Kleiner Wortschatz

Chinesisch	Aussprache	Deutsch
Zhù nǐ shēngrì kuàilè!	*dschuh nih schëng rı kuai lë*	Alles Gute zum Geburtstag!
jīnnián	*djin niän*	dieses Jahr
qùnián	*tjüh niän*	letztes Jahr
míngnián	*ming niän*	nächstes Jahr
měi nián	*mäi niän*	jedes Jahr
hòunián	*hou niän*	übernächstes Jahr
qiánnián	*tjiän niän*	vorletztes Jahr
xià ge Xīngqīyī	*chaih gë ching tjih ih*	nächster Montag
shàng ge Xīngqīsì	*schang gë ching tjih ssı*	letzter Donnerstag

Zeitangaben auf Chinesisch

Wenn Sie die **shíjiān** (*schı djiän*; Zeit) wissen wollen, müssen Sie nur auf Ihre **shǒubiǎo** (*schou biau*; Armbanduhr) oder die **zhōng** (*dschung*; Uhr) an der Wand sehen. Vielleicht steht im Wohnzimmer Ihrer Eltern auch noch eine **luòdìshì dà bǎizhōng** (*luo dih schı dah bai dschung*; Standuhr). Mittlerweile zeigen aber auch Ihr **jìsuànjī** (*djih ssuan djih*; Computer) oder Ihr **shǒujī** (*schou djih*; Mobiltelefon) die Uhrzeit an. Sie müssen sich nicht mehr für **chídào** (*tschı dau*; Verspätung) entschuldigen, vor allem, wenn Sie einen **nàozhōng** (*nau dschung*; Wecker) besitzen.

Sie können die Zeit mit den Wörtern **diǎn** (*diän*; volle Stunde/Uhrzeit) und **fēn** (*fën*; Minute) angeben. Ganz einfach! Wenn Sie wollen, können Sie die Zeit auch in **miǎo** (*miau*; Sekunde) angeben, dann klingen Sie wie ein Kätzchen! Eine Zeitstunde wird mit dem Wort **xiǎoshí** (*schiau schı*; Zeitstunde) bezeichnet. Aus Tabelle 7.4 erfahren Sie, wie Sie die Uhrzeit auf Chinesisch sagen.

Eine volle Stunde können Sie angeben mit **sān diǎn** (*ssan diän*) oder **sān diǎn zhōng** (*ssan diän dschung*). **Diǎn** (*diän*) bedeutet »volle Stunde« und ist zugleich ein Zählwort. **Zhōng** (*dschung*) bezeichnet die »Uhr«. Es ist Ihnen überlassen, welche Variante Sie wählen.

Chinesisch	Aussprache	Deutsch
yī diǎn zhōng	*ih djiän dschung*	1 Uhr
liǎng diǎn zhōng	*liang djiän dschung*	2 Uhr
sān diǎn zhōng	*ssan djiän dschung*	3 Uhr
sì diǎn zhōng	*ssı diän dschung*	4 Uhr
wǔ diǎn zhōng	*uh djiän dschung*	5 Uhr
liù diǎn zhōng	*liou djiän dschung*	6 Uhr
qī diǎn zhōng	*tjih djiän dschung*	7 Uhr
bā diǎn zhōng	*bah djiän dschung*	8 Uhr
jiǔ diǎn zhōng	*djiou djiän dschung*	9 Uhr
shí diǎn zhōng	*schı djiän dschung*	10 Uhr
shíyī diǎn zhōng	*schı ih djiän dschung*	11 Uhr
shíèr diǎn zhōng	*schı ër djiän dschung*	12 Uhr

Tabelle 7.4: Zeitangaben auf Chinesisch

Für 12 Uhr mittags können Sie einfach **zhōngwǔ** (*dschung uh*) sagen und für Mitternacht **bànyè** (*ban iä*).

Chinesen sind bei der Angabe der Zeit sehr genau. Sie können nicht einfach nur **sān diǎn zhōng** (*ssan djiän dschung*) sagen, wenn Sie drei Uhr meinen. Meinen Sie **qīngzǎo sān diǎn zhōng** (*tjing dsau ssan djiän dschung*; drei Uhr morgens) oder **xiàwǔ sān diǎn zhōng** (*chiah uh ssan djiän dschung*; drei Uhr nachmittags)?

Die Tageszeit steht immer vor der Uhrzeit. Die wichtigsten Tageszeiten sind:

- ✔ **qīngzǎo** (*tjing dsau*; früher Morgen)
- ✔ **zǎoshang** (*dsau schang*; Morgen)
- ✔ **xiàwǔ** (*chiah uh*; Nachmittag)
- ✔ **wǎnshang** (*wan schang*; Abend)

So können Sie Tageszeit und Uhrzeit kombinieren:

- ✔ **wǎnshang qī diǎn zhōng** (*wan schang tjih diän dschung*; 19 Uhr)
- ✔ **xiàwǔ sān diǎn bàn** (*chiah uh ssan diän ban*; 15.30 Uhr)
- ✔ **qīngzǎo yī diǎn yī kè** (*tjing dsau ih diän ih kë*; 1.15 Uhr)
- ✔ **zǎoshang bā diǎn èrshíwǔ fēn** (*dsau schang bah diän ër schı uh fën*; 8.25 Uhr)

Für die Angabe der halben Stunde verwenden Sie **bàn** hinter der Stundenangabe:

- ✔ **sān diǎn bàn** (*ssan diän ban*; 3.30 Uhr)
- ✔ **sì diǎn bàn** (*ssı djiän ban*; 4.30 Uhr)
- ✔ **shíyī diǎn bàn** (*schı ih djiän ban*; 11.30 Uhr)

Vielleicht möchten Sie ja auch eine Viertelstunde oder eine Dreiviertelstunde angeben? Einfach **yī kè** (*ih kë; Viertelstunde*) oder **sān kè** (*ssan kë; Dreiviertelstunde*) hinter die Stundenangabe setzen:

- ✔ **liǎng diǎn yī kè** (*liang djiän ih kë*; 2.15 Uhr)
- ✔ **sì diǎn yī kè** (*ssı djiän ih kë*; 4.15 Uhr)
- ✔ **wǔ diǎn sān kè** (*uh djiän ssan kë*; 5.45 Uhr)
- ✔ **qī diǎn sān kè** (*tjih djiän ssan kë*; 7.45 Uhr)

Natürlich gibt es noch andere Möglichkeiten, die Uhrzeit anzugeben, als Stunde, halbe Stunde und Viertelstunde. So können Sie zum Beispiel anstelle von **qī diǎn wǔshí fēn** (*tjih diän uh schı fën*; 7.50 Uhr) sagen **bā diǎn chà shí fēn** (*bah djiän tschah schı fën*; 10 Minuten vor 8). **Chà** (*tschah*) bedeutet »fehlen«, es kann sowohl vor als auch hinter **diǎn** (*djiän*) stehen, anders als **fēn** (*fën*; Minute), **kè** (*kë;* Viertelstunde) oder **bàn** (*ban*; halb.)

Hier sind weitere Möglichkeiten:

- ✔ **chà shí fēn wǔ diǎn** (*tschah schı fën uh djiän*; zehn vor fünf)
- ✔ **wǔ diǎn chà shí fēn** (*uh djiän tschah schı fën*; zehn vor fünf)
- ✔ **sì diǎn wǔshí fēn** (*ssı djiän uh schı fën*; 4.50 Uhr)

- **chà yī kè qī diǎn** (*tschah ih kë tjih djiän*; Viertel vor sieben)
- **qī diǎn chà yī kè** (*tjih djiän tschah ih kë*; Viertel vor sieben)
- **liù diǎn sān kè** (*liou djiän ssan kë*; 6.45 Uhr)
- **liù diǎn sìshíwǔ fēn** (*liou djiän ssı schı uh fën*; 6.45 Uhr)

Sie machen sicherlich nicht immer genaue Zeitangaben. Manchmal geschieht etwas vor oder nach einem bestimmten Zeitpunkt. Das können Sie mit **yǐqián** (*ih tjiän*; vor) und **yǐhòu** (*ih hou*; nach), zusammen mit allen anderen Zeitangaben, ausdrücken. Hier sind ein paar Beispiele:

- **xiàwǔ sān diǎn zhōng yǐqián** (*chiah uh ssan djiän dschung ih tjiän*; vor drei Uhr nachmittags)
- **qīngzǎo sì diǎn bàn yǐhòu** (*tjing dsau ssı djiän ban ih hou*; nach 4.30 Uhr am Morgen)
- **sìyuè yǐqián** (*ssı yüä ih tjiän*; vor April)
- **xià ge xīngqī yǐhòu** (*chiah gë ching tjih ih hou*; nach nächster Woche)
- **wǔyuè sān hào yǐqián** (*uh yüä ssan hau ih tjiän*; vor dem 3. Mai)

Track 13: Im Gespräch

Xiǎo Huá und Chén Míng wollen zusammen ins Kino gehen. Sie sprechen über ihren Plan.

Xiǎo Huá: **Wǒmen jīntiān wǎnshang qù kàn diànyǐng, hǎo bu hǎo?**
Uo mën chin tiän wan schang tjüh kan diän ying, hau buh hau?
Wollen wir heute Abend ins Kino gehen?

Chén Míng: **Bù xíng. Wǒ de fùmǔ jīntiān wǎnshang yīdìng yào wǒ gēn tāmen yīqǐ chī wǎnfàn.**
Buh ching. Uo dë fuh muh chin tiän wan schang ih ding yau uo gën tah mën ih tjih tschı wan fan.
Es geht nicht. Meine Eltern wollen, dass ich heute Abend unbedingt mit ihnen esse.

Xiǎo Huá: **Nǐmen jǐ diǎn zhōng chī fàn?**
Nih mën djih diän dschung tschı fan?
Wann esst ihr?

Chén Míng: **Píngcháng wǒmen liù diǎn dào qī diǎn zhōng chī fàn.**
Ping tschang uo mën liou diän dau tjih diän dschung tschı fan.
Normalerweise von sechs bis sieben.

Xiǎo Huá: **Hǎo ba. Nǐ chī fàn yǐhòu wǒmen qù kàn yī bù jiǔ diǎn zhōng yǐqián de piānzi, hǎo bu hǎo?**

Hau ba. Nih tschı fan ih hou uo mën tjüh kan ih buh djiou diän dschung ih tjiän dë piaän dsı, hau buh hau?

Wie wäre es, wenn wir uns einen Film ansehen, nachdem ihr gegessen habt, einen, der vor neun Uhr beginnt.

Chén Míng: **Hěn hǎo. Yīhuìr jiàn.**

Hën hau. Ih huär djiän.

Sehr gut. Bis später.

Besuch einer Aufführung

Ein Blick hinter die Kulissen der Pekingoper

Waren Sie schon mal in einer **Jīngjù** (*djing djüh*; Pekingoper)? Diese Opernform hat eine Geschichte von mehr als 200 Jahren und erfreut sich noch heute einer sehr großen Beliebtheit in China. Sie verbindet Musik, Gesang und Akrobatik und entnimmt ihre Stoffe der chinesischen Literatur und Geschichte. Pekingopern-Aufführungen gibt es sehr häufig, vor allem an den chinesischen Feiertagen, wenn arbeitsfrei ist.

Die Opernform heißt zwar Pekingoper, hat ihren Ursprung aber in den Provinzen Anhui und Hubei. Sie kam 1790 nach Beijing und wurde anfangs nur vor der Kaiserfamilie aufgeführt, erst später vor einem breiten Publikum. In China gibt es eine Vielzahl von Lokalopern, jede in ihrem eigenen Dialekt. In einem Land mit etwa 1,4 Milliarden Einwohnern ist die Oper eine Kunstform, die ihren Reiz auf alle gesellschaftlichen Schichten ausübt.

Haben Sie vor, sich in nächster Zeit ein paar **yǎnchū** (*iän tschuh*; Aufführung) anzusehen? Das Angebot ist groß. Sie können sich eine **gējù** (*gë djüh*; Oper) oder ein **bālěi** (*bah läi*; Ballett) ansehen oder in ein **yīnyuèhuì** (*yin yüä huäi*; Konzert) gehen.

Besonders Shanghai ist bekannt für seine **zájìtuán** (*dsah djih tuan*; Akrobatentruppe).

Bevor Sie sich eine Opernaufführung ansehen oder im Kino einen **diànyǐng** (*diän ying*; Film) sehen, müssen Sie eine oder zwei **piào** (*piau*; Karte) kaufen. Mit den folgenden Redewendungen sollte Ihnen das gelingen, zumindest werden Sie verstehen, was Ihnen gesagt wird:

- ✔ **Zài nǎr kěyǐ mǎi piào?** (*dsai nahr kë ih mai piau*; Wo kann man Karten kaufen?)
- ✔ **Yǒu méiyǒu jīntiān wǎnshang yǎnchū de piào?** (*yoh mäi yoh chin tiän wan schang iän tschuh dë piau*; Gibt es Karten für die Aufführung heute Abend?)

- ✔ **Duìbuqǐ, jīntiān wǎnshang de piào dōu màiwán le.** (*duäi buh tjih, djin tiän wan schang dë piau dou mai wan lë*; Es tut mir leid, die Karten für heute Abend sind ausverkauft.)
- ✔ **Wǒ yào mǎi yī zhāng dàrén piào, liǎng zhāng értóng piào.** (*uo yau mai ih dschang dah rën piau, liang dschang ër tung piau*; Ich möchte Karten kaufen: Ein Erwachsener, zwei Kinder.)

Wenn Sie jemanden fragen möchten, ob er/sie schon einmal irgendetwas gemacht hat, fügen Sie einfach die Partikel **guò** (*guo*) an das Verb an und setzen Sie die Fragesatzpartikel **ma** oder die Form **méiyǒu** (*mäi yoh*) an das Satzende. Hier sind einige Beispiele:

- ✔ **Nǐ kànguo Jīngjù ma?** (*ni kan guo djing djüh ma*; Hast du schon mal Pekingoper gesehen?)
- ✔ **Nǐ chīguo xiā méiyǒu?** (*ni tschı guo chiah mäi yoh*; Hast du schon mal Garnelen gegessen?)
- ✔ **Nǐ qùguo Déguó ma?** (*nih tjüh guo dë guo ma*; Warst du schon mal in Deutschland?)

Wenn die Antwort ja lautet, wiederholen Sie einfach das Verb plus **guò**, sonst sagen Sie einfach **méiyǒu**, »nein«. Sie können natürlich auch sagen **méiyǒu** – Verb – **guò**, wenn Sie möchten.

Trauen Sie sich ruhig zu sagen, dass Sie manches **chángcháng** (*tschang tschang*; oft) oder nur **yǒude shíhou** (*yoh dë schı hou*; manchmal) tun. Sie können beide Wörter in Fragen und Antworten verwenden.

Im Gespräch

Maria, Katharina und Elisabeth unterhalten sich darüber, welche Aufführung sie sich am Abend ansehen wollen.

Maria: **Nǐmen jīntiān wǎnshang xiǎng kàn shénme? Kàn huàjù ma?**
Nih mën chin tiän wan schang chiang kan schën më? Kan huah djüh ma?
Was wollt ihr heute Abend sehen? Ein Theaterstück?

Katharina: **Wǒ hěn xiǎng qù kàn wǔshù biǎoyǎn. Zájì biǎoyǎn yě kěyǐ.**
Uo hën chiang tjüh kan uh schuh biau iän. Dsah djih biau iän iä kë ih.
Ich würde gern eine Kampfkunst-Vorführung sehen. Akrobatik wäre auch nicht schlecht.

Elisabeth: **Wǒ xiǎng kàn huàjù.**
Uo chiang kan huah djüh.
Ich möchte ins Theater.

Maria: **Nímen kànguo Jīngjù ma?**

Nih mën kan guo djing djüh ma?

Habt ihr schon mal Pekingoper gesehen?

Katharina: **Méiyǒu.**

Mäi yoh.

Nein.

Maria: **Nà, wǒmen qù kàn Jīngjù ba! Jīngjù shénme dōu yǒu. Yǒu huàjù, yǒu wǔshù, lián zájì yě yǒu.**

Nah, uo mën tjüh kan djing djüh ba. Djing djüh schën më dou yoh. Yoh huah djüh, yoh uh schuh, liän dsah djih iä yoh.

Dann lasst uns in die Pekingoper gehen. Da gibt es das alles, Theater, Kampfkunst und selbst Akrobatik.

Elisabeth: **Tài hǎo le!**

Tai hau lë.

Das ist toll.

Maria geht zur Kartenverkaufskasse, um Karten für die Pekingoper-Vorstellung heute Abend zu kaufen. Sie spricht mit dem Verkäufer.

Maria: **Nǐ hǎo. Wǒ xiǎng mǎi sān zhāng jīntiān wǎnshang de piào.**

Nih hau. Uo chiang mai ssan dschang djin tiän wan schang dë piau.

Guten Tag. Ich möchte drei Karten für heute Abend kaufen.

Verkäufer: **Hǎo ba. Jīntiān wǎnshang de piào chàbuduō dōu màiwánle. Zhǐ yǒu èr lóu de zuòwèi.**

Hau ba. Djin tiän wan schang dë piau tschah buh duo dou mai wan lë. Dschı yoh ër lou dë dsuo wäi.

Gut. Die Karten für heute Abend sind fast ausverkauft. Es gibt nur noch welche für den zweiten Rang.

Maria: **Èr lóu méi wèntí. Qián pái zuòwèi de piào yǒu méiyǒu?**

Ër lou mäi wën tih. Tjiän pai dsuo wäi dë piau yoh mäi yoh?

Das ist in Ordnung. Haben Sie noch Karten für die vorderen Sitzreihen?

Verkäufer: **Yǒu. Yīgòng sānshí kuài qián.**

Yoh. Ih gung ssan schı kuai tjiän.

Ja. Das macht insgesamt 30 Kuai.

Maria gibt dem Verkäufer 30 Kuai, der Verkäufer gibt ihr die Karten.

Maria: **Xièxie.**

Chiä chiä.

Danke.

Kleiner Wortschatz

Chinesisch	Aussprache	Deutsch
Shénme shíhou kāiyǎn?	*schën më schı hou kai iän*	Wann beginnt die Vorstellung?
Shénme shíhou yǎnwán?	*schën më schı hou iän wan*	Wann ist die Vorstellung zu Ende?
lóuxià de wèizi	*lou chiah dë wäi dsı*	Parkettplätze
lóushàng de wèizi	*lou schang dë wäi dsı*	Rangplätze
piào	*piau*	Karte
yīnyuètīng	*yin yüä ting*	Konzerthalle
jùchǎng	*djüh tschang*	Theater
lǐtáng	*lih tang*	Aula, Auditorium
mùjiān xiūxi	*muh djiän chiou chih*	Pause
zájì biǎoyǎn	*dsah djih biau iän*	Akrobatik-Vorführung
wǔshù biǎoyǎn	*uh schuh biau iän*	Kampfkunst-Vorführung
bālěiwǔ	*bah läi uh*	Ballett
gēwǔ	*gë uh*	Gesang und Tanz
Yuèjù	*yüä djüh*	Shaoxing-Oper
Jīngjù	*ching djüh*	Pekingoper
dìfāngxì	*dih fang chih*	Lokaloper

Ein Blick in Museen und Galerien

Vom Sex zur Kunst: Interessante chinesische Museen

Das Museum für die Sexualkultur des Altertums öffnete 1999 in Shanghai seine Pforten und zeigt die private Sammlung eines Shanghaier Professors. Die Sammlung umfasst Artefakte wie Grabgemälde und Erotikgeräte, Ausstellungsstücke über die traditionelle Praxis des Füßebindens und sogar Möbel für den Liebesakt.

Das Shanghai Museum wurde 1996 auf dem **Rénmín Guǎngchǎng** (*rën min guang tschang*; Volksplatz) eröffnet. Es gilt als das beste Museum Chinas. Die Sammlung wird in elf Ausstellungsräumen auf vier Etagen gezeigt, Erklärungen finden sich auf Chinesisch und, was sonst eher selten ist, auf Englisch. Die Ausstellungsstücke werden nicht nach Dynastien, sondern nach Themengebieten gezeigt, man findet Bronzestücke, Keramik von der Tang- bis zur Ming-Zeit, Malerei und Kalligrafie und eine beeindruckende Jade-Sammlung.

Um Ihren Bedarf an **wénhuà** (*wën hua*; Kultur) zu befriedigen, gibt es nicht nur Theater und Konzert. Eine sehr angenehme und ruhige Beschäftigung, der man ganz allein nachgehen kann, ist ein Besuch in einem **bówùguǎn** (*bo uh guan*; Museum) oder einer **huàláng** (*hua lang*; Galerie). Dort finden Sie **gǔdài de yìshùpǐn** (*guh dai dë ih schuh piän*; Kunst des Altertums), **shānshuǐhuà** (*schan schuäi hua*; Landschaftsmalerei) oder **xiàndài yìshù** (*chiän dai ih schuh*; moderne Kunst). Manchmal lohnt es sich auch, in ein **bówùguǎn** zu gehen, um **lǐwǔ** (*lih uh*; Geschenk) und tolle **zhāotiē** (*dschau tiä*; Plakat) für sich selbst zu kaufen.

Folgende Fragen möchten Sie in einem Museum oder einer Galerie vielleicht stellen:

- ✔ **Bówùguǎn jǐ diǎn zhōng kāi mén?** (*bo uh guan djih diän dschung kai mën*; Wann öffnet das Museum?)
- ✔ **Lǐpǐn shāngdiàn shénme shíhou guān mén?** (*lih pin schang diän schën më schı hou guan mën*; Wann schließt der Souvenirladen?)
- ✔ **Nǐmen mài bu mài zhāotiē?** (*nih mën mai buh mai dschau tiä*; Verkaufen Sie Plakate?)

Track 14: Im Gespräch

Jakob kommt recht spät ins Kunstmuseum. Er stellt dem Angestellten einige Fragen.

Jakob: **Qǐng wèn, nǐmen jǐ diǎn zhōng guān mén?**
Tjing wën, nih mën djih diän dschung guan mën?
Entschuldigung, wann wird geschlossen?

Angestellter: **Zhèi ge bówòguǎn wǎnshang liù diǎn zhōng guān mén.**
Dschäi gë bo uh guan wan schang liou diän dschung guan mën.
Das Museum schließt um 18 Uhr.

Jakob: **Xiànzài yǐjīng wǔ diǎn duō le. Wǒ néng bu néng miǎnfèi jìnqù?**
Chiän dsai ih djing uh diän duo lë. Uo nëng buh nëng miän fäi djin tjüh?
Jetzt ist es schon nach 17 Uhr. Kann ich umsonst rein?

Angestellter: **Bù xíng. Hái yào fù qián. Shí kuài yī zhāng.**
Buh ching. Hai yau fuh tjiän. Schı kaui ih dschang.
Das geht nicht. Sie müssen bezahlen. Eine Karte kostet zehn Kuai.

Jakob: **Nà, wǒ míngtiān zài lái, zài zhèr duō huā yīdiǎnr shíjiān. Xièxie.**
Nah, uo ming tiän dsai lai, dsai dschër duo huah ih diär shı djiän. Chiä chiä.
Dann komme ich morgen wieder und bringe etwas mehr Zeit mit. Danke.

Kleiner Wortschatz

Chinesisch	Aussprache	Deutsch
bówùguǎn	*bo uh guan*	Museum
huàláng	*hua lang*	Galerie
yìshù	*ih schuh*	Kunst
shǒuyìrén	*schou ih rën*	Kunsthandwerker
yìshùjiā	*ih schuh djiah*	Künstler/Künstlerin
jiézuò	*djiä dsuo*	Meisterwerk

Sehenswürdigkeiten

Auch wenn Sie nur eine Woche auf Geschäftsreise in China sind, sollten Sie wenigstens eine Sehenswürdigkeit besuchen. Zum Beispiel die **Chángchéng** (*tschang tschëng*; Große Mauer) nördlich von Beijing. Sie ist eines der großartigsten von Menschenhand geschaffenen Bauwerke in der Welt.

Auf dem Weg zur Großen Mauer bietet sich ein Halt bei den **Míng shísān líng** (*ming schi ssan ling*; 13 Ming-Gräber) an, den Mausoleen von 13 Kaisern der Ming-Dynastie (1368–1644), die von Tieren und Kriegern aus Stein bewacht werden.

Am einfachsten ist der Besuch von Sehenswürdigkeiten mit einer Gruppe. Mit den folgenden Redewendungen finden Sie eine passende Besichtigungstour:

- ✔ **Lǚxíngshè zài nǎr?** (*lüh ching schë dsai nahr*; Wo ist das Reisebüro?)
- ✔ **Yǒu méi yǒu shuō Déwén de dǎoyóu**? (*yoh mäi yoh schuo dë wën dë dau yoh*; Gibt es Reiseführer, die Deutsch sprechen?)
- ✔ **Bàn tiān duōshǎo qián?** (*ban tiän duo schau tjiän*; Was kostet es für einen halben Tag?)
- ✔ **Nǐ yǒu méiyǒu lǚyóu shǒucè?** (*nih yoh mäi yoh lüh yoj schu tsë*; Haben Sie eine Reisebroschüre?)

Zu den beliebtesten Sehenswürdigkeiten in China zählen die Große Mauer, das Palastmuseum in Beijing und die Tonkriegerarmee in Xi'an. Mehr als 6000 Tonkrieger und Pferde bewachen das Grab von Chinas erstem Kaiser Qin Shihuang aus dem 3. Jahrhundert v. Chr.

Im Gespräch

Phillip ruft ein Taxi und fährt mit seinen beiden Kindern zum Jade-Buddha-Tempel in Shanghai. Er möchte seinen Kinder dieses Bauwerk aus der Song-Dynastie (960–1279) zeigen. Er kauft Eintrittskarten.

Phillip: **Qǐng wèn, zài nǎr kěyǐ mǎi piào?**
Tjing wën, dsai nahr kë ih mai piau?
Entschuldigung, wo gibt es Eintrittskarten?

Kassenkraft: **Jiù zài zhèr.**
Djiou dsai dschër.
Hier.

Phillip: **Hǎo jí le. Piàojià duōshǎo?**
Hau djih lë. Piau djiah duo schau?
Gut. Wie viel kostet eine Eintrittskarte?

Kassenkraft: **Yī zhāng shí kuài.**
Ih dschang schı kuai.
Eine kostet zehn Kuai.

Phillip: **Xiǎo háizi miǎnfèi ma?**
Chiau hai dsı miän fäi ma?
Ist der Eintritt für Kinder kostenlos?

Kassenkraft: **Bù miǎnfèi, kěshì xiǎo háizi bànpiào.**
Buh miän fäi, kë schı chiau hai dsı ban piau.
Nein, aber sie zahlen nur den halben Preis.

Phillip: **Wǒmen kě bu kěyǐ zhàoxiàng?**
Uo mën kë buh kë ih dschau chiang?
Dürfen wir fotografieren?

Kassenkraft: **Dāngrán kěyǐ. Méi yǒu wèntí.**
Dang ran kë ih. Mäi yoh wën tih.
Natürlich. Kein Problem.

Ins Kino gehen

Nach einer Besichtigungstour möchten Sie sich vielleicht ausruhen und einen Film sehen. Im Kino müssen Sie sich nicht bewegen oder sprechen, Sie können sich einfach ansehen, was auf der **yínmù** (*yin muh*; Leinwand) läuft. Aber was machen Sie, wenn die Lichter ausgehen und Sie bemerken, dass der Film auf **Zhōngwén** (*dschung wën*; Chinesisch) ist, ohne **zìmù** (*dsı muh*; Untertitel)? Sie lesen dieses Buch, was sonst!

Was für einen Film möchten Sie sehen? Wählen Sie das Genre aus Tabelle 7.5.

Chinesische	Aussprache	Deutsch
xǐjùpiàn	*chih djüh piän*	Komödie
gùshipiàn	*guh schı piän*	Spielfilm
àiqíngpiàn	*ai tjing piän*	Liebesfilm
dòngzuòpiàn	*dung dsuo piän*	Actionfilm
jìlùpiàn	*djih luh piän*	Dokumentarfilm
dònghuàpiàn	*dung hua piän*	Trickfilm
kǒngbùpiàn	*kong buh piän*	Horrorfilm
wǔxiápiàn	*uh chiah piän*	Kampfkunstfilm

Tabelle 7.5: Filmgenres auf Chinesisch

Im Gespräch

Wiebke und Thomas wollen heute Abend ins Kino gehen.

Wiebke: **Wǒmen jīntiān wǎnshang qù kàn yī bù diànyǐng ba.**
Uo mën djin tiän wan schang tjüh kan ih buh diän ying ba.
Lass uns heute Abend ins Kino gehen.

Thomas: **Jīntiān yǎn shénme?**
Djin tiän iän schën më?
Was wird heute gezeigt?

Wiebke: **Yī gè Zhāng Yìmóu dǎoyǎn de piānzi. Wǒ wàngle nèi ge míngzi.**
Ih gë dschang ih mou dau iän dë piän dsı. Uo wang lë näi gë ming dsı.
Ein Film von Zhang Yimou. Ich habe den Titel vergessen.

Thomas: **Shì shuō Déwén de ma?**
Schı schuo dë wën ma?
Ist er auf Deutsch?

Wiebke: **Bù shì, kěshì yǒu Déwén zìmù.**
Buh schı, kë schı yoh dë wën dsı muh.
Nein, aber er hat deutsche Untertitel.

Kleiner Wortschatz

Chinesisch	Aussprache	Deutsch
nán yǎnyuán	*nan iän üän*	Schauspieler
nǚ yǎnyuǎn	*nüh iän üän*	Schauspielerin

Chinesisch	Aussprache	Deutsch
dǎoyǎn	*dau iän*	Regisseur/Regisseurin
Déwén zìmù	*dë wën dsı muh*	deutsche Untertitel
diànyǐngyuàn	*diän ying üän*	Kino
wàiguópiàn	*wai guo piän*	ausländischer Film
Diànyǐngyuàn zài nǎr?	*diän ying üän dsai nahr*	Wo ist das Kino?

Im Konzert

Es heißt: Die Sprache der Musik überschreitet Ländergrenzen. Wenn Sie nach all dem Chinesischlernen erschöpft sind, können Sie am Abend zur Entspannung in ein Konzert gehen. Lassen Sie sich von der Musik in eine andere Sinneswelt bringen.

Am Ende eines Konzertes hören Sie niemanden »Zugabe« rufen, sondern »**Zài lái yī gè, zài lái yī gè!**« (*dsai lai ih gë, dsai lai ih gë*; Noch eins.)

Im Gespräch

Susanne und Georg überlegen, in welches Konzert sie am Wochenende gehen sollen.

Georg: **Wǒmen zhèi ge zhōumò qù yīnyuètīng tīng Zhōngguó gǔdiǎn yīnyuè.**

Uo mën dschäi gë dschou mo tjüh yin yüä ting ting dschung guo guh diän yin yüä.

Am Wochenende gehen wir in die Konzerthalle zu einem Konzert klassischer chinesischer Musik.

Susanne: **Wǒ bù xǐhuān Zhōngguó gǔdiǎn yīnyuè. Wǒ gèng xǐhuān juéshì yīnyuè.**

Uo buh chih huan dschung guo guh diän yin yüä. Uo gëng chih huan djüä schı yin yüä.

Ich mag klassische chinesische Musik nicht. Ich höre lieber Jazz.

Georg: **Juéshì yīnyuè tài qíguài. Yáogǔnyuè yě bù xǐhuān.**

Djüä schı yin yüä tai tjih guai. Yau gun yüä iä buh chih huan.

Jazz ist so eigenartig. Rockmusik mag ich auch nicht.

Susanne: **Nǐ dàgài zhǐ xǐhuān jiāoxiǎngyuè nèi lèi de yīnyuè ba.**

Nih dah gai dschı chih huan djiau chiang yüä näi läi dë yin yüä ba.

Du magst wohl nur Sinfonien und so etwas.

Georg: **Duì le.**
Duäi lë.
Genau.

Kleiner Wortschatz

Chinesisch	Aussprache	Deutsch
yīnyuèhuì	*yinyüä huäi*	Konzert
dàiwèiyuán	*dahi wäi üän*	Platzwart/Platzwärterin
jiémùdān	*djiä muh dan*	Programm(heft)
Zhōngguó gǔdiǎn yīnyuè	*dschung guo guh diän yin yüä*	klassische chinesische Musik
gēchànghuì	*gë tschang huäi*	Chorkonzert
shìnèiyuè	*schı näi yüä*	Kammermusik
gǔdiǎn yīnyuè	*guh diän yin yüä*	klassische Musik
míngē	*min gë*	Volkslied
qìyuè	*tjih yüä*	Instrumentalmusik
juéshì yīnyuè	*djüä schı yin yüä*	Jazz
yáogǔnyuè	*yao gun yüä*	Rockmusik
jiāoxiǎngyuè	*djiau chiang yüä*	Sinfonie

Auf Kneipen- und Clubtour

Sind Sie jemand, der nach einer Besichtigungstour und einem Konzert am Abend noch die Energie hat, durch Kneipen und tolle Clubs zu ziehen? Dann sollten Sie den notwendigen Wortschatz kennen, denn nicht jede Person, die Sie treffen oder mit der Sie ausgehen, wird Deutsch oder Englisch sprechen.

Vor der Gründung der Volksrepublik China im Jahr 1949 galt Shanghai als Paris des Ostens. Shanghai war immer die reizvollste und dekadenteste Stadt und wird auch heute diesem Ruf gerecht. Hier finden Sie ein blühendes Nachtleben mit Kneipen und Clubs.

Wenn Sie sich einen Eindruck von den Kneipen und Clubs verschaffen wollen, dann vielleicht mit folgenden Redewendungen:

- **Qǐng lái yī píng píjiǔ.** (*tjing lai ih ping pih djiou*; Eine Flasche Bier bitte.)
- **Nǐ xiǎng gēn wǒ tiàowǔ ma?** (*nih chiang gën uo tiau uh ma*; Möchtest du mit mir tanzen?)

- ✔ **Wǒ néng bu néng qǐng nǐ hē jiǔ?** (*uo nëng buh nëng tjing nih hë djiou*; Darf ich dich auf einen Drink einladen?)
- ✔ **Wǒmen dào nǎr qù tiàowǔ?** (*uo mën dau nahr tjüh tiau uh*; Wohin gehen wir tanzen?)
- ✔ **Yǒu méiyǒu rùchǎngfèi?** (*yoh mäi yoh ruh tschang fäi*; Muss man Eintritt zahlen?)

Wenn Sie mit Freunden in eine Kneipe gehen, trinken Sie möglicherweise **bīngzhèn de píjiǔ** (*bing dschën dë pih djiou*; eisgekühltes Bier) oder **hóng** (*hung*; rot) oder **bái** (*bai*; weiß) **pútaojiǔ** (*puh tau djiou*; Wein). Vergessen Sie nicht, nach **huāshēngmǐ** (*huah schëng mih*; Erdnüsse) oder **tǔdòupiàn** (*tuh dou piän*; Kartoffelchips) zu fragen, damit Ihnen das **píjiǔ** nicht zu Kopf steigt.

Spiel und Spaß

Verbinden Sie die richtigen Paare.

9.15 Uhr	**bànyè**
nächster Monat	**xiàwǔ sì diǎn bàn**
Mitternacht	**xià ge yuè**
vor zwei Wochen	**zǎoshang jiǔ diǎn yī kè**
16.30 Uhr	**liǎng ge xīngqī yǐqián**

IN DIESEM KAPITEL

Über Hobbys sprechen

Mutter Natur genießen

Vorgeben, Picasso zu sein

Eigene Melodien kreieren

Sich sportlich betätigen

Kapitel 8
Sich vergnügen: Erholung und Sport

Nach einem anstrengenden Arbeitstag wollen die meisten einfach nur entspannen. Aber wie? Fühlen Sie sich von Ihrer **gōngzuò** (*gung dsuo*; Arbeit) so in Anspruch genommen, dass Sie nicht abschalten können? Bekommen Sie Ihr Leben in den Griff! Oder besser noch, suchen Sie sich ein **yèyú àihào** (*iä üh ai hau*; Hobby). Machen Sie **yīnyuè** (*yin yüä*; Musik) auf Ihrer **xiǎotíqín** (*chiau tih tjin*; Geige). Malen Sie ein **huà** (*hua*; Bild). Spielen Sie ein bisschen **zúqiú** (*dsuh tjiou*; Fußball). Tun Sie das, was Ihnen Entspannung bringt und Ihnen Spaß macht. Ihre Interessen machen Sie für Ihre Mitmenschen interessanter und lassen Sie neue Freunde finden – vor allem, wenn Sie sich einer **duì** (*duäi*; Mannschaft) anschließen. Wenn Sie gern **lánqiú** (*lan tjiou*; Basketball) spielen, nennen Sie einfach den Namen **Yao Ming** und Sie werden unter den Unmengen von Fans dieses Basketballstars aus Shanghai einen potenziellen Sprachpartner finden.

Der 2,29 Meter große Yao Ming spielte bei den Shanghai Mavericks, bevor er bei den Houston Rockets zu Ruhm und Reichtum kam. Yao Ming ist einer der populärsten Sportler in China. Bei der Eröffnungsfeier der Olympischen Spiele 2008 in Beijing führte er wie bereits vier Jahre zuvor in Athen als Fahnenträger die chinesische Mannschaft ins Stadion.

Über Hobbys sprechen

Sammeln Sie **yóupiào** (*yoh piau*; Briefmarke) aus verschiedenen **guójiā** (*guo djiah*; Land)? Oder spielen Sie in Ihrer Freizeit lieber **guójì xiàngqí** (*guo djih chiang tjih*; Schach)? Was halten Sie davon, einen **niǎo** (*niau*; Vogel) mit einem **wàngyuǎnjìng** (*wnag yüän djing*; Fernglas) im **Zhōngyāng Gōngyuán** (*dschung iang gung üän*; Zentralpark) zu beobachten? Ganz gleich, was Sie gern tun, Hobbys sind immer ein gutes Gesprächsthema. Es ist gut, wenn Sie mindestens ein **àihào** (*ai hau*; Hobby) haben. Vielleicht ja sogar eins der folgenden:

- **kàn shū** (*kan schuh*; lesen)
- **diào yú** (*diau üh*; angeln)
- **yuányì** (*üän ih*; Gartenarbeit)
- **pēngtiáo** (*pëng tiau*; kochen)

Einige von den Dingen, die Sie **dǎ** (*dah*; schlagen, spielen) können, sind **qiú** (*tjiou*; Ball), **tàijíquán** (*tai djih tjüän*; Taichi, chinesisches Schattenboxen) und **púkè** (*puh kë*; Poker). Sie können mit Bällen auch **wán** (*wan*; spielen), auch mit kleinen **qiú** wie beim **pīngpāngqiú** (*ping pang tjiou*; Tischtennis). Hier sind ein paar kurze Fragen mit dem Verb **dǎ**, um ein Gespräch zu beginnen:

- **Nǐ huì bu huì dǎ tàijíquán?** (*nih huäi buh huäi dah tai djih tjüan*; Kannst du Taichi?)
- **Nǐ dǎ bu dǎ pīngpāngqiú?** (*nih dah buh dah pingpang tjiou*; Spielst du Tischtennis?)
- **Nǐ dǎ májiàng ma?** (*nih dah mah djiang ma*; Spielst du Mahjongg?)

Tàijíquán und **májiàng** sind der Inbegriff chinesischer Hobbys. Außer **tàijíquán** gibt es noch viele andere Formen von **wǔshù** (*uh schuh*; Kampfkunst). Der Begriff Kung Fu wird im Westen für verschiedene Kampfkunststile verwendet, im engeren Sinn ist damit die Kampfkunst der Shaolin-Mönche gemeint. Wenn Sie in China sind, sollten Sie unbedingt in das Shaolin-Kloster nach Zhengzhou in der Provinz Henan fahren, um dort die Kung-Fu-Meister bei ihrem Training zu beobachten.

Tàijíquán ist eine innere Kampfkunst, die inzwischen weltweit verbreitet ist. Der Begriff **tàijí** steht im Daoismus für das höchste Wirkprinzip. Es wird durch ein Symbol dargestellt, das das harmonische Wechselspiel der Kräfte Yin und Yang zeigt. **Quán** bedeutet Faust und betont, dass mit leerer Hand, also ohne Waffen gekämpft wird. In den frühen Morgenstunden sieht man Tausende von Menschen in den Parks, die gemeinsam die Bewegungen üben.

Im Gespräch

Dirk und Helga unterhalten sich über Taijiquan.

Dirk: **Nǐ huì bu huì dǎ tàijíquán?**
Nih huäi buh huäi dah tai djih tjüän.
Kannst du Taichi?

Helga: **Bù huì. Kěshì wǒ zhīdao tàijíquán shì yī zhǒng hěn liúxíng de jiànshēn yùndòng.**

Buh huäi. Kë schı uo dschı dau tai djih tjüän schı ih dschung hën liou ching dë djiän schën ün dung.

Nein, aber ich weiß, dass Taichi ein sehr beliebter Sport ist.

Dirk: **Duì le. Měi tiān zǎoshang hěn zǎo hěn duō rén yīqǐ dǎ tàijíquán.**

Duäi lë. Mäi tiän dsau schang hën dsau hën duo rën ih tjih dah tai djih tjüän.

Das stimmt. Ganz früh jeden Morgen üben viele Leute zusammen Taichi.

Helga: **Tàijíquán de dòngzuò kànqǐlai hěn màn.**

Tai djih tjüän dë dung dsuo kan tjih lai hën man.

Die Taichi-Bewegungen sehen sehr langsam aus.

Dirk: **Yòu shuō duì le! Shēntǐ zǒngshì yào wěndìng. Dòngzuò zǒngshì yào xiétiáo.**

Yoh schuo duäi lë. Schën tih dsung schı yau wën ding. Dung dsuo dsung schı yau chiä tiau.

Das ist richtig. Der Körper muss immer standfest sein und die Bewegungen gut abgestimmt.

Kleiner Wortschatz

Chinesisch	Aussprache	Deutsch
tàijíquán	*tai djih tjüän*	Taichi/Taiji
shǒuxíng	*schou ching*	Handform
quán	*tjüän*	Faust
zhǎng	*dschang*	Handfläche
dòngzuò	*dung dsuo*	Bewegung
yùndòng	*ün dung*	Bewegung, Sport
hòutuì	*hou tuäi*	Rückwärtsschritt
shíbù	*schı buh*	fester Schritt
xūbù	*chüh buh*	leerer Schritt
hūxī	*huh chih*	atmen
yídòng	*ih dung*	(weg)bewegen, rücken
liúxíng	*liou ching*	beliebt, populär

Die Natur erforschen

Wer in China arbeitet, hat meist irgendwann das Bedürfnis, dem Treiben der Massen zu entkommen oder zumindest das **bàngōngshì** (*ban gung schı*; Büro) weit genug zurückzulassen, um sich erholen zu können. Das ist die Gelegenheit, zu einem der heiligen **shān** (*schan*; Berg) oder an einen wunderschönen **hǎitān** (*hai tan*; Strand) zu fahren. Dort können Sie die **shānshuǐ** (*schan schuäi*; Landschaft) genießen: **niǎo** (*niau*; Vogel), **shù** (*schuh*; Baum), **yún** (*ün*; Wolken) und **hǎi** (*hai*; Meer). Vielleicht wollen Sie auch lieber **qù lùyíng** (*tjüh luh ying*; zelten fahren) oder ein Lager am Strand aufschlagen und ein **yěcān** (*iä tsan*; Picknick) machen, bevor Sie **pá shān** (*pah schan*; bergsteigen).

Wenn Sie über Land fahren, sehen Sie wahrscheinlich Folgendes:

- ✔ **bǎotǎ** (*bau tah*; Pagode)
- ✔ **miào** (*miau*; Tempel)
- ✔ **fómiào** (*fo miau*; buddhistischer Tempel)
- ✔ **dàomiào** (*dau miau*; daoistischer Tempel)
- ✔ **kǒngmiào** (*kung miau*; Konfuzius-Tempel)
- ✔ **dàotián** (*dau tiän*; Reisfeld)
- ✔ **nóngmín** (*nung min*; Bauer)

Wenn Sie die **dàzìrán** (*dah dsı ran*; Natur) mit chinesischen Freunden erkunden, helfen Ihnen dabei die folgenden Wörter:

- ✔ **hé** (*hë*; Fluss)
- ✔ **hú** (*huh*; See)
- ✔ **chítáng** (*tschı tang*; Teich)
- ✔ **shāndòng** (*schan dung*; Höhle)
- ✔ **hǎitān** (*hai tan*; Strand)
- ✔ **àn** (*an*; Küste)
- ✔ **shāmò** (*schah mo*; Wüste)
- ✔ **shān** (*schan*; Berg)
- ✔ **xiǎoshān** (*chiau schan*; Hügel)
- ✔ **hǎi** (*hai*; Meer)

Chinas heilige Berge

Buddhisten und Daoisten haben ihre Klöster hoch oben auf ruhigen Bergen oder in üppigen Wäldern gebaut, um zu meditieren. Neun Berge in China, fünf daoistische und vier buddhistische, gelten auch heute noch als heilig und sind Ziel von Pilgerfahrten. Der **Huáng Shān** (*huang schan*; Gelber Berg) ist Chinas bekanntester heiliger Berg. Sein Kennzeichen sind seltene Kiefern, ungewöhnliche Felsgebilde und heiße Quellen, umgeben von Seen und Wasserfällen.

Track 15: Im Gespräch

Jakob und Nelli entdecken die Schönheit des Badeortes **Běidàihé** (*bäi dai hë*) in Nordchina.

Jakob: **Nǐ kàn! Zhèr de fēngjǐng duōme piàoliang!**
Nih kan. Dschër dë fëng djing duo më piau liang.
Sieh mal, wie schön die Landschaft ist.

Nelli: **Nǐ shuō duì le. Zhēn piàoliang.**
Nih schuo duäi lë. Dschën piau liang.
Das stimmt. Es ist wirklich schön.

Jakob: **Shénme dōu yǒu. Shān, shēn lán de hǎi, lán tiān.**
Schën më dou yoh. Schan, Schën lan dë hai, lan tiän.
Hier gibt es alles, Berge, das tiefblaue Meer und den blauen Himmel.

Nelli: **Nǐ shuō duì le. Xiàng tiāntáng yīyàng.**
Nih schuo duäi lë. Chiang tiän tang ih iang.
Du hast Recht. Wie im Paradies.

Kleiner Wortschatz

Chinesisch	Aussprache	Deutsch
piàoliang	*piau liang*	hübsch
fēngjǐng	*fëng djing*	Landschaft
tiāntáng	*tiän tang*	Paradies

Wenn Sie ausdrücken möchten, dass zwei Sachen ähnlich sind (wie im letzten Satz im Dialog), verwenden Sie **xiàng ... yīyàng** (*chiang ... ih iang*). Hier sind einige Beispiele:

- **xiàng nǐ dìdi yīyàng** (*chiang nih di dih ih iang*; wie dein jüngerer Bruder)
- **xiàng qīngwā yīyàng** (*chiang tjing ua ih iang*; wie ein Frosch)
- **xiàng fēngzi yīyàng** (*chiang fëng dsı ih iang*; wie ein Verrückter)

Der Palast der Kinder in Shanghai

Wenn Sie irgendwann einmal nach Shanghai kommen, sollten Sie sich unbedingt Zeit für den **Shàoniángōng** (*schau niän gung*; Palast der Kinder) nehmen. Dort besuchen talentierte Kinder außerschulische Kurse in Musik, Kunst, Tanz und Naturwissenschaften. Der Palast der Kinder wurde 1953 von Song Qingling, der Ehefrau des Gründers der Republik China, Dr. Sun Yat-sen, errichtet. Er befindet sich in einem imposanten alten Gebäude, der Marmorhalle, die 1924 von Elly Kadoorie, einem jüdischen Baulöwen aus Bagdad, gebaut wurde. Noch heute finden sich im Inneren große Marmorsäle, Wendeltreppen, verzierte Kamine, Kerzenleuchter und Fenstertüren.

Entdecken Sie Ihre künstlerische Ader

Sie mögen in der Schule die größte Sportskanone gewesen sein, aber wenn Sie ein schönes Gemälde sehen oder Beethoven hören, werden Sie ganz weich. Es ist in Ordnung, Sie können es ruhig zugeben.

Jetzt ist die Zeit gekommen, sich Ihre einfühlsame Seite, Ihre künstlerische Ader auf Chinesisch nutzbar zu machen. Scheuen Sie sich nicht davor, Ihre **gǎnqíng** (*gan tjing*; Gefühle) zu zeigen. Chinesen wissen Ihre Wahrnehmung von **shānshuǐ huà** (*schan schuäi hua*; Landschaftsmalerei) der Song-Dynastie oder von **cíqì** (*tsı tjih*; Porzellan) aus der Ming-Dynastie zu schätzen.

Sie haben sicher Unmengen von **chuàngzàoxìng** (*tschuang dsau ching*; Kreativität), versuchen Sie es doch einmal mit folgenden Künsten:

- **huà** (*hua*; Malerei)
- **sùmiáohuà** (*ssuh miau hua*; Zeichnung)
- **diāokè** (*diau kë*; Schnitzerei)
- **shuǐcǎihuà** (*schuäi tsai hua*; Aquarell)

- **táoqì** (*tau tjih*; Töpferware)
- **shūfǎ** (*schuh fah*; Kalligrafie)

In einer Band aufspielen

Wie überall auf der Welt nehmen Kinder in China Unterrichtsstunden auf der **xiǎotíqín** (*chiau tih tjin*; Geige) oder auf dem **gāngqín** (*gang tjin*; Klavier), oft unter Zwang. Erst, wenn man älter ist und selbst Kinder hat, weiß man den Musikunterricht zu schätzen.

Spielen Sie ein **yuèqì** (*yüä tjih*; Instrument)? Es ist nie zu spät, es zu lernen. Sie müssen ja kein professioneller **yīnyuèjiā** (*yin yüä djiah*; Musiker) werden, um Spaß an einem Instrument zu haben. Wie wäre es mit einem der folgenden?

- **xiǎotíqín** (*chiau tih tjin*; Geige)
- **zhōngtíqín** (*dschung tih tjin*; Bratsche)
- **dàtíqín** (*dih tih tjin*; Cello)
- **gāngqín** (*gang tjin*; Klavier)
- **sākèsīguǎn** (*ssa kë ssi guan*; Saxophon)
- **chángdí** (*tschang dih*; Querflöte)
- **dīyīn tíqín** (*dih yin tih tjin*; Kontrabass)
- **lǎba** (*lah bah*; Trompete)
- **chánghào** (*tschang hau*; Posaune)
- **dàhào** (*dah hau*; Tuba)
- **dānhuángguǎn** (*dan huang guan*; Klarinette)
- **shuānghuángguǎn** (*schuang huang guan*; Oboe)
- **gǔ** (*guh*; Trommel)
- **shùqín** (*schuh tjin*; Harfe)
- **jítā** (*djih tah*; Gitarre)

Im Chinesischen spielen Sie die Musikinstrumente mit unterschiedlichen Verben. Für Streichinstrumente verwenden Sie das Verb **lā** (*lah*; ziehen), zum Beispiel **lā zhōngtíqín** (*lah dschung tih tjin*; Bratsche spielen). Ein **gāngqín** (*gang tjin*; Klavier) kann man nur **tán** (*tan*; spielen), Blasinstrumente spielen Sie mit dem Verb **chuī** (*tschuäi*; blasen).

Chinesische Musikinstrumente

Wenn Sie schon einmal chinesische Musik auf CD oder im Konzert gehört haben, ist Ihnen vielleicht eines dieser **yuèqì** (*yüä tjih*; Musikinstrument) aufgefallen:

- ✔ **pípa** (*pih pah*; Zupfinstrument, das der Laute ähnelt)
- ✔ **gŭzhēng** (*guh dschëng*; eine Art Zither)
- ✔ **èrhú** (*ër huh*; zweisaitiges Streichinstrument)

In einer Mannschaft spielen

Egal wo in der Welt, überall gibt es so etwas wie einen nationalen Zeitvertreib. Fast überall in Europa ist es **zúqiú** (*dsuh tjiou*; Fußball), in Japan ist es **bàngqiú** (*bang tjiou*; Baseball), in China **pīngpāngqiú** (*ping ping tjiou*; Tischtennis), auch wenn durch Yao Ming **lánqiú** (*lan tjiou*; Basketball) mehr und mehr an Popularität gewinnt. Diese Sportarten erfreuen sich auch großer Beliebtheit:

- ✔ **yŭmáoqiú** (*üh mau tjiou*; Badminton)
- ✔ **bàngqiú** (*bang tjiou*; Baseball)
- ✔ **lánqiú** (*lan tjiou*; Basketball)
- ✔ **shŏuqiú** (*schou tjiou*; Handball)
- ✔ **bīngqiú** (*bing tjiou*; Eishockey)
- ✔ **pīngpāngqiú** (*ping pang tjiou*; Tischtennis)
- ✔ **zúqiú** (*tsuh tjiou*; Fußball)
- ✔ **yóuyŏng** (*yoh yung*; Schwimmen)
- ✔ **wăngqiú** (*wang tjiou*; Tennis)
- ✔ **páiqiú** (*pai tjiou*; Volleyball)

Bei den Olympischen Spielen finden Sie ein Sammelsurium an Sportarten. Jeder hat bestimmt schon einmal **tĭcāo** (*tih tsao*; Turnen) im Fernsehen gesehen: **zìyóu tĭcāo** (*dsı yoh tih tsau*; Bodenturnen), **dāngàng** (*dan gang*; Reck), **shuānggàng** (*schuang gang*; Barren), **gāodīgàng** (*gau dih gang*; Stufenbarren), **ānmă** (*an mah*; Seitpferd).

Yóuyŏng (*yoh yung*; Schwimmen) ist auch sehr beliebt. Ob Sie nun **diéyŏng** (*diä yung*; Schmetterling), **yăngyŏng** (*iang yung*; Rücken), **cèyŏng** (*tsë yung*; Seitenschwimmen) schwimmen oder **wāyŏng** (*uah yung*; Brust) oder **zìyóuyŏng** (*dsı yoh yung*; Freistil) bevorzugen, vergessen Sie nicht zu atmen. Vergessen Sie auch nicht Ihre **yóuyŏngmào** (*yoh yung* *mau*; Badekappe) zu tragen. Wenn Sie **tiàoshuǐ yùndòngyuán** (*tiau schuäi ün dung üän*; Wasserspringer) sind, sollten Sie besser nicht **pà gāo** (*pah gau*; Höhenangst) haben.

Für manche Sportarten benötigen Sie Sportgeräte, wie **pīngpāngqiú pāi** (*ping pang tjiou pai*; Tischtennisschläger), **wǎngqiú pāi** (*wang tjiou pai*; Tennisschläger) oder **lánqiú** (*lan tjiou*; Basketball). Für alle Spielsportarten brauchen Sie auf jeden Fall ein Gefühl für **gōngpíng jìngzhēng** (*gung ping djing dschën*; Fair Play).

Von Mai bis Oktober ist in Beijing die Fußball-Saison, in Südchina ist sie ganzjährig. Wie in Europa ist Fußball der Zuschauersport Nummer 1. Und wie in Europa werden aus leidenschaftlichen Fans manchmal krakeelende Horden. Gehen Sie mal in Shanghai in das Hongkou-Stadion (**Hóngkǒu Tǐyùchǎng**; *hung kou tih üh tschang*) oder in Beijing in das Arbeiterstadion (**Gōngrén Tǐyùchǎng**; *gung rën tih üh tschang*).

Egal ob Profi oder Amateur, die folgenden Sätze werden Ihnen nützen. Das eine oder andere haben Sie bestimmt schon gehört (oder gesagt).

- **Wǒ xiǎng qù kàn qiúsài.** (*uo chiang tjüh kan tjiou ssai*; Ich möchte ein Ballspiel sehen.)
- **Bǐfēn duōshǎo?** (*bih fën duo schau*; Wie steht es?)
- **Něi xiē duì cānjiā bǐsài?** (*näi chiä duäi tsan chiah bih ssai*; Welche Mannschaften spielen?)
- **Wǒ yíngle.** (*uo ying lë*; Ich habe gewonnen.)
- **Nǐ shūle.** (*nih schuh lë*; Du hast verloren.)
- **Wǒ zhēn xūyào liànxí.** (*uo dschën chüh yau liän chih*; Ich muss unbedingt trainieren.)
- **Wǒ dǎ de bù tài hǎo.** (*uo dah dë buh tai hau*; Ich spiele nicht so gut.)

Bei einer Sportveranstaltung kann viel passieren. Wenn Sie wissen wollen, was, dann sollten Sie diese Redewendungen kennen:

- **chuī shàozi** (*tschuäi schau dsı*; pfeifen)
- **dǎngzhù qiú** (*dang dschuh tjiou*; den Ball abwehren)
- **dé yī fēn** (*dë ih fën*; einen Punkt machen)
- **tījìn yī qiú** (*tih djin ih tjiou*; ein Tor schießen)
- **fā qiú** (*fah tjiou*; Aufschlag, Abstoß)
- **méi tóuzhòng** (*mäi tou dschung*; nicht treffen)

In der Stadt Anyang gibt es mittlerweile Sportarten wie Heißluftballon-Fahren oder Drachenfliegen. Es ist schon erstaunlich, wenn man weiß, dass Anyang 2.000 Jahre vor Chr. die Hauptstadt der ersten chinesischen Dynastie war. Man kann sogar eine Heißluftballon-Tour entlang der Großen Mauer oder Seidenstraße machen. Keine schlechte Möglichkeit, lange Entfernungen zurückzulegen, wenn man kein Hunne auf einem Pferd ist. Apropos, wenn Sie Kamel-Ritte mögen, fragen Sie im Reisebüro. Dort kann man Ihnen einen Ritt mit Mongolen organisieren, die haben über die Jahrhunderte die Kunst des Reitens perfektioniert.

Track 16: Im Gespräch

Tim und Lisa gehen zusammen zu einem Basketballspiel.

Tim: **Bǐsài shénme shíhou kāishǐ?**
Bih ssai schën më schı hou kai schı?
Wann fängt das Spiel an?

Lisa: **Kuài yào kāishǐ le.**
Kuai yau kai schı lë.
Es geht gleich los.

Einige Minuten später beginnt das Spiel endlich.

Tim: **Wà! Tā méi tóuzhòng!**
Uah. Tah mäi tou dschung.
Wow! Er hat nicht getroffen.

Lisa: **Méi guānxi. Lìngwài nèi ge duìyuán gāng gāng kòu lán dé fēn.**
Mäi guan chih, Ling wai näi gë duäi üän gang gang kou lan dë fën.
Das macht gar nichts. Ein anderer Spieler hat gerade mit einem Dunking einen Punkt gemacht.

Kleiner Wortschatz

Chinesisch	Aussprache	Deutsch
tǐyùchǎng	*tih üh tschang*	Stadion
cáipànyuán	*tsai pan üän*	Schiedsrichter/Schiedsrichterin
duìfāng	*duäi fang*	die gegnerische Mannschaft
zúqiúchǎng	*dsuh tjiou tschang*	Fußballplatz
píngjú	*ping djüh*	unentschieden
fēnshù	*fën schuh*	Ergebnis
jìfēnbǎn	*djih fën ban*	Anzeigetafel
fànguī	*fan guäi*	Foul
shàngbànchǎng	*schang ban tschang*	erste Hälfte
xiàbànchǎng	*chiah ban tschang*	zweite Hälfte

Spiel und Spaß

Was machen die Personen auf den Bildern? Achten Sie auf das richtige Verb. (Die Lösung finden Sie in Anhang D.)

A. 

B. 

C. 

D. 

E. 

A. ________________________________

B. ________________________________

C. ________________________________

D. ________________________________

E. ________________________________

IN DIESEM KAPITEL

Zum Telefon greifen

Den Digitalen-Jargon verstehen

Privatgespräche und Geschäftstelefonate

Mit Anrufbeantwortern und Sprachmitteilungen fertig werden

Kapitel 9
Am Telefon

Auch wenn mittlerweile die meiste Kommunikation über E-Mail erfolgt, geht doch nichts darüber, die **shēngyīn** (*schëng yin*; Stimme) eines geliebten Menschen am anderen Ende der Leitung zu hören oder die richtige Person an die Strippe zu bekommen, um eine Firmenfusion zu besprechen. Grund genug also zu wissen, wie man ein Telefon benutzt.

Die Kunst, einen Telefonanruf in einer Fremdsprache oder einem anderen Land zu erledigen, ist – eine Kunst eben. Um sie zu beherrschen, müssen Sie zuerst einmal mit der Benutzung eines **diànhuà** (*diän hua*; Telefon) vertraut sein. Finden Sie zum Beispiel heraus, welche **dìqū hàomǎ** (*dih tjüh hau mah*; Vorwahl) Sie zuerst **bō** (*bo*; wählen) müssen. Was sagen Sie eigentlich, wenn am anderen Ende jemand das Telefon abnimmt? Dieses Kapitel hilft Ihnen dabei, die Telefon-Hürde zu nehmen, egal ob Sie in Hamburg oder China sind.

Ein Telefon benutzen

Bevor Sie sich einem **diànhuà** (*diän hua*; Telefon) nähern, sollten Sie wichtige Wörter und Redewendungen rund ums Telefon kennen. Mittlerweile gibt es so viele verschiedene Modelle, da haben Sie sicher kein Problem, das passende für sich zu finden:

- **shǒujī** (*schou djih*; Mobiltelefon)
- **wúxiàn diànhuà** (*uh chiän diän hua*; schnurloses Telefon)
- **gōngyòng diànhuà** (*gung yung diän hua*; öffentliches Telefon)

Manchmal benötigen Sie die Hilfe eines **jiēxiànyuán** (*djiä chiän üän*; Telefonist/Telefonistin) für ein **guójì diànhuà** (*guo djih diän hua*; Auslandsgespräch) oder wenn Sie eine

diànhuà hàomǎ (*diän hua hau mah*; Telefonnummer) wissen möchten. Natürlich ist ein **jiēxiànyuán** nicht notwendig, wenn Sie ein **běnshì diànhuà** (*bën schı diän hua*; Ortsgespräch) oder ein **chángtú diànhuà** (*tschang tuh diän hua*; Ferngespräch) führen wollen. Im Großen und Ganzen können Sie alles selbst bewältigen. Außer vielleicht ein **duìfāng fùfèi diànhuà** (*duäi fang fuh fäi diän hua*; R-Gespräch).

Für Ihre Kommunikation von Nutzen sind folgende Wörter:

- ✔ **dǎ diànhuà** (*dah diän hua*; anrufen, telefonieren)
- ✔ **shìpín tōnghuà** (*shii pin tong hua*; Videogespräch)
- ✔ **chá diànhuà hàomǎbù** (*tschah diän hua hau mah buh*; im Telefonbuch nachsehen)
- ✔ **diànhuà hàomǎ** (*diän hua hau mah*; Telefonnummer)
- ✔ **diànhuàkǎ** (*diän hua kah*; Telefonkarte)

Wenn Sie wie ich sind, dann stellen Sie Tausende Fragen, bevor Sie ein Telefon zur Hand nehmen. Zum Beispiel:

- ✔ **Zěnme dǎ diànhuà?** (*dsën më dah diän hua*; Wie kann ich telefonieren?)
- ✔ **Zài nǎr kěyǐ dǎ diànhuà?** (*dsai nahr kë ih dah diän hua*; Wo kann ich telefonieren?)
- ✔ **Běnshì diànhuà shōufèi duōshǎo qián?** (*bën schı diän hua schou fäi duo schau tjiän*; Was kostet ein Ortsgespräch?)

Mobilität mit dem Mobiltelefon

Viele haben mittlerweile gar kein Festnetztelefon mehr. Können Sie sich das vorstellen? In China gibt es sie zwar noch, aber wie in allen großen Städten der Welt sehen Sie Millionen Menschen auf der Straße (in Shanghai im wahrsten Sinne des Wortes Millionen) mit ihrem **shǒujī** (*schou djih*; Mobiltelefon) in der Hand oder am **ěrduo** (*ër duo*; Ohr). Das Internet-Telefonieren über Apps wie WeChat und andere hat sich mittlerweile als bevorzugte Kommunikationsform etabliert.

China hat sich auch im Bereich der Mobiltelefone als Großmacht etabliert. China ist weltweit die Nummer eins in Produktionsmenge, Kundenwachstum und Inlandsabsatzmenge. Einheimische Marken, wie Lenovo oder TCL, haben einen Marktanteil von fast 50 Prozent, vor allem im Low-End-Bereich.

Für Ihr mobiles Telefonat benötigen Sie:

- ✔ **shǒujī hàomǎ** (*schou djih hau mah*; Mobiltelefonnummer)
- ✔ **shǒujī** (*schou djih*; Mobiltelefon)
- ✔ **hūjī** (*huh djih*; Piepser) sind heute kaum noch in Gebrauch. Falls Sie doch jemanden **hū** (*huh*; anpiepsen, rufen) wollen, brauchen Sie unbedingt die **hūjī hàomǎ** (*huh djih hau mah*; Piepser-Nummer).

China zählt inzwischen rund 60 Millionen neue Mobilfunk-Nutzer pro Jahr. Es wird geschätzt, dass 15 bis 20 Millionen der Mobiltelefone vom Schwarzmarkt stammen, illegal importiert oder Fälschungen sind. Ausländische Anbieter trifft der wachsende Handy-Schwarzmarkt nicht so stark, betroffen sind vor allem chinesische Marken.

Einen Anruf tätigen

Wéi? (*wäi*; Hallo) Wenn Sie telefonieren, werden Sie dieses Wort im steigenden (zweiten) Ton sehr oft hören. Es klingt, als wolle man testen, ob überhaupt jemand am anderen Ende der Leitung ist. Sie können mit demselben Wort reagieren, im vierten (fallenden) Ton, so als ob sie eine Feststellung treffen. Oder Sie fragen gleich nach demjenigen, mit dem Sie eigentlich sprechen wollen. (Mehr zu den Tönen in Kapitel 1.)

Auf dem Festland werden Sie am Telefon oft die Frage hören **Nǐ nǎr?** (*nih nahr*; *wörtlich*: Wo sind Sie?) Sie werden damit nach Ihrer **dānwèi** (*dan wäi*; Arbeitseinheit), also Ihrer Arbeitsstelle gefragt. Nach diesen kurzen Anfangsfragen sollten Sie fast am Ziel sein und mit der Person sprechen können, die Sie eigentlich angerufen haben.

Nach der Gründung der Volksrepublik China im Jahr 1949 waren alle Chinesinnen und Chinesen einer **dānwèi** (Arbeitseinheit) zugeteilt. Die Danwei war für alle Bereiche des täglichen Lebens zuständig, von der Wohnung, über den Ehepartner bis hin zum Kinderkriegen. Auch wenn das Danwei-System im Zuge der Etablierung der Marktwirtschaft an Bedeutung verloren hat, ist die Frage nach der Danwei am Telefon immer noch gebräuchlich.

Was machen Sie vor, während oder nach einem Anruf? Sehen Sie selbst:

- ✔ **náqǐ diànhuà** (*nah tjih diän hua*; das Telefon nehmen)
- ✔ **dǎ diànhuà** (*dah diän hua*; anrufen)
- ✔ **shōudào diànhuà** (*schou dau diän hua*; einen Anruf bekommen)
- ✔ **jiē diànhuà** (*djiä diän hua*; ans Telefon gehen)
- ✔ **huí diànhuà** (*huäi diän hua*; zurückrufen)
- ✔ **liú yī gè huà** (*liou ih gë hua*; eine Nachricht hinterlassen)
- ✔ **guà diànhuà** (*guah diän hua*; auflegen)

Freunde anrufen

Lust, einen **péngyou** (*pëng yoh*; Freund/Freundin) oder **tóngshì** (*tung schı*; Kollege/Kollegin) nach dem Kurs oder der Arbeit anzurufen, um zu **liáotiān** (*liau tiän*; quatschen)? Wollen Sie mit Ihrem **tóngxué** (*tung chüä*; Mitstudent/Mitstudentin) über die **kǎoshì** (*kau schı*; Prüfung) morgen sprechen? Vielleicht planen Sie beide auch eine **wǎnhuì** (*wan huäi*; Party) am **zhōumò** (*dschou mo*; Wochenende) und müssen die Details besprechen? Sie müssen nur den Telefonhörer in die Hand nehmen und los geht's.

Track 17: Im Gespräch

Margarete ruft bei Luò Chéng an. Sein Vater geht ans Telefon.

Herr Luò: **Wéi?**
Wäi?
Hallo.

Margarete: **Qǐng wèn, Luò Chéng zài ma?**
Tjing wën, luo tschëng dsai ma?
Ist Luò Chéng zu sprechen?

Herr Luò: **Qǐng wèn, nín shì nǎ yī wèi?**
Tjing wën, nin schı nah ih wäi?
Wer spricht da?

Margarete: **Wǒ shì tā de tóngxué, Margarete.**
Uo schı tah dë tung chüä, Margarete.
Ich bin Margarete, eine Mitschülerin.

Herr Luò: **Hǎo. Shāo děng. Wǒ qù jiào tā.**
Hau. Schau dëng. Uo tjüh djiau tah.
Ah. Einen Moment, ich rufe ihn.

Kleiner Wortschatz

Chinesisch	Aussprache	Deutsch
Wéi?	*wäi*	Hallo?/Ja bitte.
Wèi.	*wäi*	Hallo.
Qǐng wèn, nín shì nǎ yī wèi?	*tjing wën, nin schı nah ih wäi*	Wer spricht da?
shāo děng	*schau dëng*	Einen Moment.

In Hotels und Büros anrufen

Ein Büro eines Unternehmens anzurufen, ist doch etwas anderes als ein Telefonat mit Freunden oder Kolleginnen. Wenn Sie ein **jiǔdiàn** (*djiou diän*; Hotel), **shāngdiàn** (*schang diän*; Geschäft) oder eine **gōngsī** (*gung ssı*; Firma) anrufen, werden Sie vielleicht nach der

fēnjī hàomă (*fēn djih hau mah*; Durchwahl) gefragt. Wenn Sie die nicht kennen, können Sie danach fragen:

- **Qǐng wèn, fēnjī hàomă shì duōshăo?** (*tjing wēn, fēn djih hau mah schı duo schau*; Entschuldigung, wie ist die Durchwahl?)

Haben Sie endlich die Durchwahl, sagt der/die **jiēxiànshēng** (*djiä chiän schēng*; Telefonist/Telefonistin) hoffentlich:

- **Wǒ xiànzài jiù gěi nǐ jiē hào.** (*uo chiän dsai djiou gäi nih djiä hau*; Ich verbinde Sie.)

Wenn Sie es endlich unter größten Anstrengungen bis hierher geschafft haben, kann es aber immer noch passieren, dass Sie **jiē bù tōng** (*djiä buh tung*; nicht durchkommen) oder dass **méiyǒu rén jiē** (*mäi yoh rēn djiä*; niemand abhebt). Ist die **diànhuàxiàn duànle** (*diän hua chiän duan lē*; Verbindung unterbrochen)? Das ist wirklich **máfan** (*mah fan*; ärgerlich), oder? Auf diese **máfan**-Probleme könnten Sie beim Telefonieren auch stoßen:

- **méiyǒu bōhàoyīn** (*mäi yoh bo hau yin*; kein Wählton)
- **nǐ bōcuò hàomă le** (*nih bo tsuo hau mah lē*; Sie haben sich verwählt)
- **záyīn** (*dsah yin*; Rauschen)
- **méi rén jiē diànhuà** (*mäi rēn djiä diän hua*; niemand geht ans Telefon)
- **diànhuà huàile** (*diän hua huai lē*; das Telefon ist kaputt)
- **zhànxiàn** (*dschan chiän*; besetzt)
- **děnghòu** (*dēng hou*; in der Warteschleife)

Sind Sie endlich in einem Büro gelandet und müssen Sie feststellen, dass derjenige, den Sie sprechen wollen, gar nicht da ist, können Sie eine **yǒu shēng yóujiàn** (*yoh schēng yoh djiän*; Voice-Mail, Sprachnachricht) hinterlassen. Es kann aber auch sein, dass Sie eine der folgenden Ansagen hören:

- **Nín rúguǒ shǐyòng ànjiànshì diànhuàjī, qǐng àn sān.** (*nin ruh guo schı yung an djiän schı diän hua djih, tjing an ssan*; Wenn Sie ein Tonwahltelefon haben, drücken Sie die 3.)
- **Nín rúguǒ shǐyòng xuánzhuǎn bōhàojī, qǐng bié guà.** (*nin ruh guo schı yung chüän dschuan bo hau djih, tjing biä guah*; Wenn Sie ein Telefon mit Wählscheibe haben, legen Sie bitte nicht auf.)
- **Yào huídào zhǔ mùlù qǐng àn jǐngzìhào.** (*yau huäi dau dschuh muh luh tjing an djing dsı hau*; Wenn Sie zum Hauptmenü zurückkehren möchten, drücken Sie bitte die Raute-Taste.)

Einen Kunden anrufen

Um einen **kèhù** (*kē huh*; Kunde/Kundin) oder **shēngyì huǒbàn** (*schēng ih huo ban*; Geschäftspartner/Geschäftspartnerin) zu erreichen, müssen Sie das Telefon zur Hand nehmen.

Ein Telefonanruf ist eine gute Möglichkeit, **guānxi** (*guan chih*; Beziehung) zu pflegen, fast so gut wie ein persönliches Gespräch.

Manchmal benötigen Sie die Hilfe einer **mìshū** (*mih schuh*; Sekretär/Sekretärin), um denjenigen zu erreichen, mit dem Sie sprechen wollen.

Im Gespräch

Jakob bittet Liú **nǚshì** (Fräulein Liu), seine Sekretärin in Taipei, um Hilfe bei einem Telefonat.

Jakob: **Liú nǚshì, zěnme jiē wàixiàn?**
Liou nüh shı, dsën më djiä wai chiän?
Fräulein Liu, wie kann ich rauswählen?

Liú xiǎojie: **Méi wèntí. Wǒ bāng nǐ dǎ zhèi ge hàomǎ.**
Mäi wën tih. Uo bang nih dah dschäi gë hau mah.
Kein Problem. Ich helfe Ihnen beim Wählen.

Jakob: **Xièxie.**
Chiä chiä.
Danke.

Fräulein Liu wählt und spricht mit der Sekretärin von Herrn Wang.

Liú xiǎojie: **Wéi? Zhè shì Wáng xiānsheng de bàngōngshì ma?**
Wäi? Dschë schı wang chiän schëng dë ban gung schı ma?
Hallo? Ist dort das Büro von Herrn Wang?

Sekretärin: **Duì le. Jiù shì.**
Duäi lë. Djiou schı.
Ja, ist es.

Liú xiǎojie: **Kěyǐ gěi wǒ jiē tā ma?**
Kë ih gäi uo djiä tah ma?
Bitte verbinden Sie mich mit ihm.

Sekretärin: **Duìbuqǐ, tā xiànzài kāi huì. Nǐ yào liú yán ma?**
Duäi buh tjih, tah chiän dsai kai huäi. Nih yau liou iän ma?
Tut mir leid, er ist in einer Besprechung. Möchten Sie eine Nachricht hinterlassen?

Liú xiǎojie: **Máfan nǐ gàosu tā ABC gōngsī de jīnglǐ Jakob Schneider gěi tā dǎ diànhuà le.**

Mah fan nih gau ssuh tah ABC gung ssı dë djing lih Jakob Schneider gäi tah dah diän hua lë.

Bitte sagen Sie ihm, dass Jakob Schneider, der Geschäftsführer der Firma ABC, angerufen hat.

Kleiner Wortschatz

Chinesisch	Aussprache	Deutsch
wàixiàn	*wai chiän*	Leitung für externe Telefongespräche
jīnglǐ	*djing lih*	Geschäftsführer/Geschäftsführerin
zǒngcái	*dsung tsai*	Generaldirektor, leitender Direktor/Direktorin
fùzǒngcái	*fuh dsung tsai*	stellvertretender Generaldirektor/Direktorin
zhǔrèn	*dschuh rën*	Leiter, Direktor/Leiterin, Direktorin

Eine Telefonkarte benutzen

Es kann passieren, dass Sie ohne Mobiltelefon unterwegs sind oder keine **yìngbì** (*ying bih*; Münze) dabeihaben, um von der nächsten **gōngyòng diànhuàtíng** (*gung yung diän hua ting*; öffentlichen Telefonzelle) aus zu telefonieren. Versuchen Sie es dann mit einer **diànhuàkǎ** (*diän hua kah*; Telefonkarte).

Im Moment ist niemand zu erreichen …

Heutzutage sind alle stark beschäftigt. Meist erreicht man niemanden, wenn man **gěi tāmen dǎ diànhuà** (*gäi tah mën dah diän hua*; sie anrufen). Dann bleibt nur eins: auf dem **lùyīn diànhuà** (*luh yin diän hua*; Anrufbeantworter) **liúhuà** (*liou hua*; eine Nachricht hinterlassen). Sie können natürlich auch bei einem echten **rén** (*rën*; Mensch) **liúhuà** (*liou hua*). Manchmal müssen Sie die **jǐngzìjiàn** (*djing dsı djiän*; Raute-Taste) drücken, bevor Sie eine **xìnxī** (*chin chih*; Nachricht) hinterlassen. Dazu sollten Sie natürlich wissen, wo die **jǐngzìjiàn** (*djing dsı djiän*; Raute-Taste) ist!

Nachrichten abhören

Sie kommen nach einem langen, schweren Arbeitstag nach Hause und sehen, dass viele Anrufer **liúle huà** (*liou lë hua*; Nachrichten hinterlassen haben). Sie sind sicher versucht, sie gleich zu **tīng** (*ting*; hören), anstatt sie zu **bù lǐ** (*buh lih*; ignorieren). Entspannen Sie sich. Nehmen Sie ein Bad. Trinken Sie beim Kochen ein Glas Wein. Dann sind Sie bereit, die Nachrichten auf dem Anrufbeantworter in Angriff zu nehmen.

So klingt eine typische Nachricht:

Wéi? Dieter, zhè shì Jörg. Zhèi ge zhōumò wǒmen yīqǐ qù nèi ge wǎnhuì, hǎo bu hǎo? Yīnggāi hěn bàng. Yǒu kòng gěi wǒ dǎ diànhuà. Wǒ de shǒujī hàomǎ shì (212) 9399991. Xièxie.

Wäi? Dieter, dschë schı Jörg. Dschäi gë dschou mo uo mën ih tjih tjüh näi gë wan huäi, hau buh hau? Ying gai hën bang. Yoh kung gäi uo dah diän hua. Uo dë schou djih hau mah schı ër ih ër djiou ssan djiou djiou djiou djiou ih. Chiä chiä.

Hallo? Dieter, hier ist Jörg. Hast du Lust, am Wochenende auf eine Party zu gehen? Es wird bestimmt toll. Ruf mich an, wenn du Zeit hast. Meine Handy-Nummer ist (212) 9399991. Danke.

Die Ansage auf dem Anrufbeantworter verstehen

Auf einem Anrufbeantworter ist zum Beispiel zu hören:

- ✔ **Zhè shì Peter Müller.** (*dschë schı Peter Müller*; Das ist der Anschluss von Peter Müller.)
- ✔ **Wǒ xiànzài bù zài.** (*uo chiän dsai buh dsai*; Ich bin im Moment nicht zu erreichen.)
- ✔ **Sānyuè sì hào zhīqián wǒ zài dùjià.** (*ssan yüä ssı hau dschı tjiän uo dsai duh djiah*; Ich bin bis zum 4. März im Urlaub.)
- ✔ **Nín rúguǒ xiǎng gēn wǒ de zhùshǒu tōnghuà, qǐng bō fēnjī yī líng bā.** (*nin ruh guo chiang gën uo dë dschuh schou tung hua, tjing bo fën djih ih ling bah*; Wenn Sie mit meiner Assistentin sprechen möchten, wählen Sie die Durchwahl 108.)
- ✔ **Qǐng liúxià nín de míngzi, diànhuà hàomǎ hé jiǎnduǎnde liúyán. Wǒ huì gěi nín huí diànhuà.** (*tjing liou chiah nih dë ming dsı, diän hua hau mah hë djiän duan dë liou yän. Uo huäi gäi nin huäi diän hua*; Bitte hinterlassen Sie Ihren Namen, Ihre Telefonnummer und eine kurze Nachricht. Ich rufe zurück.)

Nachrichten hinterlassen

Wenn Sie eine Nachricht auf einem Anrufbeantworter hinterlassen, achten Sie darauf, dass Sie klar ausdrücken, was Sie eigentlich wollen.

- ✔ **Wǒ zài gěi nǐ dǎ diànhuà.** (*uo dsai gäi nih dah diän hua*; Ich rufe noch einmal an.)
- ✔ **Nǐ huí jiā zhīhòu qǐng gěi wǒ dǎ diànhuà.** (*nih huäi djiah dschı hou tjing gäi uo dah diän hua*; Bitte ruf mich an, wenn du zu Hause bist.)
- ✔ **Bié wàngle huí wǒ de diànhuà.** (*biä wang lë huäi uo dë diän hua*; Vergiss nicht zurückzurufen.)

Seien Sie höflich, wenn Sie bei jemandem persönlich eine Nachricht hinterlassen. Vielleicht mit einer der folgenden Redewendungen:

- ✔ **Qǐng gàosu tā wǒ gěi tā dǎ diànhuà le.** (*tjing gau ssuh tah uo gäi tah dah diän hua lë*; Bitte sagen Sie ihm/ihr, dass ich angerufen habe.)
- ✔ **Máfan nǐ qǐng ta huí wǒ de diànhuà.** (*mah fan nih tjing tah huäi uo dë diän hua*; Bitte sagen Sie ihm/ihr, er/sie soll mich zurückrufen.)
- ✔ **Qǐng gàosu tā wǒ huì wǎn yīdiǎnr lái.** (*tjing gau ssuh tah uo huäi wan ih diär lai*; Bitte sagen Sie ihm/ihr, dass ich wahrscheinlich später komme.)
- ✔ **Qǐng gěi wǒ zhuǎn tā de liúyánjī.** (*tjing gäi uo dschuan tah dë liou yän djih*; Können Sie mich mit seiner Mailbox verbinden.)

Anrufbeantworter sind in China nicht sehr gebräuchlich. Viele Chinesen und Chinesinnen wissen nicht, was sie machen sollen, wenn sie eine Bandansage hören. Sagen Sie deutlich, dass der Anrufer seinen Namen und die Telefonnummer nach dem **hū** (*huh*; Signalton) hinterlassen soll.

Track 18: Im Gespräch

Rita ruft Bettina an. Bettina ist nicht zu Hause, deshalb hinterlässt Rita bei ihrer Mutter eine Nachricht.

Mutter: **Wéi?**
Wäi?
Hallo?

Rita: **Qǐng wèn, Bettina zài ma?**
Tjing wën, Bettina dsai ma?
Ist Bettina zu sprechen?

Mutter: **Tā bù zài. Tā qù yóujú le. Qǐng wèn, nín shì nǎ yī wèi?**
Tah buh dsai. Tah tjüh yoh djüh lë. Tjing wën, nin schı nah ih wäi?
Sie ist nicht da. Sie ist zur Post gegangen. Entschuldigung, wer sind Sie?

Rita: **Wǒ shì Rita, tā de tóngbān tóngxué. Máfan nǐ qǐng gàosu tā wǒ gěi tā dǎ diànhuà le.**
Uo schı Rita, tah dë tung ban tung chüä. Mah fan nih tjing gau ssuh tah uo gäi tah dah diän hua lë.
Ich bin Rita, ihre Klassenkameradin. Können Sie ihr bitte ausrichten, dass ich angerufen habe?

Mutter: **Yīdìng huì.**
Ih ding huäi.
Selbstverständlich.

Kleiner Wortschatz

Chinesisch	Aussprache	Deutsch
Máfan nǐ?	*mah fan nih*	Entschuldigung; darf ich Sie um einen Gefallen bitten?
Yīdìng huì.	*ih ding huäi*	Selbstverständlich (werde ich das machen).
Qǐng wèn, nín shì nǎ yī wèi?	*tjing wën, nin schı nah ih wäi*	Entschuldigung, wer sind Sie?

Spiel und Spaß

Ordnen Sie die chinesischen Redewendungen den deutschen Redewendungen zu. Blättern Sie zu Anhang D für die Lösungen.

Deutsch	Chinesisch
Einen Moment bitte.	**Wéi?**
Ist sie da?	**Duìbuqǐ, nǐ bōcuò hàomǎ le.**
Hallo.	**Shāo děng.**
Tut mir leid, Sie haben sich verwählt.	**Qǐng nǐ liú yī gè huà.**
Bitte hinterlassen Sie eine Nachricht.	**Tā zài ma?**

IN DIESEM KAPITEL

Geschäfte führen

Das Internet benutzen

E-Mails senden und empfangen

Wohnungsjagd

Kapitel 10

Zu Hause und im Büro

Zeit fürs **shēngyì** (*schēng ih*; Geschäft). Ihr **shēngyì** ist gemeint. Wollen Sie wissen, wie Sie mit dem Job in Jiangsu fertig werden oder mit der Führungskraft klarkommen? Dieses Kapitel wird Ihnen dabei helfen, auf Chinesisch Geschäfte zu machen – angefangen beim Geschäftstermin über die Leitung eines Meetings bis hin zum E-Mail-Lesen. Außerdem werden Sie erfahren, wie Sie eine neue Wohnung und passende Möbel finden, damit Sie sich nach all der Arbeit endlich zu Hause ausruhen können.

Die chinesische Wirtschaft hat weltweit das größte Wachstum zu verzeichnen. Kein Wunder, dass Sie dieses Kapitel interessiert. China ist für viele Industrieländer eine riesige Profitquelle, mit über einer Milliarde potenzieller Kunden. Die deutsch-chinesischen Wirtschaftsbeziehungen haben sich mit atemberaubendem Tempo entwickelt: Seit 2002 ist China der zweitwichtigste deutsche Exportmarkt außerhalb Europas geworden. Deutschland ist Chinas größter Handelspartner in Europa und stand im Jahr 2023 in der Rangfolge der weltweiten Handelspartner Chinas auf Platz sechs (ohne Hongkong und Taiwan auf Platz vier).

Das Allerheiligste – das Büro

Ob Sie nun **mìshū** (*mih schuh*; Sekretär/Sekretärin), **zhǔxí** (*dschuh chih*; Vorsitzender/Vorsitzende) oder **dǒngshìzhǎng** (*dung schı dschang*; Vorstandsvorsitzender/Vorstandsvorsitzende) sind, die Ausstattung des **bàngōngshì** (*ban gung schı*; Büro) ist sehr wichtig. Ihr **bàngōngshì** kann Ihnen durchaus einen anstrengenden Tag erträglicher machen. Dann sollte man es auch so **shūfu** (*schuh fuh*; gemütlich) wie möglich gestalten. Stellen Sie doch ein **zhàopiàn** (*dschau piän*; Foto) Ihres **gǒu** (*gou*; Hund) auf Ihren **bàngōngzhuō** (*ban gung dschuo*; Schreibtisch). Der Arbeitsbeginn fällt Ihnen garantiert leichter!

Sie müssen nicht einmal von Ihrem **yǐzi** (*ih dsı*; Stuhl) aufstehen, um all das Technik-Zeug um Sie herum zu bemerken. Mittlerweile gehören die folgenden Dinge zur Grundausstattung eines Büros, egal, wo Sie sind:

- **diànhuà** (*diän hua*; Telefon)
- **fùyìnjī** (*fuh yin djih*; Kopiergerät)
- **diànnǎo** (*diän nau*; Computer)
- **chuánzhēn** (*tschuan dschën*; Fax)
- **dǎyìnjī** (*dah yin djih*; Drucker)

Das Erste, wonach Sie am Morgen suchen, ist aber wahrscheinlich die **kāfēijī** (*kah fäi djih*; Kaffeemaschine) und am meisten sehnen Sie sich sicher nach der **xiūxi** (*chiou chih*; Pause).

Wenn Sie sich an Ihrem Arbeitsplatz umsehen, finden Sie ganz bestimmt die folgenden Dinge:

- **gāngbǐ** (*gang bih*; Füller)
- **qiānbǐ** (*tjiän bih*; Bleistift)
- **yuánzhūbǐ** (*üän dschuh bih*; Kugelschreiber)
- **dàng'àn** (*dang an*; Akte)
- **huíxíngzhēn** (*huäi ching dschën*; Büroklammer)
- **dìngshūjī** (*ding schuh djih*; Tacker, Hefter)
- **xiàngpíjīn** (*chiang pih djin*; Gummiband)
- **bǐjìběn** (*bih djih bën*; Notizbuch)
- **jiāodài** (*djiau dai*; Klebeband)

Wenn Sie irgendeinen der unerlässlichen Büroartikel nicht finden können, fragen Sie einfach am nächsten **xiǎogéjiān** (*chiau gë djiän*; Arbeitsplatz). Am besten mit der Frage **Nǐ yǒu méiyǒu …?** (*nih yoh mäi yoh …*; Hast du …?) Sagen Sie das, so oft Sie wollen. Vergewissern Sie sich nur, dass Sie das haben, wonach Ihr **tóngshì** (*tung schı*; Kollege) fragen könnte.

- **Nǐ yǒu méiyǒu gāngbǐ?** (*nih yoh mäi yoh gang bih*; Hast du einen Füller?)
- **Nǐ yǒu méiyǒu dìngshūjī?** (*nih yoh mäi yoh ding schuh djih*; Hast du einen Tacker?)

Im Gespräch

Mínglěi und Sabine sind Kolleginnen in Xi'an. Sabine muss in eine Besprechung, aber sie kann ihr Notizbuch nicht finden. Sie fragt bei ihrer Kollegin Mínglěi am Nachbararbeitsplatz nach.

Sabine: **Mínglěi, wǒ jí de yàomìng! Kuài yào kāi huì le, kěshì zhǎobùdào wǒ de bǐjìběn.**

Ming läi, uo djih dë yau ming. Kaui yau kai huäi lë, kë schı dschau buh dau uo dë bih djih bën.

Mínglěi, ich habe es sehr eilig. Wir haben gleich eine Sitzung, aber ich kann mein Notizbuch nicht finden.

Mínglěi: **Wǒ yǒu bǐjìběn. Jiè gěi nǐ.**

Uo yoh bih jih bën. Djiä gäi nih.

Ich habe ein Notizbuch, ich kann es dir leihen.

Sabine: **Tài hǎo le! Xièxie.**

Tai hau lë, Chiä chiä.

Toll. Danke.

Wenn Sie **-de yàomìng** (*dë yau ming*) an ein Verb oder Adjektiv anfügen, betonen Sie das Verb und es klingt sehr dramatisch. Sagen Sie zum Beispiel, dass Sie **lèi** (*läi*) sind, heißt das, Sie sind müde. Sagen Sie allerdings **lèi de yàomìng** (*läi dë yau ming*), dann sind Sie total erschöpft. Wenn Sie nicht einfach nur **máng** (*mang*), sondern **máng de yàomìng** (*mang dë yau ming*) sind, dann wissen Sie vor lauter Arbeit nicht, wo Ihnen der Kopf steht. Vergleichen Sie die Beispiele:

- ✔ **Wǒ hěn lěng.** (*uo hën lëng*; Mir ist kalt.)
- ✔ **Wǒ lěng de yàomìng.** (*uo lëng dë yau ming*; Mir ist eiskalt.)
- ✔ **Jīntiān hěn rè.** (*djin tiän hën rë*; Heute ist es heiß.)
- ✔ **Jīntiān rè de yàomìng.** (*djin tiän rë dë yau ming*; Heute ist eine Affenhitze.)

Wenn Sie **-de yàomìng** (*dë yau ming*) zur Betonung verwenden, kann nicht gleichzeitig **hěn** (*hën*) vor dem Adjektiv stehen.

Kleiner Wortschatz

Chinesisch	Aussprache	Deutsch
jiè	*djiä*	ausleihen, verleihen
jí de yàomìng	*djih dë yao ming*	es sehr eilig haben
bǐjìběn	*bih djih bën*	Notizbuch
hěn	*hën*	sehr

Ein Meeting leiten

Herzlichen Glückwunsch! Sie haben endlich Ihr Büro in Beijing bezogen oder Ihre chinesischen Geschäftspartner begrüßt und sind nun bereit für Ihre erste Geschäftsbesprechung. Aber was ist das **mùdì** (*muh dih*; Ziel) Ihres **huìyì** (*huäi ih*; Meeting)? Ist es die **yǎnshì** (*iän schı*; Präsentation) eines neuen **chǎnpǐn** (*tschan pin*; Produkt)? Oder wollen Sie einen **hétóng** (*hë tung*; Vertrag) **tánpàn** (*tan pan*; verhandeln)? Oder ist es ein **péixùn** (*päi chün*; Training) für Sie oder Ihre chinesischen Kollegen? Haben Sie schon eine **yìchéng** (*ih tschëng*; Tagesordnung) im Kopf? Hoffentlich. Sie wollen doch nicht unvorbereitet erscheinen.

Ein Meeting ansetzen und planen

Sind Sie jemand, der **ànpái huìyì yìchéng** (*an pai huäi ih ih tschëng*; ein Meeting ansetzen), um ein anderes Meeting zu planen? Auf einem vorbereitenden Meeting machen Sie eventuell Folgendes:

- ✔ **zhìdìng huìyì yìchéng** (*dschı ding huäi ih ih tscheng*; die Tagesordnung festlegen)
- ✔ **tǎolùn wèntí** (*tau lun wën tih*; Probleme diskutieren)
- ✔ **jiějué wèntí** (*djiä djüä wën tih*; Probleme lösen)
- ✔ **tuánduì jiànshè** (*tuan duäi djiän schë*; Teamentwicklung)

Was ist Ihre Rolle bei dem Meeting? **Zhǔchí huìyì** (*dschuh tschı huäi ih*; das Meeting leiten) oder einfach nur **cānjiā huìyì** (*tsan djiah huäi ih*; am Meeting teilnehmen)? Sind Sie der **xiétiáorén** (*chiä tiau rën*; Koordinator/Koordinatorin) des Meetings und wollen Sie so viel **fǎnkuì** (*fan kuäi*; Feedback) wie möglich aus den anderen herauslocken? Oder haben Sie die wenig beneidenswerte Aufgabe, alle zu kontaktieren, um **qǔxiāo huìyì** (*tjüh chiau huäi yi*; das Meeting absagen)?

Angenommen, Sie **zhǔchí huìyì** (*dschuh tschı huäi ih*; das Meeting leiten) und Sie möchten, dass jeder ein Mitspracherecht hat. Mit den folgenden Sätzen können Sie dafür Sorge tragen, dass jeder einbezogen wird:

- ✔ **Wáng xiānsheng, nǐ hái yǒu shénme xūyào bǔchōng ma?** (*wang chiän shëng, nih hai yoh schën më chüh yau buh tschung ma*; Herr Wang, haben Sie noch etwas zu ergänzen?)
- ✔ **Wǒmen xūyào duì zhèi ge xiàngmù biǎojué ma?** (*Uo mën chüh yau duäi dschäi gë chiang muh biau djüä ma*; Müssen wir darüber abstimmen?)
- ✔ **Shéi hái yǒu shénme yìjiàn huòzhě wèntí?** (*Schäi hai yoh schën më ih djihiän hëuo dslë wën tih*; Wer hat noch Anregungen oder Fragen?)

Ganz am Anfang – die Begrüßung

Angenommen, Sie hatten mit Ihren Geschäftspartnern schon Kontakt per Telefon oder E-Mail, aber haben sie bis jetzt noch nicht persönlich kennengelernt. Ein einfaches »Es freut mich, Sie kennenzulernen« wird nicht genügen. Vor allem, wenn Sie betonen möchten, wie sehr Sie sich freuen, dass Sie endlich die Gelegenheit haben, persönlich miteinander zu sprechen. Passend ist in dieser Situation zum Beispiel Folgendes:

- ✔ **Zǒngsuàn jiàndào nín le, shízài ràng wǒ hěn gāoxìng.** (*dsung ssuan djiän dau nin lë, schı dsai rang uo hën gau ching*; Ich freue mich sehr, Sie endlich zu treffen.)
- ✔ **Hěn gāoxìng jiàndào nín běnrén.** (*hën gau ching djiän dau nin bën rën*; Ich freue mich sehr, Sie persönlich kennenzulernen.)

Begrüßen Sie immer denjenigen zuerst, der in der Hierarchie am höchsten steht. Hierarchie ist in China sehr wichtig. Achten Sie immer darauf, die Position Ihres Gegenübers zu würdigen, sonst verlieren Sie vielleicht aus Versehen Ihr Gesicht. Gleiches gilt natürlich auch für Ihre Seite. Der Leiter Ihres Teams sollte als Erster den Raum betreten und darauf warten, vom Gastgeber des Meetings platziert zu werden.

Versuchen Sie, eine Namensliste Ihrer chinesischen Geschäftspartner zu bekommen und üben Sie vor dem Treffen die Aussprache. Das gibt Pluspunkte.

Die Menschen, die Sie treffen, haben vielleicht eine der folgenden Amtsbezeichnungen:

- ✔ **zhǔxí** (*dschuh chih*; Vorsitzender/Vorsitzende)
- ✔ **zhǔrèn** (*dschuh rën*; Abteilungsleiter/Abteilungsleiterin)
- ✔ **dǒngshì** (*dung schı*; Vorstandsmitglied)
- ✔ **jīnglǐ** (*djing lih*; Geschäftsführer/Geschäftsführerin)
- ✔ **zǒngcái** (*dsung tsai*; Generaldirektor/Generaldirektorin)
- ✔ **fù zǒngcái** (*fuh dsung tsai*; Stellvertretender Generaldirektor/Generaldirektorin)
- ✔ **shǒuxí kuàijì** (*schou chih kuai djih*; Hauptbuchhalter/Hauptbuchhalterin)
- ✔ **chǎngzhǎng** (*tschang dschang*; Fabrikdirektor/Fabrikdirektorin)
- ✔ **zǔzhǎng** (*dsuh dschang*; Gruppenleiter/Gruppenleiterin)

Im Chinesischen wird zuerst der Familienname genannt. Wenn Sie jemanden anreden, dann mit dem Familiennamen und dem Titel. Kennen Sie zum Beispiel einen **Li Peiji** (*lih päi djih*), der Geschäftsführer einer Firma ist, dann reden Sie ihn mit **Lǐ jīnglǐ** (*lih djing lih*) an.

Wenn Sie nach China reisen, sollten Sie Visitenkarten haben, am besten auf Chinesisch und Englisch (Deutsch wird eher nicht verstanden). Wenn Sie Ihre Visitenkarte überreichen oder eine in Empfang nehmen, dann immer mit beiden Händen. Legen Sie die Visitenkarten einfach in der Sitzreihenfolge vor sich auf dem Tisch ab, dann wissen Sie, wer wer ist.

Wenn Sie bei einem Empfang der Ehrengast sind, werden Sie gegenüber dem Eingang platziert. Keine Angst, falls Sie an einem runden Tisch nicht wissen, wohin Sie sich setzen sollen. Der Gastgeber wird Sie zu Ihrem Platz bringen. (Mehr zum Essen in Kapitel 5.)

Das Meeting eröffnen

Mit einer der folgenden Redewendungen können Sie das Meeting eröffnen:

- ✔ **Zǎoshang hǎo.** (*dsau schang hau*; Guten Morgen.)
- ✔ **Huānyíng nín dào wǒmen de bàngōngshì.** (*huan ying nin dau uo mën dë ban gung schı*; Willkommen in unseren Büroräumen.)
- ✔ **Zài kāihuì yǐqián, ràng wǒmen zuò yī gè zìwǒ jièshào.** (*dsai kai huäi ih tjiän, rang uo mën dsuo ih gë dsı uo djiä schau*; Bevor wir mit dem Meeting beginnen, stellen Sie sich bitte selbst vor.)
- ✔ **Wǒ xiǎng jièshào yīxià huìyì de cānjiāzhě.** (*uo chiang djiä schau ih chiah huäi ih dë tsan djiah dschë*; Ich möchte die Teilnehmer des Meetings vorstellen.)
- ✔ **Zánmen kāishǐ ba.** (*dsan mën kai schı ba*; Lassen Sie uns beginnen.)

Einen Vortrag halten

Ist es an der Zeit, während des Meetings einen Vortrag zu halten, dann benötigen Sie dabei sicher eines der folgenden Dinge:

- ✔ **bǎnzi** (*ban dsı*; Board, Tafel) und **fěnbǐ** (*fën bih*; Kreide)
- ✔ **huàbǎn** (*hua ban*; Staffelei) und **cǎibǐ** (*tsai bih*; Marker, Buntstift)
- ✔ **cáiliào** (*tsai liau*; Tischvorlage, Handout)
- ✔ **chātú** (*tschah tuh*; Illustration)
- ✔ **biǎogé** (*biau gë*; Grafik, Schaubild)
- ✔ **túbiǎo** (*tuh biau*; Diagramm)

Oder doch lieber mit Hightech? Dann mit folgenden Wörtern:

- ✔ **ppt yǎnshì** (*ppt iän schı*; PowerPoint-Präsentation)
- ✔ **huàngdēngjī** (*huang dëng djih*; Dia-Projektor) und **píngmù** (*ping muh*; Leinwand)
- ✔ **tóuyǐngpiàn** (*tou ying piän*; Dia)
- ✔ **tóuyǐngjī** (*tou ying djih*; Projektor, Beamer)

Wenn Sie Ihren Vortrag auf Video aufnehmen wollen, benötigen Sie einen **lùxiàngjī** (*luh chiang djih*; Videorekorder). Sie sollten ein **màikèfēng** (*mai kë fëng*; Mikrofon) benutzen, wenn der Raum sehr groß ist.

Das Meeting beenden

Mit folgenden Redewendungen können Sie das Meeting beenden:

- ✔ **Gǎnxiè dàjiā jīntiān chūxí huìyì.** (*gan chiä daj djiah djin tiän tschuh chih huäi ih*; Vielen Dank für Ihre Teilnahme am heutigen Meeting.)
- ✔ **Wǒmen xūyào zài kāihuì tǎolùn zhè jiàn shìqíng ma?** (*uo mën chüh yau dsai kai huäi tau lun dschë djiän schı tjing ma*; Müssen wir uns noch einmal zusammensetzen, um diese Sache zu besprechen?)
- ✔ **Zài líkāi zhīqián, wǒmen bǎ xià cì huìyì de rìqī dìng xiàlai ba.** (*dsai lih kai dschı tjiän, uo mën bah chiah tsı huäi ih dë rı tjih ding chiah lai ba*; Lassen Sie uns den Termin für die nächste Sitzung festsetzen, bevor wir gehen.)

Track 19: Im Gespräch

Katharina und Johann haben Sie Ihren chinesischen Ansprechpartnern der Firma ABC in Shenzhen vorgestellt. Sie wollen gleich Ihre neue Software vorstellen.

Katharina: **Dàjiā hǎo. Zhè cì huìyì de mùdì shì gěi nǐmen jièshào ABC gōngsī de xīn chǎnpǐn – yī zhǒng bàobiǎo de ruǎnjiàn.**

Dah djiah hau. Dschë tsı huäi ih dë muh dih schı gäi nih mën djiä schau ABC gung ssı dë chin tschan pin – ih dschung bau biau dë ruan djiän.

Guten Tag. Wir möchten Ihnen auf diesem Meeting ein neues Produkt der Firma ABC vorstellen – ein Tabellenkalkulationsprogramm.

Johann: **Měi ge rén dōu yǒu huìyì yìchéng ma?**

Mäi gë rën dou yoh huäi ih ih tschëng ma?

Haben Sie alle die Tagesordnung?

Katharina: **Xièxie, Johann. Duì le. Dàjiā dōu yǐjīng nádào zīliào le ma?**

Chiä chiä, Johann. Duäi lë. Dah djiah dou ih djing nah dau dsı liau lë ma?

Danke, Johann. Richtig, hat jeder von Ihnen die Materialien erhalten?

Kleiner Wortschatz

Chinesisch	Aussprache	Deutsch
zīliào	*dsı liau*	Material
huìyì	*huäi ih*	Sitzung, Konferenz
huìyì yìchéng	*huäi ih ih tschëng*	Tagesordnung der Sitzung
mùdì	*muh dih*	Ziel, Zweck
bàobiǎo	*bau biau*	Tabelle, Kalkulationsbogen
ruǎnjiàn	*ruan djiän*	Software

Über Handel und Industrie diskutieren

Seit dem Tod Mao Zedongs im Jahr 1976 haben sich in China große Veränderungen vollzogen. Der schrittweise Übergang zu einer immer stärkeren marktwirtschaftlichen Orientierung hat große Wachstumskräfte freigesetzt. Deutschland ist seit 1999 Chinas größter europäischer Investor. Viele Investitionen fließen in die chemische Industrie und den Automobilbau sowie in den Maschinen- und Anlagenbau. In den letzten Jahren hat sich mit der zunehmenden Erfahrung der deutschen Wirtschaft in China vor allem der deutsche Mittelstand verstärkt engagiert. Ganz gleich, wo Ihr Unternehmen ein Büro hat, in China oder in Taiwan, die Branchen aus Tabelle 10.1 sind auf jeden Fall dort zu finden.

Chinesisch	Aussprache	Deutsch
guǎnggào hé gōngguān	*guang gau hë gung guan*	Werbung und PR
qìchē	*tjih tschë*	Auto(mobil)
yínháng hé cáiwù	*yin hang hë tsai uh*	Banken und Finanzen
diànnǎo	*diän nau*	Computer
jiànzào	*djiän dsau*	Bau
gōngchéng	*gung tschëng*	Ingenieurwesen
yúlè	*üh lë*	Unterhaltungsindustrie
shízhuāng	*schı dschuang*	Mode
bǎoxiǎn	*bau chiän*	Versicherung
xīnwén	*chin wën*	Journalismus
guǎnlǐ zīxún	*guan lih dsı chün*	Unternehmensberatung
cǎikuàng hé shíyóu	*tsai kuang hë schı yoh*	Bergbau und Erdöl
zhìyào	*dschı yau*	Pharmazie
chūbǎn	*tschuh ban*	Verlagswesen
fángdìchǎn	*fang dih tschan*	Immobilien
yùnshū	*yün schuh*	Transport

Tabelle 10.1: Branchen und Industriezweige auf Chinesisch

Egal, in welcher Branche Sie tätig sind, das Folgende können Sie tun, um für Ihr Unternehmen, Ihre Produkte und Dienstleistungen zu werben oder um festzustellen, wie die Geschäfte gehen:

- ✔ **xiāofěizhě yánjiū** (*chiau fäi dschë iän djiou*; Verbraucherforschung)
- ✔ **shìchǎng yánjiū** (*schı tschang iän djiou*; Marktforschung)
- ✔ **guǎnggào xuānchuán** (*guang gau chüän tschuan*; Werbekampagne)
- ✔ **pǐnpái tuīguǎng** (*pin pai tuäi guang*; Werbung für Markenprodukte)
- ✔ **zhíxiāo yùndòng** (*dschı chiau yün dung*; Direktvertrieb)
- ✔ **diàntái yǔ diànshì guǎnggào** (*diän tai üh diän schı guang gau*; Radio- und Fernsehwerbung)
- ✔ **xìnxī guǎnggào** (*chin chih guang gau*; Dauerwerbesendung)
- ✔ **dīngdāng** (*ding dang*; Jingle)

Bei Meetings und auf **màoyì zhǎnxiāohuì** (*mau ih dschan chiau huäi*; Fachmesse) sollten Sie immer folgende Dinge zur Hand haben:

- ✔ **xiǎocèzi** (*chiau tsë dsı*; Broschüre)
- ✔ **chǎnpǐn mùlù** (*tschan pin muh luh*; Produktkatalog)
- ✔ **túbiāo** (*tuh biau*; Logo)

Wenn Ihr Produkt gut ist, wird es sich natürlich wie von selbst verkaufen und Sie werden die meisten Kunden durch **kǒuchuán guǎnggào** (*kou tschuan guang gau*; Mundpropaganda) gewinnen.

Im Gespräch

Jens und Peter sind in Guangdong, um herauszufinden, ob die Firma XY an einem Produkt Ihres Unternehmens interessiert ist. Sie sind gerade in einer Besprechung mit der Firmenleitung. Die gegenseitige Vorstellung und der Smalltalk sind bereits beendet.

Jens: **Zhè shì yǒu guān wǒmen chǎnpǐn de xiǎocèzi.**

Dschë schı yoh guan uo mën tschan pin dë chiau tsë dsı.

Hier ist eine Broschüre über unser Produkt.

Peter: **Wǒmen de chǎnpǐn shì yóu wǒmen zìjǐ de zhuānjiā shèjì de, érqiě zhèngmíng shì mǎn chénggōng de.**

Uo mën dë tschan pin schı yoh uo mën dsı djih dë dschuan djia schë djih dë ër tjiä dschëng ming schı man tschëng gung dë.

Das Produkt wurde von Experten unseres Unternehmens entworfen und hat sich als äußerst erfolgreich erwiesen.

Jens: **Duì le, kěshì wǒmen yě kěyǐ gēnjù nǐ de guīgé lái shèjì chǎnpǐn.**
Duäi lë, kë schı uo mën iä kë ih gën djüh nih dë guäi gë lai schë djih tschan pin.
Das stimmt, aber wir können das Produkt auch Ihren Spezifikationen anpassen.

Peter: **Wǒmen de jiàgé yě hěn yǒu jìngzhēnlì.**
Uo mën dë djiah gë iä hën yoh djing dschëng lih.
Außerdem sind unsere Preise konkurrenzfähig.

Kleiner Wortschatz

Chinesisch	Aussprache	Deutsch
jiàgé	*djiah gë*	Preis
hěn yǒu jìngzhēnlì	*hën yoh djing dschëng lih*	sehr konkurrenzfähig sein
gēnjù nǐ de guīgé	*gën djüh nih dë guäi gë*	entsprechend Ihren Spezifikationen
chǎnpǐn	*tschan pin*	Produkt
mǎn chénggōng de	*man tschëng gung dë*	sehr erfolgreich

Das Internet nutzen

Heute kann man den Geschäftspartner in Beijing innerhalb von Sekunden durch den **diànzǐ kōngjiān** (*diän dsı kung djiän*; Cyberspace) erreichen. Wenn man mit **shǒutíshì** (*schou tih schı*; tragbar) Computern und verschiedensten **jiǎnsuǒ yǐnqín** (*djiän ssuo yin tjin*; Suchmaschine) **jiǎnsuǒ guójì wǎngluò** (*djiän ssuo guo djih wang luo*; das Internet durchsuchen), findet man (fast) alles, was man sucht. Sie wissen nicht, wie Sie das anstellen sollen? Sie haben Ihr **mìmǎ** (*mih mah*; Passwort) vergessen? Ein Anruf beim **jìshù fúwù** (*djih schuh fuh uh*; technischer Kundendienst) genügt. Was kann man nun alles mit einem Computer oder im Internet machen?

- ✔ **dǎkāi diànnǎo** (*dah kai diän nau*; den Computer anschalten)
- ✔ **guāndiào diànnǎo** (*guan diau diän nau*; den Computer ausschalten)
- ✔ **qiānrù** (*tjiän ruh*; sich einloggen)
- ✔ **qiānchū** (*tjiän tschuh*; sich ausloggen)
- ✔ **jiànlì yī gè zhànghù** (*djiän lih ih gë dschang huh*; ein Konto einrichten)
- ✔ **xiàzài wénjiàn** (*chiah dsai wën djiän*; ein Dokument herunterladen)
- ✔ **chóngxīn kāijī** (*tschung chin kai djih*; den Computer neu starten)

- ✔ **xuǎnzé yī jiā wǎngshang fúwù tígōngshāng** (*chüän dsë ih djiah wang schang fuh uh tih gung schang*; einen Internet-Provider auswählen)
- ✔ **ānzhuāng tiáozhìjiětiáoqì** (*an dschuang tiau dschı djiä tiau tjih*; Modem installieren)

Zu Beginn des 21. Jahrhunderts gab es in China über zehn Millionen Computer und über eine Milliarde Internetnutzer. Nach Angaben des China Internet Network Information Center nutzen etwa 97,3 Prozent der Internetnutzer in China das Internet über mobile Endgeräte wie Smartphones. Der Zugang über Desktop-Computer ist zurückgegangen und der Zugang über Internetcafés ist noch weniger verbreitet. Die mobile Internetnutzung spielt eine immer dominantere Rolle.

Im Gespräch

Erik und Sarah sprechen über das Internet.

Erik: **Yīntèwǎng dàodǐ shì shénme dōngxi?**
Yin të wang dau dih schı schën më dung chih?
Was ist eigentlich das Internet?

Sarah: **Yīntèwǎng shì yī zhǒng diànnǎo de guójì hùliánwǎng. Tā tígōng xìnxī fúwù.**
Yin të wang schı ih dschung diän nau dë guo djih huh liän wang. Tah tih gung chin chih fuh uh.
Es ist ein internationales Computernetzwerk, das Informationen anbietet.

Erik: **Tīngshuō wànwéiwǎng shénme dōu yǒu.**
Ting schuo wan wäi wang schën më dou yoh.
Ich habe gehört, dass es im Internet alles gibt.

Sarah: **Duì le. Nǐ yī shàngwǎng jiù kěyǐ liúlǎn hěn duō bùtóng de wǎngzhàn.**
Duäi lë. Nih ih schang wang djiou kë ih liou lan hën duo buh tung dë wang dschan.
Das stimmt. Wenn du ins Internet gehst, kannst du viele verschiedene Seiten durchstöbern.

Kleiner Wortschatz

Chinesisch	Aussprache	Deutsch
dàodǐ	*dau dih*	eigentlich
yīntèwǎng	*yin të wang*	Internet
guójì	*guo djih*	international
wànwéiwǎng	*wan wäi wang*	World Wide Web
shàng wǎng	*schang wang*	ins Internet gehen

Chinesisch	Aussprache	Deutsch
liúlǎn	*liou lan*	browsen, stöbern, blättern
liúlǎnqì	*liou lan tjih*	Browser
fúwùqì	*fuh uh tjih*	Server
wǎngzhàn	*wang dschan*	Webadresse
wǎngyè	*wang iä*	Webseite
wǎngzhǐ	*wang dschı*	URL
yònghù xìngmíng	*yung huh ching ming*	Benutzername
guāngdié	*guang diä*	CD-ROM

E-Mails abrufen

Inzwischen ist die **diànzǐ yóujiàn dìzhǐ** (*diän dsı yoh diän dih dschı*; E-Mail-Adresse) genauso wichtig wie der **míngzi** (*ming dsı*; Name) und die **diànhuà hàomǎ** (*diän hua hau mah*; Telefonnummer), wenn es darum geht, in Verbindung zu bleiben. Wenn Sie Geschäfte machen, kommen Sie ohne gar nicht mehr aus. Wenn Sie Ihren **shōuxìnxiāng** (*schou chin chiang*; Posteingang) überprüfen, werden Sie feststellen, dass Sie neue **diànzǐ yóujiàn** (*diän dsı yoh diän*; E-Mail) bekommen haben, während Sie dieses Kapitel lesen.

Wenn Sie ein persönliches E-Mail-Konto haben, können Sie Folgendes machen:

- ✔ **fā diànzǐ yóujiàn** (*fah diän dsı yoh djiän*; E-Mail schicken)
- ✔ **sòng wénjiàn** (*sung wën djiän*; Dateien schicken)
- ✔ **zhuǎnfā xìnxī** (*dschuan fah chin chih*; Nachrichten weiterleiten)
- ✔ **bǎ wénjiàn fùjiā zài diànzǐ yóujiàn lǐ** (*bah wën djiän fuh djiah dsai diän dsı yoh diän lih*; eine Datei an eine E-Mail anhängen)

Im Gespräch

Luise und Tom unterhalten sich darüber, wie sie sich E-Mails schicken können.

Luise: **Zěnme fā yī gè diànzǐ yóujiàn ne?**
Dsën më fah ih gë diän dsı yoh djiän në?
Wie verschickt man eine E-Mail?

Tom: **Shǒuxiān nǐ děi dǎkāi »xīn yóujiàn«.**
Schou chiän nih döi dah kai chin yoh djiän.
Zuerst musst du »eine neue Nachricht erstellen« öffnen.

Luise: **Ránhòu ne?**

Ran hou në?

Und dann?

Tom: **Ránhòu tiánhǎo shōujiànrén de diànzǐ yóuxiāng dìzhǐ hé yóujiàn de tímù. Xiěhǎo xìn, jiù kěyǐ fā le.**

Ran hou tiän hau schou djiän rën dë diän dsı yoh chiang dih dschı hë yoh djän dë tih muh. Chiä hau chin, djiou kë ih fah lë.

Dann trägst du die E-Mail-Adresse des Empfängers und einen Betreff ein. Wenn du den Text geschrieben hast, kannst du die E-Mail abschicken.

Auf Wohnungssuche

Gehören Sie zu den vielen, die mit dem Gedanken spielen, sich aus geschäftlichen Gründen längerfristig in China niederzulassen? Haben Sie darüber nachgedacht, **fángdìchǎn** (*fang dih tschan*; Immobilien) in Form von einer **gōngyùfáng** (*gung üh fang*; Eigentumswohnung) oder einer **hézuò gōngyù** (*hë dsuo gung üh*; Genossenschaftswohnung) in Beijing oder Shanghai zu kaufen? Vor nicht einmal 20 Jahren war es unvorstellbar, auch nur einen Gedanken daran zu verschwenden, **cáichǎn** (*tsai tschan*; Eigentum) zu erwerben. Mittlerweile fließen großen Summen an ausländischen Investitionen nach China, unzählige Joint-Venture-Unternehmen sind inzwischen entstanden und viele Ausländer wenden sich an **fángdìchàn jīngjìrén** (*fang dih tschan djing djih rën*; Immobilienmakler) auf der Suche nach dem passenden Objekt. Wenn Sie schon **cáichǎn** erworben haben und es nun eine **kōng gōngyù fángjiān** (*kung gung üh fang djiän*; leere Wohnung) **chūzū** (*tschuh dsuh*; vermieten) oder **zhuǎnzū** (*dschuan dsuh*; untervermieten) wollen, gibt es auch verschiedene Möglichkeiten, Ihnen, dem **wùzhǔ** (*uh dschuh*; Wohnungseigentümer/Wohnungseigentümerin), dabei zu helfen, einen vertrauenswürdigen **chéngzūrén** (*tschëng dsuh rën*; Mieter/Mieterin) zu finden. Wenn Sie in China eine Wohnung kaufen wollen, sollten Sie unbedingt folgende Wörter kennen:

- ✔ **dàilǐ** (*dai lih*; Vertreter/Vertreterin)
- ✔ **píngjià** (*ping djiah*; Bewertung, Schätzung)
- ✔ **tóubiāo** (*tou biau*; Gebot, Kaufangebot)
- ✔ **jīngjìrén** (*djing djih rën*; Makler/Maklerin)
- ✔ **jiànzhù guīzé** (*djiän dschuh guäi dsë*; Baunormen)
- ✔ **ànjiēfèi** (*an djiä fäi*; Grundschuldkosten)
- ✔ **hétóng** (*hë tung*; Vertrag)
- ✔ **xìnyòng bàogào** (*chin yung bau gau*; Kreditauskunft)
- ✔ **tóukuǎn** (*tou kuan*; Anzahlung)
- ✔ **gǔběn** (*guh bën*; Grundkapital, Eigenkapital)

- **lìxī** (*lih chih*; Zinsen)
- **dǐyājīn** (*dih iah djin*; Hypothek)

Track 20: Im Gespräch

Iris wendet sich an einen Makler, um eine Wohnung in Shanghai zu kaufen.

Iris: **Nǐ hǎo. Wǒ xiǎng zài Shànghǎi mǎi yī gè gōngyùfáng.**

Nih hau. Uo chiang dsai schang hai mai ih gë gung üh fang.

Guten Tag. Ich möchte in Shanghai eine Wohnung kaufen.

Makler: **Méiyǒu wèntí. Wǒ jiù shì yī gè fángdìchǎn jīngjìrén. Hěn yuànyì bāngmáng.**

Mäi yoh wën tih. Uo djiou schı ih gë fang dih tschan djing djih rën. Hën yüän ih bang mang.

Kein Problem. Ich bin Immobilienmakler und gern bereit, Ihnen behilflich zu sein.

Iris: **Nà tài hǎo le. Zài něi ge dìqū mǎi fángzi zuì hǎo?**

Nah tai hau lë. Dsai näi gë dih tjüh mai fang dsı dsuäi hau?

Das ist sehr gut. Welches Gebiet ist für einen Wohnungskauf am besten?

Makler: **Shànghǎi yǒu hěn duō hěn hǎo de fángdìchǎn. Kěnéng zuì qiǎngshǒu de shì Hóngqiáo hé Jīnqiáo. Hěn duō wàiguó bàngōngshì xiànzài zài Pǔdōng.**

Schang hai yoh hën duo hën hau dë fang dih tschan. Kë näng dsuäi tjiang schou dë schı hung tjiau hë djin tjiau. Hën duo wai guo ban gung schı chiän dsai dsai puh dung.

In Shanghai gibt es viele sehr gute Immobilien. Am beliebtesten sind wahrscheinlich Hongqiao und Jinqiao. Viele ausländische Firmen haben ihre Büros jetzt in Pudong.

Kleiner Wortschatz

Chinesisch	Aussprache	Deutsch
fángdìchǎn jīngjìrén	*fang dih tschan djing djih rën*	Immobilienmakler/ Immobilienmaklerin
cáichǎn	*tsai tschan*	Eigentum
mǎi yī gè gōngyùfáng	*mai ih gë gung üh fang*	eine Eigentumswohnung kaufen
mài yī gè gōngyùfáng	*mai ih gë gung üh fang*	eine Eigentumswohnung verkaufen

Chinesisch	Aussprache	Deutsch
hézuò gōngyù	*hë dsuo gung üh*	Genossenschaftswohnung
qiǎngshǒu	*tjiang schou*	beliebt, populär
dìqū	*dih tjüh*	Gebiet, Region
línjìn dìqū	*lin djin dih tjüh*	Umkreis

Achten Sie auf den richtigen Ton, wenn Sie die drei Buchstaben m-a-i auf Chinesisch aussprechen. Im dritten Ton (fallend-steigend), **mǎi**, heißt es kaufen, im vierten Ton (fallend), **mài**, verkaufen. Wenn Sie nicht aufpassen, verkaufen Sie vielleicht die Wohnung, in der Sie eigentlich selbst leben wollten.

Die chinesische Sprache ist faszinierend und äußerst logisch aufgebaut. Auch wenn **mǎi** kaufen und **mài** verkaufen sich nur durch den Ton unterscheiden, können Sie vor beide zusammen das Verb **zuò** (*dsuo*; machen) stellen und schon sagen Sie aus, dass Sie **zuò mǎimai** (*dsuo mai mai*; Geschäfte machen). Klar?

Die Entwicklung von Pudong

Pudong (Pu steht für den Fluss Huangpu, dong bedeutet Osten) ist ein Stadtbezirk in Shanghai, östlich des Flusses Huangpu. Im Jahr 1990 wurde mit der Erschließung des bis dahin dünnbesiedelten Gebiets begonnen. Heute leben in Pudong mehr als 2,5 Millionen Menschen. Pudong gilt als neues Wirtschafts- und Hightech-Zentrum Shanghais. In Pudong steht auch der mit einer Höhe von 468 Metern höchste Fernsehturm Asiens, der Oriental Pearl Tower. Übrigens ist Pudong der weltweit einzige Ort mit einer Magnetschwebebahn im öffentlichen Nahverkehr, dem Transrapid Shanghai, der den Flughafen Shanghai Pudong International mit einer U-Bahn-Station in Pudong verbindet.

Die neue Wohnung einrichten

Ob Sie nun eine **gōngyùfáng** (*gung üh fang*; Eigentumswohnung) oder eine **hézuò gōngyù** (*hë dsuo gung üh*; Genossenschaftswohnung) gekauft oder eine **gōngyù fángjiān** (*gung üh fang djiän*; Wohnung) gemietet haben oder vielleicht ein Semester in Xi'an studieren und im **sùshè** (*ssuh schë*; Wohnheim) wohnen, individueller Stil muss her: Mit **jiājù** (*djiah djüh*; Möbel) oder **zhuāngshì** (*dschuang schı*; Dekoration).

Welche der folgenden Zimmer hat Ihre neue Wohnung?

- ✔ **yùshì** (*üh schı*; Bad)
- ✔ **wòshì** (*uo schı*; Schlafzimmer)

- **fàntīng** (*fan ting*; Esszimmer)
- **xiūxishì** (*chiou chih schı*; Vorraum)
- **chúfáng** (*tschuh fang*; Küche)
- **shūfáng** (*schuh fang*; Arbeitszimmer)
- **kōngfáng** (*kung fang*; leeres Zimmer)
- **kètīng** (*kë ting*; Wohnzimmer)

Hat Ihre neue Wohnung einen **yuànzi** (*üän dsı*; Hinterhof) mit einem schönen **huāyuán** (*huah üan*; Garten)? Oder einen **yángtái** (*iang tai*; Balkon) oder eine noch romantischere **tōngdào** (*tung dau*; Veranda)? Wäre es nicht großartig, wenn Sie Platz für ein paar wirklich schöne **zhíwù** (*dschı uh*; Pflanze) und **huā** (*huah*; Blume) hätten? Zum Beispiel für **júhuā** (*djüh huah*; Chrysantheme), **lánhuā** (*lan hua*; Orchidee) oder sogar **méihuā** (*möi huah*; Pfirsichblüte).

Gibt es ein **lóushàng** (*lou schang*; Obergeschoss) und ein **lóuxià** (*lou chiah*; Untergeschoss)? Hat das Haus einen großen **ménkǒu** (*mën kou*; Eingang) oder wenigstens einen **diàntī** (*diän tih*; Aufzug), wenn Sie ganz oben wohnen? Wie sieht es mit riesigen **chuānghu** (*tschuang huh*; Fenster) aus, von denen Sie einen wunderschönen Blick haben? Oder schauen Sie auf einen Luftschacht und müssen sofort **chuānglián** (*tschuang liän*; Gardine) anbringen? Egal, Sie haben jetzt eine eigene Wohnung!

Wenn Sie endlich eingezogen sind, werden Sie merken, wie viel Platz Sie wirklich haben. Sie brauchen **jiājù** (*djiah djüh*; Möbel). Wie wäre es mit der Grundausstattung?

- **chuáng** (*tschuang*; Bett)
- **chuángdiàn** (*tschuang diän*; Matratze)
- **zhuōzi** (*dschuo dsı*; Tisch)
- **yǐzi** (*ih dsı*; Stuhl)
- **chájī** (*tschah djih*; Beistelltisch)
- **shūzhuō** (*schuh dschuo*; Schreibtisch)
- **yīguì** (*ih guäi*; Kleiderschrank)
- **shāfā** (*schah fah*; Sofa)

Und wenn Sie dann Ihr Bett haben, kaufen Sie sicher noch das Folgende. Die Liste scheint endlos zu sein. Passen Sie bloß auf, dass Sie nicht zu oft Ihre **xìnyòngkǎ** (*chin yung kah*; Kreditkarte) einsetzen, sonst bereuen Sie noch Ihren Umzug ins Reich der Mitte.

- **chuángzhào** (*tschuang dschau*; Tagesdecke)
- **tǎnzi** (*tan dsı*; Bettdecke)

- **chuángdān** (*tschuang dan*; Bettwäsche)
- **zhěntou** (*dschĕn tou*; Kissen)
- **bèizi** (*bäi dsı*; Decke)

Gute Nachrichten: Wenn Sie all das erstanden haben, können Sie in Ihrem eigenen neuen Bett in China schlafen. Die schlechte kommt gleich hinterher: Keine Ausrede mehr, morgens nicht **pū chuáng** (*puh tschuang*; Bett machen).

Eine Sache dürfen wir nicht vergessen. Es gibt noch etwas, was Sie unbedingt brauchen, wenn Sie es sich heimelig machen wollen. Glauben Sie uns, Sie wollen keinesfalls feststellen, dass das fehlt, wenn Sie sich für die Nacht zurückziehen. Ein kleiner Tipp: Es gehört ins **yùshì** (*üh schı*; Bad). Sie kommen nicht darauf? Es ist **wèishēngzhǐ** (*wäi schĕng dschı*; Toilettenpapier).

Spiel und Spaß

Ordnen Sie die folgenden chinesischen Begriffe den deutschen Entsprechungen zu. Die Antworten finden Sie in Anhang D.

Chinesisch	Deutsch
yùshì	Esszimmer
wòshì	Balkon
fàntīng	Sofa
tǎnzi	Schreibtisch
yángtái	Bettdecke
zhěntou	Schlafzimmer
bèizi	Bad
shūzhuō	Decke
shāfā	Kissen

Teil III
Chinesisch für unterwegs

IN DIESEM TEIL …

Die Welt bereisen! Dieser Teil begleitet Sie auf Ihrer Chinareise, von der Visa-Beschaffung und der Hotelreservierung über die Entzifferung der fremden Währung und der Frage nach dem Weg bis zu Ihrer Ankunft am Reiseziel.

Wir haben außerdem ein Kapitel für Notfälle eingebaut. Hoffentlich müssen Sie das nie benutzen.

Yī lù píng'ān! (*ih luh ping an*; Gute Reise!)

IN DIESEM KAPITEL

- Die chinesische Währung
- Wie und wo Geld wechseln
- Kreditkarten benutzen
- Geld auf der Bank wechseln oder am Automaten abheben
- Trinkgeld

Kapitel 11
Der schnöde Mammon

Qián (*tjiän*; Geld) regiert die Welt. Familie und Freunde sind natürlich unbezahlbar, aber von Luft und Liebe werden Sie sich und Ihre Lieben kaum ernähren können.

In diesem Kapitel lernen Sie die wichtigsten Wörter und Redewendungen rund ums Geldverdienen und Geldausgeben – das geht ja überall auf der Welt. Wir haben außerdem ein paar Redewendungen aus dem Bankwesen für Sie ausgewählt, die Ihnen am Schalter und genauso gut am Geldautomaten nützen. Sie bekommen sogar noch einige Hinweise zum Thema Trinkgeld.

Auf dem Laufenden beim chinesischen Geld

In welchem chinesischsprachigen Land Sie auch leben, arbeiten oder reisen, Sie müssen sich an die unterschiedlichen **huòbì** (*huo bih*; Währungen) mit ihren jeweiligen **duìhuànlǜ** (*duäi huan lüh*; Wechselkurse) gewöhnen. Tabelle 11.1 nennt Ihnen wichtige Währungen und danach erfahren Sie alles über die verschiedenen chinesischen **huòbì**.

Chinesisch	Aussprache	Deutsch
Rénmínbì	*rĕn min bih*	»Volkswährung«, Währung der VR China
Xīn Táibì	*chin tai bih*	Neuer Taiwan-Dollar
Găngbì	*gang bih*	Hongkong-Dollar
Xīnbì	*chin bih*	Singapur-Dollar

Chinesisch	Aussprache	Deutsch
Ōuyuán	*ou üän*	Euro
Měiyuán	*mäi üän*	US-Dollar
Rìyuán	*rı üän*	Yen

Tabelle 11.1: Währungen auf Chinesisch

Renminbi (RMB) in der VR China

Die offizielle Bezeichnung der Währung in der VR China lautet **Rénmínbì** (*rën min bih*; *wörtlich*: Volksgeld). Die größte Währungseinheit ist der **Yuán** (*üän*). Im Juli 2024 bekam man für einen **Ōuyuán** (*ou üän*; Euro) 7,91 **Yuán**. Auf Chinesisch heißt das:

- **Yī Ōuyuán huàn qī diǎn jiǔ yī yuán Rénmínbì.** (*ih ou üän huan tjih diän djiou ih üän rën min bih*; 1 Euro sind 7,91 Yuan.)

Es gibt Geldscheine zu 1, 2, 5, 10, 20, 50 und 100 Yuan sowie Münzen zu ein und zwei Yuan. Im Alltag werden Sie kaum jemanden sagen hören **yī yuán** (*ih üän*), stattdessen wird die umgangssprachliche Bezeichnung gewählt: **yī kuài** (*ih kuai*).

Sie wollen wissen, wie viel Geld ich bei mir habe? Dann fragen Sie einfach:

- **Nǐ yǒu jǐ kuài qián?** (*nih yoh djih kuai tjiän*; Wie viel Geld haben Sie/hast du?)

  Diese Frage verwenden Sie, wenn Sie davon ausgehen, dass es weniger als zehn Kuai sind.

- **Nǐ yǒu duōshǎo qián?** (*nih yoh duo schau tjiän*; Wie viel Geld haben Sie/hast du?)

  Diese Frage verwenden Sie, wenn Sie davon ausgehen, dass es mehr als zehn Kuai sind.

Ein **kuài** (*kuai*) sind zehn **máo** (*mau*), offiziell heißt die Währungseinheit **jiǎo** (*djiau*). Ein **máo** oder **jiǎo** wiederum sind zehn **fēn** (*fën*). Geldscheine gibt es auch zu 5, 2 und 1 **jiǎo** sowie 1 **fēn**, Münzen zu 5 und 1 **jiǎo**, 5, 2 und 1 **fēn**. Münzen und Scheine mit **fēn**-Werten sind inzwischen recht selten. Aufgrund der zunehmenden bargeldlosen Zahlungsweise in China sind Münzen kaum noch im Umlauf. Stattdessen werden Zahlungs-Apps wie Alipay und WeChat Pay immer häufiger genutzt. Mittlerweile sind diese nicht nur in urbanen Zentren, sondern auch in ländlichen Regionen als Zahlungsmittel etabliert.

Yuan, Jiao und Fen sind die offiziellen Bezeichnungen der Währungseinheiten, umgangssprachlich werden dafür die Wörter Kuai, Mao und Fen benutzt.

Xin Taibi in Taiwan

Xīn Táibì (*chin tai bih*) ist die Währung in Taiwan. Ein Euro entspricht 35,53 **Xīn Táibì**.

Auf Chinesisch sagen Sie:

- **Yī Ōuyuán huàn sānshíwǔ diǎn wǔ sān yuán Xīn Táibì.** (*ih ou üän huan san schı uh diän uh sa üän chin tai bih*; 1 Euro sind 35,53 Taiwan-Dollar.)

Auch in Taiwan werden **Yuán** und **Jiǎo** (umgangssprachlich **Kuài** und **Máo**) zur Bezeichnung der Währungseinheiten verwendet. Banknoten werden zu 100, 200, 500, 1.000 und 2.000 **Xīn Táibì** ausgegeben, Münzen gibt es zu 1, 5, 10, 20 und 50 Taiwan-Dollar sowie zu 5 Jiao. Die Münzen zu 5 Jiao und 20 Kuai sind recht selten.

Taiwanische Münzen, **língqián** (*ling tjiän*; Kleingeld), haben sehr schöne Blumenmotive. Wie wäre es damit als Mitbringsel? Denken Sie außerdem immer daran, genug **língqián** bei sich zu haben, für all die tollen, billigen Sachen auf den Nachtmärkten.

So fragen Sie nach Kleingeld:

- ✔ **Nǐ yǒu méiyǒu yī kuài de língqián?** (*nih yoh mäi yoh ih kuai dë ling tjiän*; Haben Sie/Hast du einen Kuai in Kleingeld?)

Hongkong-Dollar

Xiānggǎng (*chiang gang*; Hongkong, *wörtlich*: duftender Hafen), das Finanzzentrum in Asien, verwendet den Hongkong-Dollar oder besser **Gǎngbì** (*gang bih*). 1 Euro entspricht derzeit 8,51 Hongkong-Dollar. Auf Chinesisch drücken Sie das wie folgt aus:

- ✔ **Yī Ōuyuán huàn bā diǎn wǔ yī yuán Gǎngbì.** (*ih ou üän huan bah diän uh ih üän gang bih*; 1 Euro sind 8,51 Hongkong-Dollar.)

Singapur-Dollar

Eine der Amtssprachen in Singapur ist Chinesisch, die Währung heißt **Xīnbì** (*chin bih*), Singapur-Dollar. Ein Euro entspricht 1,46 Singapur-Dollar.

Wenn Sie den Preis 1,25 SGD auf Chinesisch nennen wollen, dann sagen Sie eher **yī kuài liǎng máo bàn** (*ih kuai liang mau ban*) als **yī kuài liǎng máo wǔ** (*ih kuai liang mau uh*). Die **wǔ** (fünf) an der letzten Stelle wird also durch **bàn** (halb) ersetzt. In China, Taiwan und Hongkong ist diese Form eher ungebräuchlich.

Geld verdienen und Geld wechseln

Geld kann man auf ganz unterschiedliche Weisen verdienen, die meisten davon sind legal. (Behalten Sie es für sich, falls es bei Ihnen nicht so sein sollte!) Es kann ja auch sein, dass Sie im **cǎipiào** (*tsai phiau*; Lotto) gewonnen haben oder eine große **yíchǎn** (*ih tschan*; Erbschaft) gemacht haben, die Sie nun zum Umherreisen nutzen. Oder Sie haben es sich hart verdient und hoffen nun, dass Sie eine Weile damit auskommen können. Egal, wie Sie an Ihr Geld gekommen sind, dieses Kapitel wird Ihnen sagen, wie Sie es wechseln (und dann ausgeben) – und zwar auf Chinesisch.

Sobald Sie auf dem **fēijīchǎng** (*fäi djih tschang*; Flughafen) angekommen sind, können Sie in einer der vielen **duìhuànchù** (*duäi huan tschuh*; Wechselstube) **huàn qián** (*huan tjiän*; Geld wechseln). Sie können natürlich auch zu einer großen **yínháng** (*yin hang*; Bank) gehen oder es in Ihrem **bīnguǎn** (*bin guan*; Hotel) versuchen. Wenn Sie nicht genug Geld haben, werden Sie es nicht mit einem **chūzū qìchē** (*tschuh dsuh tjih tschë*; Taxi) zur nächsten **yínháng** oder zum **bīnguǎn** schaffen. Sie wollen sicher auch nicht im **jiānyù** (*djiän üh*; Gefängnis) landen, denn dort werden Sie ohne die örtliche **huòbì** (*huo bih*; Währung) die **bǎoshìjīn** (*bau schı djin*; Kaution) nicht zahlen können.

Wenn Sie bereit sind zum **huàn qián**, dann nützen Ihnen die folgenden Redewendungen:

- ✔ **Qǐng wèn, zài nǎr kěyǐ huàn qián?** (*tjing wën, dsai nahr kë ih huantjiän*; Entschuldigung, wo kann ich Geld wechseln?)
- ✔ **Qǐng wèn, yínháng zài nǎr?** (*tjing wën, yin hang dsai nahr*; Entschuldigung, wo ist die Bank?)
- ✔ **Jīntiān de duìhuànlǜ shì duōshǎo?** (*djin tiän dë duäi huan lüh schı duo schau*; Wie ist der Wechselkurs heute?)
- ✔ **Qǐng nǐ gěi wǒ sì zhāng wǔshí Yuán de.** (*tjing nih gäi uo ssı dschang uh schı üän dë*; Bitte geben Sie mir vier 50-Yuan-Scheine.)
- ✔ **Wǒ yào huàn yībǎi Ōuyuán.** (*uo yau huan ih bai ou üän*; Ich möchte 100 Euro wechseln.)
- ✔ **Nǐmen shōu duōshǎo qián shǒuxùfèi?** (*nih mën schou duo schau tjiän schou chüh fäi*; Wie hoch ist Ihre Bearbeitungsgebühr?)

Egal, wo Sie das Geld wechseln und wie viel, Sie müssen in der Regel Ihren **hùzhào** (*huh dschau*; Pass) zeigen, also immer zur Hand haben!

Track 21: Im Gespräch

Jeanette kommt am Flughafen in Beijing an und möchte Geld wechseln. Sie fragt einen **xínglìyuán** (*ching lih üän*; Gepäckträger), wo das möglich ist.

Jeanette:	**Qǐng wèn, zài nǎr kěyǐ huàn qián?**
	Tjing wën, dsai nahr kë ih huan tjiän?
	Entschuldigung, wo kann ich Geld wechseln?
Gepäckträger:	**Duìhuànchù jiù zài nàr.**
	Duäi huan tschuh djiou dsai nahr.
	Die Wechselstube ist dort drüben.
Jeanette:	**Xièxie.**
	Chiä chä.
	Danke.

Jeanette geht zur Wechselstube und wechselt beim **chūnàyuán** (*tschuh nah üän*; Kassierer) Euro in chinesische Yuan.

Jeanette: **Nǐ hǎo. Wǒ yào huàn yī bǎi Ōuyuán de Rénmínbì.**
Nih hau. Uo yau huan ih bai ou üän dë rën min bih.
Guten Tag. Ich möchte 100 Euro in Renminbi wechseln.

Kassierer: **Méiyǒu wèntí.**
Mäi yoh wën tih.
Kein Problem.

Jeanette: **Jīntiān de duìhuànlǜ shì duōshǎo?**
djin tiän dë duäi huan lüh schı duo schau?
Wie ist der Wechselkurs heute?

Kassierer: **Yī Ōuyuán huàn bā diǎn qī liù yuán Rénmínbì.**
Ih ou üän huan bah diän tjih liou üän rën min bih.
Ein Euro sind 8,76 Yuan RMB.

Jeanette: **Hǎo. Qǐng gěi wǒ liǎng zhāng wǔshí Yuán de.**
Hau. Tjing gäi uo liang dschang uh schı üän dë.
Gut. Bitte geben Sie mir zwei 50-Yuan-Scheine.

Kassierer: **Méiyǒu wèntí. Qǐng gěi wǒ kànkan nǐ de hùzhào.**
Mäi yoh wën tih. Tjing gäi uo kan kan nih dë huh dschau.
In Ordnung. Bitte zeigen Sie mir Ihren Pass.

Kleiner Wortschatz

Chinesisch	Aussprache	Deutsch
Ōuyuán	*ou üän*	Euro
yī Ōuyuán	*ih ou üän*	ein Euro
Rénmínbì	*rën min bih*	Renminbi (chinesische Währung)
Xīn Táibì	*chin tai bih*	neuer Taiwan-Dollar
huàn	*huan*	wechseln, tauschen
duìhuànlǜ	*duäi huan lüh*	Wechselkurs
duìhuànchù	*duäi huan tschuh*	Wechselstube
chūnàyuán	*tschuh nah üän*	Kassierer/Kassiererin
huàn qián	*huan tjiän*	Geld wechseln
wàibì	*wai bih*	ausländische Währung, Devisen
shǒuxùfèi	*schou chüh fäi*	Bearbeitungsgebühr
Qǐng gěi wǒ kàn nǐ de hùzhào.	*tjing gäi uo kan nih dë huh dschau*	Bitte zeigen Sie mir Ihren Pass.

Geld ausgeben

Es dürfte kein Problem sein, Ihnen das Geldausgeben schmackhaft zu machen. Solange Sie genug **qián** haben, können Sie ruhig der Versuchung nachgeben und kaufen, was Sie im **shāngdiàn** (*schang diän*; Geschäft) oder auf der **jiēshang** (*djiä schang*; Straße) sehen. So einfach ist das. Geld ist da, um es auszugeben!

Wenn Sie etwas kaufen wollen, können Sie das mit **xiànjīn** (*chiän djin*; Bargeld), oder **xìnyòngkǎ** (*chin yung kah*; Kreditkarte) tun.

Kommt es einmal vor, dass Sie so viel einkaufen, dass Sie es kaum mit beiden Händen tragen können, sollten Sie mit einem winzigen Adverb versuchen herauszufinden, wie viel es eigentlich kostet, bevor Sie nach Ihrem Geld kramen. Gemeint ist **yīgòng** (*ih gung*; insgesamt, zusammen). So zum Beispiel »Was kosten die 20 Stofftiere und 80 Pullover zusammen?«

Im Geschäft werden Sie vielleicht ein solches Gespräch hören:

- ✔ **Zhèi ge hé nèi ge yīgòng duōshǎo qián?** (*dschäi gë hë näi gë ih gung duo schau tjiän*; Was kosten dies und das zusammen?)
- ✔ **Zhèi ge sān kuài liǎng máo wǔ, nèi ge yī kuài liǎng máo, suǒyǐ yīgòng sì kuài sì máo wǔ.** (*dschäi gë ssan kuai liang mau uh, näi gë ih kuai liang mau, ssuo ih ih gung ssı kuai ssı mau uh*; Dies kostet 3,25 Yuan, das 1,20 Yuan. Das macht zusammen 4,45 Yuan.)

Stellen Sie sicher, dass Sie **yīgòng** genug Geld dabeihaben, wenn Sie **mǎi dōngxi** (*mai dung chih*; einkaufen), nicht, dass Sie enttäuscht Ihr Lieblingsgeschäft verlassen müssen.

Das Wort **dōngxi** (*dung chih*; Ding, Sache) ist aus den Wörtern Ost (**dōng**) und West (**xī**) zusammengesetzt. Eine Kombination von gegensätzlichen Wörtern wird im Chinesischen zum Ausdruck verschiedenster Sachverhalte genutzt. **Dōngxi** bezeichnet Gegenstände.

Geld zählen

Egal, was andere sagen, **xiànjīn** (*chiän djin*; Bargeld) ist immer und überall von Nutzen. Es gibt Situationen, in denen Ihnen Ihre **xìnyòngkǎ** (*chin yung kah*; Kreditkarte) nichts nützt, Sie brauchen also **xiànjīn**. Stellen Sie sich vor, Ihre Kinder sehen im Park einen Eisstand. Sie können nicht einfach Ihre Kreditkarte zücken und das Eis bezahlen. Sie werden den Verkäufer auch kaum überzeugen können, einen **zhīpiào** (*dschı piau*; Scheck) zu nehmen. In solchen Situationen hilft nur eins – **xiànjīn**. Damit können Sie **bīngqílín** (*bing tjih ling*; Eis) oder auch **diànyǐngpiào** (*diän ying piau*; Kinokarte) kaufen. Stecken Sie Ihr **qián** einfach in eine **qiánbāo** (*tjiän bau*; Geldbörse) und bewahren Sie diese möglichst in einer Innen-**kǒudài** (*kou dai*; Tasche) auf, damit Ihnen ein **zéi** (*dsäi*; Dieb) nicht so leicht Ihr Geld stehlen kann.

Wenn Sie über Preise sprechen, stellen Sie die Zahl vor die entsprechende Geldeinheit, also zum Beispiel ein Yuan **yī kuài** (*ih kuai*) oder drei Yuan **sān kuài** (*ssan kuai*). Genauso mit den kleineren Beträgen **yī máo** (*ih mau*; 1 mao oder 0,10 Yuan), **sān máo** (*ssan mau*; 3 Mao oder 0,30 Yuan.)

Große Geldeinheiten stehen immer vor den kleinen Einheiten:

- ✔ **sān kuài** (*ssan kuai*; 3,00 Yuan)
- ✔ **sān kuài yī máo** (*ssan kuai ih mau*; 3,10 Yuan)
- ✔ **sān kuài yī máo wǔ** (*ssan kuai ih mau uh*; 3,15 Yuan)

Eine weitere Möglichkeit des sicheren Bezahlens ist das Zahlen mit einer App über einen QR-Code. Aber passen Sie auf, dass Sie Ihr Handy nicht verlieren. Sonst müssen Sie doch wieder mit **xiànjīn** (*chiän djin*; Bargeld) bezahlen.

Merken Sie sich die Einheiten der chinesischen Währung: **yuán** (umgangssprachlich **kuài**), **jiǎo** (umgangssprachlich **máo**) und als kleinste Einheit **fēn**.

Im Gespräch

Jaqueline geht in Taipei einkaufen. Sie findet etwas, was ihr gefällt, und fragt die Verkäuferin nach dem Preis.

Jaqueline: **Qǐng wèn, zhè jiàn yīfu duōshǎo qián?**
Tjing wën, dschë djiän ih fuh duo schau tjiän?
Entschuldigung, wie viel kostet dieses Kleidungsstück?

Verkäuferin: **Èrshíwǔ kuài.**
Ër schı uh kuai.
25,00 Kuai.

Jaqueline: **Nǐmen shōu bu shōu xìnyòngkǎ?**
Nih mën schou buh schou chin yung kah?
Nehmen Sie Kreditkarten?

Verkäuferin: **Xìnyòngkǎ kěyǐ.**
Chin yung kah kë ih.
Kreditkarten gehen.

Kleiner Wortschatz

Chinesisch	Aussprache	Deutsch
qiánbāo	*tjiän bau*	Geldbörse
kǒudài	*kou dai*	Tasche (Kleidung)
zhīpiào	*dschı piau*	Scheck

Chinesisch	Aussprache	Deutsch
fù zhàng	*guh dschang*	bezahlen
língqián	*ling tjiän*	Kleingeld
dà piàozi	*dah piau dsı*	Banknoten mit großem Wert
huànkāi	*huan kai*	klein machen

Mit Karte zahlen

Die **xìnyòngkǎ** (*chin yung kah*; Kreditkarte) ist vielleicht die größte Erfindung des 20. Jahrhunderts. Zumindest für Kreditkarten-**gōngsī** (*gung ssı*; Firmen). Wir müssen aufpassen, den Kreditrahmen nicht zu sehr zu überziehen, der **lìlǜ** (*lih lüh*; Zinssatz) ist ziemlich hoch. Aber trotzdem erleichtern sie uns das Bezahlen, oder?

Wenn Sie wissen möchten, ob ein Geschäft Kreditkarten akzeptiert, stellen Sie die folgende Frage:

- **Nǐmen shōu bu shōu xìnyòngkǎ?** (*nih mën schou buh schou chin yung kah*; Akzeptieren Sie Kreditkarten?)

In den großen Städten werden meist alle Kreditkarten akzeptiert, von **Měiguó yùntōng kǎ** (*mäi guo yün tung kah*; American Express) bis **Wéisà xìnyòngkǎ** (*wäi ssah chin yung kah*; Visa Card) und **Wànshìdá kǎ** (*wan schı dah kah*; MasterCard). Aber aufgepasst: In kleineren Orten nützt Ihnen Ihr ganzes Plastikgeld nichts. Dort sollten Sie genügend **xiànjīn** (*chiän djin*; Bargeld) bei sich haben. Nur für alle Fälle.

Praktisch ist die **xìnyòngkǎ** natürlich, ganz gleich, ob der **jiàgé** (*djiah gë*; Preis) **guì** (*guäi*; teuer) oder **piányi** (*piän ih*; billig) ist.

Hier noch einige Wörter zum Thema Kreditkarte:

- **xìnyòng** (*chin yung*; Kredit)
- **xìnyòngkǎ** (*chin yung kah*; Kreditkarte)
- **xìnyòngkǎ xiàn'é** (*chin yung ka chiän ë*; Kreditkartenlimit)
- **shēzhàng de zuì gāo é** (*schë dschang dë dsuäi gau ë*; Kreditrahmen)

Bankgeschäfte tätigen

Wenn Sie länger in Asien bleiben oder Ihre Geschäftsbeziehungen mit einer chinesischen Firma weiterführen wollen, dann wollen Sie sicher ein **huóqī zhànghù** (*huo tjih dschang* *huh*; Girokonto) eröffnen, wo Sie sowohl **cún qián** (*tsun tjiän*; Geld einzahlen) als auch **qǔ qián** (*tjüh tjiän*; Geld abheben) können. Falls Sie lange genug bleiben, sollten Sie vielleicht ein **dìngqī cúnkuǎn hùtóu** (*ding tjih tsun kuan huh tou*; Sparkonto) eröffnen, damit Sie ein paar **lìxī** (*lih chih*; Zinsen) bekommen. Das ist doch besser, als jahrelang **dà piàozi** (*dah piau dsı*; große Banknote) unter die **chuángdiàn** (*tschuang diän*; Matratze) zu verstecken!

Oder Sie legen Ihr Geld in einer der folgenden Arten und Weisen an:

- ✔ **gǔpiào** (*guh piau*; Aktie)
- ✔ **zhàiquàn** (*dschai tjüän*; Anleihe)
- ✔ **tàotóu jījīn** (*tau tou djih djin*; Hedge-Fond)
- ✔ **hùzhù jījīn** (*huh dschuh djih djin*; Anlagefond)
- ✔ **chǔxù cúnkuǎn** (*tschuh chüh tsun kuan*; Depositenkonto)
- ✔ **guókùquàn** (*guo kuh tjüän*; Staatsanleihen)

Track 22: Im Gespräch

Daniel möchte in Hongkong ein Sparkonto eröffnen. Er geht in eine Bank und spricht mit dem Bankangestellten.

Daniel: **Nǐ hǎo. Wǒ xiǎng kāi yī gè dìngqī cúnkuǎn hùtóu.**

Nih hau. Uo chiang kai ih gë ding tjih tsun kuan huh tou.

Guten Tag. Ich möchte ein Sparkonto eröffnen.

Angestellter: **Méiyǒu wèntí. Nín yào xiān cún duōshǎo qián**

Mäi yoh wën tih. Nin yau chiän tsun duo schao tjiän?

Kein Problem. Wie viel Geld wollen Sie jetzt einzahlen?

Daniel: **Wǒ yào cún yībǎi kuài qián.**

Uo yau tsun ih bai kuai tjiän.

Ich möchte 100 Kuai einzahlen.

Angestellter: **Hǎo. Qǐng tián zhèi ge biǎo. Wǒ yě xūyào kàn nín de hùzhào.**

Hau. Tjing tiän dschäi gë biau. Uo iä chüh yau kan nin dë huh dschau.

Gut. Bitte füllen Sie dieses Formular aus. Und dann muss ich noch Ihren Pass sehen.

Kleiner Wortschatz

Chinesisch	Aussprache	Deutsch
yínháng	*yin hang*	Bank
xiànjīn	*chiän djin*	Bargeld
chūnà chuāngkǒu	*tschuh nah tschuang kou*	Kassenschalter
cúnkuǎn	*tsun kuan*	Bankguthaben
chūnàyuán	*tschuh nah üän*	Bankangestellter/Bankangestellte
kāi yī gè cúnkuǎn hùtóu	*kai ih gë tsun kuan huh tou*	ein Sparkonto eröffnen
cún qián	*tsun tjiän*	Geld sparen
qǔ qián	*tjüh tjiän*	Geld abheben

Die meisten Banken in der Volksrepublik China sind von Montag bis Freitag von neun bis 16 oder 17 Uhr geöffnet. Manche Banken öffnen auch am Samstag Vormittag. In Taiwan sind die Banken von Montag bis Freitag bis 15.30 Uhr geöffnet. Die Banken in Hongkong sind in der Regel von Montag bis Freitag von neun bis 16.30 Uhr geöffnet, am Samstag von neun bis zwölf Uhr.

Geld abheben und einzahlen

Ganz gleich, ob Sie **cún qián** (*tsun tjiän*; Geld einzahlen) oder **qǔ qián** (*tjüh tjiän*; Geld abheben), Sie müssen auf jeden Fall genügend **qián** haben. Damit Sie Ihr Konto nicht überziehen, sollten Sie immer wissen, wie hoch der **jiéyú** (*djiä üh*; positiver Saldo) ist. Inzwischen können Sie ja **shàng wǎng** (*schang wang*; ins Internet gehen) und nachschauen, welche **zhīpiào** (*dschı piau*; Scheck) schon abgerechnet sind. Wenn Sie einen **yínháng běnpiào** (*yin hang bën piau*; Bankscheck) bekommen, wird er sofort eingelöst. Glück gehabt!

Wenn Sie einen Scheck einlösen und Geld abheben wollen, dann helfen Ihnen die folgenden Sätze dabei:

- ✔ **Wǒ yào duìhuàn zhèi zhāng zhīpiào.** (*uo yau duäi huan dschäi dschang dschı piau*; Ich möchte diesen Scheck einlösen.)
- ✔ **Bèimiàn qiān zì xiě zài nǎr?** (*bäi miän tjiän dsı chiä dsai nahr*; Wo soll ich auf der Rückseite unterschreiben?)

Am schnellsten kommt man natürlich an einem **zìdòng tíkuǎnjī** (*dsı dung tih kuan djih*; Geldautomat) an Geld.

Am Geldautomaten

Zìdòng tíkuǎnjī (*dsı dung tih kuan djih*; Geldautomat) sind inzwischen allgegenwärtig. Wo man auch hinschaut, überall sind sie zu finden. Wie konnten wir jemals ohne sie leben? (Dasselbe gilt übrigens auch für Computer, aber ich schweife ab!)

Um einen **zìdòng tíkuǎnjī** (*dsı dung tih kuan djih*; Geldautomat) zu benutzen, brauchen Sie eine **zìdòng tíkuǎnkǎ** (*dsı dung tih kuan kah*; Geldkarte/Scheckkarte). Dann können Sie herausfinden, wie hoch Ihr **jiéyú** (*djiä üh*; Guthaben) ist, und **cún qián** (*tsun tjiän*; Geld einzahlen) oder **qǔ qián** (*tjüh tjiän*; Geld abheben). Auf jeden Fall müssen Sie Ihre **mìmǎ** (*mih mah*; Geheimzahl) kennen, sonst nützt Ihnen der **zìdòng tíkuǎnjī** nichts.

Und noch etwas: Sagen Sie niemandem Ihre **mìmǎ**. Die ist ein **mìmì** (*mih mih*; Geheimnis).

Tipps zum Trinkgeld

Píngcháng (*ping tschang*; normalerweise) geben wir in Deutschland zehn Prozent im Restaurant oder im Taxi. In fast allen Ländern wird ein **xiǎofèi** (*chiau fäi*; Trinkgeld) bei bestimmten Dienstleistungen erwartet. Selbst den Reinigungskräften auf öffentlichen **xǐshǒujiān** (*chih schou djiän*; Toilette) sollte man eins geben. Am besten, Sie informieren sich vorher, wie viel (oder wenig) man geben sollte, damit Sie sich nicht blamieren.

In Taiwan ist **xiǎofèi** unüblich. Nur den Gepäckträgern **gěi** (*gäi*; geben) man gewöhnlich pro Gepäckstück 50 Taiwan-Dollar.

In Hongkong ist im Restaurant (nicht in Garküchen) ein Trinkgeld von zehn Prozent im Rechnungsbetrag inbegriffen. Wenn der **fúwù** (*fuh uh*; Service) besonders gut ist, können Sie gern fünf Prozent drauflegen. Gepäckträger, Pagen, Taxifahrer und Toilettenpersonal freuen sich ebenfalls über ein kleines **xiǎofèi**.

In China ist es nicht üblich, Trinkgeld zu geben. Außerhalb von internationalen Hotels wird es teilweise sogar als Beleidigung empfunden. Schlimmstenfalls denkt die weibliche Bedienung sogar, der Gast wolle sich besondere Dienste erkaufen. Auch wenn freundlicher Service inzwischen auf der Tagesordnung steht, ist Trinkgeld mit einigen Ausnahmen nach wie vor unüblich. (Erst mit der Einführung der Marktwirtschaft beginnt sich die Vorstellung von der Dienstleistung am Kunden langsam durchzusetzen. Wem konnte man schlechten Service zu Zeiten der sozialistischen Mangelwirtschaft schon verübeln?) Wenn man mit dem Service wirklich zufrieden ist, kann man dem Gepäckservice im Hotel, dem Busfahrer oder Reiseführer durchaus ein **xiǎo fèi** geben.

Wenn Sie eine Rechnung bekommen und Sie nicht erkennen können, ob ein Trinkgeld enthalten ist, fragen Sie einfach nach:

- ✔ **Zhàngdān bāokuò fúwùfèi ma?** (*dschang dan bau kuo fuh uh fäi ma*; Ist ein Bedienaufschlag in der Rechnung enthalten?)

15 Prozent bedeuten 15 von 100 Prozent. Im Chinesischen drücken Sie **bǎifēnbǐ** (*bai fën bih*; Prozentangabe) aus, indem Sie zuerst den Grundwert **bǎi** (*bai*; hundert) nennen und dann die entsprechende Prozentangabe. Zum Beispiel:

- ✔ **bǎi fēnzhī bǎi** (*bai fën dschı bai*; 100 Prozent, *wörtlich*: 100 von 100 Teilen)
- ✔ **bǎi fēnzhī bāshíwǔ** (*bai fën dschı bah schı uh*; 85 Prozent, *wörtlich*: 85 von 100 Teilen)

- **bǎi fēnzhī shíwǔ** (*bai fën dschı schı uh*; 15 Prozent, *wörtlich*: 15 von 100 Teilen)
- **bǎi fēnzhī sān** (*bai fën dschı ssan*; 3 Prozent, *wörtlich*: 3 von 100 Teilen)
- **bǎi fēnzhī líng diǎn sān** (*bai fën dschı ling diän ssan*; 0,3 Prozent, *wörtlich*: 0,3 von 100 Teilen)

Mehr zu den Zahlen in Kapitel 2.

Im Gespräch

Rebekka und Ruth sind in einem Restaurant. Sie bekommen die Rechnung und überlegen, wie viel Trinkgeld sie geben sollten.

Rebekka: **Wǒmen de zhàngdān yīgòng sānshí kuài qián. Xiǎofèi yīnggāi duōshǎo?**
Uo mën dë dschang dan ih gung ssan schı kuai tjiän. Chiau fäi ying gai duo schau?
Unsere Rechnung beträgt insgesamt 30 Kuai. Wie hoch sollte das Trinkgeld sein?

Ruth: **Yīnwèi fúwù hěn hǎo, suǒyǐ xiǎofèi kěyǐ bǎi fēnzhī èrshí. Ní tóngyì ma?**
Yin wäi fuh uh hën hau, ssuo ih chiau fäi kë ih bai fën dschı ër schı. Nih tung ih ma?
Weil der Service sehr gut war, können wir 20 Prozent geben. Bist du einverstanden?

Rebekka: **Tóngyì.**
Tung ih.
Ja.

Kleiner Wortschatz

Chinesisch	Aussprache	Deutsch
zhàngdān	*dschang dan*	Rechnung
yīgòng	*ih gung*	insgesamt
yīnggāi	*ying gai*	sollen
yīnwèi ... suǒyǐ	*yin wäi ... ssuo ih*	weil ... deshalb
tóngyì	*tung ih*	einverstanden sein

Spiel und Spaß

Was stellen die folgenden Abbildungen dar? Sagen Sie es auf Chinesisch. Die Antworten finden Sie in Anhang D.

A. 

B. 

C. 

D. 

E. 

F. 

A. ______________________________

B. ______________________________

C. ______________________________

D. ______________________________

E. ______________________________

F. ______________________________

IN DIESEM KAPITEL

Fragen nach dem »Wo«

Den Weg beschreiben

Räumliche und zeitliche Entfernungen angeben

Den Weg mit Himmelsrichtungen zeigen

Kapitel 12
Der andere Weg: Nach dem Weg fragen und selbst Auskünfte geben

Jeder (ja, jeder) muss manchmal nach der **fāngxiàng** (*fang chiang*; Richtung) fragen. Auch wenn es nur der Weg zur **cèsuǒ** (*tsë ssuo*; Toilette) ist – man sollte wissen, wie man fragt.

Sie mögen durch die vielen Straßen in Beihai verwirrt sein oder verblüfft, wenn Sie eine Wegbeschreibung in Dalian bekommen. Dieses Kapitel hilft Ihnen, nach dem Weg zu fragen, bevor Sie **mílù** (*mih luh*; sich verirren). Ob Sie die Richtung in Beijing verloren haben oder in Luoyang vom Weg abgekommen sind, dieses Kapitel gibt Ihnen nützliche Hinweise, damit Sie Ihren Weg zurück nach Hause leichter finden. Oder wenigstens den Weg zurück zum Hotel.

Auf dem Festland, wo viele Chinesen weder Deutsch noch Englisch sprechen, sollten Sie unbedingt wissen, wie man nach dem Weg fragt. In Taipei oder Kowloon werden Sie mehr Glück als in der VR China haben, einen englischsprechenden Taxifahrer zu finden, der Sie an Ihr Ziel bringt.

Nicht viel fragen – einfach nur »wo«

Sie suchen also nach der nächsten **yóujú** (*yoh djüh*; Post), um Ihrer Mutter ein Paket zum Geburtstag zu schicken. Ein Passant sagt Ihnen, Sie sollen einfach die **jiēdào** (*djiä dau*; Straße) entlanggehen. Aber alles, was Sie entdecken, sind ein paar **shūdiàn** (*schuh diän*; Buchladen) und ab und zu eine **dìtiězhàn** (*dih tiä dschan*; U-Bahnstation). Zeit, nach dem Weg zu fragen. Aber wie?

Wenn Sie wissen wollen, wo etwas ist, benutzen Sie das Fragewort **nǎr**. Es bedeutet »wo«. Wenn Sie allerdings nur **nǎr** sagen, weiß niemand, was Sie eigentlich suchen. Setzen Sie deshalb das Verb **zài** (*dsai*; sich befinden) vor **nǎr** und davor dann das, was Sie suchen. Schon ist Ihre Frage vollständig:

- ✔ **Yóujú zài nǎr?** (*yoh djüh dsai nahr*; Wo ist die Post?)
- ✔ **Shūdiàn zài nǎr?** (*schuh diän dsai nahr*; Wo ist der Buchladen?)
- ✔ **Nǐ zài nǎr?** (*nih dsai nahr*; Wo bist du?)

Sie können natürlich auch auf der Suche nach folgenden Orten sein:

- ✔ **cèsuǒ** (*tsë ssuo*; Toilette)
- ✔ **Déguó dàshǐguǎn** (*dë guo dah schı guan*; Deutsche Botschaft)
- ✔ **xuéxiào** (*chüä chiau*; Schule)
- ✔ **yínháng** (*yin hang*; Bank)
- ✔ **fànguǎn** (*fan guan*; Restaurant)
- ✔ **gōnggòng qìchēzhàn** (*gung gung tjih tschë dschan*; Bushaltestelle)
- ✔ **huǒchēzhàn** (*huo tschë dschan*; Bahnhof)
- ✔ **dìtiězhàn** (*dih tiä dschan*; U-Bahnstation)
- ✔ **chūzū qìchēzhàn** (*tschuh dsuh tjih tschë dschan*; Taxistand)
- ✔ **jízhěnshì** (*djih dschën schı*; Notaufnahme)
- ✔ **piàofáng** (*piau fang*; Kartenschalter)

Wenn Sie an einem unbekannten Ort sind, müssen Sie vielleicht herausfinden, ob Sie einen **gōnggòng qìchē** (*gung gung tjih tschë*; Bus) oder ein **chūzū qìchē** (*tschuh dsuh tjih tschë*; Taxi) nehmen müssen, um an Ihr Ziel zu gelangen:

- ✔ **Jìn ma?** (*djin ma*; Ist es nah?)
- ✔ **Yuǎn ma?** (*üän ma*; Ist es weit?)

Jeder nach seinem Geschmack: »nǎr« versus »nǎlǐ«

Chinesen wissen sofort, woher Sie kommen, wo Sie studiert haben oder zumindest woher Ihre Chinesischlehrkraft kommt, wenn Sie »wo« fragen. Wenn Sie **nǎr** (*nahr*) sagen, mit einem »r«-Laut am Ende, dann sprechen Sie einen nordchinesischen Dialekt. Wenn Sie **nǎlǐ** (*nah lih*) verwenden, weist das darauf hin, dass Sie vielleicht in Taiwan oder Südchina gelebt oder studiert haben.

Wenn Ihnen jemand ein Kompliment macht, dann verlangt die chinesische Höflichkeit es, dass Sie mit einem bestimmten **nǎlǐ, nǎlǐ** reagieren. Wörtlich bedeutet es »Wo? Wo?«, hier entspricht es »Ach, woher denn.« Wenn also ein Chinese etwas Nettes über Sie, Ihre Kleidung, Ihr Auto oder Ihre Kinder sagt, dann sollten Sie sich nicht dafür bedanken, sondern zum Ausdruck bringen, dass Sie das Kompliment gar nicht verdient haben. Entweder sagen Sie **nǎlǐ, nǎlǐ** oder auch **nǎr de huà** (*nahr dë hua*; woher kommen solche Worte). Bescheidenheit, wenn auch nur gespielt, wird in der chinesischen Kultur sehr respektiert. Allerdings hört man heute manchmal junge Leute auf ein Kompliment auch mit **xièxie** (*chiä, chiä*; Danke) reagieren.

Nǎr im dritten Ton (fallend, steigend) bedeutet »wo«. **Nàr** im vierten Ton (fallend) heißt »dort«. Also Vorsicht, wenn Sie nach dem Weg fragen. Der Angesprochene könnte denken, Sie treffen eine Feststellung und stellen keine Frage.

Track 23: Im Gespräch

Helene will von ihrem Hotel aus zur deutschen Botschaft gehen, um ihren Pass zu verlängern. Da sie nicht genau weiß, wo die Botschaft ist, fragt sie im Hotel nach.

Helene: **Qǐng wèn, Déguó dàshǐguǎn zài nǎr?**
Tjing wën, dë guo dah schı guan dsai nahr?
Entschuldigung, wo ist die deutsche Botschaft?

Angestellte: **Déguó dàshǐguǎn zài Dōngzhíménwài Dàjiē.**
Dë guo dah schı guan dsai dung dschı mën wai dah djiä.
Die deutsche Botschaft ist in Dongzhimenwai Dajie.

Helene: **Yuǎn ma?**
Üän ma?
Ist das weit?

Angestellte: **Hěn yuǎn. Nǐ zuì hǎo zuò chūzū qìchē qù.**
Hën üän. Nih dsuäi hau dsuo tschuh dsuh tjih tschë tjüh.
Sehr weit. Am besten fahren Sie mit einem Taxi.

Helene: **Xièxie.**
Chiä chiä.
Danke.

Als Helene aufbrechen will, macht die Angestellte einen Kommentar über Helenes Rock.

Angestellte: **Helene, nǐ de qúnzi hěn piàoliang.**
Helene, nih dë tjün dsı hën piau liang.
Helene, Ihr Rock ist wirklich hübsch.

Helene: **Năr de huà!**
Nahr dë hua.
Aber nicht doch!

Kleiner Wortschatz

Chinesisch	Aussprache	Deutsch
fāngxiàng	*fang chiang*	Richtung
dìtú	*dih tuh*	Landkarte, Stadtplan
shíjiānbiǎo	*schı djiän biau*	Zeitplan, Stundenplan
dìzhǐ	*dih dschı*	Adresse
zuò chūzū qìchē	*dsuo tschuh dsuh tjih tschë*	mit dem Taxi fahren
zuò gōnggòng qìchē	*dsuo gung gung tjih tschë*	mit dem Bus fahren
zuò fēijī	*dsuo fäi djih*	mit dem Flugzeug (fliegen)

Hinweise zum Wegweisen

Bevor Sie nach dem Weg fragen, sollten Sie zuerst wissen, wie man fragt, wo sich etwas befindet. Aber dann sollten Sie auch wissen, wie Sie dorthin kommen. (Warum sollten Sie sonst auch fragen, oder?) Hier ist die einfachste Möglichkeit:

Qù … zěnme zǒu? (*tjüh … dsën më dsou*; Wie komme ich nach …?)

Und so verwenden Sie die Frage:

- ✔ **Qù fēijīchǎng zěnme zǒu?** (*tjüj fäi djih tschang dsën më dsou*; Wie komme ich zum Flughafen?)
- ✔ **Qù túshūguǎn zěnme zǒu?** (*tjüh tuh schuh guan dsën më dsou*; Wie komme ich zur Bibliothek?)
- ✔ **Qù xuéxiào zěnme zǒu?** (*tjüh chüä chiau dsën më dsou*; Wie komme ich zur Schule?)

Auf Wo-Fragen antworten

Wenn Sie der Zeichensprache mit pantomimischen Einlagen nicht mächtig sind, sollten Sie besser einige grundlegende Wörter zur Angabe von Ort und Richtung kennen. Hier die wichtigsten:

- ✔ **yòu** (*yoh*; rechts)
- ✔ **zuǒ** (*dsuo*; links)

- **qián** (*tjiän*; vorn)
- **hòu** (*hou*; hinten)
- **lǐ** (*lih*; innen)
- **wài** (*wai*; außen)
- **shàng** (*schang*; oben, über)
- **xià** (*chiah*; unten, unter)
- **duìmiàn** (*duäi miän*; gegenüber)
- **kàojìn** (*kau djin*; nahe)

Wenn Sie sagen möchten, dass sich etwas innen, außen, oben, unten, vorn oder hinten befindet, dann fügen Sie eines der drei Suffixe (im neutralen Ton) an:

- **bian** (*biän*)
- **mian** (*miän*)
- **tou** (*tou*)

Wollen Sie also sagen, dass der Hund draußen ist, dann können Sie das folgendermaßen tun:

- **Gǒu zài wàimian.** (*gou dsai wai miän*; Der Hund ist draußen.)
- **Gǒu zài wàibian.** (*gou dsai wai biän*; Der Hund ist draußen.)
- **Gǒu zài wàitou.** (*gou dsai wai tou*; Der Hund ist draußen.)

Manchmal müssen Sie etwas komplexere Ortsangaben machen. Vielleicht wollen Sie ja sagen, wo irgendetwas passiert, also zum Beispiel so etwas wie: »Warte vor der Schule«. Dann sagen Sie auf Chinesisch:

- **Qǐng nǐ zài xuéxiào qiánmian děng.** (*tjing nih dsai chüä chiau tjiän miän däng*; Bitte warte vor der Schule.)

Das Verb **děng** (*däng*; warten) steht also hinter der Ortsangabe mit Koverb (**zài xuéxiào qiánmian**, *dsai chüä chiau tjiän miän*). Hier sind weitere Beispiele:

- **Zài xuéxiào hòumian děng.** (*dsai chüä chiau hou miän däng*; Hinter der Schule warten.)
- **Zài wūzi lǐ chī fàn.** (*dsai uh dsı lih tschı fan*; Im Zimmer essen.)
- **Zài túshūguǎn kàn shū.** (*dsai tuh schuh guan kan schuh*; In der Bibliothek lesen.)

Track 24: Im Gespräch

Karl möchte in Tainan zur Post gehen. Er fragt Jan, wo sie ist.

Karl: **Qǐng wèn, Jan, yóujú zài nǎr?**

Tjing wĕn, Jan, yoh djüh dsai nahr?

Entschuldige, Jan, wo ist die Post?

Jan: **Yóujú zài yínháng duìmiàn. Guò liǎng tiáo lù jiù shì.**

Yoh djüh dsai yin hang duäi miän. Guo liang tiau luh djiou schı.

Die Post ist gegenüber der Bank. Wenn du zwei Straßen weiter gehst, bist du da.

Karl: **Xièxie. Qù yóujú zěnme zǒu?**

Chiä chiä, Tjüh yoh djüh dsën më dsou?

Danke. Wie komme ich zur Post?

Jan: **Wǎng nán zǒu. Yīzhí zǒu jiù dào le.**

Wang nan dsou. Ih dschı dsou djiou dau lë.

Geh nach Süden. Immer geradeaus und dann bist du da.

Kleiner Wortschatz

Chinesisch	Aussprache	Deutsch
wǎng	*wang*	in Richtung, nach
duìmiàn	*duäi miän*	gegenüber
zài yínháng duìmiàn	*dsai yin hang duäi miän*	gegenüber der Bank
zǒu (zǒu lù)	*dsou (dsou luh)*	(zu Fuß) gehen
kāi chē	*kai tschë*	mit dem Auto fahren
zuò huǒchē	*dsuo huo tschë*	mit dem Zug fahren
shàng	*schang*	einsteigen
xià	*chiah*	aussteigen

In die richtige Richtung weisen

Gehören Sie zu denen, die glauben, dass sie, nachdem sie eine Weile den **dìtú** (*dih tuh*; Stadtplan) einer fremden Stadt studiert haben, sich auskennen? Wenn ja, dann wollen Sie vielleicht lieber den Weg erklären als danach fragen. Nützlich ist das auch, wenn der Taxifahrer mit Ihnen eine kleine Stadtrundfahrt machen möchte, weil er denkt, Sie kennen sich nicht aus.

Wenn Sie ein Taxi **jiào** (*djiau*; rufen) wollen, sagen Sie in Taiwan zum Portier im Hotel:

- **Wǒ yào jiào jìchéngchē.** (*Uo yao djiau djih tschëng tschë*; Ich möchte ein Taxi.)

In China sagen Sie meist:

- **Wǒ yào jiào chūzūchē.** (*Uo yau djiau tschuh dsuh tschë*; Ich möchte ein Taxi.)

Wenn Sie sich wirklich auskennen, dann können Sie dem Fahrer sagen, welche **gāosù gōnglù** (*gau ssuh gung luh*; Autobahn), **gōnglù** (*gung luh*; öffentliche Straße), **qiáo** (*tjiau*; Brücke) oder **lù** (*luh*; Straße) er fahren muss, wo er **guǎi** (*gaui*; abbiegen) oder durch welche **xiàngzi** (*chiang dsı*; Gasse) er fahren soll. Vielleicht wollen Sie ja auch nicht unter einer bestimmten **tiānqiáo** (*tiän tjiau*; Fußgängerbrücke) oder durch irgendeine **dìxiàdào** (*dih chiah dau*; Unterführung) fahren.

Einige Verben sollten Sie kennen, um dem Taxifahrer Anweisungen zu geben:

- **guò** (*guo*; überqueren)
- **shàng** (*schang*; auffahren)
- **xià** (*chiah*; abfahren)
- **yòu zhuǎn** (*yoh dschuan*; nach rechts abbiegen)
- **zuǒ zhuǎn** (*dsuo dschuan*; nach links abbiegen)
- **zhí zǒu** (*dschı dsou*; geradeaus fahren)
- **zhuǎn wān** (*dschuan wan*; umdrehen)

Wenn Sie einen Ort nicht genau kennen, dann drücken Sie sich etwas vager aus:

- **fùjìn** (*fuh djin*; in der Nähe)
- **sìzhōu** (*ssı dschou*; um … herum)

Im Gespräch

Johannes und Maja sind in Taiwan. Sie besprechen, wo sie sich später treffen.

Maja: **Wǒmen jīntiān xiàwǔ liǎng diǎn zhōng jiàn, hǎo bu hǎo?**
Uo mën djin tiän chiah uh lian diän dschung djiän, hau buh hau?
Lass uns heute Nachmittag um zwei Uhr treffen, in Ordnung?

Johannes: **Hǎo. Nǐ yào zài nǎr jiàn?**
Hau. Nih yau dsai nahr djiän?
Gut. Wo willst du dich treffen?

Maja: **Wǒmen zài Gùgōng bówùguǎn qiánmian jiàn.**
Uo mën dsai guh gung bo uh guan tjiän miän djiän.
Wir treffen uns vor dem Palastmuseum.

Johannes: **Hǎo, yīhuìr jiàn.**
Hau, ih huär djiän.
In Ordnung. Bis später.

Gegen 13.30 Uhr verlässt Maja ihr Hotel in der Innenstadt von Taipei und möchte ein Taxi rufen.

Maja: **Máfan nǐ bāng wǒ jiào jìchéngchē.**
Mah fan nih bang uo djiau djih tschëng tschë.
Entschuldigung, können Sie mir helfen, ein Taxi zu rufen?

Als Maja im Taxi sitzt, fragt sie den Fahrer, welchen Weg er zum Palastmuseum nimmt.

Maja: **Nǐ hǎo. Wǒ yào dào Gùgōng bówùguǎn qù. Cóng zhèr dào nàr zěnme zǒu?**
Nih hau. Uo yau dau guh gung bo uh guan tjüh. Tsung dschër dau nahr dsën më dsou?
Guten Tag. Ich möchte zum Palastmuseum. Wie fahren Sie von hier dorthin?

Taxifahrer: **Cóng zhèr wǒmen guò mǎlù, wǎng yòu guǎi, zhí zǒu jiù dào le.**
Tsung dschër uo mën ghuo mahl uh, wang yoh guai, dschı dsou djiou dau lë.
Wir fahren über die Straße, biegen nach rechts ab, dann immer geradeaus und schon sind wir da.

Kleiner Wortschatz

Chinesisch	Aussprache	Deutsch
cóng ... dào	*tsung ... dau*	von ... nach
guò mǎlù	*duo mah luh*	die Straße überqueren
máfan nǐ	*mah fan nih*	Entschuldigen Sie.
Yīhuìr jiàn.	*ih huär djiän*	Bis später.

Räumliche und zeitliche Entfernungen mit lí angeben

Mit **cóng ... dào** (*tsung ... dau*) drücken Sie so etwas wie »von hier nach dort« (**cóng zhèr dào nàr**; *tsung dschër dau nahr*) aus. Wenn Sie sagen wollen, wie weit etwas entfernt ist, benötigen Sie dazu **lí** (*lih*). Ein Satz mit **lí** sieht so aus:

✔ Ortsangabe + **lí** + Ortsangabe + Entfernung

Zum Beispiel:

- **Gōngyuán lí túshūguǎn hěn jìn.** (*gung üän lih tuh schuh guan hën djin*; Der Park ist nahe der Bibliothek.)
- **Wǒ jiā lí nǐ jiā tǐng yuǎn.** (*Uo djiah lih nih djiah ting üän*; Mein Zuhause ist sehr weit von deinem entfernt.)

Wenn Sie sagen wollen, wie weit etwas entfernt ist, dann zum Beispiel mit der Anzahl der **gōnglǐ** (*gung lih*; Kilometer). Dahinter steht dann meist noch **lù** (*luh*; Weg). Egal ob nun **sì gōnglǐ lù** (*ssı gung lih luh*; vier Kilometer), **bā gōnglǐ lù** (*bah gung lih luh*; acht Kilometer) oder **èrshísān gōnglǐ lù** (*ër schı ssan gung lih luh*; 23 Kilometer), wenn Sie diese Form verwenden, weiß man immer genau, wie weit etwas entfernt ist. Vor der Angabe der Kilometer steht häufig noch das Verb **yǒu** (*yoh*; haben). Wenn Sie keine genaue Angabe machen, also nur sagen, ob **yuǎn** (*üän*; weit entfernt) oder **jìn** (*djin*; nah), dann benötigen Sie **yǒu** allerdings nicht.

Werfen Sie einen Blick auf die Beispielfragen und -antworten:

- **Gōngyuán lí túshūguǎn duō yuǎn?** (*gung üän lih tuh schuh guan duo üän*; Wie weit ist der Park von der Bibliothek entfernt?)
- **Gōngyuán lí túshūguǎn yǒu bā gōnglǐ lù.** (*gung üän lih tuh schuh guan yoh bah gung lih luh*; Der Park ist acht Kilometer von der Bibliothek entfernt.)
- **Yínháng lí nǐ jiā duō yuǎn?** (*yin hang lih nih djiah duo üän*; Wie weit ist die Bank von deiner Wohnung entfernt?)
- **Hěn jìn. Zhǐ yī gōnglǐ lù.** (*hën djin. Dschı ih gung lih luh*; Ganz nah. Nur ein Kilometer.)

Wenn Sie nach Orten und Entfernungen fragen, wollen Sie sicher auch Folgendes wissen:

- **Yào duō cháng shíjiān?** (*yau duo tschang schı djiän*; Wie lange braucht man?)
- **Zǒu de dào ma?** (*dsou dë dau ma*; Kann ich hinlaufen?)
- **Zǒu de dào, zǒu bù dào?** (*dsou dë dau, dsou buh dau*; Kann man hinlaufen?)

Möchten Sie sagen, dass etwas möglich oder unmöglich ist, dann können Sie ein Komplement der Möglichkeit verwenden. Sie setzen dazu einfach **de** (*dë*) oder **bù** (*buh*) zwischen Verb und Komplement zum Ausdruck einer positiven oder negativen Form.

Wenn Sie zum Beispiel anstelle von **Nǐ kànjiàn,** (*nih kan djiän*; du hast gesehen, erblickt) sagen **Nǐ kàn de jiàn ma?** (*nih kan dë djiän ma*), dann fragen Sie »Kannst du es sehen?« Verwenden Sie **bù** anstelle von **de: Nǐ kàn bù jiàn ma?** (*nih kan buh djiän ma*), fragen Sie »Kannst du es nicht sehen?« Wenn Sie nun beide Formen hintereinanderstellen, dann stellen Sie ebenfalls eine Frage: **Nǐ kàn de jiàn kàn bù jiàn?** (*nih kan dë djiän kan buh djiän*; Kannst du es sehen?)

Sehen Sie sich dazu die folgenden Beispiele an:

- **zuòwán** (*dsuo wan*; etwas fertig machen, beenden)
- **zuò de wán** (*dsuo dë wan*; etwas fertig machen können)
- **zuò bù wán** (*dsuo buh wan*; etwas nicht fertig machen können)
- **zuò de wán zuò bù wán?** (*dsuo dë wan dsuo buh wan*; Kannst du es fertig machen?)
- **xǐgānjìng** (*chih gan djing*; [sauber] waschen)
- **xǐ de gānjìng** (*chih dë gan djing*; sauber waschen können)
- **xǐ bù gānjìng** (*chih buh gan djing*; nicht sauber waschen können)
- **xǐ de gānjìng xǐ bù gānjìng** (*chih dë gan djing chih buh gan djing*; Kann man es sauber waschen?)

Bei der Frage nach dem Weg nützen Ihnen folgende Fragen:

- **Wǒmen zǒu de dào zǒu bù dào?** (*uo mën dsou dë dau dsou buh dau*; Können wir zu Fuß dorthin gehen?)
- **Wǒmen lái de jí lái bù jí?** (*uo mën lai dë djih lai buh djih*; Sind wir pünktlich?)

Ordnungszahlen entdecken

Haben Sie schon mal jemandem gesagt, er müsse an der zweiten **jiāotōngdēng** (*djiau tung dëng*; Ampel) nach rechts abbiegen oder dass Ihr Haus das dritte auf der linken Seite ist?

Im Chinesischen können Sie nicht einfach die Zahl und das Zähleinheitswort dafür benutzen, also wie bei **sān gè** (*ssan gë*; drei [Stück]). Wenn Sie sagen **sān gè jiāotōngdēng** (*ssan gë djiau tung dëng*), dann bedeutet das »drei Ampeln«. Wenn Sie aber sagen wollen »die dritte Ampel«, dann setzen Sie das Präfix **di** (*dih*) vor die Zahl: **dì-sān gè jiāotōngdēng** (*dih ssan gë djiau tung dëng*).

Wenn hinter einer Ordnungszahl ein Substantiv steht, muss dazwischen immer ein Zähleinheitswort stehen. Es muss also heißen **dì-sān liàng qìchē** (*dih ssan liang tjih tschë*; das dritte Auto) und nicht anders.

Ordnungszahlen lassen sich recht einfach bilden, einfach **dì** vor die Zahl setzen:

- **dì-yī** (*dih ih*; erstens)
- **dì-èr** (*dih ër*; zweitens)
- **dì-sān** (*dih ssan*; drittens)
- **dì-sì** (*dih ssı*; viertens)
- **dì-wǔ** (*dih uh*; fünftens)
- **dì-liù** (*dih liou*; sechstens)

- **dì-qī** (*dih tjih*; siebtens)
- **dì-bā** (*dih bah*; achtens)
- **dì-jiǔ** (*dih djiou*; neuntens)
- **dì-shí** (*dih schı*; zehntens)

Für die Wegbeschreibung wird Ihnen das nützen:

- **dì-yī tiáo lù** (*dih ih tiau luh*; die erste Straße)
- **dì-èr gè fángzi** (*dih ër gë fang dsı*; das zweite Haus)
- **zuǒbian dì-bā gè fángzi** (*dsuo biän dih bah gë fang dsı*; das achte Haus auf der linken Seite)

Die vier Himmelsrichtungen

Sie können natürlich jemandem sagen, er solle nach **yòu** (*yoh*; rechts) oder nach **zuǒ** (*dsuo*; links) gehen, aber am besten ist es, Sie benutzen die Himmelsrichtungen: Norden, Osten, Süden, Westen.

Die Reihenfolge im Chinesischen lautet:

- **dōng** (*dung*; Osten)
- **nán** (*nan*; Süden)
- **xī** (*chih*; Westen)
- **běi** (*bäi*; Norden)

Noch genauer geht es mit folgenden Angaben:

- **dōngběi** (*dung bäi*; Nordost)
- **xīběi** (*chih bäi*; Nordwest)
- **dōngnán** (*dung nan*; Südost)
- **xīnán** (*chih nan*; Südwest)

Hinter die Himmelsrichtungen können Sie nur die Suffixe **-bian** (*biän*) und **-mian** (*miän*) setzen. **Tou** (*tou*) kann hier nicht verwendet werden.

Wenn man einen Weg beschreibt, muss man meist mehrere Angaben machen. So einfach wie »Gehen Sie nach rechts, dann sind Sie da« oder »Gehen Sie geradeaus, dann sehen Sie es genau vor sich« ist es nicht immer. Mehrere Angaben drücken Sie mit dem folgenden Satzmuster aus:

- **xiān** (*chiän*) + Verb 1, **zài** (*dsai*) + Verb 2

In der Übersetzung: Zuerst machen Sie X, dann machen Sie Y. Hier sind einige Beispiele:

- ✔ **Xiān wǎng dōng zǒu, zài wǎng yòu zhuǎn.** (*chiän wang dung dsou, dsai wang yoh dschuan*; Erst gehen Sie nach Osten und dann nach rechts.)
- ✔ **Xiān zhí zǒu, zài wǎng xī zǒu.** (*chiän dschı dsou, dsai wang chih dsou*; Erst gehen Sie geradeaus und dann nach Westen.)

Im Gespräch

Georg läuft durch Shanghai und sucht das Shanghai-Museum. Er ist nicht sicher, ob er richtig geht, also beschließt er, jemanden zu fragen.

Georg: **Qǐng wèn, Shànghǎi bówùguǎn lí zhèr yuǎn ma?**
Tjing wěn, schang hai bo uh guan lih dschër üän ma?
Entschuldigung, ist das Shanghai-Museum weit von hier entfernt?

Passant: **Bù yuǎn. Shànghǎi bówùguǎn jiù zài Rénmín Dàdào.**
Buh üän. Schanghai bo uh guan djiou dsai rën min dah dau.
Nein. Das Shanghai-Museum ist auf der Renmin Dadao (Volksstraße).

Georg: **Rénmín Dàdào lí zhèr duō yuǎn?**
Rën min dah dau lih dschër duo üän?
Wie weit ist die Renmin Dadao von hier entfernt?

Passant: **Rénmín Dàdào lí zhèr zhǐ yǒu yī gōnglǐ lù zuǒyòu.**
Rën min dah dau lih dschër dschı yoh ih gung lih luh dsuo yoh.
Die Renmin Dadao ist von hier etwa einen Kilometer entfernt.

Georg: **Cóng zhèr zǒu de dào zǒu bù dào?**
Tsung dschër dsou dë dau dsou buh dau?
Kann ich zu Fuß gehen?

Passant: **Kěndìng zǒu de dào. Nǐ xiān wǎng nán zǒu, zài dì-èr tiáo lù wǎng xī zhuǎn. Dì-yī gè lóu jiù shì.**
Kën ding dsou dë dau. Nih chiän wang nan dsou, dsai dih ër tiau luh wang chih dschuan. Dih ih gë lou djiou schı.
Natürlich können Sie zu Fuß gehen. Gehen Sie zuerst nach Süden, an der zweiten Straße gehen Sie nach Westen. Dann ist es gleich das erste Gebäude.

Georg: **Fēicháng gǎnxiè nǐ.**
Fäi tschang gan chiä nih.
Vielen Dank.

Passant: **Méi shì.**
Mäi schı.
Keine Ursache.

Kleiner Wortschatz

Chinesisch	Aussprache	Deutsch
xiān … zài …	*chiän … dsai …*	erst … dann …
fēicháng gǎnxiè	*fäi tschang gan chiä*	vielen Dank
méi shì	*mäi schı*	keine Ursache
kěndìng	*kën ding*	sicher
zuǒyòu	*dsuo yoh*	ungefähr
bówùguǎn	*bo uh guan*	Museum

Falls Sie sich doch einmal verlaufen sollten, ist es gut, wenn Sie den Namen der Hauptstraße der Stadt kennen, in der Sie sich gerade befinden. Von dort aus sollte es kein Problem sein, den Weg zurück zum Hotel oder nach Hause zu finden.

Spiel und Spaß

Schauen Sie sich die Abbildung an und sagen Sie auf Chinesisch, in welcher Himmelsrichtung sich die Gebäude befinden. (Die Lösung steht in Anhang D.)

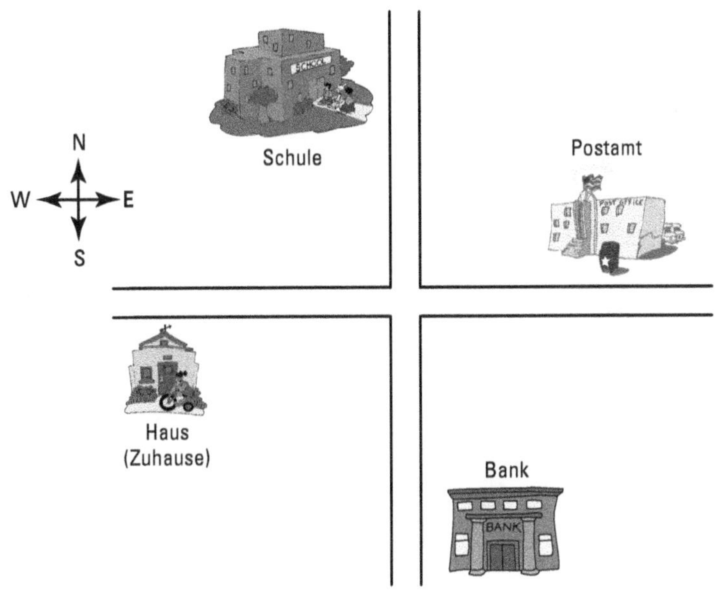

A. Schule

B. Postamt

C. Haus (Zuhause)

D. Bank

IN DIESEM KAPITEL

Ein Zimmer reservieren

Ankunft im Hotel

Hotelservice in Anspruch nehmen

Die Abreise: Koffer packen und zahlen

Kapitel 13
Im Hotel

Das richtige **bīnguǎn** (*bin guan*; Hotel) entscheidet über den Erfolg des Urlaubs. Ganz gleich, ob Sie in eine große Stadt fahren oder in eine kleine mit nur einem **bīnguǎn**, Sie müssen wissen, wie bei Anreise und Abreise die Formalitäten zu erledigen sind. Dieses Kapitel bietet Ihnen das ganze Programm: die Buchung des Hotelzimmers, die An- und Abreise und alles, was während des Aufenthaltes passieren kann.

Zuerst allerdings eine verblüffende Tatsache: Es gibt im Chinesischen nicht nur ein oder zwei Wörter für »Hotel«, nein, es sind gleich fünf!

- ✔ **lǚguǎn** (*lüh guan*; Hotel)
- ✔ **fàndiàn** (*fan diän*; *wörtlich*: ein Geschäft zum Essen)
- ✔ **jiǔdiàn** (*djiou diän*; *wörtlich*: ein Geschäft zum Trinken)
- ✔ **zhāodàisuǒ** (*dschau dai ssuo*; *wörtlich*: ein Ort, an dem jemand empfangen wird)
- ✔ **bīnguǎn** (*bin guan*; *wörtlich*: eine Halle für Gäste)

Ein Zimmer reservieren

Wollen Sie ein Hotel-**fángjiān** (*fang djiän*; Zimmer) **yùdìng** (*üh ding*; reservieren)? Was für ein Zimmer möchten Sie? Ein **dānrén fángjiān** (*dan rën fang djiän*; Einzelzimmer)? Ein **shuāngrén fángjiān** (*schuang rën fang djiän*; Doppelzimmer) für Sie und Ihre Begleitung? Oder vielleicht doch lieber eine Penthouse-**tàojiān** (*tau djiän*; Suite) für Ihren 25. Hochzeits-**zhōunián** (*dschou niän*; Jahrestag)?

Egal, welcher Anlass und was für ein Zimmer Sie möchten, Sie müssen wissen, wie man es reserviert. Überprüfen Sie zunächst, wie hoch Ihr **yùsuàn** (*üh ssuan*; Budget) ist (und bleiben Sie dabei). Sie werden das passende Hotel finden, wenn Sie sich ein wenig Zeit nehmen, all die Angebote zu vergleichen. Wenn Sie endlich das Richtige gefunden haben, halten Sie Ihre **xìnyòngkǎ** (*chin yung kah*; Kreditkarte) bereit, Sie werden vielleicht Ihre Nummer bei der Reservierung angeben müssen. (Alles zum Thema Geld in Kapitel 11.)

Falls Sie Ihr Hotelzimmer telefonisch reservieren, möchten Sie bestimmt einige der folgenden Fragen stellen:

✔ **Nǐmen hái yǒu fángjiān ma?** (*nih mën hai yoh fang djiän ma*; Haben Sie noch Zimmer frei?)

✔ **Nǐmen fángjiān de jiàgé shì duōshǎo?** (*nih mën fang djiän de djiah gë schı duo schau*; Was kosten die Zimmer bei Ihnen?)

✔ **Wǒ yào yī gè fángjiān, zhù liǎng gè wǎnshang.** (*uo yau ih gë fang djiän, dschuh liang gë wan schang*; Ich möchte ein Zimmer für zwei Nächte.)

✔ **Nǐmen shōu bu shōu xìnyòngkǎ?** (*nih mën schou buh schou chin yung kah*; Akzeptieren Sie Kreditkarten?)

✔ **Yǒu méiyǒu shāngwù zhōngxīn?** (*yoh möi yoh schang uh dschung chin*; Haben Sie ein Business-Center?)

✔ **Nǐmen de fángjiān yǒu méiyǒu wǎngluò liánjiē?** (*nih mën dë fang djiän yoh mäi yoh wang luo liän djiä*; Haben die Zimmer Internetanschluss?)

Sie können aus einer Vielzahl verschiedener Zimmer wählen, abhängig von Ihrem Budget und Ihren Bedürfnissen:

✔ **yī gè ānjìng de fángjiān** (*ih gë an djing dë fang djiän*; ein ruhiges Zimmer)

✔ **yī gè guāngxiàn hǎo de fángjiān** (*ih gë guang chiän hau dë fang djiän*; ein helles Zimmer)

✔ **yī gè cháo hǎi de fángjiān** (*ih gë tschau hai dë fang djiän*; ein Zimmer mit Meerblick)

✔ **yī gè cháo yuànzi de fángjiān** (*ih gë tschau üän dsı dë fang djiän*; ein Zimmer zum Innenhof)

✔ **yī gè yǒu kōngtiáo de fángjiān** (*ih gë yoh kung tiau dë fang djiän*; ein Zimmer mit Klimaanlage)

✔ **yī gè dài yángtái de fángjiān** (*ih gë dai iang tai dë fang djiän*; ein Zimmer mit Balkon)

✔ **yī gè bù xī yān de fángjiān** (*ih gë buh chih yän dë fang djiän*; ein Nichtraucherzimmer)

✔ **yī gè fāngbiàn cánjírén de fángjiān** (*ih gë fang biän tsan djih rën dë fang djiän*; ein behindertengerechtes Zimmer)

Track 25: Im Gespräch

Elisabeth ruft bei einem Hotel in Hongkong an, um ein Zimmer für sich und ihre Familie für drei Nächte zu reservieren. Der Hotelangestellte geht sofort ans Telefon.

Elisabeth: **Qǐng wèn, nǐmen fángjiān de jiàgé shì duōshǎo?**
Tjing wën, nih mën fang djiän dë djiah gë schı duo schao?
Entschuldigung, was kosten bei Ihnen die Zimmer?

Angestellter: **Wǒmen de fángjiān yī gè wǎnshang yībǎi Ōuyuán.**
Uo mën dë fang djiän ih gë wan schang ih bai ou üän.
Unsere Zimmer kosten 100 Euro pro Nacht.

Elisabeth: **Nà shì dānrén fángjiān háishì shuāngrén fángjiān de jiàgé?**
Nah schı dan rën fang djiän hai schı schuang rën fang djiän dë djiah gë.
Ist das der Preis für ein Einzel- oder ein Doppelzimmer?

Angestellter: **Dānrén fángjiān hé shuāngrén fángjiān de jiàgé dōu yīyàng.**
Dan rën fang djiän hë schuang rën fang djiän dë djiah gë dou ih iang.
Der Preis für Einzel- und Doppelzimmer ist gleich.

Elisabeth: **Hǎo jí le. Wǒ yào liǎng gè dānrén fángjiān, yī gè shuāngrén fángjiān.**
Hau djih lë. Uo yau liang gë dan rën fang djiän, ih gë schuang rën fang djiän.
Sehr gut. Ich möchte zwei Einzelzimmer und ein Doppelzimmer.

Angestellter: **Méiyǒu wèntí. Nǐmen yào dāi jǐ gè wǎnshang?**
Mäi yoh wën tih. Nih mën yau dai djih gë wan schang?
In Ordnung. Für wie viele Nächte?

Elisabeth: **Yīgòng sān gè wǎnshang.**
Ih gung ssan gë wan schang.
Drei Nächte.

Angestellter: **Hǎo. Nà yīgòng jiǔ bǎi Ōuyuán.**
Hau. Nah ih gung djiou bai ou üän.
Gut. Insgesamt sind es dann 900 Euro.

Kleiner Wortschatz

Chinesisch	Aussprache	Deutsch
dānrén fángjiān	*danrën fang djiän*	Einzelzimmer
shuāngrén fángjiān	*schuang rën fang djiän*	Doppelzimmer
tàojiān	*tau djiän*	Suite
yīgòng	*ih gung*	insgesamt
yīyàng	*ih iang*	gleich
jiàgé	*djiah gë*	Preis
hé	*hë*	und
dōu	*dou*	alle; beide
dōu yīyàng	*dou ih iang*	alle/beide sind gleich
dāi	*dai*	bleiben

Hé (*hë*; und) ist eine Konjunktion, die dem Deutschen »und« entspricht. Achtung: Sie darf niemals zwischen zwei Sätzen stehen. Anstelle von **hé** kann man auch **gēn** (*gën*) oder **yǔ** (*üh*) verwenden.

Hotel oder Apartment?

Chinas schnell wachsende Wirtschaft zieht viele ausländische Unternehmen an und viele ausländische Geschäftsleute haben sich bereits in China niedergelassen. Da es oft nicht ganz so einfach ist, auf dem Wohnungsmarkt etwas Passendes zu finden, wohnen viele Ausländer anfangs in Hotels oder in möblierten Wohnungen, die zu einem Hotelkomplex gehören, bevor sie in einen Wohnkomplex ziehen. Die Mieten sind unterschiedlich hoch. Je nachdem, welchen Standard man haben möchte, liegen sie zwischen ein paar hundert oder tausend Euro pro Monat. Die Miete muss in der Regel für drei bis sechs Monate im Voraus, plus Strom und Wasser direkt beim Anbieter bezahlt werden.

Bevor es an den Pool geht: Einchecken

Ah! **Yàzhōu** (*iah dschou*; Asien)! Sein Reiz beginnt meist in dem Moment, da Sie die Türen zum Hotel öffnen. Sie werden sich vielleicht sogar dabei ertappen, dass Sie in der **dàtīng** (*dah ting*; Lobby) verweilen, um sich einen Überblick über all die Annehmlichkeiten, die Sie erwarten, zu verschaffen.

- **yóuyǒngchí** (*yoh yung tschı*; Swimmingpool)
- **diànshì** (*diän schı*; Fernseher)
- **gānxǐ fúwù** (*gan chih fuh uh*; Reinigung)
- **huíyā ànmōchí** (*huäi iah an mo tschı*; Sprudelbad, Whirlpool)
- **tǐyùguǎn** (*tih üh guan*; Fitnessraum)
- **shāngwù zhōngxīn** (*schang uh dschung chin*; Business Centre)
- **lǚguǎn fàndiàn** (*lüh guan fan diän*; Hotelrestaurant)

Bevor Sie nun all das nutzen können, müssen Sie erst einmal **bànlǐ rùzhù shǒuxù** (*ban lih ruh dschuh schou chüh*; einchecken). Sie wollen sicher nicht auf frischer Tat im **tǐyùguǎn** oder **huíyā ànmōchí** ertappt werden!

Wenn Sie zur **fàndiàn qiántái** (*fan diän tjiän tai*; Rezeption) gehen, werden Sie etwas in folgender Art sagen:

- **Wǒ yǐjīng yùdìng le fángjiān.** (*uo ih djing üh ding lë fang djiän*; Ich habe ein Zimmer reserviert.)
- **Wǒ méiyǒu yùdìng fángjiān.** (*uo mäi yoh üh ding fang djiän*; Ich habe kein Zimmer reserviert.)
- **Nǐmen hái yǒu fángjiān ma?** (*nih mën hai yoh fang djiän ma*; Haben Sie noch Zimmer frei?)

Wenn Sie Glück haben, hat das Hotel noch ein **kōng fángjiān** (*kung fang djiän*; freies Zimmer) für Sie. Falls nicht, werden Sie wahrscheinlich hören **Duìbuqǐ, wǒmen kè mǎn le.** (*duäi buh tjih, uo mën kë man lë*; Tut mir leid, wir sind ausgebucht.)

Der **qiántái fúwùyuán** (*tjiän tai fuh uh üän*; Angestellter an der Rezeption) wird Sie bitten, einige **biǎo** (*biau*; Formular) zu **tián** (*tiän*; ausfüllen). Also halten Sie einen **bǐ** (*bih*; Stift) und einen **zhèngjiàn** (*dschëng djiän*; Ausweis), am besten Ihren **hùzhào** (*huh dschau*; Pass) bereit. Geschafft! Jetzt sind Sie offiziell **kèrén** (*kë rën*; Gast) des Hotels.

Wenn Sie die Formalitäten erledigt haben, wird ein **xíngliyuán** (*ching lih üän*; Page) kommen, um Ihr **xíngli** (*ching lih*; Gepäck) auf Ihr **fángjiān** (*fang djiän*; Zimmer) zu bringen. Er wird Ihnen die Zimmertür öffnen und dann den **yàoshi** (*yao schı*; Schlüssel) geben, falls Sie ihn vom **qiántái fúwùyuán** noch nicht bekommen haben.

Jetzt können Sie endlich **xiūxi** (*chiou chih*; sich ausruhen) und vielleicht sogar ein Nickerchen machen. Vorher sollten Sie vielleicht noch den Weckdienst beauftragen, mit den Worten:

- **Qǐng nǐ jiào wǒ qǐ chuáng.** (*tjing nih djiau uo tjih tschuang*; Bitte wecken Sie mich.)

Track 26: Im Gespräch

Beate kommt in Taiwan an und möchte in ein Hotel in der Innenstadt von Taipei einchecken. Der Angestellte sagt ihr, dass es keine freien Zimmer gibt.

Beate: **Nǐ hǎo. Qǐng wèn, nǐmen hái yǒu fángjiān ma?**

Nih hau. Tjing wën, nih mën hai yoh fang djiän ma?

Guten Tag. Entschuldigung, haben Sie noch Zimmer frei?

Angestellter: **Duìbuqǐ, wǒmen jīntiān kè mǎn le. Méi yǒu kōng fángjiān le.**

Duäi buh tjih, uo mën djin tiän kë man lë. Mäi yoh kung fang djiän lë.

Tut mir leid, wir sind heute ausgebucht. Wir haben keine freien Zimmer.

Beate: **Zāogāo! Nǐ néng bu néng tuījiàn biéde lǚguǎn?**

Dsau gau. Nih nëng buh nëng tuäi djiän biä dë lüh guan?

Mist. Können Sie mir ein anderes Hotel empfehlen?

Angestellter: **Kěyǐ. Gébì de lǚguǎn yǒu kōng fángjiān. Nǐ zuì hǎo zǒuguòqu shìshi kàn.**

Kë ih. Gë bih dë lüh guan yoh kung fang djiän. Nih dsuäi hau dsou guo tjüh schı shı kan.

Ja. Im Hotel nebenan gibt es freie Zimmer. Gehen Sie am besten mal rüber.

Beate: **Xièxie.**

Chiä chiä.

Danke.

Kleiner Wortschatz

Chinesisch	Aussprache	Deutsch
duìbuqǐ	*duäi buh tjih*	Entschuldigung.
zāogāo	*dsau gau*	Mist, Pech
tuījiàn	*tuäi djiän*	empfehlen
biéde	*biä dë*	andere (-r, -s)
lǚguǎn bīnguǎn	*lüh guan* *bin guan*	Hotel
gébì	*gë bih*	nebenan

Den Hotelservice nutzen

Endlich können Sie es sich in Ihrem schönen, großen Hotelzimmer gemütlich machen! Aber plötzlich stellen Sie fest, dass **mén suǒ bù shàng** (*mën ssuo buh schang*; die Tür geht nicht zu verschließen) und **kōngtiáo huàile** (*kung tiau huai lë*; die Klimaanlage ist kaputt). Als Sie denken, es kann nicht schlimmer kommen, bemerken Sie **chuānghu dǎ bù kāi** (*tschu-ang huh dah buh kai*; das Fenster lässt sich nicht öffnen). Hitzewelle pur. Zu allem Übel ist auch noch **mǎtǒng dǔzhùle** (*mah tung duh dschuh lë*; Toilette verstopft). Zeit, das **kèfáng fúwùyuán** (*kë fang fuh uh üän*; Zimmerpersonal) zu rufen.

Das **kèfáng fúwùyuán** kann Ihnen auch gleich Folgendes **sòng** (*sung*; bringen):

- ✔ **chuīfēngjī** (*tschuäi fëng djih*; Fön)
- ✔ **máotǎn** (*mau tan*; Wolldecke)
- ✔ **zhěntou** (*dschën tou*; Kissen)
- ✔ **máojīn** (*mau djin*; Handtuch)
- ✔ **wèishēngzhǐ** (*wäi schëng dschı*; Toilettenpapier)

Rufen Sie umgehend bei der Hotelrezeption an, wenn eins der folgenden Dinge **huàile** (*huai lë*; kaputtgegangen ist):

- ✔ **nuǎnqì** (*nuan tjih*; Heizung)
- ✔ **kōngtiáo** (*kung tiau*; Klimaanlage)
- ✔ **mǎtǒng** (*mah tung*; Toilette)
- ✔ **kāiguān** (*kai guan*; Schalter)
- ✔ **chāzuò** (*tschah dsuo*; Steckdose)
- ✔ **yáokòngqì** (*yau kung tjih*; Fernbedienung)

Vielleicht soll ja einfach auch nur jemand vorbeikommen, um **dǎsǎo fángjiān** (*dah ssau fang djiän*; das Zimmer sauber machen). Ja, auch in den besten Hotels ist immer etwas zu verbessern.

Während Ihres Hotelaufenthaltes werden Sie es mit folgenden Angestellten zu tun haben:

- ✔ **fúwùtái jīnglǐ** (*fuh uh tai djing lih*; Concierge)
- ✔ **zǒngjīnglǐ** (*dsung djing lih*; Hoteldirektor/Hoteldirektorin)
- ✔ **zhùlǐ jīnglǐ** (*dschuh lih djing lih*; Direktionsassistent/Direktionsassistentin)
- ✔ **fúwùyuán lǐngbān** (*fuh uh üän ling ban*; Chefportier/Führungskraft)
- ✔ **fúwùyuán** (*fuh uh üän*; Servicepersonal)

Fast vergessen – es gibt ja noch den Zimmerservice, den Sie ab und an nutzen können. Aber bevor Sie etwas zu essen bestellen, sollten Sie wissen, dass es meist **guì liǎng bèi** (*guäi liang bäi*; doppelt so teuer) wie im **lǚguǎn fàndiàn** (*lüh guan fan diän*; Hotelrestaurant) ist, weil der Service **fāngbiàn** (*fang biän*; bequem) ist.

Möchten Sie in einem Vergleich sagen, dass etwas um ein Vielfaches teurer ist als etwas anderes, dann setzen Sie hinter **guì** (*guäi*; teuer) die Zahl, gefolgt von **bèi** (*bäi*; Mal). Sie vergleichen nach folgendem Muster die Kosten von zwei Dingen mit **bǐ** (*bih*; im Vergleich zu):

X **bǐ** Y **guì** (Zahl) **bèi**

Dazu einige Beispiele:

- ✔ **Zuò chūzūchē bǐ zuò gōnggòng qìchē guì wǔ bèi.** (*dsuo tschuh dsuh tschë bih dsuo gung gung tjih tschë guäi uh bäi*; Es ist fünfmal so teuer mit dem Taxi zu fahren wie mit dem Bus.)
- ✔ **Zhèi tiáo qúnzi bǐ nèi tiáo guì shí bèi.** (*dschäi tiau tjün dsı bih näi tiau guäi schı bäi*; Dieser Rock ist zehnmal so teuer wie jener.)

In jedem Hotelzimmer finden Sie eine Thermoskanne mit heißem Wasser zum Trinken oder Teebereiten. Trinken Sie niemals Leitungswasser. Ihre Zähne können Sie damit putzen, Sie spucken das Wasser ja wieder aus. Chinesen würden auch niemals Leitungswasser trinken. Also besser daran halten.

Im Gespräch

David kommt in sein Hotelzimmer und stellt fest, dass der Wasserhahn kaputt ist. Er ruft in der Rezeption an. Ein paar Minuten später klopft es.

Zimmermädchen:	**Kèfáng fúwùyuán!** *Kë fang fuh uh üän.* Hier ist das Zimmermädchen.
David:	**Qǐng jìn!** *Tjing djin.* Herein.
Zimmermädchen:	**Yǒu shénme wèntí?** *Yoh schën më wën tih?* Was für ein Problem gibt es?
David:	**Zhèi ge shuǐlóngtóu huàile. Yě méiyǒu rè shuǐ.** *Dschäi gë schuäi lung tou huai lë. Iä mäi yoh rë schuäi.* Der Wasserhahn ist kaputt und es gibt kein warmes Wasser.

Zimmermädchen: **Hěn duìbuqǐ. Mǎshàng sòng shuǐnuǎngōng guòlai kànkan.**
Hěn duäi buh tjih. Mah schang sung schuäi nuan gung guo lai kan kan.
Das tut mir leid. Ich schicke gleich den Klempner.

David: **Xièxie.**
Chiä chiä.
Danke.

Als das Zimmermädchen gerade gehen will, fällt David noch etwas ein.

David: Měi nǚ **, nǐmen yǒu méiyǒu xǐyī fúwù?**
Mej nüh, nih mën yoh mäi yoh chih ih fuh uh?
(*wörtlich:* Fräulein,) haben Sie einen Wäscherei-Service?

Zimmermädchen: **Yǒu.**
Yoh.
Ja.

David: **Hǎo jí le. Jīntiān kěyǐ bǎ zhè xiē yīfu xǐhǎo ma?**
Hau djih lë. Djin tiän kë ih bah dschë chiä ih fuh chih hau ma?
Super. Können diese Sachen heute gewaschen werden?

Zimmermädchen: **Kěyǐ.**
Kë ih.
Ja.

David: **Yóuqí shì zhèi ge wūdiǎn. Néng bu néng qùdiào?**
Yoh tjih schı dschäi gë uh diän. Nëng buh nëng tjüh diau?
Vor allem hier dieser Fleck. Geht der raus?

Zimmermädchen: **Méiyǒu wèntí?**
Mäi yoh wën tih.
Kein Problem.

David: **Hǎo. Xièxie.**
Hau. Chiä chiä.
Gut. Vielen Dank.

Kleiner Wortschatz

Chinesisch	Aussprache	Deutsch
qǐng jìn	*tjing djin*	Herein
xǐ	*chih*	waschen
yóuqí shì	*yoh tjih schı*	vor allem

Chinesisch	Aussprache	Deutsch
wūdiǎn	*uh diän*	Fleck
qùdiào	*tjüh diau*	entfernen
méiyǒu wèntí	*mäi yoh wën tih*	kein Problem
xǐyī fúwù	*chih ih fuh uh*	Wäscherei-Service
mǎshàng	*mah schang*	sofort
shuǐnuǎngōng	*schuäi nuan gung*	Klempner/Klempnerin

Wie Sie im Dialog sehen konnten, steht das Koverb **bǎ** (*bah*) oft direkt hinter dem Subjekt vor dem Objekt. Das Objekt steht vor dem Verb. Das Objekt ist in diesen Sätzen immer ein bestimmtes, bekanntes und es wird hervorgehoben, was mit ihm passiert.

Anstelle des Satzmusters:

Subjekt + Verb + Komplement (+ indirektes Objekt) + direktes Objekt

sieht der Satz mit **bǎ** so aus:

Subjekt + **bǎ** + Objekt + Verb + Ergänzung (zum Beispiel Komplement oder indirektes Objekt)

Zum Beispiel:

- ✔ **Wǒ bǎ shū jiègěi nǐ.** (*uo bah schuh djiä gäi nih*; Ich leihe dir das Buch.)
- ✔ **Qǐng nǐ bǎ běnzi nágěi lǎoshī.** (*tjing nih bah bën dsı nah gäi lau schı*; Bitte gib das Heft dem Lehrer.)

Vor der Abreise: Auschecken

Wie die Zeit vergeht! Schon muss man **zàijiàn** (*dsai djiän*; Auf Wiedersehen) sagen. Zeit, das Hotel-**fángjiān** (*fang djiän*; Zimmer) zu **téngchū** (*tëng tschuh*; frei machen) und **tuìfáng** (*tuäi fang*; auschecken).

Am Ende Ihres Aufenthaltes werden Sie vermutlich Folgendes sagen:

- ✔ **Wǒ yào fù zhàng.** (*uo yao fuh dschang*; Ich möchte bezahlen.)
- ✔ **Nǐmen jiēshòu shénme xìnyòngkǎ?** (*nih mën djiä schou schën më chin yung kah*; Welche Kreditkarten akzeptieren Sie?)
- ✔ **Zhè bù shì wǒ de zhàngdān.** (*dschë buh schı uo dë dschang dan*; Das ist nicht meine Rechnung.)

- ✔ **Wǒ bù yīnggāi fù zhèi xiàng.** (*uo buh ying gai fuh dschäi chiang*; Dafür muss ich nicht zahlen.)
- ✔ **Jiézhàng yǐhòu wǒ néng bu néng bǎ xíngli liú zài qiántái?** (*djiä dschang ih hou uo nëng buh nëng bah ching lih liou dsai tjiän tai*; Kann ich nach dem Bezahlen mein Gepäck an der Rezeption lassen?)
- ✔ **Yǒu méiyóu qù fēijīchǎng de bānchē?** (*yoh mäi yoh tjüh fäi djih tschang dë ban tschë*; Gibt es einen Shuttle zum Flughafen?)

Im Gespräch

Sebastian hat drei Tage in einem Fünf-Sterne-Hotel in Shanghai gewohnt und will jetzt auschecken. Er geht zur Rezeption.

Sebastian: **Nǐ hǎo. Wǒ jīntiān yào tuìfáng, suǒyǐ yào fù zhàng.**
Nih hau. Uo djin tiän yau tuäi fang, ssuo ih yau fuh dschang.
Guten Tag. Ich checke heute aus und möchte bezahlen.

Angestellter: **Qǐng wèn, nín de fángjiān hàomǎ shì duōshǎo?**
Tjing wën, nin dë fang djiän hau mah schı duo schao?
Entschuldigung, wie ist Ihre Zimmernummer?

Sebastian: **Wǔlíngliù hào fángjiān.**
Uh ling liou hau fang djiän.
Zimmer 506.

Angestellter: **Hǎo. Zhè shì nín de zhàngdān. Yīgòng yīqiānwǔbǎi kuài.**
Hau. Dschë schı nin dë dschang dan. Ih gung ih tjiän uh bai kuai.
In Ordnung. Hier ist Ihre Rechnung. Insgesamt 1.500 Yuan.

Sebastian zahlt mit Kreditkarte.

Sebastian: **Zhè shì wǒmen fángjiān de yàoshi.**
Dschë schı uo mën fang djiän dë yau schı.
Hier ist der Zimmerschlüssel.

Angestellter: **Xièxie.**
Chiä chiä.
Danke.

Sebastian: **Jiézhàng yǐhòu wǒ néng bu néng bǎ xíngli liúzài qiántái?**
Djiä dschang ih hou uo nëng buh nëng bah ching lih liou dsai tjiän tai?
Kann ich nach dem Auschecken mein Gepäck an der Rezeption lassen?

Angestellter: **Kěyǐ. Méiyǒu wèntí.**
Kë ih. Mäi yoh wën tih.
Ja, kein Problem.

Kleiner Wortschatz

Chinesisch	Aussprache	Deutsch
tuìfáng	*tuäi fang*	auschecken
zhàngdān	*dschang dan*	Rechnung
jiézhàng	*djiä dschang*	die Rechnung bezahlen
fángjià	*fang djiah*	Zimmerpreis
suǒyǐ	*ssuo ih*	deshalb
yàoshi	*yai schı*	Schlüssel

Spiel und Spaß

Setzen Sie folgende Wörter in die Lücken ein: **tuì fáng**, **zhàngdān**, **fángjiān**, **kè mǎn**, **qǐ chuáng**. Die Lösungen finden Sie in Anhang D.

1. **Nǐmen de … yǒu méi yǒu wǎngluò liánjiē?**

   Haben die Zimmer Internetanschluss?

2. **Duìbuqǐ, wǒmen … le.**

   Tut mir leid, wir sind ausgebucht.

3. **Qǐng nǐ jiào wǒ …**

   Bitte wecken Sie mich.

4. **Zhè bù shì wǒ de …**

   Das ist nicht meine Rechnung.

5. **Wǒ jīntiān yào …**

   Ich möchte heute auschecken.

IN DIESEM KAPITEL

Unterwegs mit dem Flugzeug

Am Zoll

In der Stadt herumkommen

Kapitel 14
Verkehrsmittel

Bis nach **Zhōngguó** (*dschung guo*; China) ist es ein ganz schön weiter Weg. Mit den magischen Wörtern für die Reise auf Chinesisch wird Ihre Reise so **shūfu** (*schuh fuh*; angenehm) wie nur möglich. Dieses Kapitel hilft Ihnen, sich auf dem **fēijīchǎng** (*fäi djih tschang*; Flughafen) und im **fēijī** (*fäi djih*; Flugzeug) zurechtzufinden, den Gang durch den **hǎiguān** (*hai guan*; Zoll) zu überstehen und sich an Ihrem Zielort mit den verschiedensten **jiāotōng**- (*djiau tung*; Verkehr) Mitteln fortzubewegen.

Am Flughafen

Halten Sie sich für reiseerfahren, nur weil Sie **Ōuzhōu** (*ou dschou*; Europa) und **Měizhōu** (*mäi dschou*; Amerika) bereist haben? Sie werden in China eine Überraschung erleben. Englisch oder eine andere europäische Sprache werden Ihnen nicht viel nützen. Sie werden viel Zeit damit verbringen, zu versuchen, Symbole zu entschlüsseln, die Ihnen verraten sollen, in welcher Reihe Sie sich anstellen oder wohin Sie als Nächstes gehen sollen. Sie sollten zumindest die Pīnyīn-Transkription kennen, besser noch die Schriftzeichen. Falls nicht, kann es Ihnen durchaus passieren, dass Sie Ihrem Nebenmann folgen, der aber nicht zur Gepäckausgabe, sondern nur zur Toilette geht. (Mehr zu Pīnyīn siehe Kapitel 1.)

Chinesisch Sprechen und Schreiben für Dummies vor Ihrer Reise zu lesen, ist wirklich eine gute Entscheidung. Auch wenn Sie nicht alle Schriftzeichen lesen und verstehen können, ermöglicht Ihnen die erlernte Aussprache und der erarbeitete Wortschatz, sich gut verständigen zu können. Chinesen sind sehr aufgeschlossen und hilfsbereit. Haben Sie keine Scheu und wenden Sie Ihr Gelerntes aktiv an.

Vorbei am Check-in-Schalter

Bereit für den **bànlǐ dēngjī shǒuxù** (*ban lih dëng djih schou chüh*; Check-in)? Wenn Sie Ihr **xíngli** (*ching lih*; Gepäck) bis hierher gebracht haben, können Sie es jetzt **tuōyùn** (*tuo yün*; aufgeben). Sie bekommen eine **dēngjīpái** (*dëng djih pai*; Bordkarte) am Schalter und können sich mit Ihrem **shǒutí xíngli** (*schou tih ching lih*; Handgepäck) zum richtigen **chūkǒu** (*tschuh kou*; Gate, Ausgang) aufmachen.

Ihnen gehen sicher viele Fragen durch den Kopf. Nützen beim Check-in werden Ihnen folgende Sätze:

- ✔ **Wǒ xiǎng yào kào guòdào de wèizi.** (*uo chiang yau kau guo dau dë wäi dsı*; Ich möchte einen Gangplatz.)
- ✔ **Wǒ xiǎng yào kào chuāng de wèizi.** (*uo chiang yau kau tschuang dë wäi dsı*; Ich möchte einen Fensterplatz.)
- ✔ **Wǒ xiǎng tuōyùn xíngli.** (*uo chiang tuo yün ching lih*; Ich möchte Gepäck aufgeben.)
- ✔ **Fēijī jǐ diǎn qǐfēi?** (*fäi djih djih diän tjih fäi*; Wann fliegt das Flugzeug?)
- ✔ **Wǒ de hángbān hàomǎ shì duōshǎo?** (*uo dë hang ban hau mah schı duo schau*; Wie ist meine Flugnummer?)
- ✔ **Zài jǐ hào mén hòujī?** (*dsai djih hau mën hou djih*; Welche Abflughalle ist es?)

Nach dem Check-in kann es einige unangenehme Überraschungen geben. Vielleicht kann das Flugzeug nicht **zhèngdiǎn qǐfēi** (*dschëng diän tjih fäi*; pünktlich abheben) und die Fluggesellschaft muss den Abflug **tuīchí** (*tuäi tschı*; verschieben) oder den Flug **qǔxiāo** (*tjüh chiau*; streichen). Vielleicht macht ja auch das **tiānqì** (*tiän tjih*; Wetter) Probleme.

Track 27: Im Gespräch

Götz checkt am Flughafen Frankfurt/Main zu einer Dienstreise nach Beijing ein. Er zeigt dem **zhíyuán** (*dschı üän*; Angestellter) sein Ticket und den Pass und gibt sein Gepäck auf.

Angestellter: **Nín hǎo. Qǐng chūshì nín de jīpiào.**
Nin hau. Tjing tschuh schı nin dë djih piau.
Guten Tag. Ihr Ticket bitte.

Götz: **Jiù zài zhèr.**
Djiou dsai dschër.
Hier, bitte.

Angestellter: **Nín shì bu shì qù Běijīng? Néng kànkan nín de hùzhào ma?**
Nin schı buh schı tjüh bäi djing? Nëng kan kan nin dë huh dschau ma?
Sie fliegen nach Beijing? Kann ich bitte Ihren Pass sehen?

Götz: **Kěyǐ.**
Kë ih.
Ja, hier.

Angestellter: **Yǒu jǐ jiàn xíngli?**
You djih djiän ching lih?
Wie viele Gepäckstücke haben Sie?

Götz: **Wǒ yǒu sān gè xiāngzi.**
Uo yoh ssan gë chiang dsı.
Drei Koffer.

Angestellter: **Yǒu méiyóu shǒutí xíngli?**
Yoh mäi yoh schou tih ching lih?
Haben Sie Handgepäck?

Götz: **Wǒ zhǐ yǒu yī gè gōngwénbāo.**
Uo dschı yoh ih gë gung wën bau.
Nur eine Aktentasche.

Angestellter: **Hǎo. Nín yào kào guòdào de wèizi háishì yào kào chuāng de wèizi?**
Hau. Nin yau kau guo dau dë wöi dsı hai schı yau kau tschuang dë wäi dsı?
Gut. Möchten Sie einen Gang- oder Fensterplatz?

Götz: **Wǒ xiǎng yào kào guòdào de wèizi.**
Uo chiang yau kau guo dau dë wäi dsı.
Einen Gangplatz.

Angestellter: **Hǎo. Zhèi shì nín de dēngjīpái. Qù Běijīng de yīlíngbā cì bānjī, shíjiǔ pái, B zuò.**
Hau. Dschäi schı nin dë dëng djih pai. Tjüh bäi djing dë ih ling bah tsı ban djih, schı djiou pai, B dsuo.
In Ordnung. Das ist Ihre Bordkarte. Flug Nummer 108 nach Beijing, Reihe 19, Sitz B.

Götz: **Xièxie.**
Chiä chiä.
Danke.

Angestellter: **Zhè shì nín de xíngli lǐngqǔdān. Dàole Běijīng yǐhòu kěyǐ lǐngqǔ nín de xíngli.**
Dschë schı nin dë ching lih ling tjüh dan. Dau lë bäi djing ih hou kë ih ling tjüh nin dë ching lih.
Das ist Ihr Gepäckabschnitt. Damit können Sie in Beijing Ihr Gepäck abholen.

Götz: **Xièxie.**
Chiä chiä.
Danke.

Angestellter: **Zhù nín yī lù pīng'ān.**
Dschuh nin ih luh ping an.
Guten Flug.

Kleiner Wortschatz

Chinesisch	Aussprache	Deutsch
guónèi	*guo näi*	inländisch
guójì	*guo djih*	international
piào	*piau*	Ticket
hùzhào	*huh dschau*	Pass
qiānzhèng	*tjiän dschëng*	Visum
dàodá	*dau dah*	Ankunft
qǐfēi	*tjih fäi*	Abflug
mén; chūkǒu	*mën; tschuh kou*	Ausgang
shǒutí xíngli	*schou tih ching lih*	Handgepäck
gōngwénbāo	*gung wën bau*	Aktentasche
lǐngqǔdān	*ling tjüh dan*	Gepäckabschnitt
fàngjìn zuòwèi dǐxià	*fang djin dsuo wäi dih chiah*	unter den Sitz passen
tóudǐng shàngfāng de xínglicāng	*tou ding schang fang dë ching lih tsang*	Gepäckfach
yī lù píng'ān	*ih luh ping an*	Gute Reise

Ins Flugzeug einsteigen

Bereit zum Einsteigen! Haben Sie das Glück, einen Sitzplatz in der **tóuděngcāng** (*tou dëng tsang*; Erste Klasse) zu haben, oder müssen Sie den Flug in der **jīngjìcāng** (*djing djih tsang*; Economy-Klasse) überstehen? Ganz gleich, in welcher Klasse Sie fliegen, inzwischen gibt es keine **chōuyān qū** (*tschou yän tjüh*; Raucherzone) mehr. Falls Sie dieses Laster haben, heißt es mindestens zehn Stunden durchhalten.

Vor Ihnen sollten folgende Personen das Flugzeug bestiegen haben:

- ✔ **jiàshǐyuán** (*djiah schı üän*; Pilot/Pilotin)
- ✔ **jīzǔ** (*djih dsuh*; Crew)
- ✔ **chéngwùyuán** (*tschëng uh üän*; Flugbegleiter/Flugbegleiterin)

Vielleicht machen Sie sich ja wie ich Sorgen über Folgendes, wenn das Flugzeug auf die Rollbahn fährt:

- ✔ **qǐfēi** (*tjih fäi*; Abheben)
- ✔ **qìliú** (*tjih liou*; Turbulenz)
- ✔ **zhuólù** (*dschuo luh*; Landung)

Der Gedanke daran kann nervös machen. Aber darauf sind die **chéngwùyuán** ja vorbereitet. Und deshalb zeigen sie vor dem Start auch, wo die **jiùshēngyī** (*djiou schëng ih*; Rettungsweste) und der **jǐnjí chūkǒu** (*djin djih tschuh kou*; Notausgang) sind. Wenn Sie noch nicht völlig abgeschaltet haben, werden Sie auch Folgendes hören:

- ✔ **Jìjǐn nǐ de ānquándài.** (*djih djin nih dë an tjüän dai*; Schnallen Sie sich an.)
- ✔ **Bù zhǔn chōuyān.** (*buh dschun tschou yän*; Rauchen ist verboten.)
- ✔ **Bǎ zuòyǐ kàobèi fàng zhí.** (*bah dsuo ih kau bäi fang dschı*; Stellen Sie die Rückenlehne senkrecht.)
- ✔ **Bǎ tuōpán cānzhuō shōuqǐlai.** (*bah tuo pan tsan dschuo schou tjih lai*; Klappen Sie Ihren Tisch hoch.)
- ✔ **Rúguǒ kōngqì yālì yǒu biànhuà, yǎngqìzhào huì zìdòng luòxià.** (*ruh guo kung tjih yah lih yoh biän hua, iang tjih dschau huäi dsı dung luo chiah*; Falls sich der Druck in der Kabine ändert, fallen automatisch Sauerstoffmasken herab.)

Wenn Sie nicht zu denen gehören, die während des gesamten Fluges unruhig sind, hören Sie sicher etwas **yīnyuè** (*yin yüä*; Musik) über **ěrjī** (*ër djih*; Kopfhörer), schalten zwischen den einzelnen **píndào** (*pin dau*; Kanal) im Radio oder den **diànshì tái** (*diän schı tai*; Fernsehsender) hin und her. Oder Sie versuchen zu **shuì jiào** (*schuäi djiau*; schlafen). Wenn Sie Glück haben, wird ein guter **diànyǐng** (*diän ying*; Film) gezeigt, aber falls es langweilig ist, ist doch **shuì jiào** die beste Lösung.

Verwenden Sie das Koverb **bǎ** (*bah*), um das Objekt direkt vor das Verb zu stellen und hervorzuheben, was mit dem Objekt geschieht. (Siehe Kapitel 13 zu diesem Phänomen.)

Im Gespräch

Karl fragt jemanden am Flughafen, ob sein Flug pünktlich sein wird.

Karl: **Qǐng wèn, wǒmen de fēijī huì bu huì zhèngdiǎn qǐfēi?**

Tjing wën, uo mën dë fäi djih huäi buh huäi dschëng diän tjih fäi?

Entschuldigung, fliegt unser Flugzeug pünktlich ab?

Angestellter: **Hěn duìbuqǐ. Fēijī yào tuīchí chàbuduō bàn ge xiǎoshí.**
Hën duäi buh tjih. Fäi djih yau tuäi tschı tschah buh duo ban gë chiau schı.
Es tut mir leid. Der Abflug wurde um etwa eine halbe Stunde verschoben.

Karl: **Zāogāo!**
Tsau gau.
Mist.

Kleiner Wortschatz

Chinesisch	Aussprache	Deutsch
zhèngdiǎn	*dschëng diän*	pünktlich
chàbuduō	*tschah buh duo*	ungefähr, fast
zuǒyòu	*dsuo yoh*	circa
zāogāo	*dsau gau*	Mist, Pech

Am Zoll

Schön für Sie, wenn Sie die **tuānliú** (*tuan liou*; Turbulenz) und den langweiligen **diànyǐng** (*diän ying*; Film) überstanden haben. Die nächste Aufgabe ist der **hǎiguān** (*hai guan*; Zoll), dort werden Sie viele **hǎiguān guānyuán** (*hai guan guanüän*; Zollbeamter/Zollbeamtin) sehen, von denen die meisten nicht **dǒng Yīngyǔ** (*dung ying üh*; Englisch verstehen), ganz zu schweigen von **Déyǔ** (*dë üh*; Deutsch). In Tabelle 14.1 sind die Begriffe aufgelistet, die Sie beim Zoll benötigen werden. Die folgenden Sätze werden ebenfalls hilfreich sein:

- ✔ **Nǐ dǒng Déyǔ ma?** (*nih dung dë üh ma*; Verstehen Sie Deutsch?)
- ✔ **Nǐ dǒng Yīngyǔ ma?** (*nih dung ying üh ma*; Verstehen Sie Englisch?)

Chinesisch	Aussprache	Deutsch
rùjìng dēngjìkǎ	*ruh djing dëng djih kah*	Einreisekarte
chūjìng dēngjìkǎ	*tschuh djing dëng djih kah*	Ausreisekarte
jiànkāngzhèng	*djiän kang dschëng*	Gesundheitsbescheinigung
shēnbào de wùpǐn	*schën bau dë uh pin*	zollpflichtige Waren
xiāngyān	*chiang yän*	Zigaretten
jiǔ	*djiou*	Alkohol
bāo	*bau*	Tasche
xiāngzi	*chiang dsı*	Koffer
xíngli	*ching lih*	Gepäck

Tabelle 14.1: Begriffe für den Zoll auf Chinesisch

- ✔ **Wǒ shì Déguórén.** (*uo schı dë guo rën*; Ich bin Deutsche, -r.)
- ✔ **Wǒ shì Ruìshìrén.** (*uo schı ruäi schı rën*; Ich bin Schweizer, -in.)
- ✔ **Wǒ shì Àodìlìrén.** (*uo schı au dih lih rën*; Ich bin Österreicher,-in.)
- ✔ **Xǐshǒujiān zài nǎr?** (*chih schou djiän dsai nahr*; Wo sind die Toiletten?)

Der **hǎiguān guānyuán** wird Ihnen vielleicht die folgenden Fragen stellen:

- ✔ **Nǐ yǒu méiyóu yào shēnbào de wùpǐn?** (*nih yoh mäi yoh yau schën bau dë uh pin*; Haben Sie etwas zu verzollen?)
- ✔ **Qǐng gěi wǒ kànkan nǐ de hùzhào.** (*tjing gäi uo kan kan nih dë huh dschau*; Bitte zeigen Sie mir Ihren Pass.)
- ✔ **Qǐng gěi wǒ kànkan nǐ de hǎiguān shēnbàodān.** (*tjing gäi uo kan kan nih dë hai guan schën bau dan*; Bitte geben Sie mir Ihre Zollerklärung.)
- ✔ **Nǐ dǎsuàn zài zhèr dāi duō jiǔ?** (*nih dah ssuan dsai dschër dai duo djiou*; Wie lange wollen Sie hierbleiben?)
- ✔ **Nǐ lái zhèr shì bàn gōngwù háishì lǚyóu?** (*nih lai dschër schı ban gung uh hai schı lüh yoh*; Sind Sie geschäftlich oder als Tourist hier?)

Vielleicht haben Sie ja auch selbst ein paar Fragen an den Beamten:

- ✔ **Xíngli yào dǎkāi ma?** (*ching lih yau dah kai ma*; Soll ich mein Gepäck öffnen?)
- ✔ **Xíngli kěyǐ shōuqǐlai ma?** (*ching lih kë ih schou tjih lai ma*; Kann ich mein Gepäck zusammenpacken?)
- ✔ **X-guāng huì sǔnhuài wǒ de jiāojuǎn ma?** (*x guang huäi ssun hai uo dë djiau djüän ma*; Können die Röntgenstrahlen meine Filme beschädigen?)
- ✔ **Wǒ yào fù shuì ma?** (*uo yau fuh schuäi ma*; Muss ich Zoll bezahlen?)

Track 28: Im Gespräch

Clara landet in Shanghai. Jetzt beginnen die Einreiseformalitäten.

Beamter: **Qǐng gěi wǒ kànkan nǐ de hùzhào.**
Tjing gäi uo kan kan nih dë huh dschau.
Bitte zeigen Sie mir Ihren Pass.

Clara zeigt ihren Pass. Der Beamte stellt ihr einige Fragen.

Beamter: **Déguórén. Nǐ yǒu méiyǒu yào shēnbào de wùpǐn?**
Dë guo rën. Nih yoh mäi yoh yau schën bau dë uh pin?
Deutsche. Haben Sie etwas zu verzollen?

Clara: **Méiyǒu. Wǒ zhǐ yǒu yī tiáo xiāngyān.**
Mäi yoh. Uo dschı yoh ih tiau chiang yän.
Nein, nur eine Stange Zigaretten.

Beamter: **Nǐ lái zhèr shì bàn gōngwù háishì lǚyóu?**
Nih lai dschër schı ban gung uh hai schı lüh yoh?
Sind Sie geschäftlich hier oder als Touristin?

Clara: **Wǒ lái zuò shēngyì.**
Uo lai dsuo schëng ih.
Geschäftlich.

Beamter: **Nǐ kěyǐ zǒu le.**
Nih kë ih dsou lë.
Sie können gehen.

Kleiner Wortschatz

Chinesisch	Aussprache	Deutsch
qǔ xínglichù	*tjüh ching lih tschuh*	Gepäckausgabe
gōngwù	*gong wu*	geschäftlich
lǚyóu	*lüh yoh*	reisen
lùguò	*luh guo*	passieren
jiāo shuì	*djiau schuäi*	Steuer/Zoll zahlen
yī tiáo xiāngyān	*ih tiau chiang yän*	eine Stange Zigaretten

Sich in der Stadt umschauen

In China ein Auto zu mieten, ist für eine ausländische Person so gut wie unmöglich. Selbst wenn Sie eine Autovermietung finden sollten, werden Sie die Formalitäten und die Verkehrssituation davor zurückschrecken lassen. Außerdem ist in China der internationale Führerschein nicht gültig, Sie müssten also noch eine theoretische Führerscheinprüfung absolvieren. Aber sehen Sie es positiv, Sie müssen sich nicht an **shǒupáidǎng** (*schou pai dang*; Knüppelschaltung) gewöhnen oder eine **bǎoxiǎn** (*bau chiän*; Versicherung) abschließen. Nehmen Sie ein Taxi und entspannen Sie sich. Soll sich doch der Taxifahrer einen Kopf machen, wie man von A nach B kommt.

Egal, mit welchem Verkehrsmittel Sie vom Flughafen zum Hotel fahren oder wie Sie sich dann in der Stadt fortbewegen, die folgenden Wörter müssen Sie kennen:

- **fāngxiàng** (*fang chiang*; Richtung)
- **dìtú** (*dih tuh*; Stadtplan, Karte)
- **Wǒ mílù le.** (*uo mih luh lë*; Ich habe mich verirrt.)

Mit einem Taxi fahren

Es ist Freitagabend und Sie hatten einen erfolgreichen Tag im Büro. Endlich haben Sie den Mut, Ihr Hotelzimmer zu verlassen und den Tag in der Stadt ausklingen zu lassen. Sie haben sich für den Besuch einer beliebten **wǔtīng** (*uh ting*; Disco) entschieden und überlegen nun, mit welchem Verkehrsmittel Sie dort hinkommen.

Auch wenn in vielen Teilen Chinas **zìxíngchē** (*dsı ching tschë*; Fahrrad), **mótuōchē** (*mo tuo tschë*; Motorrad), **mǎchē** (*mah tschë*; Pferdewagen) oder gar **niú** (*niou*; Rind) noch die wichtigsten Transportmittel sind, fahren Ausländer doch meist mit dem Taxi. In der Nähe von Hotels sind eigentlich immer Taxis zu finden. Und schließlich ist es doch **shūfu** (*schuh fuh*; angenehm) und **fāngbiàn** (*fang biän*; praktisch), sich fahren zu lassen. Man muss sich nicht mit nichtexistierenden Verkehrsregeln plagen, sich beim Radeln der **kōngqì wūrǎn** (*kung tjih uh ran*; Luftverschmutzung) aussetzen, sich durch das Labyrinth von Gassen und Gässchen kämpfen oder sich je nach Jahreszeit den Unbilden der Natur aussetzen.

Wenn Sie ein Taxi möchten, dann können Sie zum Portier in Ihrem Hotel sagen:

- im Süden: **Wǒ yào jiào jìchéngchē.** (*uo yao djiau djih tschëng tschë*; Ich möchte ein Taxi.)
- im Norden: **Wǒ yào jiào chūzūchē.** (*uo yao djiau tschuh dsuh tschë*; Ich möchte ein Taxi.)

Wenn Sie es sich im Taxi bequem gemacht haben, ist es gut, wenn Sie die folgenden Sätze kennen:

- **Qǐng dài wǒ dào zhèi ge dìzhǐ.** (*tjing dai uo dau dschäi gë dih dschı*; Bitte bringen Sie mich zu dieser Adresse.)
- **Qǐng dǎ biǎo.** (*tjing dah biau*; Bitte schalten Sie das Taxameter an.)
- **Qǐng kāi màn yīdiǎnr.** (*tjing kai man ih diär*; Bitte fahren Sie etwas langsamer.)
- **Qǐng kāi kuài yīdiǎnr.** (*tjing kai kuai ih diär*; Bitte fahren Sie etwas schneller.)
- **Wǒ děi gǎn shíjiān.** (*uo däi gan schı djiän*; Ich habe es eilig.)
- **Qǐng zǒu fēngjǐng hǎo de lù.** (*tjing dsou fëng djing hau dë luh*; Bitte nehmen Sie eine landschaftlich schöne Straße.)

- **Zài zhèr guǎi wǎn.** (*dsai dschër guai wan*; Biegen Sie hier ab.)
- **Nǐ kěyǐ děng jǐ fēn zhōng ma?** (*nih kë ih dëng djih fën dschung ma*; Können Sie ein paar Minuten warten?)

Ach, eine Sache noch. Wenn Sie mit Ihrem **sījī** (*ssı djih*; Fahrer) **chūfā** (*tschuh fah*; losfahren), vergessen Sie nicht, den **ānquándài** (*an tjüän dai*; Sicherheitsgurt) anzulegen.

Die folgenden Sätze helfen Ihnen bei den Preisverhandlungen vor dem Aussteigen aus dem Taxi:

- **Wǒ gāi gěi nǐ duōshǎo qián?** (*uo gai gäi nih duo schau tjiän*; Wie viel schulde ich Ihnen?)
- **Wǒ huì àn biǎo fù kuǎn.** (*uo huäi an biau fuh kuan*; Ich zahle nach Taxameter.)
- **Bié qīpiàn wǒ.** (*biä tjih piän uo*; Betrügen Sie mich nicht.)
- **Kāi wánxiào! Wǒ jùjué fù zhènme duō qián.** (*kai wan chiau. uo djüh djüä fuh dschën më duo tjiän*; Sie machen wohl Witze. Ich weigere mich, so viel zu zahlen.)
- **Bù yòng zhǎo le.** (*buh yung dschau lë*; Behalten Sie das Wechselgeld.)
- **Qǐng gěi wǒ shōujù.** (*tjing gäi uo schou djüh*; Bitte geben Sie mir eine Quittung.)

Vergessen Sie nicht, eine Karte mit dem Namen Ihres Hotels auf Chinesisch und Englisch mitzunehmen. Sie können sie dem Taxifahrer zeigen, wenn Sie zurückwollen, denn trotz aller Bemühungen verstehen die meisten kein Englisch. Wenn Sie die Stadt erkunden, nehmen Sie einen Stadtplan mit. Darauf finden Sie alle Sehenswürdigkeiten in der Nähe des Hotels.

Im Gespräch

Hagen will am Abend in der Stadt etwas erleben und braucht ein Taxi. Er bittet den Portier um Hilfe.

Hagen: **Wǒ yào jiào jìchéngchē.**
Uo yau jiau djih tschëng tschë.
Ich brauche ein Taxi.

Portier: **Hǎo.**
Hau.
In Ordnung.

Der Portier ruft ein Taxi und öffnet die Wagentür für Hagen. Hagen gibt ihm ein astronomisches Trinkgeld von fünfzig Yuan.

Hagen: **Bù yòng zhǎo le.**
Buh yung dschau lë.
Behalten Sie das Wechselgeld.

Portier: **Xièxie.**
Chiä chiä.
Danke.

Hagen steigt ins Taxi und zeigt dem Fahrer eine Karte mit dem Namen der Bar, zu der er möchte.

Hagen: **Qǐng dài wǒ dào zhè ge yèzǒnghuì.**
Tjing dai uo dau dschë gë iä dsung huäi.
Bitte bringen Sie mich zu diesem Nachtclub.

Fahrer: **Méiyǒu wèntí.**
mäi yoh wën tih.
Kein Problem.

Hagen: **Wǒ bù jí. Qǐng kāi màn yīdiǎnr.**
Uo buh djih. Tjing kai man ih diär.
Ich habe es nicht eilig. Bitte fahren Sie etwas langsamer.

Hagen kommt nach seiner touristischen Taxifahrt am Nachtclub an.

Hagen: **Wǒ gāi gěi nǐ duōshǎo qián?**
Uo gai gäi nih duo schau tjiän?
Wie viel schulde ich Ihnen?

Fahrer: **Sìshíèr kuài wǔ.**
Ssı schı ër kuai uh.
42,50 Kuai.

Hagen gibt dem Fahrer 50 Yuan.

Hagen: **Qǐng gěi wǒ shōujù. Bù yòng zhǎo le.**
Tjing gäi uo schou djüh. Buh yung dschau lë.
Bitte geben Sie mir eine Quittung. Behalten Sie das Wechselgeld.

Fahrer: **Hǎo. Xièxie.**
Hau. Chiä chiä.
Gut. Danke.

Kleiner Wortschatz

Chinesisch	Aussprache	Deutsch
chē	*tschë*	Auto, Fahrzeug
chūzūchē	*tschuh dsuh tschë*	Taxi
sījī	*ssı djih*	Fahrer/Fahrerin
kāi chē	*kai tschë*	ein Auto fahren
jìchéngbiǎo	*djih tschëng biau*	Taxameter
xiǎofèi	*chiau fäi*	Trinkgeld
chéngkè	*tschëng kë*	Fahrgast
wèn lù	*wën luh*	nach dem Weg fragen
gāofēngqī	*gau fëng tjih*	Hauptverkehrszeit
dǔchē	*duh tschë*	Stau

Abenteuer Busfahren

Gōnggòng qìchē (*gung gung tjih tschë*; Bus) sind in China genauso verbreitet wie Fahrräder. Eine Busfahrt kostet natürlich viel weniger als eine Taxifahrt. Der Haken daran ist allerdings, dass Busfahrer kein Englisch sprechen, die Beschilderung auf Chinesisch ist und Busse immer sehr voll sind. Wenn Sie aber zu einer einzigartigen Reiseerfahrung bereit sind und es Ihnen nichts ausmacht, auf den Bus zu warten, dann sollten Sie die folgenden Sätze parat haben:

- ✔ **Yīnggāi zuò jǐ lù chē?** (*ying gai dsou djih luh tschë*; Mit welcher Linie soll ich fahren?)
- ✔ **Chēpiào duōshǎo qián?** (*tschë piau duo schau tjiän*; Wie viel kostet die Fahrkarte?)
- ✔ **Gōnggòng qìchēzhàn zài nǎr?** (*gung gung tjih tschë dschan dsai nahr*; Wo ist die Bushaltestelle?)
- ✔ **Duō jiǔ lái yī tàng?** (*duo djiou lai ih tang*; Wie oft fährt der Bus?)
- ✔ **Qǐng gàosu wǒ zài nǎr xià chē.** (*tjing gau ssuh uo dsai nahr chiah tschë*; Bitte sagen Sie mir, wo ich aussteigen muss.)

Im Gespräch

Alina läuft allein die Straße entlang und sucht nach einem Bus, mit dem sie zum berühmten Shilin-Nachtmarkt in Taipei kommt. Sie trifft ihre Freundin Grit und fragt sie um Hilfe.

Alina: **Qù Shílín yīnggāi zuò jǐ lù gōnggòng qìchē?**

Tjüh schı lin ying gai dsuo djih luh gung gung tjih tschë.

Welchen Bus soll ich nach Shilin nehmen?

Grit: **Yīnggái zuò sān lù chē. Chēzhàn jiù zài zhèr.**
Ying gai dsuo ssan luh tschë. Tschë dschan djiou dsai dschër.
Bus Nummer 3. Die Bushaltestelle ist gleich hier.

Alina: **Tài hǎo le. Duō jiǔ lái yī tàng?**
Tai hau lë. Duo djiou lai ih tang?
Das ist gut. Wie oft fährt der Bus?

Grit: **Měi sānshí fēn zhōng. Hái hǎo.**
Mäi ssan schı fën dschung. Hai hau.
Alle dreißig Minuten. Das geht.

Alina: **Xièxie nǐ.**
Chiä chiä nih.
Danke.

Kleiner Wortschatz

Chinesisch	Aussprache	Deutsch
gōnggòng qìchē	*gung gung tjih tschë*	Bus
gōnggòng qìchēzhàn	*gung gung tjih tschë dschan*	Bushaltestelle
Jǐ lù?	*djih luh*	Welche Linie?
Jǐ lù chē?	*djih luh tschë*	Welche Buslinie?
yuèpiào	*yüä piau*	Monatskarte
hái hǎo	*hai hau*	es geht, es ist ganz gut

Unterwegs auf Schienen

Wenn Sie Ihr Ziel schnell erreichen wollen, zum Beispiel in einer Stadt wie Hongkong oder Shanghai, dann geht es unterirdisch am schnellsten – mit der **dìtiě** (*dih tiä*; U-Bahn). Die meisten **dìtiě zhàn** (*dih tiä dschan*; U-Bahnhaltestelle) sind leicht zu finden.

Oberirdisch ist der **huǒchē** (*huo tschë*; Zug) ein altbewährtes Fortbewegungsmittel. China ist nun mal ein Riesenland und die Entfernungen zwischen einzelnen Städten sind sehr groß. Überall in China gibt es **huǒchēzhàn** (*huo tschë dschan*; Bahnhof) und sie haben meist sogar **hòuchēshì** (*hou tschë schı*; Warteraum).

Falls es vermeidbar ist, sollten Sie Ihre Reise durch China nicht gerade auf die Zeit um das Frühlingsfest legen. Ganz China ist dann nämlich unterwegs und eine Fahrkarte zu bekommen, gestaltet sich sehr schwierig. Wenn Sie eine Reise planen, sollten Sie vorher in einen **shíkèbiǎo** (*schı kë biau*; Fahrplan) schauen und sich die **kāichē shíjiān** (*kai tschë schı djiän*; Abfahrtszeit) und **dàodá shíjiān** (*dau dah schı djiän*; Ankunftszeit) notieren.

Wenn Sie eine lange Strecke vor sich haben, reservieren Sie am besten einen **ruǎnwò** (*ruan uo*; Schlafwagen-Platz) oder zumindest einen **ruǎnzuò** (*ruan dsuo*; Sitzplatz in der ersten Klasse). So wird Ihre Reise angenehmer und diese Teile des Zuges sind nicht so überfüllt wie andere. Vertrauen Sie uns: Ein Schlafwagen-Platz zahlt sich aus. Werfen Sie einen Blick auf Tabelle 14.2 für alle Platzkategorien.

Chinesisch	Aussprache	Deutsch
yìngzuò	*ying dsuo*	2. Klasse (harter Sitz)
ruǎnzuò	*ruan dsuo*	1. Klasse (weicher Sitz)
yìngwò	*ying uo*	Liegewagenplatz
ruǎnwò	*ruan uo*	Schlafwagenplatz
xiàpù	*chiah puh*	unterer Liegeplatz
shàngpù	*schang puh*	oberer Liegeplatz

Tabelle 14.2: Platzkategorien im Zug auf Chinesisch

Bevor Sie **shàng chē** (*schang tschë*; einsteigen) und es sich in Ihrem gemütlichen Sitz bequem machen können, müssen Sie erst einmal zum **shòupiàochù** (*schou piau tschuh*; Fahrkartenschalter) gehen, um Ihre **piào** (*piau*; Fahrkarte) zu kaufen. Dazu benutzen Sie die folgenden Wörter:

- ✔ **piào** (*piau*; Fahrkarte)
- ✔ **piàojià** (*piau djiah*; Fahrpreis)
- ✔ **dānchéngpiào** (*dan tschëng piau*; einfache Fahrkarte)
- ✔ **láihuípiào** (*lai huäi piau*; Hin- und Rückfahrt)
- ✔ **shòupiàochù** (*schou piau tschuh*; Fahrkartenschalter)
- ✔ **tèkuài** (*të kuai*; Expresszug)
- ✔ **mànchē** (*man tschë*; Personenzug)

Auf dem Bahnhof werden Ihnen folgende Sätze weiterhelfen:

- ✔ **Shòupiàochù zài nǎr?** (*schou piau tschuh dsai nahr*; Wo ist der Fahrkartenschalter?)
- ✔ **Wǒ yào yī zhāng yìngwòpiào.** (*uo yau ih dschang ying uo piau*; Ich möchte eine Liegewagen-Karte.)
- ✔ **Huǒchē cóng něi ge zhàntái kāi?** (*huo tschë tsung näi gë dschan tai kai*; Von welchem Bahnsteig fährt der Zug?)

Wenn Sie endlich den **lièchēyuán** (*liä tschë üän*; Zugbegleiter) sagen hören **Shàng chē le!** (*schang tschë lë*; Einsteigen bitte!), können Sie im Zug die folgenden Fragen stellen:

- ✔ **Zhèi ge zuòwèi yǒu rén ma?** (*dschäi gë dsuo wäi you rën ma*; Sitzt hier jemand?)
- ✔ **Cānchē zài nǎr?** (*tsan tschë dsai nahr*; Wo ist der Speisewagen?)

Mit der U-Bahn in China unterwegs

Hongkongs U-Bahnnetz ist sehr verlässlich und wird ständig ausgebaut. Auch in Taipei gibt es ein sehr gut funktionierendes U-Bahnnetz. Das U-Bahnsystem in Beijing war das erste in der Volksrepublik China. Mit dem Bau wurde 1965 begonnen. Für die Olympischen Spiele im Jahr 2008 wurden vier neue Linien in Betrieb genommen. Derzeit umfasst es 25 Linien. Die U-Bahn in Shanghai besteht aus 19 Linien und 506 Haltestationen. Damit zählen sie zu den weltweit größten U-Bahnnetzen.

Im Gespräch

Lydia ist am Hauptbahnhof in Beijing und möchte eine Fahrkarte nach Shanghai für morgen kaufen. Sie geht zum Schalter.

Lydia: **Qǐng wèn, yǒu méiyǒu míngtiān qù Shànghǎi de huǒchēpiào?**
Tjing wën, yoh mäi yoh ming tiän tjüh schang hai dë huo tschë piau?
Entschuldigung, gibt es Fahrkarten für morgen nach Shanghai?

Angestellte: **Yǒu. Yào jǐ zhāng?**
Yoh. Yau djih dschang?
Ja. Wie viele möchten Sie?

Lydia: **Zhǐ yào yī zhāng.**
Dschı yau ih dschang.
Nur eine.

Angestellte: **Hǎo. Yào yìngwò, ruǎnwò háishì ruǎnzuò?**
Hau. Yau ying uo, ruan uo hai schı ruan dsuo?
Gut. Liegewagen, Schlafwagen oder Sitzplatz 1. Klasse?

Lydia: **Wǒ yào yī zhāng ruǎnwò. Xièxie.**
Uo yau ih dschang ruan uo. Chiä chiä.
Ich möchte eine Schlafwagenkarte. Danke.

Kleiner Wortschatz

Chinesisch	Aussprache	Deutsch
láihuípiào	*lai huäi piau*	Hin- und Rückfahrkarte
huílái	*huäi lai*	zurückkommen
huàn chē	*huan tschë*	umsteigen

Chinesisch	Aussprache	Deutsch
chá piào	*tschah piau*	Fahrkarten kontrollieren
cānchē	*tsan tschë*	Speisewagen
zhàntái	*dschan tai*	Bahnsteig

Spiel und Spaß

Wie heißen die Verkehrsmittel auf Chinesisch? (Die Antworten finden Sie in Anhang D.)

A. 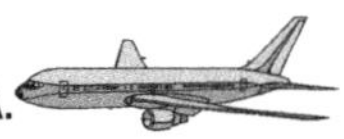 B.  C. 

D.  E. 

A. ______________________________

B. ______________________________

C. ______________________________

D. ______________________________

E. ______________________________

IN DIESEM KAPITEL

Den Reisetermin festlegen

Ein Reiseziel finden

Einpacken

Im Reisebüro

Kapitel 15
Ins Ausland reisen

Bei einer guten Planung wird Ihr Urlaub oder Ihre Dienstreise nach China ein voller Erfolg. Sie sollten sich nicht nur überlegen, wohin Sie eigentlich reisen wollen, sondern auch, welches die beste Reisezeit ist. In diesem Kapitel erfahren Sie, wie Sie sich auf eine Auslandsreise vorbereiten und wie Sie Ihren Reisetermin festlegen. Ob Ihr **hùzhào** (*huh dschau*; Pass) noch gültig ist und Sie das richtige **qiānzhèng** (*tjiän dschëng*; Visum) haben, darum müssen Sie sich allerdings selbst kümmern. Wir wünschen Ihnen **Yī lù píng'ān!** (*ih luh ping an*; Gute Reise!)

Wann wollen Sie auf die Reise gehen?

Die Reisezeit entscheidet in der Tat darüber, ob Ihre Reise ein Erfolg (oder Reinfall) wird. Wollen Sie im **dōngtiān** (*dung tiän*; Winter), **chūntiān** (*tschun tiän*; Frühling), **xiàtiān** (*chiah tiän*; Sommer) oder doch lieber im **qiūtiān** (*tjiou tiän*; Herbst) reisen? Eine Reise nach Beijing im **Sānyuè** (*ssan yüä*; März), wenn die Sandstürme aus der Wüste Gobi über die Stadt fegen, ist nicht zu vergleichen mit einer Reise im **Wǔyuè** (*uh yüä*; Mai) oder **Shíyuè** (*schı yüä*; Oktober), wenn die Luftverschmutzung am geringsten ist und der Himmel im schönsten Blau erstrahlt. **Wǔyuè** und **Shíyuè** sind die Hauptsaison für Reisen nach China, weshalb natürlich die Hotelpreise auch am höchsten sind. Paris im **chūntiān** ist genauso schön und teuer. Die Entscheidung müssten Sie selbst treffen. Mehr zu Datum, Tagen, Wochen, Monaten und Jahren finden Sie in Kapitel 7.

Sie wollen wissen, wann Ihre Freunde in den Urlaub fahren? Stellen Sie dazu eine der folgenden Fragen:

- ✔ **Nǐ jǐ yuè jǐ hào zǒu?** (*nih djih yüä djih hau dsou*; Wann fährst du? *wörtlich:* An welchem Tag in welchem Monat fährst du?)
- ✔ **Nǐ jǐ yuè jǐ hào qù Zhōngguó?** (*nih djih yüä djih hau tjüh dschung guo*; Wann fährst du nach China? *wörtlich:* An welchem Tag in welchem Monat fährst du nach China?)

Wenn Sie eine der beiden Fragen beantworten, setzen Sie die Zahl für den entsprechenden Monat und Tag jeweils vor die Wörter **yuè** und **hào**. Hier sind ein paar Beispiele:

- ✔ **Nǐ jǐ yuè jǐ hào zǒu?** (*nih djih yüä djih hau dsou*; Wann fährst du?)
- ✔ **Wǒ Wǔyuè sān hào zǒu.** (*uo uh yüä ssan hau dsou*; Ich fahre am 3. Mai.)
- ✔ **Nǐ jǐ yuè jǐ hào qù Měiguó?** (*nih djih yüä djih hau tjüh mäi guo*; Wann fährst du in die USA?)
- ✔ **Wǒ Sānyuè yī hào qù Měiguó.** (*uo ssan yüä ih hau tjüh mäi guo*; Ich fahre am 1. März in die USA.)

Sicher können Sie es jetzt kaum noch erwarten, endlich Ihre Reisepläne zu schmieden. Das bringt uns zum nächsten Punkt …

Chinesische Feiertage

Vielleicht wollen Sie ja Ihre Reise nach China, Hongkong oder Taiwan auf bestimmte Feiertage fallen lassen oder, und das ist genauso wichtig, bestimmte Tage oder Wochen des Jahres vermeiden.

Das Jahr beginnt mit den Feierlichkeiten zu **xīnnián** (*chin niän*; Neujahr, auch **Yuándàn**, *yüän dan*) am **Yīyuè yī hào** (*ih yüä ih hau*; 1. Januar). Der wichtigste Feiertag ist das chinesische Neujahrsfest, **Chūnjié** (*tschun djiä*; Frühlingsfest). Offiziell gibt es zum Frühlingsfest drei freie Tage, aber die meisten Chinesen haben eine Woche frei. Das Datum für das **Chūnjié** variiert. Ja, richtig, es richtet sich nach dem **yīnlì** (*yin lih*; Mondkalender) und nicht nach dem **yánglì** (*iang lih*; Sonnenkalender). Es liegt zwischen dem 20. Januar und 21. Februar.

Wenn Sie **jīnnián** (*djin niän*; dieses Jahr), also 2024, nach China reisen, dann machen Sie Ihre Reise im **lóng nián** (*lung niän*; Jahr des Drachens). Oder doch lieber in einem der nächsten Jahre?

- ✔ 2025: **shé nián** (*schë niän*; Jahr der Schlange)
- ✔ 2026: **mǎ nián** (*mah niän*; Jahr des Pferdes)
- ✔ 2027: **yáng nián** (*iang niän*; Jahr des Schafes)

Die chinesischen Tierkreiszeichen werden nicht von der Sonne beeinflusst, sondern vom Mond. Ihr Zyklus dauert zwölf Jahre und beginnt immer mit der Ratte. In Tabelle 15.1

finden Sie alle Tierkreiszeichen. Wie in der westlichen Astrologie werden jedem Tierkreiszeichen besondere Eigenschaften zugeordnet.

Chinesisch	Aussprache	Deutsch
shǔ	*schuh*	Ratte
niú	*niou*	Rind
hǔ	*huh*	Tiger
tù	*tuh*	Hase
lóng	*lung*	Drache
shé	*schë*	Schlange
mǎ	*mah*	Pferd
yáng	*iang*	Schaf
hóu	*hou*	Affe
jī	*djih*	Hahn
gǒu	*gou*	Hund
zhū	*dschuh*	Schwein

Tabelle 15.1: Die chinesischen Tierkreiszeichen auf Chinesisch

Weitere Feiertage auf dem Festland sind **Láodòngjié** *(lau dung djiä;* Tag der Arbeit) am **Wǔyuè yī hào** (*uh yüä ih hau*; 1. Mai) und **Guóqìngjié** (*guo tjing djiä*; Nationalfeiertag) am **Shíyuè yī hào** (*schı yüä ih hau*; 1. Oktober). Am 1. Oktober wird an die Gründung der **Zhōnghuá Rénmín Gònghéguó** (*dschung hua rën min gung hë guo*; Volksrepublik China) durch Mao Zedong und die Kommunistische Partei Chinas erinnert. In Taiwan wird der **Guóqìngjié** am **Shíuè shí hào** (*schı yüä schı hau*; 10. Oktober) begangen, in Erinnerung an das Ende der letzten Kaiserdynastie und die Gründung der **Zhōnghuá Mínguó** (*dschung hua min guo*; Republik China) unter der Führung von Sun Yatsen.

Der Nationalfeiertag in Taiwan wird häufig **shuāng shí jié** (*schuang schı djiä*; Doppel-Zehn-Feiertag) genannt, weil er am 10.10. gefeiert wird.

In Taiwan werden Sie häufig Jahreszahlen sehen, die elf Jahre hinter der aktuellen Jahreszählung zurückzuliegen scheinen. Die offizielle Zählung der Jahre richtet sich nach dem Gründungstag der Republik China am 1. Januar 1912. 1921 ist also **Mínguó shí nián** (*min guo schı niän*) (**Mínguó** ist die Abkürzung für **Zhōnghuá Mínguó**, Republik China. **Shí nián** bedeutet zehn Jahre und steht hier für das Jahr 10 seit Gründung der Republik China). 2011 war also **Mínguó yī bǎi nián** (*min guo ih bai niän*; das 100. Jahr der Republik China).

Im Jahr 2008 wurde die Zahl der arbeitsfreien Feiertage in China von zehn auf elf erhöht. Die drei Feiertage zum Tag der Arbeit wurden auf nur einen freien Tag am 1. Mai gekürzt. Im Gegenzug dafür wurden nun drei chinesische Feiertage zu arbeitsfreien Feiertagen erklärt, nämlich das Drachenbootfest, das Mitherbstfest und das Totengedenkfest.

- Das **Yuánxiāojié** (*üän chiau djiä*; Laternenfest) wird am 15. Tag des neuen Jahres nach dem Mondkalender gefeiert. Es markiert das Ende des **Chūnjié** (*tschun djiä*; Frühlingsfest). Die Straßen werden mit bunten Laternen geschmückt und traditionell isst man **yuánxiāo** (*üän chiau*), Klebreisbällchen mit süßer Füllung.

- Das **Qīngmíngjié** (*tjing ming djiä*; Totengedenkfest) wird meist am 5. April begangen, am 15. Tag nach Frühlingsbeginn. Zur Ehrung der Ahnen werden die Gräber gefegt, Nahrungsmittel, Blumen und Gegenstände, die den Verstorbenen zu ihren Lebzeiten gefielen, vor die Gräber gelegt, Weihrauchstäbchen angezündet und Totengeld verbrannt, das den Vorfahren im Jenseits zur Verfügung stehen soll.

- Das **Duānwǔjié** (*duan uh djiä*; Drachenbootfest) fällt auf den fünften Tag des fünften Monats nach dem Mondkalender. Am Tag des Drachenbootfests wird immer ein Drachenboot-Rennen veranstaltet. Das Fest wird in Erinnerung an den Tod des großen chinesischen Dichters Qu Yuan, der während der Zeit der Streitenden Reiche (475–221 v. Chr.) lebte, begangen. Qu Yuan ertränkte sich im Jahr 278 v. Chr. aus Protest und Verzweiflung im Miluo-Fluss in der Provinz Hunan. Am Drachenbootfest werden **zòngzi** (*dsung dsı*), in Bambusblätter eingewickelte Klöße aus Klebreis mit verschiedenen Füllungen, gegessen. Diese erinnern an die Reisklöße, die man in den Fluss geworfen haben soll, damit die Fische nicht den Leichnam von Qu Yuan fressen.

- Das **Zhōngqiūjié** (*dschung tjiou djiä*; Mondfest oder Mittherbstfest) wird am 15. Tag des achten Monats nach dem Mondkalender gefeiert. Nach dem Mondkalender liegt das Fest im Herbst, wo Getreide und Obst reifen. In der Mittherbstnacht scheint der Mond besonders hell. Die ganze Familie setzt sich zusammen, bewundert den Mond und isst **yuèbǐng** (*yüä bing*; Mondkuchen). Gedichte über den Mond, wie zum Beispiel von Li Bai (701–762), einem großen Dichter der Tang-Zeit, sind bis heute in aller Munde.

Außerdem begehen die nationalen Minderheiten ihre eigenen Feste und überall auf den Dörfern finden Volksfeste statt. Wenn Sie sich also plötzlich inmitten einer singenden und tanzenden Menge wiederfinden, lassen Sie sich einfach treiben. Sie werden es nicht bereuen. Selbst eine Totenprozession ist ein faszinierendes Erlebnis: Die Trauernden tragen Gewänder aus weißem Sackleinen und spielen die verschiedensten Schlag- und Blasinstrumente.

Wohin soll die Reise gehen?

Jetzt, da Sie nun wissen, wann Sie **lǚyóu** (*lüh yoh*; reisen), können wir es kaum abwarten, Sie zu fragen **Nǐ xiǎng dào nǎr qù?** (*nih chiang dau nahr tjüh*; Wohin wollen Sie fahren?) Planen Sie eine Reise nach **Yàzhōu** (*yah dschou*; Asien), **Fēizhōu** (*fäi dschou*; Afrika), **Měizhōu** (*mäi dschou*; Amerika) oder in **Ōuzhōu** (*ou dschou*; Europa)? Machen Sie eine Reise **zài guó nèi** (*dsai guo näi*; im Inland) oder **zài guó wài** (*dsai guo wai*; im Ausland)? In Tabelle 15.2 finden Sie einige Länder und Regionen, die Sie vielleicht als Reiseziel **xuǎnzé** (*chuän dsë*; wählen).

Chinesisch	Aussprache	Deutsch
Zhōngguó Dàlù	*dschung guo dah luh*	(Festland) China
Táiwān	*tai wan*	Taiwan
Xiānggǎng	*chiang gang*	Hongkong
Fǎguó	*fah guo*	Frankreich
Xībānyá	*chih ban yah*	Spanien
Yìdàlì	*ih dah lih*	Italien
Yīngguó	*ying guo*	Großbritannien
Àiěrlán	*ai ër lan*	Irland
Ruìshì	*ruäi schı*	Schweiz
Ruìdiǎn	*ruäi diän*	Schweden
Rìběn	*rı bën*	Japan
Hánguó	*han guo*	Korea
Éguó	*ë guo*	Russland
Mòxīgē	*mo chih gë*	Mexiko
Měiguó	*mäi guo*	USA
Jiānádà	*djiah nah dah*	Kanada
Nánfēi	*nan fäi*	Südafrika
Móluògē	*mo luo gë*	Marokko
Bǐlìshí	*bih lih schı*	Belgien
Dānmài	*dan mai*	Dänemark
Lúsēnbǎo	*luh sën bau*	Luxemburg
Hélán	*hë lan*	Niederlande
Bōlán	*bo lan*	Polen
Jiékè	*djiä kë*	Tschechien

Tabelle 15.2: Länder und Regionen auf Chinesisch

Je nachdem, wie Sie Ihren Urlaub gestalten wollen, fahren Sie vielleicht irgendwo hin, wo es das Folgende (oder zumindest eins davon) gibt:

- **hǎitān** (*hai tan*; Strand)
- **shān** (*schan*; Berg)
- **shāmò** (*schah mo*; Wüste)
- **zhíwùyuán** (*dschı uh üän*; Botanischer Garten)
- **xióngmāo** (*chiung mau*; Panda)
- **yóuliè** (*yoh liä*; Safari)
- **tǎ** (*tah*; Pagode)

- **fómiào** (*fo miau*; Buddhistischer Tempel)
- **mótiān dàlóu** (*mo tiän dah lou*; Wolkenkratzer)
- **gǔdǒngdiàn** (*guh dung diän*: Antiquitätengeschäft)
- **měishùguǎn** (*mäi schuh guan*; Kunstgalerie)
- **xìyuàn** (*chih üän*; Theater)

Orte, an denen es die folgenden Naturphänomene gibt, sollten Sie lieber meiden. Es sei denn, Sie lieben die Gefahr und Aufregung (oder Sie arbeiten für eine Hilfsorganisation):

- **táifēng** (*tai fëng*; Taifun)
- **hànzāi** (*han dsai*; Dürre)
- **dìzhèn** (*dih dschën*; Erdbeben)
- **huǒzāi** (*huo dsai*; Feuer)
- **shuǐzāi** (*schuäi dsai*; Flut)
- **yǔjì** (*üh djih*; Regenzeit)

Haben Sie vor, in nächster Zeit von **Yìdàlì** (*ih dah lih*; Italien) nach **Xiānggǎng** (*chiang gang*; Hongkong) zu reisen? Oder von **Rìběn** (*rı bën*; Japan) nach **Mòxīgē** (*mo chih gë*; Mexiko)? Egal, wo Sie auf Reisen sind, Sie reisen immer **cóng** (*tsung*) von einem Ort **dào** (*dau*) zu einem anderen. Die folgenden Sätze mit der **cóng … dào …**-Konstruktion können Sie verwenden, wenn Sie Freunden von Ihren Reiseplänen erzählen:

- **Wǒ cóng Hànbǎo dào Mùníhēi qù.** (*uo tsung han bau dau muh nih häi tjüh*; Ich fahre von Hamburg nach München.)
- **Tā míngtiān cóng Yǐsèliè dào Ruìdiǎn qù.** (*tah ming tiän tsung ih së liä dau ruäi diän tjüh*; Er fährt morgen von Israel nach Schweden.)
- **Nǐmen shénme shíhou cóng Zhōngguó dào zhèr lái?** (*nih mën schën më schı hou tsung dschung guo dau dschër lai*; Wann kommt ihr aus China hierher?)
- **Cóng Nánfēi dào Móluògē duō cháng shíjiān?** (*tsung nan fäi dau mo luo gë duo tschang schı djiän*; Wie lang braucht man von Südafrika bis Marokko?)

Track 29: Im Gespräch

Páng lǎoshī (*pang lau schı*; Lehrer Pang) fragt seine deutsche Studentin Christina, wohin sie in den Winterferien fahren will. Sie lernt schon seit vier Monaten in Tianjin Chinesisch.

Páng lǎoshī: **Christina, nǐ hánjià de shíhou xiǎng qù nǎr?**
Christina, nih han djiah dë schı hou chiang tjüh nahr?
Christina, wohin willst du in den Winterferien fahren?

Christina:	**Yīnwèi wǒ yǐjīng zài Tiānjīn sì gè yuè le, suǒyǐ wǒ xiǎng zuì zhōng qù Fēizhōu kànkan.** *Yin wäi uo ih djing dsai tiän djin ssı gë yüä lë, ssuo ih uo chiang dsuäi dschung tjüh fäi dschou kan kan.* Ich bin schon vier Monate in Tianjin, deshalb möchte ich endlich nach Afrika fahren.
Páng lǎoshī:	**Fēizhōu! Nàme yuǎn. Wèishénme yào qù nàr?** *Fäi dschou. Na më üän. Wäi schën më yao tjüh nahr?* Afrika! So weit. Warum willst du dorthin fahren?
Christina:	**Yīnwèi dōngtiān de shíhou Tiānjīn tài lěng. Érqiě zài Fēizhōu kěyǐ cānjiā yóuliè!** *Yin wäi dung tiän dë schı hou tiän djin tai lëng. Ër tjiä dsai fäi dschou kë ih tsan djiah yoh liä.* Weil es im Winter in Tianjin so kalt ist. Außerdem kann man in Afrika an einer Safari teilnehmen.
Páng lǎoshī:	**Cóng Yàzhōu dào Fēizhōu zuò jǐ gè xiǎoshí fēijī?** *Tsung yah dschou dau fäi dschou dsuo djih gë chiau schı gäi djih?* Wie lange fliegt man von Asien nach Afrika?
Christina:	**Cóng Běijīng dào Tǎnsāngníyà yào chàbuduō shísān gè xiǎoshí.** *Tsung bäi djing dau tan ssang nih yah yau tschah buh duo schı ssan gë chiau schı.* Von Beijing nach Tansania braucht man etwa 13 Stunden.
Páng lǎoshī:	**Qǐng dàihuílai hěn duō xiàngpiàn gěi wǒ kànkan.** *Tjing daí huäi lai hën duo chiang piän gäi uo kan kan.* Bitte bring viele Fotos mit (und zeig sie mir).
Christina:	**Yīdìng huì.** *Ih ding huäi.* Mache ich auf jeden Fall.

Kleiner Wortschatz

Chinesisch	Aussprache	Deutsch
hánjià	*han djiah*	Winterferien
shǔjià	*schuh djiah*	Sommerferien
fàng jià	*fang djiah*	Ferien/Urlaub haben
yóulǎn	*yoh lan*	besichtigen
zhōngyú	*dschung üh*	schließlich, endlich
érqiě	*ër tjiä*	außerdem

Niemals ohne Pass und Visum

Überraschung! Aber eigentlich ist es keine.Wenn Sie nach China fahren, benötigen Sie einen gültigen **hùzhào** (*huh dschau*; Pass) und ein **qiānzhèng** (*tjiän dschëng*; Visum). Für einen 30-Tage-Aufenthalt in Taiwan reicht der Pass. (Mehr zu Pässen, Visa und wie Sie sich auf Flughäfen zurechtfinden, steht in Kapitel 14.) Wenn Sie vorhaben, in mehrere Länder zu reisen, denken Sie daran, dass Sie verschiedene **qiānzhèng** benötigen. Erkundigen Sie sich, bevor Sie ins **fēijī** (*fäi djih*; Flugzeug) steigen, sonst wird es vielleicht die kürzeste Reise Ihres Lebens.

Tipps fürs Hotel am Zielort finden Sie in Kapitel 13.

Koffer packen

Gehören Sie zu denjenigen, die vor der Reise gern alles unter der **tàiyáng** (*tai iang*; Sonne) in drei übergroße **xíngli** (*ching lih*; Gepäckstück) **zhuāngrù** (*dschuang ruh*; packen)? Oder sind Sie eher der **bēibāo**- (*bäi bau*; Rucksack) Typ, der sich mit dem Nötigsten zufriedengibt? Ganz gleich, vor der Reise müssen Sie entscheiden, welches Ihr **shǒutí xíngli** (*schou tih ching lih*; Handgepäck) und welches Ihr **tuōyùn xíngli** (*tuo yün ching lih*; Aufgabegepäck) ist.

Was sollten Sie für eine Reise an den **hǎitān** (*hai tan*; Strand) einpacken? Vielleicht das:

- ✔ **yóuyǒngyī** (*yoh yung ih*; Badekleidung)
- ✔ **tàiyáng yǎnjìng** (*tai iang iän djing*; Sonnenbrille)
- ✔ **duǎnkù** (*duan kuh*; kurze Hose)
- ✔ **liángxié** (*liang chiä*; Sandalen)

Egal, wohin Sie Ihre Reise führt, Folgendes sollten Sie nicht vergessen:

- ✔ **yáshuā** (*yah schuah*; Zahnbürste)
- ✔ **yágāo** (*yah gau*; Zahncreme)
- ✔ **huàzhuāngpǐn** (*hua dschuang pin*; Kosmetika)
- ✔ **chúchòujì** (*tschuh tschou djih*; Deodorant)
- ✔ **shuāzi** (*schuah dsı*; Bürste)
- ✔ **shùkǒushuǐ** (*schuh kou schuäi*; Mundwasser)
- ✔ **nàozhōng** (*nau dschung*; Wecker)
- ✔ **guāhúdāo** (*guah huh dau*; Rasierer)

- ✔ **wèishēngjīn** (*wäi schëng djin*; Slipeinlage)
- ✔ **yuèjīng yòng miánsāi** (*yüä djing yung miän ssai*; Tampon)
- ✔ **féizào** (*föi dsau*; Seife)
- ✔ **zhàoxiàngjī** (*dschau chiang djih*; Fotoapparat)
- ✔ **zhuǎnjiēqì** (*dschuan djiä tjih*; Adapter)
- ✔ **yùndǒu** (*yün dou*; Bügeleisen)
- ✔ **yǔsǎn** (*üh ssan*; Regenschirm)

Im Gespräch

Chén xiānsheng (*tschën chiän schëng*; Herr Chen) und **Chén tàitai** (*tschën tai tai*; Frau Chen) überlegen, was sie für eine Reise nach Hongkong im Oktober einpacken.

Chén xiānsheng: **Wǒmen yīng bu yīnggāi bǎ yǔsǎn zhuāngrù xíngli?**
Uo mën ying buh ying gai bah üh ssan dschuang ruh ching lih?
Sollten wir einen Regenschirm (ins Gepäck) einpacken?

Chén tàitai: **Bù yòng le. Xiānggǎng de tiānqì shí yuèfèn hěn hǎo.**
Buh yung lë. Chiang gang dë tiän tjih schı yüä fën hën hau.
Brauchen wir nicht. Im Oktober ist das Wetter in Hongkong sehr gut.

Chén xiānsheng: **Duǎnkù ne?**
Duan kuh në?
Was ist mit kurzen Hosen?

Chén tàitai: **Duǎnkù dàgài yě bù yào. Shí yuèfèn de tiānqì yǒu yīdiǎn lěng.**
Duan kuh dah gai iä buh yau. Schı yüä fën dë tiän tjih yoh ih diän lëng.
Kurze Hosen brauchst du wahrscheinlich auch nicht. Im Oktober ist (das Wetter) schon ein bisschen kühl.

Chén xiānsheng: **Nà, wǒmen dàodǐ yào zhuāng shénme dōngxi?**
Nah, uo mën dau dih yau dschuang schën më dung chih?
Was sollen wir denn dann eigentlich einpacken?

Chén tàitai: **Wǒmen jiù bǎ yáshuā hé zhàoxiàngjī zhuāngrù xíngli jiù wán le.**
Uo mën djiou baj yah schuah hë dschau chiang djih dschuang ruh ching lih djiou wan lë.
Den Fotoapparat und die Zahnbürsten, das war's.

Chén xiānsheng: **Nǐ yīdìng kāi wánxiào ba!**
Nih ih ding kai wan chiau bah.
Du machst Witze, oder?

Kleiner Wortschatz

Chinesisch	Aussprache	Deutsch
kāi wánxiào	*kai wan chiau*	einen Witz machen
jiù wán le	*djiou wan lë*	das war's
dàodǐ	*dau dih*	eigentlich
dàgài	*dah gai*	wahrscheinlich
bù yòng le	*buh yung lë*	nicht brauchen

Wenn Sie das Verb **zhuāng** (*dschuang*; packen) verwenden, dann in folgendem Satzmuster: **bǎ** A **zhuāngrù** B (*Bah A dschuang ruh B*), also A in B packen. Das, was Sie einpacken, steht vor dem Verb und dem Ort, an den alles kommt.

Sich an ein Reisebüro wenden

Denken Sie, dass Sie ohne Plan und Hotelreservierung auf Weltreise gehen können? Denken Sie noch einmal nach. China ist zum Beispiel ein Land, in das man vielleicht lieber mit einer **guānguāngtuán** (*guan guang tuan*; Reisegruppe) fahren sollte. Wenn Ihnen der Gedanke an eine Gruppenreise nicht zusagt, sollten Sie zumindest im Voraus Hotels reservieren und die Reisen im Land organisieren oder für sich über ein **lǚxíngshè** (*lüh ching schë*; Reisebüro) einen privaten **dǎoyóu** (*dau yoh*; Reiseleiter) organisieren. Denken Sie daran, dass man normalerweise in China kein **Yīngyǔ** (*ying üh*; Englisch) geschweige denn **Déyǔ** (*dë üh*; Deutsch) spricht.

Track 30: Im Gespräch

Doris und Michael besprechen ihre Reisepläne mit Frau Lǐ, einer Reisebüromitarbeiterin in Hongkong.

Frau Lǐ: **Nǐmen hǎo. Wǒ néng bāng shénme máng?**

Nih mën hau. Uo nëng bang schën më mang?

Guten Tag. Wie kann ich Ihnen helfen?

Doris: **Wǒmen hěn xiǎng qù Zhōngguó dàlù. Néng bu néng yùdìng yī gè lǚguǎn?**

Uo mën hën chiang tjüh dschung guo dah luh. Nëng buh nëng üh ding ih gë lüh guan?

Wir möchten gern aufs chinesische Festland fahren. Können wir ein Hotelzimmer reservieren?

Frau Lǐ: **Méiyǒu wèntí. Nǐmen shénme shíhou yào zǒu?**

Mäi yoh wën tih. Nih mën schën më schı hou yau dsou?

Kein Problem. Wann wollen Sie fahren?

Michael: **Tīngshuō wǔ yuèfèn de tiānqì zuì hǎo.**

Ting schuo uh yüä fën dë tiän tjih dsuäi hau.

Ich habe gehört, im Mai ist das Wetter am besten.

Frau Lǐ: **Duì le. Wǒ yě jiànyì nǐmen gēn yī gè guānguāngtuán yīkuài qù.**

Duäi lë. Uo iä djiän ih nih mën gën ih gë guan guang tuan ih kuai tjüh.

Das stimmt. Ich empfehle Ihnen, mit einer Reisegruppe zu fahren.

Doris: **Wèishénme?**

Wäi schën më?

Warum?

Frau Lǐ: **Guānguāngtuán yǒu shuō Déyǔ de dǎoyóu hé yóulǎnchē. Nà zuì fāngbiàn.**

Guan guang tuan yoh schuo dë üh dë dau yoh hë yoh lan tschë. Nah dsuäi fang biän.

Reisegruppen haben einen deutschsprachigen Reiseleiter oder eine Reiseleiterin und einen Reisebus. So ist es am praktischsten.

Michael: **Hǎo. Juédìng le.**

Hau. Djüä ding lë.

Gut. Dann machen wir es so.

Kleiner Wortschatz

Chinesisch	Aussprache	Deutsch
guānguāngtuán	*guan guang tuan*	Reisegruppe
dǎoyóu	*dau yoh*	Reiseleiter/Reiseleiterin
lǚxíng	*lüh ching*	Reise, reisen
lǚxíng dàilǐrén	*lüh ching dai lih rën*	Reisekaufmann/Reisekauffrau
lǚxíngshè	*lüh ching schë*	Reisebüro
yùdìng	*üh ding*	reservieren
yóulǎnchē	*yoh lan tschë*	Touristenbus
qǔxiāofèi	*tjüh chiau fäi*	Stornogebühr
juédìng le	*djüä ding lë*	Es ist beschlossene Sache.
fāngbiàn	*fang biän*	praktisch
jiànyì	*djiän ih*	vorschlagen, empfehlen

Spiel und Spaß

Setzen Sie das passende Wort in die Lücke ein. Die Antworten stehen in Anhang D.

1. **Wǒmen jīnnián qù …** (Wir fahren dieses Jahr nach Irland.)
   a. **Àiěrlán**
   b. **Éguó**
   c. **Nánfēi**

2. **Tāmen … zǒu.** (Sie fahren am 8. Juni.)
   a. **sì yuè wǔ hào**
   b. **wǔ yuè jiǔ hào**
   c. **liù yuè bā hào**

3. **Wǒmen yīdìng yào kàn …** (Wir wollen unbedingt buddhistische Tempel sehen.)
   a. **xióngmāo**
   b. **fómiào**
   c. **yóuliè**

4. **Bié wàngle zhuāngrù …** (Vergiss nicht, eine Zahnbürste einzupacken.)
   a. **yáshuā**
   b. **yágāo**
   c. **huàzhuāngpǐn**

5. **Méi yǒu wèntí. …** (Kein Problem. Ich mache nur einen Witz.)
   a. **Juédìng le.**
   b. **Kāi wánxiào.**
   c. **Jiù wán le.**

IN DIESEM KAPITEL

Um Hilfe rufen

Arztbesuch

Der Behördengang

Juristischen Rat suchen

Kapitel 16
Im Notfall

Es ist leicht, Spaß und Abenteuer für eine Reise oder einen Abend mit Freunden zu planen. Was man aber nicht planen kann, ist ein Notruf bei der Polizei, um einen Diebstahl zu melden, oder eine Einlieferung in die Notaufnahme mit einer Blinddarmentzündung, wenn man sich gerade auf dem Weg zur Chinesischen Mauer befindet. Um auf alles vorbereitet zu sein, gibt Ihnen dieses Kapitel das sprachliche Rüstzeug für den Notfall mit auf den Weg.

Im Notfall um Hilfe rufen

Im Notfall wollen Sie auf keinen Fall erst einmal nach einem Deutsch-Chinesischen-Wörterbuch suchen, um herauszufinden, wie schnell Sie Hilfe rufen können. Prägen Sie sich die folgenden Sätze für den Fall der Fälle ein:

- ✔ **Jiù mìng!** (*djiou ming*; Hilfe!)
- ✔ **Zhuā zéi!** (*dschuah dsäi*; Haltet den Dieb!)
- ✔ **Zháohuǒ lā!** (*dschau huo la*; Feuer!)
- ✔ **Jiào jiùhùchē!** (*djiau djiou huh tschë*; Rufen Sie einen Krankenwagen!)
- ✔ **Jiào jǐngchá!** (*djiau djing tschah*; Rufen Sie die Polizei!)

⚠ Achten Sie genau auf die Aussprache von **jiào** (*djiau*; rufen) und **jiù** (*djiou*; retten). Sie wollen ja nicht aus Versehen jemanden bitten, die Polizei zu retten, wenn er sie rufen soll.

Manchmal müssen Sie nach jemandem fragen, der Englisch oder vielleicht sogar Deutsch spricht. Hier sind einige Sätze, die Sie im Notfall schnell sagen können:

- ✔ **Nǐ shuō Yīngwén ma?** (*nih schuo ying wën ma*; Sprechen Sie Englisch?)
- ✔ **Wǒ xūyào yī gè jiǎng Déwén de lǜshī.** (*uo chüh yau ih gë djiang dë wën dë lüh schi*; Ich brauche einen Anwalt, der Deutsch spricht.)
- ✔ **Yǒu méiyǒu jiǎng Yīngwén de dàifu?** (*yoh mäi yoh djiang ying wën dë dai fuh*; Gibt es einen Arzt, der Englisch spricht?)

Wenn Sie endlich jemanden gefunden haben, der Ihnen helfen kann, müssen Sie nur noch wissen, was zu sagen ist, um sofort Hilfe zu bekommen:

- ✔ **Wǒ bèi rén qiǎng le.** (*uo bäi rën tjiang lë*; Ich bin bestohlen worden.)
- ✔ **Yǒu rén shòushāng le.** (*yoh rën schou schang lë*; Jemand ist verletzt.)
- ✔ **Wǒ yào huìbào yī gè chēhuò.** (*uo yau huäi bau ih gë tschë huo*; Ich möchte einen Autounfall melden.)

Ein Rat für den Notfall: Chinesen haben *quasi nicht* die Blutgruppe 0-negativ. Deshalb gibt es davon auch kaum Konserven in chinesischen Krankenhäusern. Wenn Sie bei einem medizinischen Notfall Blutkonserven der Blutgruppe 0-negativ benötigen, sollten Sie bei Ihrer Botschaft und dem nächsten Konsulat nachfragen. Eventuell müssen Sie ausgeflogen werden, um die richtige Versorgung zu bekommen. Am besten haben Sie auch ein paar Einwegkanülen dabei, denn nicht immer kann garantiert werden, dass Kanülen in chinesischen Krankenhäusern steril sind. Vorsicht ist besser als Nachsicht.

Diese Darstellung ist natürlich etwas übertrieben, in China gibt es selbstverständlich ausgezeichnete Krankenhäuser, in denen Sie im Notfall schnell und gut versorgt werden. Übrigens müssen Sie in der Regel keine monatelange Wartezeit für einen Facharzttermin einplanen, sondern können meist zeitnah einen Termin erhalten. Klingt das nicht nach einer prima Vorsorge?

Medizinisch versorgt werden

Das ist das Schlimmste, was man sich vorstellen kann – krank zu werden und nicht zu wissen, warum oder wie man sich wieder besser fühlen kann. Wenn Sie sich plötzlich im **yīyuàn** (*ih üän*; Krankenhaus) oder beim **yīshēng** (*ih schëng*; Arzt) wiederfinden, müssen Sie erklären, was Sie plagt – und das schnell. Leichter gesagt als getan, vor allem, wenn Sie es auf Chinesisch erklären müssen (oder jemandem helfen, der kein Chinesisch spricht). Es kann sein, dass Sie sich nicht an die korrekte Aussprache und den richtigen Ton erinnern. Sie wollen vielleicht sagen, dass Sie sich ein wenig **tóu yūn** (*tou yün*; schwindlig) fühlen, aber es hört sich eher an wie **tuōyùn** (*tuo yün*) und Sie teilen der Pflegekraft mit, dass Sie Ihr Gepäck aufgeben. Sie wollen sicher nicht, dass sich der Arzt dem nächsten Patienten zuwendet. In Tabelle 16.1 finden Sie die Körperteile auf Chinesisch.

Chinesisch	Aussprache	Deutsch
shēntǐ	*schën tih*	Körper
gēbo	*gë bo*	Arm
jiānbǎng	*djiän bang*	Schulter
shǒu	*schou*	Hand
shǒuzhǐ	*schou dschı*	Finger
tuǐ	*tuäi*	Bein
jiǎo	*djiau*	Fuß
tóu	*tou*	Kopf
bózi	*bo dsı*	Hals
xiōng	*chiung*	Brust
bèi	*bäi*	Rücken
liǎn	*liän*	Gesicht
yǎnjīng	*iän djing*	Auge
ěrduō	*ër duo*	Ohr
bízi	*bih dsı*	Nase
hóulóng	*hou lung*	Kehle, Rachen
gǔtóu	*guh tou*	Knochen
jīròu	*djih rou*	Muskel
shénjīng	*schën djing*	Nerv
fèi	*fäi*	Lunge
gān	*gan*	Leber
shèn	*schën*	Niere
xīn	*chin*	Herz
dùzi	*duh dsı*	Bauch

Tabelle 16.1: Die Körperteile auf Chinesisch

Vergessen Sie auf Reisen Ihre Medikamente nicht. Bewahren Sie sie in Ihrem Handgepäck oder Ihrer Handtasche auf. Stecken Sie sie nicht in das aufgegebene Gepäck, es könnte ja sein, dass das verloren geht.

Einen Arzt finden

Wenn es das **yùnqì** (*yün tjih*; Schicksal) gut mit Ihnen meint, benötigen Sie wahrscheinlich die Redewendungen aus diesem Kapitel nie. Wenn Sie aber vom **dǎoméi** (*dau mäi*; Pech) verfolgt sind, dann sollten Sie unbedingt weiterlesen. Selbst wenn Sie nicht ein einziges Mal **chōu yān** (*tschou yän*; rauchen), können Sie trotzdem einen **késòu** (*kë ssou*; Husten) oder eine **qìguǎnyán** (*tjih guan yän*; Bronchitis) bekommen. Zeit, zum **yīshēng** (*ih schëng*; Arzt) zu gehen.

Im Gespräch

Dàlín und seine Frau Miǎn reisen das erste Mal seit 20 Jahren zurück nach China. Miǎn wird plötzlich schwindlig und deswegen sprechen die beiden über die Symptome.

Dàlín: **Ní zěnme bù shūfu?**

Nih dsën më buh schuh fuh?

Was fehlt dir?

Miǎn: **Wǒ gǎnjué bù shūfu, kěshì bù zhīdao wǒ déle shénme bìng.**

Uo gan djüä buh schuh fuh, kë schı buh dschı dau uo dë lë schën më bing.

Ich fühle mich nicht wohl, aber ich weiß nicht, was ich habe.

Dàlín: **Nǐ fā shāo ma?**

Nih fah schau ma?

Hast du Fieber?

Miǎn: **Méiyǒu, dànshì wǒ tóu yūn. Yěxǔ wǒ xūyào kàn nèikē yīshēng.**

Mäi yoh, dan schı uo tou yün. Iä chüh uo chüh yau kan näi kë ih schëng.

Nein, aber mir ist schwindlig. Vielleicht sollte ich zu einem Internisten gehen.

Dàlín ruft im nächsten Krankenhaus an und macht einen Termin.

Dàlín: **Wǒ jīntiān xiàwǔ sān diǎn zhōng yuē le yī gè shíjiān. Nǐ zuì hǎo zànshí zuòxiàlai.**

Uo djin tiän chiah uh ssan diän dschung yüä lë ih gë schı djiän. Nih dsuäi hau dsan schı dsuo chiah lai.

Ich habe einen Termin für heute Nachmittag drei Uhr gemacht. Setz dich jetzt am besten hin.

Kleiner Wortschatz

Chinesisch	Aussprache	Deutsch
kàn bìng	*kan bing*	zum Arzt gehen
yīshēng	*ih schëng*	Arzt/Ärztin
yáyī	*yah ih*	Zahnarzt/Zahnärztin
hùshì	*huh schı*	Krankenschwester/Krankenpfleger
bìngrén	*bing rën*	Patient/Patientin

Chinesische Verben haben keine Zeitformen. Sie können aber sogenannte Aspektpartikeln dahinter stellen, um eine bestimmte zeitliche Struktur der Handlung zu beschreiben. **Xiàlai** (*chiah lai*) und **xiàqu** (*chiah tjüh*) sind zwei solcher Aspektpartikeln. **Xiàlai** beschreibt eine Handlung, die allmählich zu einer Nicht-Handlung oder einem ruhigeren Zustand wird, wie zum Beispiel **zuòxiàlai** (*dsuo chiah lai*; sich hinsetzen) gerade im Dialog. **Xiàqu** beschreibt die Fortführung einer Handlung.

Beschreiben, wo es zwickt

Hat der Arzt die magischen Worte **Méi shénme** (*mäi schën më*; Es ist nichts) gesagt? Meiner auch nicht. Was für ein Jammer. Vielleicht schauen Sie gerade auf Ihr **wēndùjì** (*wën duh djih*; Thermometer) und stellen fest **Wǒ fā shāo le!** (*uo fah schau lë*; Ich habe Fieber.) **Āiya!** (*ai yah*; Oh weh!) Zeit herauszufinden, was los ist. Ob Sie zu einer **jízhěnshì** (*djih dschën schı*; Notaufnahme) oder in eine normale Sprechstunde gehen, Ihnen werden sicher ähnliche Fragen zur Versicherung und Ihren Symptomen gestellt. Tabelle 16.2 führt mögliche Symptome auf.

Chinesisch	Aussprache	Deutsch
pàng le	*pang lë*	zugenommen haben
shòu le	*schou lë*	abgenommen haben
fā shāo	*fah schau*	Fieber haben
lā dùzi	*lah duh dsı*	Durchfall haben
biànmì	*biän mih*	Verstopfung
ěxin	*ë chin*	Übelkeit
hóulóng téng	*hou lung tëng*	Halsschmerzen haben
tóu téng	*tou tëng*	Kopfschmerzen haben
wèi tòng	*wäi tung*	Bauchschmerzen haben
bèi tòng	*bäi tung*	Rückenschmerzen haben
ěr tòng	*ër tung*	Ohrenschmerzen haben
yá tòng	*yah tung*	Zahnschmerzen haben
xiàntǐ zhǒngle	*chiän tih dschung lë*	die Drüsen sind geschwollen

Tabelle 16.2: Häufige Symptome auf Chinesisch

Wenn Sie beim Arzt sind, werden verschiedene Untersuchungen gemacht:

- ✔ **Qǐng juǎnqǐ nǐ de xiùzi lai.** (*tjing djüän tjih nih dë chiou dsı lai*; Bitte rollen Sie Ihren Ärmel hoch.)
- ✔ **Wǒ yòng tīngzhěnqì tīng yī xià nǐ de xīnzàng.** (*uo yung ting dschën tjih ting ih chiah nih dë chin dsang*; Ich werde mit einem Stethoskop Ihr Herz abhören.)

- **Shēn hūxī.** (*schën huh chih*; Atmen Sie tief ein und aus.)
- **Bă zuĭ zhāngkāi.** (*bah dsuäi dschang kai*; Öffnen Sie den Mund.)
- **Bă shétou shēnchūlai.** (*bah schë tou schën tschuh lai*; Strecken Sie die Zunge raus.)
- **Wŏmen huàyàn yīxià xiăobiàn.** (*uo mën hua yän ih chiah chiau biän*; Wir werden Ihren Urin untersuchen.)

Gegen die Luftverschmutzung kämpfen

Luftverschmutzung ist ein sehr großes Problem in China. Wenn Sie Probleme mit den Atemwegen haben, wie zum Beispiel Asthma oder chronische Bronchitis, sollten Sie in großen Städten an bestimmten Tagen eine Gesichtsmaske tragen.

Auch wenn für China keine besonderen Impfungen gefordert sind, sollten Sie Ihren Tetanus- und Hepatitis-B-Impfschutz überprüfen lassen.

Track 31: Im Gespräch

Christine hat einen Termin bei **Huò dàifu** (*huo dai fuh*; Dr. Huo). Vorher muss sie bei der **jiēdàiyuán** (*djiä dai üän*; hier: Sprechstundenhilfe) einige Formulare ausfüllen.

Sprechstundenhilfe:	**Nĭ shì lái kàn bìng de ma?** *Nih schı lai kan bing dë ma?* Sie wollen zum Arzt?
Christine:	**Shì de.** *Schı dë.* Ja.
Sprechstundenhilfe:	**Yŏu méiyŏu yīliáo băoxiăn?** *Yoh mäi yoh ih liau bau chiän?* Haben Sie eine Krankenversicherung?
Christine:	**Yŏu.** *Yoh.* Ja.
Sprechstundenhilfe:	**Hăo. Qĭng tián yīxià zhè zhāng biăo.** *Hau. Tjing tiän ih chiah dschë dschang biau.* Gut. Füllen Sie bitte dieses Formular aus.

Kurz darauf bringt die Sprechstundenhilfe Christine zu einer **hùshì** (*huh schı*; Krankenschwester), die ihren Blutdruck messen will.

Sprechstundenhilfe: **Hùshì huì xiān liáng yīxià xuèyā.**
Huh schı huäi chiän liang ih chiah chüä yah.
Die Krankenschwester wird Ihren Blutdruck messen.

Krankenschwester: **Qǐng juǎnqǐ nǐ de xiùzi lai.**
Tjing djüän tjih nih dë chiou dsı lai.
Bitte rollen Sie Ihren Ärmel hoch.

Krankenschwester: **Hǎo. Huò dàifu xiànzài gěi nǐ kàn bìng.**
Hau. Huo dai fuh chiän dsai gäi nih kan bing.
Gut. Dr. Huo wird Sie jetzt untersuchen.

Christine geht in Dr. Huos Sprechzimmer. Nach ein paar einleitenden Fragen fragt Dr. Huo, was Christine fehlt.

Huò daifu: **Yǒu shénme zhèngzhuàng?**
Yoh schën më dschëng dschuang?
Was für Symptome haben Sie?

Christine: **Wǒ de hóulóng cóng zuótiān jiù tòng le.**
Uo dë hou lung tsung dsuo tiän djiou tung lë.
Ich habe seit gestern Halsschmerzen.

Huò daifu: **Hǎo. Wǒ xiān yòng tīngzhěnqì tīng yīxià nǐ de xīnzàng.**
Hau. Uo chiän yung ting dschën tjih ting ih chiah nih dë chin dsang.
Gut. Ich werde erst mit einem Stethoskop Ihr Herz abhören.

Dr. Huo setzt das Stethoskop auf Christines Brust.

Huò daifu: **Shēn hūxī.**
Schën huh chih.
Atmen Sie tief ein und aus.

Dr. Huo nimmt einen Holzspatel.

Huò daifu: **Qǐng bǎ zuǐ zhāngkāi, bǎ shétou shēnchūlai.... duì le. Nǐ de hóulóng hǎoxiàng yǒu yīdiǎn fā yán.**
Tjing bah dsuäi dschang kai, bah schë tou schën tschuh lai.... duäi lë. Nih dë hou lung hau chiang yoh ih diän fah yän.
Bitte öffnen Sie den Mund und strecken Sie Ihre Zunge heraus ... Ja. Ihr Hals ist etwas entzündet.

Kleiner Wortschatz

Chinesisch	Aussprache	Deutsch
jiǎnchá	*djiän tschah*	untersuchen
Wǒ bù shūfu.	*uo buh schuh fuh*	Ich fühle mich nicht wohl.
bìng le	*bing lë*	krank sein
bìngrén	*bing rën*	Patient/Patientin
zháoliáng	*dschau liang*	sich erkälten
gǎnmào	*gan mau*	erkältet sein
shòushāng	*schou schang*	verletzt
liúgǎn	*liou gan*	Grippe
fā yán le	*fah yän lë*	entzündet sein
gāo xuèyā	*gau chüä yah*	hoher Blutdruck
bìnglì	*bing lih*	Anamnese

Über seine Krankengeschichte sprechen

Wenn Sie zum ersten Mal bei einem Arzt sind, wird er etwas über Ihre Krankengeschichte erfahren wollen. Sie werden folgende Frage hören:

Nǐ jiā yǒu méiyóu ... de bìnglì? (*nih djiah yoh mäi yoh ... dë bing lih*; Gibt es in Ihrer Familie ...?)

In Tabelle 16.3 finden Sie einige schwerere Krankheiten, die hoffentlich weder Sie noch jemand in Ihrer Familie jemals hatte.

Chinesisch	Aussprache	Deutsch
áizhèng	*ai dschëng*	Krebs
fèi'ái	*fäi ai*	Lungenkrebs
qìchuǎnbìng	*tjih tschuan bing*	Asthma
xīnzàng yǒu máobìng	*chin dsang yoh mau bing*	Herzprobleme haben
tángniàobìng	*tang niau bing*	Diabetes
àizībìng	*ai dsı bing*	AIDS
lìjí	*lih djih*	Ruhr
shuǐdòu	*schuäi dou*	Windpocken
huòluàn	*huo luan*	Cholera
jiǎxíng gānyán	*djiah ching gan yän*	Hepatitis A
yǐxíng gānyán	*ih ching gan yän*	Hepatitis B

Chinesisch	Aussprache	Deutsch
bǐngxíng gānyán	*bing ching gan yän*	Hepatitis C
fèijiéhé	*fäi djiä hë*	Tuberkulose

Tabelle 16.3: Schwere Krankheiten auf Chinesisch

Eine Diagnose stellen

Sie haben bestimmt von Ärzten gehört, die auf einen Blick wissen, was dem Patienten fehlt. Außer bei einfachen Erkältungen oder der Grippe sind aber doch meist ein paar Tests notwendig, um die Diagnose zu stellen. Vielleicht muss sogar Folgendes gemacht werden:

- ✔ **huàyàn** (*hua yän*; Laboruntersuchung)
- ✔ **xīndiàntú** (*chin diän tuh*; EKG)
- ✔ **huàyàn yī xià xiǎobiàn** (*hua yän ih chiah chiau biän*; den Urin untersuchen)

Track 32: Im Gespräch

Manfred bringt seine Tochter Katharina zum **yīshēng** (*ih schëng*; Arzt), als er bemerkt, dass sie stark erkältet ist. Der Arzt misst die Temperatur und stellt eine Diagnose.

Yīshēng: **Katharina, hǎo xiāoxi. Nǐ de tǐwēn zhèngcháng.**
Katharina, hau chiau chih. Nih dë tih wën dschëng tschang.
Katharina, gute Nachricht. Deine Temperatur ist normal.

Katharina: **Hǎo jí le.**
Hau djih lë.
Super.

Yīshēng: **Kěnéng zhǐ shì gǎnmào.**
Kë nëng dschı schı gan mau.
Es ist wohl nur eine Erkältung.

Manfred: **Huì chuánrǎn ma?**
Huäi tschuan ran ma?
Ist es ansteckend?

Yīshēng: **Bù huì.**
Buh huäi.
Nein.

Katharina: **Yánzhòng ma?**
Yän dschung ma?
Ist es schlimm?

Yīshēng: **Bù yánzhòng. Nǐ zuì hǎo xiūxi jǐ tiān, hē hěn duō shuǐ, jiù hǎo le.**

Buh yän dschung. Nih dsuäi hau chiou chih djih tiän, hë hën duo schuäi, djiou hau lë.

Nein. Am besten ruhst du dich ein paar Tage aus und trinkst viel, dann wird es besser.

Manfred: **Tā děi zài chuángshang tǎng duō jiǔ?**

Tah däi dsai tschuang schang tang duo djiou?

Wie lange muss sie im Bett bleiben?

Yīshēng: **Zuì hǎo liǎng sān tiān.**

Dsuäi hau liang ssan tiän.

Am besten zwei, drei Tage.

Im Chinesischen stellt man zur Negation das Adverb **bù** (*buh*) vor das Verb oder Adjektiv, das man verneint. Es klingt im Deutschen komisch, wenn man wie hier im Dialog die Antwort auf die Frage »Ist es schlimm?« mit »Nicht schlimm« übersetzen würde. Ein einfaches »Nein« reicht aus.

Wenn Sie eine ungefähre Zahl oder Menge angeben, wie »zwei oder drei Tage«, müssen Sie im Chinesischen nicht das Wörtchen **huòzhě** (*huo dschë*; oder) dazwischensetzen. Stellen Sie einfach beide Zahlen hintereinander, das »oder« ist darin enthalten. Zum Beispiel bedeutet **wǔ liù gè rén** (*uh liou gë rën*) fünf oder sechs Leute und **sì wǔ tiān** (*ssı uh tiän*) vier oder fünf Tage.

Kleiner Wortschatz

Chinesisch	Aussprache	Deutsch
xiě/xuè	*chiä/chüä*	Blut
chōu xiě	*tschou chiä*	Blut abnehmen
xuèyā	*chüä yah*	Blutdruck
xiǎobiàn	*chiau biän*	urinieren
dàbiàn	*dah biän*	Stuhlgang haben
wēndùjì	*wën duh djih*	Thermometer
liáng tǐwēn	*liang tih wën*	die Körpertemperatur messen
màibó	*mai bo*	Puls

Wieder gesund werden

Nicht alles kann mit einem Teller **jītāng** (*djih tang*; Hühnerbrühe) geheilt werden, obwohl meine Großmutter etwas anderes behauptet hat. Wenn Ihre Großmutter so gut kocht wie meine, kann die Suppe aber auch nicht schaden …

Der Arzt verschreibt Ihnen vielleicht einige **yào** (*yau*; Medikament). Wenn Sie Ihr **yàofāng** (*yau fang*; Rezept) **lǐng** (*ling*; abholen), dann lesen Sie bestimmt folgende Anweisungen:

- ✔ **Měi sì gè xiǎoshí chī yī cì.** (*mäi ssı gë chiau schı tschı ih tsı*; Alle vier Stunden einmal einnehmen.)
- ✔ **Měi tiān chī liǎng cì, měi cì sān piàn.** (*mäi tiän tschı liang tsı, mäi tsı ssan piän*; Zwei Mal täglich jeweils drei Tabletten einnehmen.)
- ✔ **Fàn hòu chī.** (*fan hou tschı*; Nach dem Essen einnehmen.)

Im Gespräch

Maxi spricht mit dem Apotheker über ihr Rezept und ihren Husten.

Maxi:	**Nín néng bu néng gěi wǒ pèihǎo zhèi ge yào?**
	Nin nëng buh nëng gäi uo päi hau dschäi gë yau?
	Können Sie mir dieses Medikament geben?
Apotheker:	**Kěyǐ.**
	Kë ih.
	Ja.
Maxi:	**Wǒ hǎi yào zhì késòu de yào.**
	Uo hai yau dschı kë ssou dë yau.
	Außerdem brauche ich noch etwas gegen Husten.
Apotheker:	**Nǐ zuì hǎo chī késòu tángjiāng. Késòuyào yě kěyǐ.**
	Nih dsuäi hau tschı kë ssou tang djiang. Kë ssou yau iä kë ih.
	Am besten nehmen Sie Hustensaft ein. Hustentabletten gehen auch.

Maxi sieht ein anderes Medikament auf dem Regal und fragt den Apotheker danach.

Maxi:	**Zhèi ge zěnmeyàng?**
	Dschäi gë dsën më iang?
	Was ist damit?
Apotheker:	**Bù xíng! Nà shì xièyào. Chúfēi nǐ yǒu biànmì, nà méi yòng.**
	Buh ching. Nah schı chiä yau. Tschuh fäi nih yoh biän mih, nah mäi yung.
	(lacht) Das geht nicht. Das ist ein Abführmittel. Wenn Sie keine Verstopfung haben, nützt Ihnen das nichts.
Maxi:	**Bù hǎoyìsi.**
	Buh hau ih ssı.
	Wie peinlich.

Kleiner Wortschatz

Chinesisch	Aussprache	Deutsch
nà méi yòng	*nah mäi yung*	Das nützt nichts.
bù hǎoyìsi	*buh hau ih ssı*	peinlich sein
jiùhùchē	*djiou huh tschë*	Krankenwagen
zhēnjiǔ	*dschën djiou*	Akupunktur
yào	*yau*	Medikament
Zhōng yào	*dschung yau*	chinesisches Medikament
Xī yào	*chih yau*	westliches Medikament
chī yào	*tschı yau*	Medikament einnehmen
yàofáng	*yau fang*	Apotheke
yàowán	*yau wan*	Tablette
kàngshēngsù	*kang schëng ssuh*	Antibiotikum
dǎ zhēn	*dah dschën*	Injektion
wàikē	*wai kë*	Chirurgie
dòng shǒushù	*dung schou schuh*	operiert werden
sǐ	*ssı*	sterben
zhěnliáosuǒ	*dschën liau ssuo*	Ambulanz
yīyuàn	*ih üän*	Krankenhaus
dānjià	*dan djiah*	Trage, Bahre
jízhěnshì	*djih dschën schı*	Notaufnahme
kàngsuānyào	*kang ssuan yau*	Säureblocker
āsīpǐlín	*ah ssı pih lin*	Aspirin
wéitāmìng	*wäi tah ming*	Vitamin
Wǒ duì qīngméisù guòmǐn.	*uo duäi tjing mäi ssuh guo min*	Ich bin gegen Penizillin allergisch.

Sich an Akupunktur und Kräuterheilmittel halten

Akupunktur und Kräuterheilmittel sind inzwischen auch außerhalb Chinas sehr beliebt. Kein Wunder, haben sie doch über Jahrhunderte ihre Wirksamkeit bewiesen. Mittlerweile werden bei der Behandlung von Krankheiten wie Rheuma oder Krebs chinesische und westliche Medizin kombiniert. Akupunktur hat sich zum Beispiel als so wirksam erwiesen, dass man operiert werden kann, ohne eine Narkose zu bekommen.

Die Polizei rufen

Wurde Ihnen schon mal die Handtasche **tōu le** (*tou lë*; gestohlen)? Aus eigener Erfahrung können wir Ihnen sagen, dass es kein schönes Gefühl ist, das Opfer zu sein. Man ist **shēngqì** (*schëng tjih*; wütend) über ein solch **kěpà** (*kë pah*; fürchterlich) Ereignis, vor allem, wenn es in einem fremden Land passiert und der **zéi** (*dsäi*; Dieb) **táopǎo** (*tau pau*; fliehen).

Hoffentlich werden Sie niemals Opfer eines Verbrechens, wie zum Beispiel eines Diebstahls (oder von etwas Schlimmerem). Trotzdem sollten Sie vorbereitet sein, wenn die **jǐngchá** (*djing tschah*; Polizei) in ihrem **jǐngchē** (*djing tschë*; Polizeiwagen) eintrifft und Sie mit auf die **jǐngchájú** (*djing tschah djüh*; Wache) nimmt, um den vermeintlichen **zéi** (*dsäi*; Dieb) zu identifizieren. Hoffentlich wurde der Missetäter **zhuā le** (*dschuah lë*; gefasst).

Vielleicht sind Sie ja auch nur Augenzeuge eines Geschehens. Wenn Sie einen Unfall beobachten, können Sie folgende Sätze zur Polizei, zu Hilfskräften oder zum Opfer sagen:

- ✔ **Tā bèi qìchē yàzháo le.** (*tah bäi tjih tschë yah dschau lë*; Er wurde von einem Auto überfahren.)
- ✔ **Tā zài liú xiě.** (*tah dsai liou chiä*; Er blutet.)
- ✔ **Bié kū. Jǐngchá hé jiùhùchē láile.** (*biä kuh. djing tschah hë djiou huh tschë lai lë*; Weinen Sie nicht. Polizei und Krankenwagen sind da.)

Keine Angst vor der chinesischen Justiz

In der Volksrepublik China ist die Justiz recht schnell, oft ohne Möglichkeit auf ein ordentliches Verfahren. Viel zu oft wird viel zu rasch die Todesstrafe verhängt, für Verbrechen wie Mord und Vergewaltigung, aber auch Wirtschaftskriminalität und Korruption. Allerdings gilt China als sicheres Ziel für Touristen und Geschäftsleute, und Polizisten sind immer bereit, einem Ausländer, der sich verirrt hat, zu helfen.

Juristischen Rat suchen

Neun von zehn Ausländer in China müssen niemals die Hilfe eines Anwalts in Anspruch nehmen. Die Chinesen sind nicht so prozessfreudig, wie man es vielleicht aus anderen Gesellschaften kennt. Wenn Sie doch einen **lǜshī** (*lüh schı*; Rechtsanwalt) brauchen, sollten Sie sich an die **dàshǐguǎn** (*dah schı guan*; Botschaft) Ihres Landes oder das **lǐngshìguǎn** (*ling schı guan*; Konsulat) wenden.

Es kann schon sehr **máfan** (*mah fan*; lästig, nervig) sein, wenn man mit einem **lǜshī** zu tun hat, egal in welchem Land man ist. Aber zugegeben, sie kennen das **fǎlǜ** (*fah lüh*; Recht). Und falls Sie in einer schwerwiegenden **shìjiàn** (*schı djiän*; Angelegenheit) ins **fǎyuàn** (*fah *üän*; Gericht) müssen, wollen Sie ja, dass die Richter zu Ihren Gunsten **pànjué** (*pan djüä*; entscheiden). Und die Moral von der Geschicht': Gute **lǜshī** sind **jīn** (*djin*; Gold) wert, auch wenn man sie für **shāyú** (*schah üh*; Hai) hält.

Spiel und Spaß

Wie heißen die folgenden Körperteile auf Chinesisch? Die Lösungen finden Sie in Anhang D.

1. Arm ____________________
2. Schulter ________________
3. Finger __________________
4. Bein ____________________
5. Hals ____________________
6. Brust ___________________
7. Auge ___________________
8. Ohr _____________________
9. Nase ____________________

Teil IV
Einführung in die chinesischen Schriftzeichen

IN DIESEM TEIL …

- ✔ Wie die Schriftzeichen aufgebaut sind und welche Hinweise auf Ihre Bedeutung und Aussprache sie mitbringen.
- ✔ Welche Regeln die Strichreihenfolge bestimmen, die Sie dabei unterstützt, ein Zeichen korrekt zu schreiben.
- ✔ Einblick in die kulturellen Hintergründe und die spannende Entstehungsgeschichte der chinesischen Schrift.

IN DIESEM KAPITEL

Die Vielschichtigkeit der chinesischen Schrift begreifen

Den Unterschied zwischen traditionellen und vereinfachten Schriftzeichen verstehen

Mit Begeisterung Strategien entwickeln, um das Schreiben in Chinesisch zu lernen

Kapitel 17
Einen Überblick über das chinesische Schriftsystem gewinnen

Das chinesische Schriftsystem ist vieles, aber eines ist es nicht: einfach! Es ist einzigartig, schön und ebenso bemerkenswert in seiner Komplexität. Aber wie geht man mit einer Schriftsprache um, die nicht einmal ein Alphabet hat? Und woher weiß man, wie man sie schreiben oder lesen soll, wenn die Zeichen von links nach rechts, von rechts nach links oder von oben nach unten gehen können?

In diesem Kapitel erhalten Sie Antworten auf diese uralten Fragen. Außerdem geben wir Ihnen Tipps, wie Sie sich zumindest die ersten 100 Zeichen einer Sprache merken können, die aus Tausenden davon besteht.

Die Feinheiten des geschriebenen Chinesisch wertschätzen

Chinesisch ist die Muttersprache der ältesten ununterbrochenen Zivilisation der Welt und die Muttersprache, die von der größten Anzahl von Menschen gesprochen wird. Außerdem ist es wohl eine der kompliziertesten Schriftsprachen der Welt. Ein typisches chinesisches Wörterbuch enthält etwa 50 000 Zeichen, von denen 28 000 bereits veraltet sind.

Sie werden sich vielleicht fragen, warum also veraltete Wörter in einem chinesischen Wörterbuch behalten? Aus dem gleichen Grund, aus dem wir sie auch in englischen

Wörterbüchern behalten. Sie werden vielleicht nicht mehr regelmäßig verwendet, wenn überhaupt, aber es gibt sie noch. Haben Sie sich noch niemals »crapulous« gefühlt? Was? Waren Sie noch nie bis zum Anschlag vollgestopft? Im 16. Jahrhundert hatte das spätlateinische Wort genau diese Bedeutung. Auch wenn wir dieses Wort zwar heute nicht mehr benutzen, ist es immer noch in jedem Wörterbuch zu finden, das etwas taugt. Diese Art von Wörtern findet man auch in chinesischen Wörterbüchern. Dieses Zeichen, **lì** 栗 (*lih*), hatte verschiedene Bedeutungen: Kastanie, zittern oder Angst. Das Zeichen mit diesen ursprünglichen Bedeutungen ist heute veraltet, aber dem Grundzeichen wurde ein weiterer Strich hinzugefügt, und das daraus resultierende Zeichen 傈 übernahm eine neue Bedeutung: Ahnentafel – eine Steinplatte oder ein Holzstück, das die Chinesen zur Verehrung ihrer Vorfahren verwenden.

Um eine chinesische Zeitung relativ problemlos zu lesen, muss man nur etwa 3000 bis 4000 Zeichen kennen. Eine gut ausgebildete Person ist in der Lage, zwischen 4000 und 6000 Zeichen und 40 000 bis 60 000 Wörter zu lesen, von denen jedes aus einem, zwei oder drei Zeichen besteht. Mit nur 500 Zeichen können Sie 75 Prozent aller chinesischen Wörter erkennen. Und wenn Sie 1000 Zeichen kennen, können Sie fast 90 Prozent einer Zeitung lesen.

In alten Zeiten konnten sich nur die wohlhabendsten Familien die Zeit und das Geld leisten, um ihre Söhne in einer so komplexen Schriftsprache unterrichten zu lassen, dass es Jahre erforderte, um sie zu beherrschen. China war jahrhundertelang eine Subsistenzgesellschaft, Hunger und Hungersnot waren oft Realitäten der Menschen. Daher waren im alten China nur wenige Menschen des Lesens und Schreibens mächtig.

Die chinesischen Schriftzeichen sind zwar wunderschön und auf den ersten Blick bedeutungsvoll, doch angesichts der Vielzahl von Zeichen, die selbst für ein grundlegendes Maß an Lesefähigkeit erforderlich sind, wurden sie von vielen als unpraktisch angesehen. Man prophezeite sogar ihre Ablösung durch ein effizienteres Alphabet. So entstand das Pīnyīn (eine Form der Transkription, bei der lateinische Buchstaben verwendet werden, um die Aussprache chinesischer Wörter wiederzugeben, so wie wir sie im Englischen oder Deutschen kennen). Dies markierte den Beginn einer weitreichenden Sprachreform.

Die Schrift als verbindendes Element Chinas

Seit Tausenden von Jahren ist das gesprochene Chinesisch in Hunderte regionale Dialekte unterteilt, von denen die meisten untereinander unverständlich sind. Im Laufe der Jahrhunderte, von Dynastie zu Dynastie, von Königreich zu Königreich, war die Schrift das einzige verbindende Element, das das chinesische Volk vereinte.

Erinnern Sie sich an die Anekdote aus Kapitel 1? Noch heute kann es vorkommen, dass zwei Chinesen nebeneinander im Zug sitzen – der eine aus Peking, Mandarin sprechend, der andere aus dem Süden, Kantonesisch sprechend – und sie beim gegenseitigen lauten Vorlesen einer Zeitung kein Wort verstehen. Doch sobald sie dieselben Schriftzeichen still betrachten, erfassen beide exakt den gleichen Inhalt. Für sie ist es oft einfacher, sich schriftlich zu verständigen, als ein gesprochenes Gespräch zu führen.

Tatsächlich ermöglicht das gesprochene Chinesisch mit den vielen verschiedenen Tönen, zahlreiche Bedeutungen für ein einziges Wort, sogar bei gleicher Aussprache und gleichem Ton. Wenn der Kontext nicht eindeutig ist, bringt erst die Schrift Klarheit über die beabsichtigte Bedeutung.

Chinesen und Chinesinnen sprechen nicht nur einen der beiden Dialekte, die wir normalerweise mit der gesprochenen Sprache verbinden: Mandarin und Kantonesisch. Es gibt Hunderte von gesprochenen Dialekten, die jede Provinz, Stadt oder Gemeinde im ganzen Land repräsentieren, aber Mandarin ist die Standardsprache, die in allen Schulen unterrichtet wird.

Die Einigung des Landes durch das Schriftsystem fand während der Qin (*tjin*)-Dynastie statt. Während dieser Dynastie ließ der tyrannische Kaiser Shi Huangdi die berühmten Terrakotta-Krieger anfertigen, die ihn im Jenseits begleiten und schützen sollten. Während seiner kurzen Regierungszeit standardisierte er viele Dinge, um seine Herrschaft weiter zu festigen, allen voran das chinesische Schriftsystem. Wenn er ein neues Edikt verkündete, konnte es jeder lesen.

Was? Kein Alphabet?

Die meisten Sprachen der Welt werden alphabetisch geschrieben, wobei jeder Buchstabe nur für einen Laut steht und keine eigene Bedeutung trägt. Die chinesische Schrift ist jedoch logografisch, was bedeutet, dass jedes Zeichen ein ganzes Wort oder einen Teil eines zusammengesetzten Wortes darstellt. Dafür sind Tausende von Zeichen erforderlich. Das Wort **diànnǎo** 电脑 (*diän nau*) zum Beispiel setzt sich zusammen aus **diàn**, was elektrisch bedeutet, und **nǎo**, was Gehirn bedeutet. Setzt man beides zusammen, ergibt es das elektronische Gehirn, auch bekannt als Computer. Das ist zwar faszinierend und brillant, aber die unverblümte Wahrheit ist, dass es im Chinesischen kein Alphabet gibt. Die einzige Möglichkeit, Schriftzeichen zu lernen, ist die altbewährte Methode: lernen, lernen, lernen. Krempeln Sie die Ärmel hoch, nehmen Sie sich Zeit, und lernen Sie jedes einzelne Zeichen auswendig.

Selbst wenn das Erlernen chinesischer Schriftzeichen manchmal wie eine unüberwindbare Aufgabe erscheint, wird das Studium der chinesischen Sprache viel leichter, wenn Sie diesem Buch Schritt für Schritt folgen und die Radikale sowie andere Komponenten kennenlernen, aus denen die Zeichen bestehen. Die Radikalliste im Anhang A bietet Ihnen eine übersichtliche Hilfe beim Erlernen der einzelnen Bestandteile der Schriftzeichen.

In welche Richtung gehen die chinesischen Schriftzeichen? – Die Reihenfolge der Schriftzeichen

Da jedes Zeichen im Chinesischen für sich genommen ein Wort oder ein Teil eines zusammengesetzten Wortes ist (zwei Zeichen, die zusammen ein eigenständiges Wort ergeben), können sie in fast beliebiger Reihenfolge geschrieben und gelesen werden – von rechts nach links, von links nach rechts oder von oben nach unten. In jeder beliebigen Richtung, außer diagonal.

Wenn Sie sich einen chinesischen Film anschauen, sehen Sie vielleicht mehrere Untertitel: einen englischen, der von links nach rechts geht, einen chinesischen, der ebenfalls von links nach rechts geht und plötzlich eine weitere chinesische Zeile, die von rechts nach links geht. Es kann sein, dass Sie eine Weile schielen, wenn Sie versuchen, beiden zu folgen, aber Sie werden den Dreh schon bald raushaben. Und wenn Sie wirklich schockiert sein wollen, sehen Sie vielleicht noch eine weitere Reihe von Untertiteln, die vertikal an die Wand projiziert werden, sodass sich Ihre Augen wie Tischtennisbälle anfühlen. Dann ist alles andere egal.

Von rechts nach links und von links nach rechts ist geläufig – aber warum eigentlich von oben nach unten? Vor der Erfindung des Papiers – übrigens von den Chinesen –, etwa im 8. Jahrhundert v. Chr., schrieb man Chinesisch ursprünglich auf Bambusstreifen. Da diese in vertikalen Streifen angeordnet waren, war es naheliegend, auch in dieser Richtung zu schreiben.

Die Rolle der Bambusstreifen kann man auch im Schriftzeichen für das Wort »Volumen« (wie in »Volumen eines Buchs«) erkennen: 册 (冊) **cè** (*tsë*). Das vereinfachte Zeichen (册) besteht aus zwei Bambusstreifen, die durch ein Stück Schnur verbunden sind, während das traditionelle Zeichen (冊) wie noch mehr Bambusstreifen aussieht, die durch eine Schnur zusammengebunden sind.

Versuchen Sie herauszufinden, was das folgende taoistische Sprichwort bedeutet, egal, in welche Richtung es geht. Um Ihnen einen kleinen Vorsprung zu verschaffen, haben wir in Klammern die Bedeutung jedes einzelnen Zeichens geschrieben. Von dort aus können Sie die Bedeutung zusammensetzen und versuchen, den ganzen Spruch zu übersetzen. Hier sind die Bedeutungen der vier Zeichen des Sprichworts:

知 **zhī** (*dschi*) (wissen)

者 **zhě** (*dschë*) (Possessivartikel, wie in derjenige, der)

不 **bù** (*buh*) (negative Vorsilbe, wie nein oder nicht)

言 **yán** (*iän*) (klassisches chinesisches Wort für sprechen)

Also gut, hier ist nun der Spruch in drei verschiedenen Richtungen. Mal sehen, ob Sie es herausfinden können, wenn es von oben nach unten geschrieben ist.

Von links nach rechts:	知者不言, 言者不知	**Zhī zhě bù yán, yán zhě bù zhī.**
Von rechts nach links:	知不者言, 言不者知	**Zhī bù zhě yán, yán bù zhě zhī.**
Von oben nach unten:		
知	**zhī**	
者	**zhě**	
不	**bù**	
言,	**yán**	
言	**yán**	

者	**zhě**
不	**bù**
知.	**zhī**

Haben Sie es erraten? Es bedeutet: »Diejenigen, die wissen, sprechen nicht, und diejenigen, die sprechen, wissen nicht« – ein Spruch, der dem taoistischen Philosophen Laozi 老子 aus dem 6. Jahrhundert v. Chr. zugeschrieben wird. Eine wahre Weisheit, nicht wahr?

In der Neuzeit wurde die westliche Anordnung der Wörter von links nach rechts zur Norm und 1955 ordnete die Regierung der Volksrepublik China an, dass dies auch für chinesische Schriftzeichen gilt. Taiwan hat dies ab 2004 auch für offizielle Dokumente übernommen.

Chinesisch kann von rechts nach links, von links nach rechts oder von oben nach unten geschrieben werden. So ziemlich jede Schreibweise ist möglich, außer diagonal, was jeden schwindelig machen würde, der es nur ansieht.

Reform der chinesischen Sprache

Im Jahr 1949, als die Kommunisten die Macht in China übernahmen, lag die Analphabetenrate bei geschätzten 85 Prozent. Es waren drastische Maßnahmen nötig, um das Land voranzubringen – lange bevor die heutige rasante Modernisierung und der blitzartige wirtschaftliche Aufschwung, für den China heute bekannt ist, begannen.

Das übergeordnete Ziel der Kommunistischen Partei Chinas (KPCh) im Jahr 1949 war die Schaffung einer neuen politischen Ordnung, verbunden mit einer revolutionären Umgestaltung der traditionellen chinesischen Werte und Sozialstruktur. Infolgedessen bestand die Erwachsenenbildung nun aus drei wesentlichen Elementen: der Entwicklung praktischer Fähigkeiten, der Förderung der ideologischen Bildung und der Beseitigung des Analphabetismus.

Der erste Schritt der Sprachreform bestand daher darin, die chinesischen Schriftzeichen zu vereinfachen, ihre Anzahl zu reduzieren und gleichzeitig ihre Schreibweise einfacher zu gestalten. Im Jahr 1955 wurde ein neues standardisiertes Wörterbuch veröffentlicht, in dem sofort über 1000 Zeichen gestrichen wurden. Im folgenden Jahr wurde eine Liste mit 355 vereinfachten Zeichen veröffentlicht, und 1964 waren von den 8000 am häufigsten verwendeten Zeichen über 2000 vereinfacht. Die westliche Zeichensetzung und ein überarbeiteter Druckstil (von vertikal zu horizontal) erleichterten das Hinzufügen von Fremdwörtern und -sätzen und bereiteten die spätere Übernahme des Pīnyīn vor.

Die Vereinfachung der chinesischen Schriftzeichen wird als Fortschritt in Chinas Modernisierungsbestrebungen gesehen. Die Alphabetisierungsrate Chinas ist von 20 Prozent auf 80 bis 90 Prozent gestiegen – ein unglaubliches Ergebnis in einer relativ kurzen Zeitspanne.

Das Pīnyīn-System löste frühere Romanisierungssysteme offiziell ab und wurde in China zum Standard. Dennoch steht die Idee, die chinesischen Schriftzeichen vollständig abzuschaffen, heute nicht mehr ernsthaft zur Debatte.

Traditionelle versus vereinfachte Schriftzeichen

Egal, ob Sie einen Besuch in Taiwan planen oder geschäftlich in der VR China tätig sind, Sie müssen den Unterschied zwischen **fántĭ zì** 繁体字 (*fan tih dsı*) (traditionelle Schriftzeichen) und **jiăntĭ zì** 简体字 (*djiän tih dsı*) (vereinfachte Schriftzeichen) kennen. Vor allem, wenn Sie vorhaben, irgendwann einmal Visitenkarten auszutauschen.

Die traditionellen Schriftzeichen (**fántĭ zì**) haben sich seit der Einführung der **Kăi shū** 楷书 (楷書) (*kye shoo*) (Standardschrift) um 200 n. Chr. kaum verändert. (Mehr über diese und andere Schriftarten erfahren Sie in Kapitel 19.) Traditionelle Schriftzeichen werden auch heute noch in Taiwan, Hongkong, Macao und vielen chinesischen Gemeinden in Übersee verwendet, wo man beginnt, sie schon in jungen Jahren zu lernen.

Die vereinfachten Schriftzeichen (**jiăntĭ zì**) werden nur in der Volksrepublik China, in Singapur und Malaysia verwendet. Als die Volksrepublik China 1949 gegründet wurde, lag die Analphabetenrate in der Bevölkerung bei etwa 85 Prozent – zum großen Teil, weil das Erlernen der chinesischen Sprache so schwierig und zeitaufwendig war. Hinzu kam, dass ein Großteil der Bevölkerung aus Bauern bestand, die von morgens bis abends auf den Feldern arbeiteten.

Die neue kommunistische Regierung beschloss, den Schreibprozess zu vereinfachen, indem sie vor allem die Anzahl der Striche reduzierte, die für ein bestimmtes Zeichen erforderlich waren, allerdings nicht bei allen. Tabelle 17.1 unten zeigt einige Beispiele für die Schriftzeichen vor (traditionelle Schriftzeichen) und nach (vereinfachte Schriftzeichen) der Reform.

Traditionelles Zeichen (Anzahl der Striche)	Vereinfachtes Zeichen (Anzahl der Striche)	Romanisierung und Aussprache	Bedeutung
見 (7 Striche)	见 (4 Striche)	**jiàn** (*djiän*)	*sehen*
車 (6 Striche)	车 (4 Striche)	**chē** (*tschĕ*)	*Fahrzeug*
聲 (17 Striche)	声 (7 Striche)	**shēng** (*schĕng*)	*Stimme, Ton*
國 (11 Striche)	国 (8 Striche)	**guó** (*guo*)	*Land*
較 (13 Striche)	较 (10 Striche)	**jiào** (*djiau*)	*relativ*

Tabelle 17.1: Traditionelle und vereinfachte chinesische Schriftzeichen

In diesem Buch werden vereinfachte Schriftzeichen verwendet und nicht die traditionellen, da sie von den meisten Menschen genutzt werden. Durch die Vereinfachung der Schriftzeichen, die die Anzahl der Striche reduziert, wird das Schreiben effizienter und das Erlernen der Zeichen erleichtert. Zudem kommen die Kurzzeichen in der Arbeitswelt häufiger zum Einsatz, da sie in offiziellen Dokumenten und alltäglicher schriftlicher Korrespondenz verbreitet sind.

Die Vereinfachung des chinesischen Schriftsystems hat alle möglichen politischen Untertöne. Wenn Sie also zum Beispiel in Taiwan geschäftlich tätig werden wollen, achten Sie darauf, dass Ihre Visitenkarten und andere Firmenunterlagen mit traditionellen chinesischen Schriftzeichen gedruckt sind. Heben Sie sich die vereinfachten Schriftzeichen für Ihre nächste Geschäftsreise nach China, Singapur oder Malaysia auf.

Die Kampagne der Kommunisten zur Reform der chinesischen Schriftsprache begann 1956, als die Nationale Kommission für die Reform der Schrift eine Liste mit 1700 vereinfachten Zeichen veröffentlichte. Im Jahr 1964 gab dieselbe Kommission eine erweiterte Liste heraus, die über 2200 vereinfachte Schriftzeichen enthielt.

Bei der Vereinfachung der Schriftzeichen wurde die Anzahl der Striche bei zu komplizierten Zeichen reduziert, eine Reihe von Wörtern wurde durch ihre Homophone ersetzt und überflüssige Varianten gestrichen (da bestimmte Zeichen mehrere verschiedene Formen hatten).

Auch wenn das Schreiben nach der Vereinfachung der Schriftzeichen einfacher geworden ist, ist die Schönheit der traditionellen Schriftzeichen für immer verloren. (Einige von uns trauern immer noch, obwohl die vereinfachten Schriftzeichen wirklich schneller und einfacher zu schreiben sind. Aber nicht alle Kalligrafen folgen diesem Trend.)

Warum Chinesisch schreiben lernen?

Jetzt, da Sie ein wenig mehr über die Geschichte und die Komplexität der chinesischen Schriftsprache wissen, geraten Sie vielleicht in Panik. Möglicherweise fragen Sie sich, was um alles in der Welt Sie (oder eigentlich jeder) dazu gebracht hat, sich mit einem der schwierigsten, wenn nicht sogar dem schwierigsten Schriftsystem der Welt zu befassen. Es ist eine Sache, Mandarin sprechen zu wollen. Heutzutage will das ja jeder, angesichts des rasanten Wirtschaftsbooms und der endlosen Geschäftsmöglichkeiten, die sich bieten.

Wenn Sie wirklich einen Einblick in die Tiefe und Schönheit der chinesischen Geschichte, Kultur und sogar der alten Weltanschauung gewinnen wollen, gibt es kaum eine bessere Möglichkeit, als sich mit dem geschriebenen Wort auseinanderzusetzen. Im wahrsten Sinne des Wortes. Nehmen wir zum Beispiel das Zeichen für Frieden: 和. Es entsteht durch die Kombination eines Mundes (口) mit einem Stück Getreide (禾). Was wäre, wenn wir Ihnen sagen würden, dass die Menschen im Reich der Mitte (die wörtliche Bedeutung von China) jahrhundertelang von Hungersnöten geplagt wurden, und dass es nach fast jeder Hungersnot zu einem Aufstand der hungernden Massen gegen den Herrscher kam? Die Verbindung zwischen den Mündern der Menschen, die mit Nahrung (Getreide) gefüllt sind, und einem friedlichen Reich ist den Kaisern Chinas im Laufe der Geschichte nicht entgangen. Schauen Sie einfach auf das Schriftzeichen, und Sie werden das Gesamtbild erkennen.

Im Deutschen funktioniert das auch umgekehrt. Schriftzeichen erhellen die Definition fast jedes Wortes auf Anhieb. Was zum Beispiel war die »Beulenpest« im Mittelalter, und wie haben sich die Menschen damit angesteckt? Schlagen Sie einfach »Beulenpest« in einem chinesischen Wörterbuch nach, und Sie werden die Zeichen für Ratte (鼠) und Krankheit (疫) finden. Die Krankheit, die von Ratten übertragen wird – ta-da-a-ah! Ist das nicht eine brillante Sprache?

Man lernt Chinesen kennen, wenn man sich mit ihnen auf Mandarin unterhält, das ist sicher. Aber wenn Sie sich das chinesische Schriftsystem genau ansehen, lernen Sie auch ihre kollektive Seele kennen. Beängstigend? Ja. Vielleicht sogar einschüchternd? Auf jeden Fall.

Keine Angst, dieses Buch wird Sie auf den richtigen Weg bringen.

Strategien zum Erlernen der chinesischen Schriftzeichen

Eines der Ziele dieses Buchs ist es, einige der bewährtesten Strategien zum Erlernen der chinesischen Schrift vorzustellen. Sie haben auch viele Möglichkeiten zum Üben. Alle Zeichen in diesem Buch sind in »grafische Komponenten« unterteilt. Dies soll Sie daran erinnern, dass eine effektive Methode zum Einprägen chinesischer Schriftzeichen darin besteht, sich die Kombination dieser grundlegenden Komponenten zu merken.

Auch wenn es Tausende von Schriftzeichen gibt, ist die Zahl der Komponenten, aus denen sie sich zusammensetzen, recht begrenzt. Das Schriftzeichen **nín** 您 (Sie [Höflichkeitsform, die man benutzt, wenn man mit jemandem spricht, der viel älter ist als man selbst]) hat zum Beispiel drei Grundbestandteile, die entweder oben, unten oder, wie in diesem Fall, auf der linken Seite des Zeichens erscheinen: 亻, 尔, und 心. Das Auswendiglernen dieser drei Komponenten ist einfacher als das Auswendiglernen von 11 einzelnen Strichen des Schreibpinsels, mit dem das Zeichen schließlich geschrieben wird, vorausgesetzt, man kennt die Striche, mit denen man beginnt. Die Aufgabe dieses Buchs ist es, Ihnen diese Komponenten beizubringen. Ihre Aufgabe ist es, sie zu lernen und zu üben. Ist das nicht eine perfekte Arbeitsteilung?

Wie genau kommen Sie also von Punkt A zu Punkt B, wenn Sie versuchen, chinesische Schriftzeichen zu beherrschen? Befolgen Sie diese Grundregeln.

Ziele setzen

Bevor Sie überhaupt mit dem Schreiben der Zeichen beginnen, müssen Sie sich in die »Ich kann es!« Einstellung versetzen. Im Folgenden finden Sie einige konkrete Vorschläge, die Ihnen helfen, erfolgreich zu starten, bevor Sie den Stift (oder Pinsel) zu Papier bringen:

- ✔ Nehmen Sie sich jeden Tag 10 bis 15 Minuten Zeit für das Üben der chinesischen Schriftzeichen.
- ✔ Legen Sie fest, wie viele Zeichen Sie bis zum Ende jeder Woche, jedes Monats oder jedes Tages lernen möchten.
- ✔ Tragen Sie die Zeit, die Sie für das Schriftzeichentraining eingeplant haben, in den Kalender ein.
- ✔ Behandeln Sie Ihre Schriftzeichenübungsroutine wie einen echten Arbeitstermin und halten Sie sich daran.

- ✔ Hören Sie auf Ihr Bauchgefühl. Wenn Sie unbedingt alle 100 Zeichen bis zum Ende des Tages auswendig lernen wollen, aber mittags noch nicht einmal bei Zeichen 5 angekommen sind, setzen Sie sich wahrscheinlich unrealistische Ziele.
- ✔ Nehmen Sie sich mindestens fünf Zeichen pro Woche vor (eines pro Arbeitstag).
- ✔ Klopfen Sie sich am Ende jeder Woche selbst auf die Schulter, weil Sie sich ein Ziel gesetzt und es erreicht haben – oder ihm nahegekommen sind.

Schreiben, überprüfen, wiederholen

Einige der besten Methoden, chinesische Schriftzeichen zu lernen, sind auch die einfachsten und bewährtesten Methoden, um die schriftliche Form einer fremden Sprache zu erlernen: üben, üben, üben. Im Folgenden geben wir Ihnen einige Hinweise, die einfach umzusetzen sind. Alles, was Sie tun müssen, ist, sie zu befolgen.

- ✔ Schreiben Sie jedes neue Zeichen fünfmal.
- ✔ Schreiben Sie jedes neue Radikal fünfmal.
- ✔ Erstellen Sie Karteikarten für jedes Zeichen, wenn Sie es lernen.
- ✔ Schreiben Sie das eigentliche Zeichen auf eine Seite der Karteikarte und das Pīnyīn mit Tonzeichen sowie die deutsche Übersetzung auf die andere Seite.
- ✔ Stecken Sie die Karteikarten in Ihre Tasche oder Ihren Aktenkoffer, damit Sie bei einer Pause, zum Beispiel im Wartezimmer Ihres Arztes oder in der Warteschlange bei der Bank, die Karten herausholen und Ihre Zeit effizient nutzen können.

Kultivieren Sie Ihren inneren Schriftzeichenflüsterer

Erinnern Sie sich an den Zusammenhang zwischen Hand-Augen-Koordination? Nun, das Erlernen chinesischer Schriftzeichen steigert die Augen-Hirn-Hand-Koordination noch weiter. Was Sie sehen, wenn Sie ein scheinbar undurchschaubares Zeichen betrachten, muss sich in Ihrem Gehirn einprägen und dann auf magische Weise von Ihrer Hand wieder materialisiert werden. Im Folgenden finden Sie einige Möglichkeiten, dies zu tun:

- ✔ Identifizieren Sie den Teil des Schriftzeichens, der seine wahrscheinliche Aussprache angibt, und sagen Sie ihn leise zu sich selbst.
- ✔ Gruppieren Sie die Karteikarten, deren Zeichen ähnlich aussehen. Sagen Sie dann jedes Zeichen laut und überlegen Sie, was sie gemeinsam haben, wie sie geschrieben werden, um denselben Klang zu erzeugen.
- ✔ Zum Beispiel werden die Zeichen für Pferd, Mutter und schimpfen jeweils wie folgt geschrieben 马, 妈, und 骂. Wenn Sie sie laut aussprechen, werden Sie merken, dass sie alle wie »ma« ausgesprochen werden, jedoch mit unterschiedlichen Tönen.
- ✔ Wenn Sie genau hinsehen, werden Sie feststellen, dass das Zeichen für Pferd (马) in allen drei Zeichen vorkommt. Der einzige Unterschied ist, dass zwei der Zeichen zusätzliche Striche neben dem Pferd haben. Das Zeichen für »Mutter« hat zusätzliche

Striche, die weiblich bedeuten, und das Zeichen für »schimpfen« hat zwei Münder oberhalb des Pferdes (es ist eine perfekte Beschreibung, um jemanden anzuschreien, oder?). Es mag schwierig erscheinen, aber je mehr Sie hinschauen, desto mehr erkennen Sie, und je mehr Sie erkennen, desto besser verstehen Sie es. Verstanden?

- ✔ Sprechen Sie die Aussprache jedes Schriftzeichens laut oder mit leiser Stimme, während Sie es schreiben.
- ✔ Sprechen Sie mit dem Schriftzeichen so, wie es mit Ihnen spricht.

Üben Sie sich in kreativer Visualisierung

Schauen Sie sich eine Karteikarte mit einem Schriftzeichen darauf genau an. Jedes beliebige Zeichen. Schauen Sie nun auf die Rückseite der Karteikarte, um zu sehen, was sie bedeutet. Schauen Sie sich das Zeichen erneut an und beginnen Sie, die Bedeutung des Zeichens mit dem tatsächlichen Aussehen des Zeichens zu verbinden. Wenn es zum Beispiel das Zeichen für Pferd war, können Sie sich ein Pferd vorstellen, das in vollem Galopp vorwärts rennt.

Machen Sie dies mit dem nächsten Schriftzeichen, das Sie gelernt haben, und dann mit dem nächsten und dann immer so weiter.

Herzlichen Glückwunsch! Sie haben soeben den ersten Schritt Ihrer Reise zum Erlernen der chinesischen Schriftzeichen abgeschlossen. Wie fühlt es sich an?

hǎo 好 (*hau*) (*gut*)

bù hǎo 不好 (*buh hau*) (*schlecht [wörtlich bedeutet: nicht gut]*)

Sehen Sie? Die ersten beiden Zeichen sind jetzt bereit für Ihre Karteikarten.

IN DIESEM KAPITEL

Den Unterschied zwischen einfachen und zusammengesetzten Schriftzeichen verstehen

Einführung in die sechs Prinzipien der Schriftzeichenbildung

Die Radikale erfassen

Die Details der Strichführung nachvollziehen (innen, außen, oben und unten)

Kapitel 18
Die Struktur chinesischer Schriftzeichen verstehen

In diesem Kapitel werden die verschiedenen Bestandteile chinesischer Schriftzeichen vorgestellt, die zusammen das Ganze ergeben. Es wird erläutert, worauf zuerst zu achten ist, wenn ein Schriftzeichen geschrieben wird, wie Wörter in einem chinesischen Wörterbuch nachgeschlagen werden können und wie ein Schriftzeichen Strich für Strich in der richtigen Reihenfolge geschrieben wird.

Einfache versus zusammengesetzte Zeichen

Das ist vermutlich das Einfachste, was es über Schriftzeichen zu lernen gibt. Kurz gesagt, chinesische Schriftzeichen lassen sich in zwei große Kategorien einteilen:

- ✔ Einfache
- ✔ Zusammengesetzte

Einfach, oder?

Kurz gesagt, einfache Schriftzeichen werden mit nur wenigen Strichen des Pinsels (oder Stifts) erstellt. Die Zeichen 人, 天, 大, 小, 上, 下, 木 und 火 sind zum Beispiel allesamt einfache Schriftzeichen.

Zusammengesetzte Schriftzeichen hingegen machen den Großteil der über 40 000 existierenden Zeichen aus und bestehen aus zwei oder drei symmetrischen Teilen, die in einer bestimmten Reihenfolge angeordnet sind. Zum Beispiel:

- ✔ Oberer und unterer Teil: 思
- ✔ Linker und rechter Teil: 如
- ✔ Innerer und äußerer Teil: 网
- ✔ Oberer, mittlerer und unterer Teil: 莫
- ✔ Linker, mittlerer und rechter Teil: 树

Im Laufe der Zeit wurden die am häufigsten verwendeten Bestandteile zu Radikalen, also zu Schlüsseln, die entweder auf die Bedeutung eines Schriftzeichens hinweisen oder dabei helfen, es in einem chinesischen Wörterbuch nachzuschlagen. In Kapitel 1 sind Sie bereits zum ersten Mal auf das Wort »Radikal« gestoßen, nun wenden Sie dieses Wissen in der Praxis an. Werfen Sie dazu einen Blick in Anhang A, der 214 Radikale enthält.

Während Sie alle 100 Schriftzeichen in diesem Arbeitsbuch lernen, werden Sie nicht nur feststellen, wie sie zunehmend komplexer werden, sondern auch die Radikale erkennen können, die ihnen zugrunde liegen. Das erste Zeichen, **yī** 一 (ih), mit nur einem einzigen Strich, trägt passend den Namen für die Zahl Eins. Es besteht aus nur einem horizontalen Strich, und das Radikal für dieses Zeichen ist zufälligerweise identisch mit dem Zeichen selbst: 一.

Das letzte Zeichen auf der Liste ist zugleich das komplexeste der 100: **xiǎng** 想 (*chiang*) denken. Das Radikal dieses Zeichens, **xīn** 心 (*chin*), bedeutet Herz und **xiǎng** 想 (denken) besteht aus beeindruckenden 13 Strichen.

Nach und nach werden Sie den Dreh herausbekommen.

Die sechs Prinzipien der Schriftzeichenbildung

Sie wissen bereits, dass chinesische Wörter in schönen, manchmal symbolischen Anordnungen geschrieben werden, die als Schriftzeichen bezeichnet werden. Aber wussten Sie, dass man diese Zeichen auf verschiedene Weisen klassifizieren kann? Jedes dieser Tausenden von Zeichen gehört zu einer der sechs bestimmten Gruppen, nach denen sie eingeteilt werden.

Diese Gruppen wurden vom Lexikografen Xǔ Shèn 许慎 (*Chüh Schën*) aus dem 1. Jahrhundert formuliert, der das **Shuōwén Jiězì** 说文解字 (*schuo wën djiä dsı*) schrieb, was übersetzt »Erklärung der Symbole und Verständnis der Zeichen« bedeutet.

Dies war eines der ersten chinesischen Wörterbücher und das erste, das die Struktur der Schriftzeichen untersuchte. Besonders wichtig war, dass es das erste war, das die Zeichen nach gemeinsamen Teilen, den sogenannten Radikalen, ordnete. Diese Radikale nennt man im Chinesischen **bùshǒu** 部首 (*buh schou*), was auf Deutsch wörtlich »Abschnittsüberschriften« bedeutet.

Xǔ Shèn teilte alle chinesischen Zeichen in sechs Kategorien ein, die zeigen, wie die Zeichen verschiedene Bedeutungen und die Aussprache ausdrücken. Diese sechs Kategorien nennt man **Liù Shū** 六书 (*liou schuh*), also »die sechs Schriftarten«. Vier davon sind am häufigsten: Piktogramme, einfache Ideogramme, komplexe Ideogramme und phonetische Komposita (auch Logogramme genannt). Phonetische Komposita machen mehr als 90 Prozent aller Zeichen aus. Sie bestehen aus zwei Teilen: einem, der die Bedeutung zeigt, und einem, der die Aussprache andeutet.

Wo hat alles angefangen?

Wie ist es eigentlich zu einem so einzigartigen und komplexen Schriftsystem gekommen, das seit Tausenden von Jahren das verbindende Element für das chinesische Volk darstellt? Es lässt sich zwar nicht genau sagen, aber es gibt viele Geschichten darüber, wie der Minister des mythischen Gelben Kaisers, Huáng Dì 黄帝 (*huang di*), beim Anblick von Tierspuren im Sand begann, Bilder von den Dingen zu zeichnen, die mit diesen Formen verbunden waren.

Erst während der Shang-Dynastie (1600–1046 v. Chr.) tauchten die ersten bekannten chinesischen Schriftzeichen auf. Diese wurden auf Orakel-Knochen, wie Schildkrötenpanzer und Ochsen-Schulterblätter, eingraviert und für Wahrsagerei verwendet. Diese frühen Zeichen gehörten zur ersten der sechs Schriftarten – den Piktogrammen.

Tabelle 18.1 fasst die sechs Prinzipien der Schriftzeichenbildung kurz zusammen. Die folgenden Abschnitte behandeln jedes einzelne ausführlicher.

Art des Zeichens	Chinesisches Schriftzeichen	Pīnyīn und Aussprache	Beschreibung
Piktogramme	象形	**xiàngxíng** (*chiang ching*)	Vereinfachte Zeichen, die konkrete Objekte abbilden
Ideogramme	表意 oder 指事	**biǎoyì** oder **zhǐshì** (*biau ih* oder *dschi schih*)	Abstrakte Zeichen, die Begriffe grafisch darstellen
Zusammengesetzte-Ideogramme	会意	**huìyì** (*huäi ih*)	Wörtlich *zusammengesetzte Bedeutung*, Kombination von zwei oder mehr Zeichen zu einem neuen zusammengesetzten Zeichen
Phonetische Zusammensetzungen	形声	**xíngshēng** (*ching schëng*)	Wörtlich *Form und Klang;* Zeichen, die aus einem Bedeutungsträger (Radikal) und einem Lautträger (Phonetik) bestehen

Art des Zeichens	Chinesisches Schriftzeichen	Pīnyīn und Aussprache	Beschreibung
Abgeleitete Kognaten	转注	**zhuǎn zhù** (*dschuan dschuh*)	Wörtlich *wechselseitige Bedeutung;* Zeichen, denen eine neue Schriftform gegeben wird, um eine im Laufe der Zeit veränderte Aussprache besser wiederzugeben
Phonetische Lehnwörter	假借	**jiǎjiè** (*djiah djiä*)	Zeichen, die verwendet werden, um ein Homophon darzustellen, das in seiner Bedeutung nicht mit dem neuen Wort verbunden ist, das sie repräsentieren

Tabelle 18.1: Die sechs Schriftarten

Piktogramme

Der chinesische Begriff für Piktogramme, **xiàngxíng 象形** (*chiang ching*), bedeutet wörtlich »Formnachahmung«, da diese Art von Zeichen ursprünglich die Objekte darstellte, die sie abbilden.

Ein Beispiel: Das Zeichen für Sonne, **rì 日** (*rı*), wurde ursprünglich als Kreis geschrieben, der die Form der Sonne darstellt – mit einem Punkt in der Mitte. Warum? Wenn man etwas tiefer gräbt, entdeckt man, dass die ersten aufgezeichneten Sonnenflecken um 800 v. Chr. im »Buch der Wandlungen« (auch bekannt als **»I Tsching«** oder nach Pīnyīn **»Yi Jing«**) erwähnt werden. Die Chinesen waren tatsächlich die Ersten, die Sonnenflecken dokumentierten.

Da Piktogramme visuelle Darstellungen der Objekte sind, die sie abbilden – und nicht deren Laut – eignen sie sich hervorragend, um Bedeutungen von Dingen zu vermitteln, die sich gut als Bilder ausdrücken lassen. Sie sind jedoch weniger geeignet, um zunehmend komplexe und abstrakte Konzepte wie »Frieden« oder »Glück« auszudrücken, geschweige denn detailliertere Wortarten wie Verben oder Präpositionen.

Und hier kommt das Ideogramm ins Spiel.

Einfache Ideogramme

Der chinesische Begriff für Ideogramme, **zhǐshì 指事** (*dschı schih*), bedeutet »etwas anzeigen, auf etwas hindeuten«.

Während Piktogramme Bilder darstellen (picto = Bild), stehen Ideogramme für abstrakte Ideen (ideo = Idee) statt für konkrete Bilder. Hier sind einige Beispiele für Ideogramme:

- ✔ **shàng** 上 (*schang*) (oben)
- ✔ **xià** 下 (*chiah*) (unten)
- ✔ **sān** 三 (*ssan*) (drei)

Die Zeichen für »oben« und »unten« stellen den Horizont dar (eine horizontale Linie), kombiniert mit einer senkrechten Linie, die entweder über den Horizont hinausgeht (oben) oder darunter verläuft (unten).

Die Zeichen für Zahlen wie eins (eine horizontale Linie), zwei (zwei horizontale Linien übereinander) oder drei (drei horizontale Linien, wie oben dargestellt) zeigen auf einfache Weise die abstrakten Konzepte von Zahlen an.

Zusammengesetzte Ideogramme

Der chinesische Begriff für zusammengesetzte Ideogramme, **huìyì 会意** (*huäi ih*), bedeutet in etwa »zusammengefügte Bedeutung«.

Diese Art von Schriftzeichen kombiniert zwei einfachere Zeichen, die zusammen eine neue, gemeinsame Bedeutung ergeben und eine neue Idee darstellen.

Ein Beispiel ist das Zeichen für »gut«, **hǎo 好** (*hau*). Es besteht aus **nǚ 女** (*nüh*), was »Frau« bedeutet, und **zi 子** (*dsı*), was »Sohn« bedeutet. Warum steht die Kombination dieser beiden Zeichen für »gut«? Weil im alten chinesischen Weltbild eine Frau, die einen Sohn hat, etwas Gutes ist.

Ein weiteres Beispiel: Durch die Kombination der Zeichen für **Sonne** (**日,** *rı*) und **Mond** (**月,** *yüä*) entsteht das Zeichen **míng 明** (*ming*), das »hell« bedeutet. Die Bedeutung ergibt sich aus den Bedeutungen der einzelnen Teile.

Phonetische Zusammensetzungen

Das chinesische Wort für phonetische Zusammensetzung, **xíngshēng** 形声 (*ching schēng*), bedeutet wörtlich »Form und Klang«.

Obwohl oft angenommen wird, dass die chinesische Sprache hauptsächlich aus Piktogrammen oder Ideogrammen besteht, sind tatsächlich die überwiegende Mehrheit der chinesischen Schriftzeichen (etwa 95 % der Zeichen im **Shuōwén Jiězì**) sogenannte »Laut-Bedeutung-Zeichen« (phonetische Komposita). Diese Zeichen bestehen aus einer Komponente, die eine allgemeine Bedeutungsrichtung angibt, und einer anderen, die einen Hinweis auf die Aussprache liefert.

Ein Beispiel dafür ist das Zeichen für Kerze, **zhù 炷** *(dschuh)*. Ursprünglich bestand es aus einem Piktogramm **主** (heute **zhǔ**; Gastgeber) rechts und dem Zeichen **火** (**huǒ**; Feuer) links. Es bedeutet somit etwas, das mit Feuer zu tun hat.

Zeichen, die etwas mit dem Mund zu tun haben, enthalten oft das Piktogramm **口** (**kǒu**; Mund) als eine ihrer Komponenten, wie zum Beispiel:

- **hē** 喝 (*hë*) (trinken)
- **chī** 吃 (*tschı*) (essen)
- **tǔ** 吐 (*tuh*) (ausspucken)

Ein weiteres Beispiel für eine phonetische Zusammensetzung ist das Zeichen **gū 蛄** (*guh*). Es kombiniert das Radikal **chóng 虫** (Insekt) mit dem Lautelement des Zeichens **gǔ 古** (alt/antik). Zusammen ergibt das das Zeichen 蛄, das Grille (das Insekt) bedeutet. Es wird im ersten Ton ausgesprochen (**gū**), ähnlich wie das Wort für »alt«, obwohl dieses nichts mit der Bedeutung zu tun hat. Die tatsächliche Bedeutung bezieht sich auf das Radikal für Insekten.

Die letzten beiden Schriftsysteme erzeugen keine neuen Schriftzeichen, sondern übertragen neue Bedeutungen auf bestehende Formen.

Wechselseitige Zeichen

Der chinesische Begriff für »wechselseitige Zeichen«, **zhuǎn zhù 转注** (*dschuan dschuh*), kann am einfachsten übersetzt werden als Zeichen, die sich gegenseitig erklären oder aufeinander beziehen.

Das Besondere an dieser Kategorie ist, dass sie keine neuen Schriftzeichen erschafft. Stattdessen geht es darum, wie bestehende Zeichen verwendet werden, wobei ihre Form gleichbleibt.

Diese Gruppe ist die kleinste und am wenigsten verstandene der sogenannten »Sechs Schriftprinzipien« (**Liù Shū**). Der alte Gelehrte Xǔ Shèn hat in seinen Schriften auch nichts weiter dazu ausgeführt – und wir lassen es ebenso dabei. Wozu sollten wir uns damit noch weiter den Kopf zerbrechen?

Phonetische Lehnwörter

Der chinesische Begriff für phonetisches Lehnwort, **jiǎjiè 假借** (*djiah djiä*), lässt sich ungefähr mit »geliehene Zeichen« übersetzen.

Ähnlich wie bei den wechselseitigen Zeichen handelt es sich auch hier um eine Art, bereits existierende Zeichen auf eine bestimmte Weise zu nutzen.

Manchmal ähneln sie einem alten »Tippfehler«, bei dem das ursprüngliche Zeichen durch andere Zeichen mit ähnlicher Aussprache ersetzt wird. Anders gesagt: Es handelt sich um Homophone – Wörter, die gleich klingen, aber unterschiedlich geschrieben werden oder eine völlig andere Bedeutung haben.

Was für eine radikale Idee! Das unglaubliche Radikal

Dieser Abschnitt dreht sich ganz um die Radikale – diese armen, missverstandenen »Cousins zweiten Grades« der chinesischen Schriftzeichen, die immer einen schlechten Ruf haben. Das ist natürlich nur ein Scherz. Radikale sind die Bausteine aller Schriftzeichen und werden von allen anderen Teilen des Schriftzeichens, die sie umfassen, geliebt und respektiert.

Die chinesische Schriftsprache enthält insgesamt 214 Radikale – Teile des Schriftzeichens, die helfen können, seine Bedeutung zu erkennen. Zum Beispiel, wenn Sie zwei oder drei Punkte auf der linken Seite eines Schriftzeichens sehen, wissen Sie, dass das Wort mit Wasser zu tun hat. Im Folgenden sind einige Schriftzeichen aufgeführt, bei denen das Wasser-Radikal auf der linken Seite erscheint:

- ✔ 冰 **bīng** (*bing*) (Eis)
- ✔ 冲 **chōng** (*tschung*) (mit kochendem Wasser übergießen/abspülen)
- ✔ 汗 **hàn** (*han*) (Schweiß)
- ✔ 河 **hé** (*hë*) (Fluss)
- ✔ 湖 **hú** (*huh*) (See)

Ein weiteres Beispiel: Das Radikal für »Holz« – 木 **mù** (*muh*) – stellte ursprünglich die Form eines Baumes mit Ästen und Wurzeln dar. Hier sind einige Schriftzeichen, die das Holz-Radikal enthalten (ebenfalls auf der linken Seite):

- ✔ 板 **bǎn** (*ban*) (Brett, Diele)
- ✔ 林 **lín** (*lin*) (Wald)
- ✔ 树 (樹) **shù** (*schuh*) (Baum)

Manchmal findet man das Radikal nicht auf der linken Seite, sondern oben im Zeichen. Das Radikal für »Regen« – 雨 **yǔ** (*üh*) – ist ein solches Beispiel. Achten Sie auf das Regen-Radikal oben in diesen Zeichen. (Tipp: Es sieht ein wenig zusammengedrückt aus im Vergleich zum eigenständigen Zeichen für Regen.)

- ✔ 雹 **báo** (*bau*) (Hagel)
- ✔ 雷 **léi** (*läi*) (Donner)
- ✔ 露 **lù** (*luh*) (Tau)

Eines der kompliziertesten Radikale (genau genommen Nummer 214) ist das für »Nase«: 鼻 **bí** (*bih*). Es ist so kompliziert zu schreiben, dass tatsächlich nur einige Zeichen der chinesischen Schrift es verwenden, zum Beispiel: 鼾 **hān** (*hahn*; schnarchen).

Warum der ganze Trubel um die Radikale?

Wenn Radikale so begrenzt sind, warum spricht dann jeder darüber und verwendet sie zum Chinesischlernen? Zum Teil liegt das daran, dass viele den Unterschied zwischen Radikalen und den Bestandteilen von Schriftzeichen nicht richtig verstanden haben, was deutlich wird, wenn jemand sagt: »Dieses Zeichen enthält zwei Radikale, 木 und 目.« Kein Zeichen enthält zwei Radikale; das würde dem Zweck der Radikale widersprechen!

Jedes der 100 Zeichen, die Sie im Kapitel 20 üben werden, hat sein eigenes Radikal, das klar auf derselben Seite angegeben ist. So können Sie das Radikal mit dem gesamten Zeichen vergleichen und beginnen, die Zusammenhänge selbst zu erkennen. – Viel Glück dabei!

Die Bestandteile von Schriftzeichen hingegen sind sehr wichtig, um zu verstehen, wie Zeichen aufgebaut sind, während die Radikale selbst nur dann nützlich sind, wenn man Zeichen in alten Wörterbüchern nachschlagen möchte. Achten Sie daher auf die Bestandteile und welche Funktion sie haben.

Im Anhang A finden Sie die Liste der 214 Radikale.

Ein chinesisches Wörterbuch nutzen – ganz ohne Alphabet

Um wirklich zu verstehen, was Radikale sind und wie sie funktionieren, muss man nur einen Blick darauf werfen, wie chinesische Wörterbücher strukturiert sind. Traditionell werden chinesische Wörterbücher nicht alphabetisch sortiert, sondern verwenden das sogenannte **bùshǒu** (部首), was wörtlich ins Deutsche übersetzt »Abschnittsüberschrift« bedeutet. Aus irgendeinem Grund wird dies im Deutschen als »Radikal« bezeichnet.

Jedes chinesische Zeichen hat genau ein Radikal, mit dem das Zeichen in die richtige Sektion des Wörterbuchs einsortiert wird. Nicht alle Zeichen werden in allen Wörterbüchern genau nach dem gleichen Radikal sortiert, aber die meisten schon. Innerhalb jeder Sektion werden die Zeichen dann nach der Anzahl der zusätzlichen Striche sortiert, die benötigt werden, um das Zeichen zu schreiben, ohne das Radikal mitzurechnen.

Ein Radikal ist also ein Teil eines Schriftzeichens, der eine besondere Funktion hat: Es wird in Wörterbüchern zur Sortierung verwendet. Es ist nicht dasselbe wie ein allgemeiner Zeichenbestandteil und auch nicht identisch mit einem semantischen Zeichenbestandteil. Für Wörterbücher bedeutet ein Radikal lediglich den Teil eines bestimmten Zeichens, der zur Indexierung genutzt wird – nicht mehr und nicht weniger.

Das bedeutet, dass ein bestimmter Zeichenbestandteil, wie zum Beispiel **tǔ** 土 (*tuh*; Erde), in einigen Zeichen das Radikal sein kann, wie bei **jìng** 境 (*djing*; Situation), aber nicht in anderen, wie bei **dù** 肚 (*duh*, Magen). Welche Bedeutung, denken Sie, hat 土 in 肚?

Radikale ermöglichen es, die Grundbedeutung eines Zeichens zu erkennen, indem man sich den Schlüsselteil – das Radikal – ansieht. Da Chinesisch jedoch nicht über **zìmǔ** 字母 (*dsı muh*; Buchstaben/Alphabet) verfügt, gibt es verschiedene Möglichkeiten, Wörter in einem chinesischen Wörterbuch nachzuschlagen.

Egal, ob Sie vereinfachte oder traditionelle Zeichen betrachten (siehe Kapitel 17), es gibt keine Buchstaben, die sie wie im Deutschen miteinander verbinden. Wie also schlagen Chinesinnen und Chinesen in einem chinesischen Wörterbuch nach? Befolgen Sie diese »einfachen« Schritte:

- Zählen Sie die Anzahl der Striche im gesamten Zeichen

  Da chinesische Schriftzeichen aus mehreren Strichen bestehen, können Sie ein Zeichen nachschlagen, indem Sie die Strichanzahl ermitteln und dann im Abschnitt des Wörterbuchs suchen, der Zeichen nach Strichen sortiert. Dafür müssen Sie jedoch zuerst wissen, unter welchem Radikal Sie nachsehen müssen.

- Bestimmen Sie das Radikal

  Jedes Radikal besteht aus einer bestimmten Anzahl von Strichen, daher müssen Sie zunächst das Radikal anhand seiner Strichanzahl identifizieren. Im zweiten Schritt dieses Prozesses suchen Sie im Wörterbuch die Liste der Radikale auf. Nachdem Sie das passende Radikal gefunden haben, schauen Sie im Abschnitt direkt hinter dieser Liste nach, um die Position des Radikals zu bestimmen.

- Nach der Aussprache des Zeichens suchen

  Sie können das Zeichen auch direkt über seine Aussprache nachschlagen (vorausgesetzt, Sie wissen bereits, wie es ausgesprochen wird). Allerdings müssen Sie sich dabei durch alle Homonyme (Zeichen mit derselben Aussprache) durcharbeiten, um das richtige zu finden. Zudem müssen Sie die verschiedenen Töne beachten und nachsehen, ob die gewünschte Aussprache mit dem ersten, zweiten, dritten oder vierten Ton verknüpft ist. Und da es im Chinesischen so viele Homonyme gibt, ist diese Methode oft schwieriger, als sie zunächst klingt (kein Wortspiel beabsichtigt).

Wir freuen uns, Ihnen mitteilen zu können, dass es heutzutage eine Vielzahl an Online-Wörterbüchern für Chinesisch-Deutsch gibt, sodass Sie nicht alle diese Schritte durchlaufen müssen.

Auf der anderen Seite vermittelt Ihnen das Üben der verschiedenen Methoden, Zeichen in gedruckten Wörterbüchern nachzuschlagen, ein viel tieferes Verständnis für die Schönheit und Komplexität der chinesischen Schriftzeichen. Es lässt Sie außerdem die enorme Herausforderung besser nachvollziehen, der sich chinesische Schülerinnen und Schüler stellen müssen, wenn sie nicht nur die 214 Radikale, sondern auch viele der über 40 000 existierenden Schriftzeichen lernen und sich merken sollen.

Dennoch gibt es Situationen, in denen es schnell gehen muss oder Sie sich bei einem Zeichen unsicher sind. Hier kann Ihnen beispielsweise die App *Pleco* eine wertvolle Unterstützung bieten. Dieses digitale Englisch-Chinesisch Wörterbuch verfügt über zahlreiche hilfreiche Funktionen: Es zeigt direkt die Radikale an, kann die korrekte Strichreihenfolge visualisieren und erleichtert das Nachschlagen unterwegs. Trotz dieser praktischen Hilfe ist es jedoch essenziell, dass Sie zu Beginn Ihres Chinesischlernens die Schriftzeichen handschriftlich üben – eine Fähigkeit, für die Teil IV dieses Buchs eine solide Grundlage schafft.

Die Striche entschlüsseln

Einfach ausgedrückt sind Striche die Linien, die mit einer einzigen, durchgehenden Bewegung des Pinsels (oder Stifts) gemacht werden. Wenn sie mit anderen Strichen kombiniert werden (es sei denn, das Zeichen besteht nur aus einem einzigen Strich), entsteht ein vollständiges chinesisches Schriftzeichen.

Alle Striche lassen sich in drei Kategorien einteilen: Punkte, Linien und Haken.

In diesem Abschnitt erfahren Sie das Wichtigste, was Sie wissen müssen, um tatsächlich ein echtes chinesisches Schriftzeichen zu schreiben. Sie lernen, welche Arten von Pinselstrichen es gibt, wie sie sich zu einem einzelnen Zeichen zusammensetzen und in welcher Reihenfolge diese Striche geschrieben werden müssen. Und das ist wirklich keine leichte Aufgabe.

In Kapitel 20 haben Sie die Möglichkeit, all das in der Praxis zu üben, wodurch vieles deutlich verständlicher wird als in der Theorie.

Arten von Strichen

Um die Anzahl der Striche eines Schriftzeichens zu bestimmen, ist es wichtig zu wissen, was genau als ein Strich zählt. Tabelle 18.2 zeigt die acht grundlegenden Striche, die zur Erstellung aller Schriftzeichen verwendet werden, zusammen mit den Richtungen, in denen sie geschrieben werden sollten.

Strich Nummer	Name	Schreibweise
1	Punkt	㇔
2	Horizontal	一
3	Vertikal	丨
4	Abwärts nach links	丿
5	Abwärts nach rechts	㇏
6	Aufwärtsstrich	㇀
7	Horizontaler Haken	㇖
8	Vertikaler Haken	亅

Tabelle 18.2: Die acht grundlegenden Striche der chinesischen Schriftzeichen

1. **Diǎn 点** (*diän*) ist ein Punkt, der mit Druck von oben nach unten geschrieben wird.
2. **Héng 横** (*hëng*) ist ein horizontaler Strich, der von links nach rechts verläuft.
3. **Shù 竖** (*schuh*) ist ein Strich, der senkrecht nach unten fällt. Der Stift beginnt mit einem Punkt oben und fällt dann nach unten.
4. **Piě 撇** (*piä*) fällt nach links und hat eine leichte Kurve.
5. **Nà 捺** (*nah*) fällt nach rechts und wird am Ende betont.
6. **Tí 提** (*tih*) ist ein kurzer Aufwärtsstrich nach oben und rechts.
7. **Héng gōu 横钩** (*hëng gou*) beendet einen anderen Strich, indem er eine scharfe Richtungsänderung nach unten (nach einem **héng**) oder nach links (nach einem **shù**) macht.
8. **Shù gōu 竖钩** (*schuh gou*) beschreibt einen Strich, der einen nach links oder rechts gebogenen Verlauf nimmt.

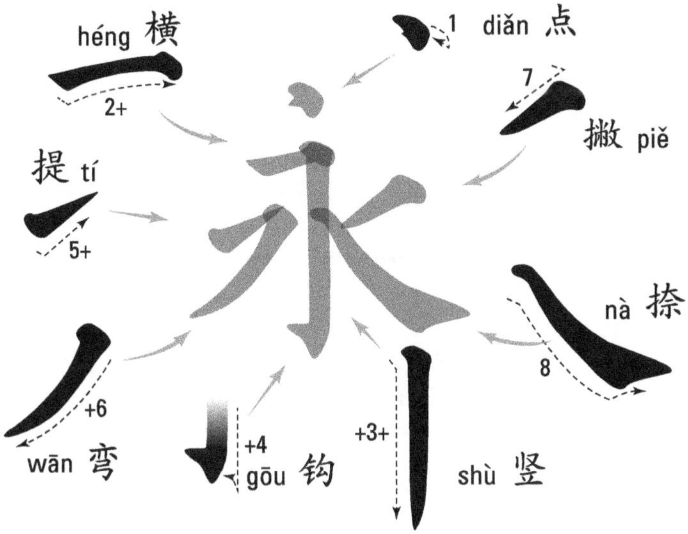

Eines der wichtigsten Zeichen, das man beim Erlernen der chinesischen Kalligrafie üben sollte, ist das Zeichen **yǒng 永**, was »für immer« oder »Ewigkeit« bedeutet. Was dieses Zeichen besonders macht, ist, dass alle acht grundlegenden Striche in ihm enthalten sind.

Heutzutage muss man die Kunst der chinesischen Kalligrafie nicht mehr meistern, um schöne Schriftzeichen zu schreiben. Alles, was man braucht, ist Stift und Papier. Wer jedoch eine Herausforderung sucht, eine Gelegenheit, eine alte Kunst zu üben, und gleichzeitig meditieren möchte, sollte es auf die traditionelle Weise tun – mit einem chinesischen Pinsel, Tinte oder Tusche, die auf einem Tuschestein gemahlen wird, und Reispapier. (Mehr zur Kalligrafie erfahren Sie in Kapitel 19.)

Strichreihenfolge

Wenn Sie sich mit **shū fǎ** 书法 (*schuh-fah*; Kalligrafie) mit einem traditionellen chinesischen **máo bǐ** 毛笔 (*mau-bih*; Pinsel) beschäftigen möchten – oder sogar nur lernen wollen, wie man chinesische Schriftzeichen mit einem einfachen Kugelschreiber schreibt, müssen Sie wissen, welcher Strich vor welchem kommt. Diese Reihenfolge wird als **bǐ shùn** 笔顺 (*bih schuhn*; Strichfolge) bezeichnet.

Nun möchten wir Sie nicht weiter aufhalten, hier sind die Regeln:

1. Von oben nach unten – so einfach ist das. (Naja, fast.) Die grundlegende Regel lautet: Beginnen Sie immer mit dem Strich, der im Zeichen am höchsten liegt.

   Ein Beispiel: Die Zahl Eins wird mit einem einzigen horizontalen Strich geschrieben: 一. Dieses Zeichen ist besonders simpel und besteht nur aus einem Strich. Daher wird es einfach von links nach rechts geschrieben, ohne dass man auf eine spezielle Reihenfolge achten muss. Es ist ein in sich abgeschlossenes, unabhängiges Zeichen.

Das Zeichen für die Zahl Zwei besteht aus zwei Strichen: 二. Genau wie bei der Zahl Eins werden die Striche von links nach rechts geschrieben. Allerdings wird der obere Strich zuerst gesetzt, da die Regel »von oben nach unten« gilt.

Das Zeichen für die Zahl Drei hat drei Striche (三) und folgt dem gleichen Prinzip.

Bei komplexeren Zeichen, wie zum Beispiel **léi** 雷 (Donner), wird zuerst das Element, das oben erscheint (in diesem Fall das Zeichen 雨für Regen), geschrieben. Anschließend folgen die übrigen Bestandteile des Zeichens darunter.

2. Horizontale Striche werden vor vertikalen Strichen geschrieben.

Ein Beispiel ist das Zeichen für die Zahl Zehn (十), das aus zwei Strichen besteht. Zuerst wird der horizontale Strich (一) geschrieben. Danach folgt der vertikale Strich, der nach unten gezogen wird.

3. Striche, die durch das gesamte Zeichen verlaufen, werden zuletzt geschrieben.

Vertikale Striche, die mehrere andere Striche durchkreuzen, werden erst nach den Strichen geschrieben, durch die sie verlaufen (zum Beispiel im zweiten Zeichen der Stadt **Tiānjīn**: 天津). Ebenso werden horizontale Striche, die durch verschiedene andere Striche gehen, zuletzt geschrieben (wie im Zeichen für »Boot«: 舟 **zhōu**).

4. Diagonale Striche, die von rechts nach links verlaufen, werden vor diagonalen Strichen geschrieben, die von links nach rechts verlaufen.

Das Zeichen für »Kultur« – 文 (**wén**) – besteht aus vier einzelnen Strichen: Zuerst wird der Punkt oben geschrieben, dann die horizontale Linie darunter. Anschließend folgt der diagonale Strich, der von rechts nach links verläuft, und zuletzt der diagonale Strich, der von links nach rechts gezogen wird.

5. Bei Zeichen, die vertikal symmetrisch sind, werden zuerst die mittleren Bestandteile geschrieben, dann die Teile links und schließlich die Teile rechts.

Ein Beispiel dafür ist das Zeichen für »verantworten« oder »die Verantwortung übernehmen«: 承 (**chéng**). Zuerst wird der zentrale Teil des Zeichens geschrieben, danach der linke Teil und zuletzt der rechte.

6. Schreibe zuerst den äußeren Rahmen eines Zeichens, bevor der innere Teil geschrieben wird.

Ein Beispiel ist das Zeichen für »Sonne«: 日 (**rì**). Bei Zeichen mit einem äußeren Rahmen, die keinen unteren Abschluss haben, wie das Zeichen für »Mond«: 月 (**yuè**), wird ebenfalls erst der äußere Teil geschrieben und danach der innere.

7. Beginne bei einem Zeichen mit einem äußeren Rahmen mit dem vertikalen Strich auf der linken Seite.

   Ein Beispiel ist das Zeichen für »Mund«: 口 (**kǒu**). Zuerst wird der vertikale Strich links geschrieben, gefolgt von der horizontalen Linie oben und dem vertikalen Strich rechts (diese beiden werden in einem Zug geschrieben). Abschließend folgt die horizontale Linie unten.

8. Untere, einschließende Komponenten kommen normalerweise zuletzt.

   Zum Beispiel das Zeichen für »Weg«: 道 (**dào**).

9. Punkte kommen zuletzt.

   Zum Beispiel im Zeichen für »Jade«: 玉 (**yù**) – der kleine Punkt, den man zwischen den unteren und mittleren horizontalen Linien sieht, wird zuletzt geschrieben.

IN DIESEM KAPITEL

Einen Einblick in die Entwicklung der alten chinesischen Schriftzeichen gewinnen

Die Kunst der chinesischen Kalligrafie bewundern

Die Vielfalt der Schriftstile mit Begeisterung entdecken

Kapitel 19
Schönschreiben leicht gemacht

Online-Wörterbücher für Chinesisch und Schreib-Apps gibt es zwar im Überfluss, aber nichts kann einen schön verfassten handgeschriebenen Brief oder ein Kunstwerk ersetzen, das nur aus chinesischen Schriftzeichen besteht – auch bekannt als Kalligrafie. Es kann Jahre dauern, bis man diese Dinge beherrscht und das aus gutem Grund. Beide erfordern und fördern die fast vergessenen Tugenden Geduld, Ausdauer, Feinfühligkeit und Übung.

Es ist noch gar nicht so lange her, da mussten chinesische Schülerinnen und Schüler jeden Tag stundenlang Kalligrafie üben. Es gab auch eine Zeit in der fernen Vergangenheit, in der Chinesisch zu schreiben bedeutete, einen wirklich robusten Meißel zu finden, die Botschaften des Himmels oder des Kaisers zu entschlüsseln und diese dann mit größter Sorgfalt und Mühe in Orakelknochen, Schildkrötenpanzer oder rituelle Bronzegefäße einzugravieren.

Heute haben sich einige Dinge geändert. Das Einmeißeln in einen Orakelknochen ist nicht mehr nötig und Chinesischschüler können einfach auf die neueste App klicken, die ihnen die Schriftzeichen in Sekundenschnelle präsentiert, ohne jemals einen Schreibpinsel in die Hand zu nehmen oder das Schreiben von Schriftzeichen selbst zu lernen. Eine gute Chinesischlehrkraft wird die Schüler von der neuesten Technologie entwöhnen, damit sie sich der schwierigen, aber äußerst erfüllenden Aufgabe widmen können, zu lernen, aus welchen Strichen ein bestimmtes Zeichen besteht, sie sorgfältig in einer vorgegebenen Reihenfolge zu schreiben und darauf zu achten, dass jeder Teil des Zeichens symmetrisch ist.

Egal, ob das Zeichen aus einem oder 16 Strichen besteht, die Methode zum Schreiben und Auswendiglernen von Schriftzeichen bleibt dieselbe wie vor Jahrtausenden: üben, üben und nochmals üben. Und zwischen all dem Üben nehmen Sie sich einen Moment Zeit, um Ihre eigenen Werke mit Bewunderung zu betrachten. Sie gehören jetzt zu der jüngsten Generation von Lernenden, die Chinesisch zu schreiben gelernt haben. Das Erlernen der chinesischen Schriftzeichen, sei es für einen Brief oder ein Kunstwerk, geht auf eine sehr alte Zeit zurück.

In diesem Kapitel erhalten Sie einen kurzen Überblick über die Geschichte der chinesischen Schriftstile und Schreibutensilien. Anschließend widmen wir uns Ihrer bevorstehenden Praxis – von den benötigten Materialien bis hin zu den richtigen Techniken und weiteren wichtigen Aspekten.

Von damals bis heute: Eine kurze Geschichte der chinesischen Schrift

In diesem Kapitel machen wir einen kurzen Spaziergang durch die Geschichte der chinesischen Schrift, wobei wir uns darauf konzentrieren, wie all diese Tausende von Schriftzeichen geschrieben wurden. Wie gelangten sie vom Kopf zur Hand und zu dem Ort, an dem sie geschrieben oder eingeritzt wurden? Welche Schreibwerkzeuge wurden verwendet, wie wurden sie hergestellt, und welche Rolle spielten sie bei der Entwicklung der chinesischen Schrift im Laufe der Jahrhunderte?

Schnitzereien auf Knochen

Die frühesten bekannten chinesischen Schriftzeichen wurden auf Knochen gefunden, die um 1800 von Bauern in dem kleinen Dorf Xiaotun in der Stadt Anyang in der Provinz Henan, etwa 300 Meilen südlich von Peking, ausgegraben worden waren. Die Bauern waren überzeugt, dass es sich um Drachenknochen handelte, und begannen, sie an Apotheker zu verkaufen, die sie wiederum als Heilmittel an die Öffentlichkeit brachten.

Erst im Jahr 1899, nachdem Tausende dieser Knochen von der ahnungslosen Bevölkerung als Medizin eingenommen worden waren, kaufte der Direktor der Kaiserlichen Akademie Chinas, Wang Yirong, ebenfalls, was er für ein Heilmittel hielt. Er legte sie in eine Brühe und bemerkte plötzlich Schriftzeichen darauf. Zwischen Entsetzen, Faszination, Euphorie und erneutem Entsetzen schwankend, erkannte er schnell, dass er dabei war, Glyphen zu betrachten – und beinahe zu essen –, die älter waren als die bisher ältesten bekannten chinesischen Schriftformen auf Bronzegefäßen aus der Zeit der westlichen Zhou-Dynastie (1046–771 v. Chr.).

Die Glyphen auf den Knochen wurden bald **Jiǎgǔ wén** 甲骨文 (*djiah guh wěn*) (Panzer- und Knochenschrift) genannt, weil sie in Schildkrötenpanzer und Ochsenknochen geschnitzt waren, und es wurde festgestellt, dass sie auf die erste archäologisch nachweisbare Dynastie Chinas, die Shang (1600–1046 v. Chr.), zurückgehen.

Da Knochen und Muscheln sehr haltbar sind, ist es durchaus möglich, dass Schriftzeichen schon vor der Shang-Dynastie entwickelt wurden – allerdings auf weniger robustem Material, das im Laufe der Zeit nicht erhalten blieb.

Bei Ausgrabungen im Dorf Banpo östlich der Stadt Xi'an, das seit Jahrzehnten von Touristen wegen der berühmten Terrakotta-Krieger besucht wird, wurden Töpferwaren mit Gravuren aus dem Neolithikum gefunden. Wissenschaftler und Archäologen glauben, dass es sich dabei um die Vorläufer der auf den Orakelknochen gefundenen Schriftzeichen handeln könnte. Wenn dem so ist, könnte die chinesische Schrift sogar Tausende von Jahren vor der Shang-Dynastie erfunden worden sein.

Weil harte Oberflächen wie Knochen und Muscheln das Einritzen von eckigen Schriftzeichen einfacher machten als von runden, blieb die eckige Form ein prägendes Merkmal der chinesischen Schrift über viele Jahrhunderte hinweg.

Von Radierungen zu Pinsel und Tusche

Während der Shang-Dynastie wurden auch Pinsel und Tinte zum Schreiben von Schriftzeichen verwendet, wie man auf einigen Töpferwaren, Muscheln, Knochen und Jade aus dieser Zeit sehen kann. Es gibt sogar Hinweise darauf, dass damals mit einem Pinsel auf Bambus geschrieben wurde, denn das Schriftzeichen Schreibgerät, 聿 **yù** (*üh*), dass eine Hand mit einem Schreibpinsel darstellt, taucht schon früh in den beiden nachfolgenden Dynastien auf: der Zhou-Dynastie (1046–256 v. Chr.) und der Han-Dynastie (206 v. Chr.–220 n. Chr.). Tatsächlich ist das chinesische Zeichen für »Buch«: 冊 **cè** (*tsë*), das dünne vertikale Bambusstreifen darstellt, die durch ein horizontales Band miteinander verbunden sind. Dies war bereits auf den Orakelknochen zu finden, obwohl Bücher aus der Antike zwei horizontale Bänder hatten, die alle Bambuslatten verbanden.

Bronzeskulpturen im Mix: Eine neue Dimension der Kunst

Gegen Ende der Shang-Dynastie begann man, Schriftzeichen in Bronze einzuprägen. Die chinesische Schrift entwickelte sich weiter und erschien auf rituellen Bronzegefäßen, Glocken und Siegeln. Diese Gegenstände stammen aus der westlichen Zhou-Dynastie (ca. 1046–771 v. Chr.) und der späteren östlichen Zhou-Dynastie (770–256 v. Chr.), als auch Konfuzius lebte. Diese Schriftform wird als **Jīn wén** (金文) bezeichnet, was »Metallschrift« bedeutet.

Die **Jīn wén**-Zeichen ähnelten der älteren Orakelknochenschrift aus der Shang-Zeit, waren jedoch weniger kantig. Der Grund dafür war, dass man sie einfacher in den weichen Ton der Formen für Bronzegegenstände schreiben konnte. Dadurch wirkten die Schriftzeichen dicker und plastischer. Im Vergleich dazu war das Schreiben auf Knochen oder Muscheln viel schwieriger, da man dafür ein einziges, scharfes Werkzeug benutzen musste.

Die meisten **Jīn wén**-Zeichen wurden mit einem Griffel eingeprägt, aber einige wurden auch mit einem in Zinnobertinte getauchten Pinsel geschrieben.

Weitverbreitete Verwendung von Pinsel und Tusche

Die Schriftzeichen auf Orakelknochen sahen meist ähnlich aus, weil es sehr schwierig war, sie in die harte Oberfläche einzugravieren. Erst in der Han-Dynastie (206 v. Chr.–220 n. Chr.) wurden die Schriftzeichen kunstvoller und stilisierter. Das lag vor allem an der Erfindung des Papiers, das den Chinesen nicht nur das Schreiben erleichterte, sondern später auch mit der restlichen Welt geteilt wurde. Im 3. Jahrhundert n. Chr. wurde Papier bereits zur

Herstellung von Büchern verwendet. Da Papier aus leicht verfügbaren Materialien wie Rohhanf und Baumrinde hergestellt wurde, war es kostengünstig in der Produktion.

Zu dieser Zeit wurden die vier wichtigsten Materialien erfunden, die von Kalligrafen bis heute verwendet werden: der Schreibpinsel, die Tusche, der Tuschestein und das Papier. Während der Han-Dynastie war die Verwendung von Pinseln weit verbreitet. Die Flexibilität des Schreibpinsels ermöglichte es späteren Kalligrafen, sich in Stilen auszudrücken, die abwechselnd dramatisch, zurückhaltend und alles dazwischen waren und ihre innere Kreativität repräsentierten.

Drucktechniken und Textverarbeitung

Spätere Schreibmethoden entwickelten sich von Gravuren auf Steinen und Metallen in der Antike zu Tintenabreibungen von Steinreliefs, Holzschnitten und beweglichen Drucktypen in späteren Dynastien. Die Erfindung der beweglichen Drucktypen während der Song-Dynastie (960–1279) erleichterte der Regierung die Veröffentlichung von Proklamationen und den Schriftstellern die Erstellung von Werken der Philosophie, Geschichte und Literatur – allerdings nur für den Teil der Bevölkerung, der lesen und schreiben konnte.

Heute können die Chinesen, wie alle anderen auch, mit einem Mausklick Zeichen auf einem Computerbildschirm erscheinen lassen – genauso wie die Amerikaner, die diese Erfindung vorangetrieben haben. Wenn Sie mich fragen, verlieren beide dabei die Kunst, den Stift (oder Pinsel) bewusst und mit Liebe auf Papier zu setzen, um jeden Strich eines Zeichens in einer bestimmten Reihenfolge nachzuziehen und so ihr eigenes kleines Kunstwerk zu schaffen – selbst wenn es nur eine Einkaufsliste ist.

Die Entwicklung der chinesischen Schrift

Wie im vorigen Abschnitt beschrieben, begann die chinesische Schrift vor etwa 3500 Jahren. Im Laufe der Jahrhunderte änderte sich der Stil der chinesischen Schriftzeichen, sodass schließlich sieben Schriftstile entstanden, von denen jeder sein eigenes Aussehen hat und für die Menschen, die in diesen Stilen schrieben, einen neuen Zweck erfüllte. Im Folgenden sind die wichtigsten Formen der chinesischen Schrift im Laufe der Jahrhunderte aufgeführt:

- ✔ Orakelknochenschrift (**Jiăgŭ wén** 甲骨文 [*djiah guh wën*])
- ✔ Bronze-Inschriften (**Jīn wén** 金文 [*djin wën*])
- ✔ Siegelschrift (**Zhuàn shū** 篆书 [*dschuan schuh*])
- ✔ Kanzleischrift (**Lì shū** 隶书 [*lih schuh*])
- ✔ Laufschrift (halbkursiv) (**Xíng shū** 行书 [*ching schuh*])
- ✔ Grasschrift (vollkursiv) (**Căo shū** 草书 [*tsao schuh*])
- ✔ Standardschrift (**Kăi shū** 楷书 [*kai schuh*])

Die Namen dieser Schriften waren oft mit dem Material verbunden, auf das sie geschrieben wurden, oder mit der Funktion, der sie dienten. Orakelknochen zum Beispiel wurden auf Schildkrötenpanzer und Ochsenknochen geschrieben. Bronzeinschriften wurden auf rituelle Bronzegefäße geschrieben, die Siegelschrift wurde von Regierungsbeamten verwendet, die Dokumente mit Siegeln versehen mussten und so weiter. Mit der Entwicklung jeder dieser Schriften wurde das Schreiben des Chinesischen immer einfacher und besser an die verschiedenen Materialien angepasst, auf denen es geschrieben wurde – und mit größeren Möglichkeiten für Kreativität.

Abbildung 19.1 zeigt, wie sich das Wort »Drache« von der Orakelknochenschrift bis hin zur Standardschrift entwickelte.

Abbildung 19.1: »Dragon« sieht jetzt ganz anders aus als auf einem Orakelknochen.

Im folgenden Abschnitt wird auf jede dieser Formen etwas ausführlicher eingegangen.

Orakelknochenschrift

Die Orakelknochenschrift stellte in erster Linie konkrete Gegenstände dar. Da der Schreiber mit so harten Oberflächen wie Knochen und Muscheln arbeiten musste, waren die darauf eingravierten Zeichen zwangsläufig eckig – ein Gestaltungsmerkmal, das sich in der späteren Pinselschrift erhalten hat.

Obwohl sie als Schriftsystem voll funktionsfähig war, war die Orakelknochenschrift nie wirklich standardisiert worden, so dass die Größe und sogar die Richtung der Zeichen unregelmäßig und unvorhersehbar waren. Einige Teile desselben Zeichens wurden weggelassen oder leicht unterschiedlich geschrieben, und andere erschienen auf dem Kopf stehend, obwohl die Bedeutung dieser Zeichen dieselbe blieb. Erst mit der Standardisierung der Siegelschrift später in der Qin-Dynastie (221–206 v. Chr.) wurde die chinesische Schriftsprache zum ersten Mal vereinheitlicht.

Bronze-Inschriften

Die Bronzezeit in China begann gegen Ende der Shang-Dynastie, etwa 1000 v. Chr., und dauerte bis zur Zhou-Dynastie (1046–256 v. Chr.) – der am längsten bestehenden Dynastie Chinas. Diese neuen Schriftzeichen wurden **Jīn wén** genannt, was Metallzeichen bedeutet, da Bronze eine Legierung aus Kupfer und Zinn ist. Die chinesischen Schriftzeichen wurden nun auf rituelle Gefäße gegossen, die mit fortschrittlicheren Methoden der Bronzeverarbeitung hergestellt wurden. Sie nutzten eine Technik namens »Formguss mit Einzelformen«, bei der zunächst ein Modell des gewünschten Objekts angefertigt wurde. Von diesem Modell wurde dann eine Tonform erstellt, die anschließend in einzelne Abschnitte zerschnitten und das Modell entfernt wurde. Nach dem Brennen wurden die Teile wieder zusammengesetzt, um die endgültige Gussform für das Objekt zu schaffen. Klingt einfach, oder?

Sie fragen sich wahrscheinlich, warum all diese Informationen in einem Buch über chinesische Schriftzeichen stehen. Interessante Frage! Diese Methode des Bronzegusses ermöglichte es, Schriftzeichen und verschiedene Designs direkt in die Gussform zu ritzen, bevor sie gebrannt wurde.

Die Knochenschrift der Orakel ist stark vereinfacht und kantig. Das liegt daran, dass es schwierig war, sie auf harte Oberflächen zu gravieren. Im Gegensatz dazu sind die Inschriften aus Bronze runder, da es einfacher war, sie in den feuchten Ton der Gussformen zu schreiben, aus denen sie später gegossen wurden.

Siegelschrift

Die Siegelschrift ist die älteste Form der chinesischen Schriftzeichen, die heute noch verwendet wird. Wie der Name schon sagt, entstand diese Schriftart, als der Privatbesitz von Schriftrollen oder Büchern aufkam und ein Siegel benötigt wurde, um genau zu bestätigen, wem es gehörte. Diese Siegel oder Stempel (auch Schnitzstempel genannt) bestätigten den Besitz einer Schriftrolle, eines Buchs oder von so ziemlich allem dazwischen. Siegel wurden auch als Ersatz für echte Unterschriften auf offiziellen Dokumenten verwendet. Auch heute noch können sie diesen Zweck erfüllen.

Die Schriftzeichen der Siegelschrift sind höher als breit, aber die Breite ist gleichmäßig – zweifellos ein Überbleibsel aus der Zeit, als man noch auf Knochen oder Bronze schnitzen musste. Als der Schreibpinsel in den allgemeinen Gebrauch kam, entdeckten die Schreiber und Künstler jedoch, dass die Verwendung eines Schreibpinsels zu viel Druck erforderte, um die Art von geschwungenen, gleichmäßigen Strichen zu erzeugen, die das Markenzeichen der Siegelschrift waren, was sie unverhältnismäßig mühsam und anspruchsvoll machte.

Die Gewalttätige Geschichte der Siegelschrift

Die große Siegelschrift entstand während der Zhou-Dynastie und wies viele Merkmale der früheren Bronzeschriften auf. Die kleine Siegelschrift hatte jedoch einen eher unrühmlichen Anfang.

Der erste chinesische Kaiser, Qin Shihuang, eroberte das Königreich Qi und vereinigte alle anderen verbliebenen Königreiche – das erste Mal in der chinesischen Geschichte, dass alle kriegführenden Königreiche vereinigt wurden. Er nannte das neu vereinigte Königreich Qin, nach dem Namen seines eigenen Königreichs. Aus dem Namen dieses ersten Königreichs wurde der Name China gebildet.

Um seine Macht über das riesige Reich vorzubereiten und aufrechtzuerhalten, beschloss Qin Shihuang, die vielen damals gebräuchlichen Schreibweisen zu vereinheitlichen. Er beauftragte seinen Palastminister Li Si (李斯), der selbst ein Gelehrter für Orakelknochen- und Bronzeinschriften war, mit der Entwicklung einer Schrift, die von allen leichter geschrieben und verstanden werden konnte.

Li Si ließ sich von der Schrift des Großen Siegels inspirieren und schuf eine neue, schöne, standardisierte Schrift, die er »Kleine Siegelschrift« nannte. Das war ein großer Erfolg!

Daraufhin ließ er alle Intellektuellen, die gegen die neue Schrift und das Regime waren, lebendig begraben. Außerdem verbrannte er alle Bücher, in denen eine andere Schrift verwendet wurde, sodass das Volk nur noch die »Kleine Siegelschrift« sehen und nachahmen konnte.

Kanzleischrift

Die Kanzleischrift – so genannt wegen ihrer Verwendung durch Regierungsbeamte, die offizielle Dokumente schrieben – wird allgemein als der erste große Schritt in der Standardisierung des geschriebenen Chinesisch und als der Moment angesehen, in dem die modernen chinesischen Schriftzeichen Gestalt annahmen. Im Gegensatz zu den Feudalstaaten der Zhou-Dynastie, in denen die Siegelschrift vorherrschend war, bestand in der zentralisierten Qin-Dynastie ein dringender Bedarf an offiziellen Aufzeichnungen, um die wachsende bürokratische Komplexität zu bewältigen. Daher benötigte die neue Dynastie einen neuen und effizienteren Schreibstil. Möglicherweise waren es sogar die Regierungsbeamten selbst, die diese neue Schrift entwickelten, da ihre Arbeitsplätze auf dem Spiel standen.

Im Vergleich zur Siegelschrift ist die Kanzleischrift flacher, breiter und linearer, mit geraden Linien und kantigen Ecken. Durch diese Linearisierung wurden die Zeichen der Kanzleischrift wesentlich abstrakter und ließen sich schneller schreiben. Tatsächlich ist die Kanzleischrift eine verkürzte Form der Siegelschrift, die das Schreiben einfacher, schneller und effizienter macht. Sie ermöglichte einen viel freieren Stil.

Laufschrift

Die Laufschrift, eine halbkursive Schrift, die kurz nach der Han-Dynastie (206 v. Chr.–220 n. Chr.) aufkam, war einer der markantesten Schriftstile mit Zeichen und Strichen, die scheinbar nahtlos ineinander übergehen, im Gegensatz zu den klar abgegrenzten Strichen der Siegelschrift und der Kanzleischrift. Sie war so einfach zu schreiben, dass ihre Verwendung weit verbreitet war, und sie wird auch heute noch als Freihandschrift verwendet. Die Buchstaben erschienen runder, und nur selten verließ der Schreibpinsel die Seite, wenn ein Wort geschrieben wurde.

Grasschrift

Wenn es je einen kreativeren Kalligrafie-Stil als die Grasschrift gegeben hat, dann wäre es schwer, einen zu finden. Sie ist das chinesische Pendant zur abstrakten Kunst im Westen. Als sich die Zeichen von der halbkursiven Laufschrift zur völlig kursiven Grasschrift entwickelten, wurden sie auf einen Schlag nahezu unkenntlich.

Striche wurden zusammengelegt, ganze Teile von Zeichen fehlten, Striche wurden durch vier Punkte ersetzt, und der Strichstil wurde verändert. Die Fähigkeit, Pinsel und Tusche zu nutzen, hatte ein bisher unerreichtes kreatives Niveau erreicht. Regeln galten nicht mehr, weil es sie nicht mehr gab. Mit der Grasschrift konnte der Kalligraf selbst bestimmen, wie er Gedanken, Gefühle oder auch nur eine vorübergehende Stimmung am besten darstellen wollte. Das war völlige Freiheit, und das zeigte sich.

Die Kehrseite dieser Freiheit war, dass die Kalligrafie im Grasschrift-Stil oft unleserlich ist. Ihr Hauptzweck ist daher dekorativ. Obwohl die Idee eines solchen abstrakten Stils in der langen Geschichte der chinesischen Kalligrafie als moderne Entwicklung erscheint, tauchte sie tatsächlich zwischen dem Ende der Qin-Dynastie und dem Beginn der Han-Dynastie auf, also 206 v. Chr.

Standardschrift

Die Standardschrift ist diejenige, die man heutzutage am häufigsten im Druck und in der Kalligrafie sieht. Es ist die am leichtesten zu erkennende und zu schreibende Schrift, vermutlich weil sie am klarsten ist. Wenn man sie betrachtet, wirkt jedes Zeichen symmetrisch und eindeutig.

Wir gehen oft davon aus, dass »kursive« Schriften wie die Laufschrift und die Grasschrift eher geometrisch und gleichmäßig sind, im Vergleich zur Standardschrift. Tatsächlich ist es jedoch genau das Gegenteil. Anders als bei der Laufschrift sind die Striche hier klar voneinander getrennt, die Striche der Standardschrift sind symmetrisch, und sie wirkt insgesamt ausgewogener als die anderen Schriften. Sie ist einfacher als alle anderen Schriften und leichter zu lesen. Diese Schrift wird auch heute noch in Lehrbüchern verwendet. Der Stil der Standardschrift ist das Gegenstück zur eher komplizierten Kanzleischrift und der oft nicht zu unterscheidenden Grasschrift, obwohl sie alle während der Han-Dynastie entstanden sind. Die Standardschrift war viel stilisierter und effizienter.

Die Kanzleischrift war plötzlich zu aufwendig für die Schreibbedürfnisse der neu entstehenden Handelswelt. Daraufhin erließ der letzte Kaiser der Han-Dynastie, Liu Xie, einen kaiserlichen Erlass, der die Verwendung der neuen Standardschrift vorschrieb. Diese Schrift, bekannt als **Kǎi shū** (楷书), was so viel wie »das nachzuahmende Schriftmodell« bedeutet, sollte fortan von allen genutzt werden. Während seiner Regierungszeit wurden auch die acht grundlegenden Stricharten sowie deren Reihenfolge festgelegt (siehe Kapitel 18)

Jeder neue Schreibstil trug zur heutigen Vereinfachung des Schriftsystems bei, mit vereinfachten Zeichen und Pīnyīn, um die chinesische Sprache leichter zu lernen, nützlicher und schöner zu machen, während man die Vergangenheit in Erinnerung behält. Wenn Sie im nächsten Kapitel mit dem Schreiben von Schriftzeichen beginnen, denken Sie an die beeindruckende Geschichte der Entwicklung chinesischer Schriftzeichen und an die vielen stilistischen Entwicklungsstufen, die diese durchlaufen haben, um an diesen Punkt zu gelangen – den Moment, in dem Sie als neuer Schüler oder neue Schülerin der chinesischen Schrift von der letzten Entwicklungsstufe des Schriftstils profitieren werden: der Standardschrift.

Die vier Schätze der chinesischen Kalligrafie

Wenden wir uns nun den Instrumenten zu, die von den Alten (und den nicht ganz so Alten) verwendet wurden, um Kunstwerke der chinesischen Kalligrafie zu schaffen, und sei es nur ein Brief an einen Freund. Okay, der Brief brauchte vielleicht mehrere Monate, um den

Empfänger zu erreichen, aber als er ankam, konnte die Person am anderen Ende ihn für immer aufbewahren (im Gegensatz zum versehentlichen Löschen aus dem Posteingang).

Jeder Kalligraf, der sein Handwerk beherrscht, hat die **wénfáng sìbǎo** 文房四宝 (*wën fang ssı bau*) – die vier wesentlichen Werkzeuge eines Gelehrten:

- ✔ Schreibpinsel **bǐ** (笔) (*bih*)
- ✔ Tusche **mò** (墨) (*mo*)
- ✔ Papier **zhǐ** (纸) (*dschı*)
- ✔ Tuschestein **yàn** (砚) (*yän*)

Diese Werkzeuge sind als die »Vier Schätze des Studiums« oder die »Vier Schätze der Gelehrtenwerkstatt« bekannt. Sie wurden von den Gelehrten nicht nur für die gewöhnliche Kommunikation oder für offizielle Erlasse verwendet, sondern vor allem auch, um ihre Gedanken und Gefühle durch Kalligrafie auszudrücken.

Diese vier Werkzeuge werden als Schätze betrachtet, da Kalligrafiematerialien seit jeher einen hohen Stellenwert haben. Es sind die gleichen Materialien, die auch die chinesischen Maler verwenden, was mich zum nächsten Punkt führt.

In China wurde die Malerei als visuelle Kunst gegenüber der Kalligrafie als zweitrangig angesehen. Wenn Sie ein traditionelles chinesisches Gemälde betrachten, werden Sie auch ein Gedicht oder eine andere Inschrift sehen, die immer, wenn auch nur winzig, in die eine oder andere Ecke geschrieben ist. Es ist die Qualität der Poesie und der Stil der Kalligrafie, mit dem sie geschrieben wurde, die dem Gemälde seinen Wert verleiht.

Die vier Schätze ermöglichen es dem Kalligrafen (und dem Maler), die Gedanken, Gefühle und – manche würden sogar sagen – die Seele des chinesischen Volkes zum Leben zu erwecken.

Obwohl die vier Schätze vor Jahrhunderten festgelegt wurden, sind sie auch heute noch die Schlüsselelemente, die für die Ausübung der chinesischen Kalligrafie benötigt werden. Auch wenn dieses Buch Ihnen beibringt, wie man Schriftzeichen mit einem normalen Stift auf Papier schreibt, benötigen Sie zum Schreiben von Kalligrafie genau die gleichen »Vier Schätze«, die die Alten verwendet haben.

Und nun, ohne Umschweife, ein genauerer Blick auf die vier Schätze.

Schreibpinsel

Der Kalligrafiepinsel war für die Schreiber und Gelehrten im alten China ein ebenso kostbares und begehrtes Gut wie heute das neueste iPhone. Er wurde schnell zum effizientesten Mittel für Kaiser und Dichter gleichermaßen, um ihre Proklamationen zu verkünden und ihre Literatur zu lesen. (Und das Beste daran: Sie mussten sich keine Sorgen machen, im Cyberspace gehackt zu werden.)

Der Kalligrafiepinsel selbst ist mindestens 3000 Jahre alt. Das chinesische Wort für den Pinsel lautet damals wie heute 毛笔, was so viel wie Haarstift oder Schreibgerät aus Haaren bedeutet, weil die zum Schreiben verwendete Spitze aus Wolfs-, Kaninchen- oder Schafshaar bestand.

Das Rohr, in dem die Haare des Pinsels ruhen, besteht in der Regel aus Bambus, und am oberen Ende des Pinsels befindet sich in der Regel ein Haken, damit man ihn aufhängen kann.

Im Allgemeinen lassen sich Kalligrafiepinsel in drei Kategorien einteilen:

- ✔ **Weiche-Pinsel** aus Schafshaar nehmen das Wasser sehr gut auf und eignen sich hervorragend zum Schreiben großer Buchstaben. Sie sind nicht nur billig, sondern auch vielseitig genug, um Siegelschrift, Kanzleischrift oder Laufschrift zu schreiben, die von eckig bis hin zu freien Formen reichen. Je weicher der Pinsel ist, desto runder ist das Zeichen, das er erzeugt.
- ✔ **Harte-Pinsel** werden oft aus Kaninchen- oder sogar Wildpferdehaar hergestellt und sind teurer als der weiche Schafshaarpinsel. Mit diesen Pinseln lässt sich die Dicke der Striche besonders gut steuern. Je steifer der Pinsel, desto kräftiger die Zeichen.
- ✔ **Mischhaar-Pinsel,** die aus zwei oder mehr Tierhaaren bestehen, erzeugen Pinselstriche, die zwischen weich und steif liegen, je nachdem, welche Haare verwendet werden.

Die Art der Haare auf einem Pinsel ist entscheidend für die richtige Art von Strichen. Pinsel haben ihre eigene Persönlichkeit, daher ist es wichtig, dass Sie im Voraus wissen, welche Art von Zeichen Sie schreiben möchten.

Es gibt kleine und dünne bis hin zu großen und dicken Pinseln, je nachdem, welche Art und Größe von Kalligrafie Sie erstellen möchten.

Tusche

In neun von zehn Fällen wird ein Kalligrafiepinsel in Tusche getaucht, und zwar in Mineralien, die mit Klebreis und der Asche von duftendem Weihrauch vermischt sind. Heutzutage können Kalligrafen auch fertige flüssige Tinte oder Tusche aus der Flasche verwenden.

Es gibt auch sogenanntes Lampenschwarz – ein Material, das aus sehr kleinen Kohlenstoffpartikeln besteht, die wiederum aus Ruß stammen. Es wird seit Urzeiten zur Herstellung von Tusche verwendet.

Diese Zutaten werden mit Wasser und Leim vermischt und in Formen gepresst. Wenn diese Formen aushärten, entstehen längliche Stäbe, die dann im Tuschestein (der später in diesem Abschnitt besprochen wird) zermahlen werden können. Das Schöne für Kalligrafen ist, dass der Tusche im Tuschestein Wasser zugesetzt werden kann, sodass der Kalligraf jede beliebige Tuschedicke und Pigmentdichte für die von ihm gewünschten Zeichen herstellen kann. Das ist etwas ganz anderes als flüssige Tinte, die das ist, was sie ist, und die nicht verändert werden kann.

Reispapier

Papier gilt weithin als eine der wichtigsten technischen Errungenschaften Chinas und wird oft als sein größter Beitrag zur Welt angesehen. Es heißt, dass Cai Lun 蔡伦, ein Eunuch und Minister eines Kaisers während der östlichen Han-Dynastie (25–220 n. Chr.), das Papier erfunden hat.

Reispapier ist das beste Papier zum Schreiben von Kalligrafie, da es die Tinte gut aufnimmt. Es kann eine verschwommene Qualität erzeugen, die sich neben der Kalligrafie besonders gut für Aquarellmalerei eignet. Es wird von Hand hergestellt und ist sowohl weich als auch widerstandsfähig – perfekt für alle Arten von kreativen Pinselstrichen, die ein Kalligraf zeichnen möchte.

Wissenswertes: Der Begriff »Reispapier« ist ein Irrtum, denn es wird aus Bambus, Hanffasern und der Rinde von Maulbeerbäumen hergestellt. Diese grundlegenden Materialien waren in der Tat kostengünstig herzustellen und leicht zu finden, sodass es kein Wunder ist, dass die Kunst der Kalligrafie über die Jahrhunderte hinweg florieren und überleben konnte.

Tuschestein

Ein Tuschestein oder Reibstein ist ein rundes oder rechteckiges Gefäß mit einer flachen Vertiefung in der Mitte, in dem der Kalligraf seine Tusche anrührt. Im Tuschestein wird die Stangentusche zermahlen und mit Wasser vermischt.

Tuschesteine sind an und für sich schon künstlerisch und werden von ihren Besitzern sehr geschätzt. Tuschesteine, die im Besitz von Kaisern waren, sind selten und werden von Sammlern zunehmend gesucht. Genau wie Kalligrafiepinsel, die so groß sein können, dass man mit ihnen auf dem Boden malen kann, können Tuschesteine entweder sehr klein sein oder – wie im Fall des größten je gefundenen Tuschesteins – bis zu zwei Tonnen wiegen!

Auf den Aufbewahrungsschachteln ließen die Kalligrafen neben kunstvollen Schnitzereien auf den Deckeln auch ihre Namen oder Gedichte eingravieren. Diese wurden als unantastbarer Teil der vier Schätze betrachtet und im Arbeitszimmer des Kalligrafen aufbewahrt. Dieselbe Poesie und Kunst sind auch heute noch auf den Deckeln zu lesen.

Das Reiben der Stangentusche in kreisenden Bewegungen auf dem Tuschestein hat etwas fast Zen-artiges, Meditatives an sich. Der bloße Akt des Reibens erzeugt auch einen Klang, der von den Elementen abhängt, aus denen der Tuschestein besteht – ähnlich wie bei einer tibetischen Gebetsschale.

Wie Sie einen Kalligrafiepinsel benutzen

Bevor Sie einen Kalligrafiepinsel benutzen, müssen Sie ihn zunächst in Wasser einweichen und ihn erst herausnehmen, wenn er weich ist. Dann halten Sie den Pinsel mit Ringfinger, Mittelfinger und Daumen fest.

Jetzt sollten Sie auch die Tusche und den Tuschestein vorbereiten, in die der Pinsel zeremoniell getaucht wird, bevor Sie ihn auf das Papier setzen. Dazu legen

Sie den Tuschestab in Wasser und reiben ihn in konzentrischen Kreisen, bis die Masse weich genug ist, um den Schreibpinsel einzutauchen. Am Ende bleibt etwas übrig, das auf dem Reispapier haften bleibt und nicht tropft.

Wenn Sie anfangen zu schreiben, neigen Sie den Pinsel mit den Fingern, die den Pinsel halten – nicht mit der ganzen Hand. Es ist ein kompliziertes, heikles Gleichgewicht, das mit der sprichwörtlichen Hand-Augen-Koordination erreicht werden muss, davon hängt die Qualität der Schriftzeichen ab, die Sie schaffen.

Jedes Mal, wenn Sie den Pinsel in die Tusche tauchen, tun Sie dies zügig und mit großer Sorgfalt. Tauchen Sie den Pinsel nur etwa zu einem Drittel in die Tusche ein und nehmen Sie ihn schnell wieder heraus.

Halten Sie beim Üben mit dem Kalligrafiepinsel immer den Ellbogen über den Tisch. Auf diese Weise fällt es Ihnen leichter (und Sie werden es kaum vergessen), jedes Schriftzeichen nur mit den Fingern und nicht mit dem Rest der Hand zu schreiben.

Wenn Sie den Pinsel hochhalten, können Sie dünnere, weichere Striche schreiben. Wenn Sie ihn näher an den Borsten halten, können Sie festere, gut definierte Striche ziehen.

Werkzeuge und Techniken für den modernen Kalligrafen

Ob im 1. oder im 21. Jahrhundert, wer Kalligrafie praktiziert, verwendet immer noch genau dieselben vier Schätze. In diesem Buch brauchen Sie jedoch nur einen normalen, modernen Stift zu benutzen, um Ihre neu erlernten chinesischen Schriftzeichen zu schreiben.

Da es trotzdem ein wunderbares, künstlerisches und beeindruckendes Erlebnis sein wird, schlagen wir vor, dass Sie diesen Moment mit einem besonderen Stift feiern – mit einem Stift, der für Sie etwas Besonderes ist. Es wird aber immer noch ein ganz normaler Stift sein, also machen Sie sich keinen Stress, wenn Sie nicht den richtigen besonderen Stift finden. Selbst ein normaler Stift, den Sie jeden Tag benutzen, wird zu Ihrem eigenen besonderen Stift, wenn Sie ihn nur zum Üben der chinesischen Schriftzeichen verwenden.

Was das Papier betrifft, so werden Sie in Kapitel 20 sehen, dass man, wenn man mit dem Malen von chinesischen Schriftzeichen beginnt, ein Spezialpapier verwendet. (Es ist so ähnlich wie das Papier, an das Sie sich vielleicht erinnern, als Sie im Kindergarten und in der ersten Klasse gelernt haben, Zahlen und Buchstaben zu schreiben.)

In Kapitel 18 wurden Sie mit den verschiedenen Komponenten vertraut gemacht, aus denen zusammengesetzte Zeichen bestehen (lesen Sie dieses Kapitel noch einmal, wenn Sie es übersprungen haben oder eine Auffrischung benötigen):

- Obere und untere Teile: 思
- Linke und rechte Teile: 如
- Innere und äußere Teile: 网
- Obere, mittlere und untere Teile: 莫
- Linke, mittlere und rechte Teile: 树

Nun werden Sie Ihr Wissen in die Tat umsetzen. Verwenden Sie das Die Kästchen in Anhang F, die speziell für das Schreiben chinesischer Schriftzeichen entwickelt wurden. So können Sie üben, jedes Zeichen in ein einziges Quadrat zu schreiben, wobei Sie darauf achten müssen, dass die verschiedenen Teile symmetrisch sind.

Hier sind einige Dinge, auf die Sie achten sollten, wenn Sie das Schreiben chinesischer Schriftzeichen üben:

- Jeder Abschnitt des Quadrats, in dem das Zeichen geschrieben wird
- die gleichmäßige Verteilung des Zeichens, sodass das ganze Zeichen symmetrisch aussieht
- die Strichreihenfolge, in der das Zeichen geschrieben wird

IN DIESEM KAPITEL

einhundert Schriftzeichen mit Bedeutung und Radikal

Kapitel 20
100 chinesische Schriftzeichen

In diesem Kapitel lernen Sie 100 Schriftzeichen kennen. Pfeile und einzelne Schritte unterstützen Sie dabei, die Zeichen in der richtigen Reihenfolge zu schreiben.

- Nutzen Sie außerdem die Radikalliste im Anhang A als zusätzliche Hilfe.
- Da Sie bereits mit der Lautschrift vertraut sind, erhalten Sie in diesem Kapitel nur noch Pīnyīn und die entsprechenden Schriftzeichen – keine Transkription mehr. Ein großer Lernfortschritt – herzlichen Glückwunsch!
- Viel Spaß beim Üben! Wer nicht mehr zu bremsen ist, findet im Anhang F zusätzlich Platz für weitere Schreibübungen.

一 • eins

yī

Radikal: 一

Im Handumdrehen haben Sie das einfachste unter den Zehntausenden chinesischen Schriftzeichen geschrieben – die Zahl eins. Fügen Sie das Zeichen **yuè** 月 hinzu, und Sie haben den Januar: **yī yuè** 一月, der erste Monat.

二 • zwei

èr

Radikal: 二

Wenn Sie dachten, dass Nummer eins einfach war, ist Nummer zwei noch einfacher – die logische Erweiterung um einen zusätzlichen Strich. Fügen Sie das Zeichen **yuè** 月 hinzu, und Sie haben den Februar: **èr yuè** 二月, der zweite Monat. Setzen Sie **shí** 十 (zehn) davor, und es wird zwölf (zehn plus zwei). Dreht man die Zahlen um und setzt eine Zwei vor die Zehn, erhält man **èr shí** 二十 (zwanzig).

十 • zehn

shí

Radikal: 十

Zehn ist im Chinesischen eine zentrale Zahl. Stellen Sie sie vor eine beliebige Zahl von eins bis neun, erhalten Sie die Zahlen zwischen elf und neunzehn – also elf, zwölf, dreizehn, vierzehn und so weiter. Stellen Sie sie hinter eine Zahl von eins bis neun, erhalten Sie zwanzig, dreißig, vierzig, fünfzig und so weiter. Fügen Sie das Zeichen **fēn** 分 dahinter, sodass **shí fēn** 十分 entsteht, bedeutet dies »vollständig«, da zehn Teile ein Ganzes ergeben.

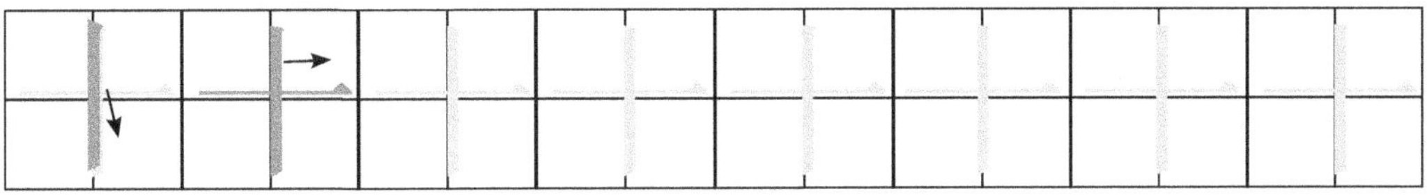

七 • sieben

qī

Radikal: 一

Genau wie die Zahlen eins und zwei bedeutet die Zahl sieben vor dem Schriftzeichen **yuè** 月 den siebten Monat, den Juli.

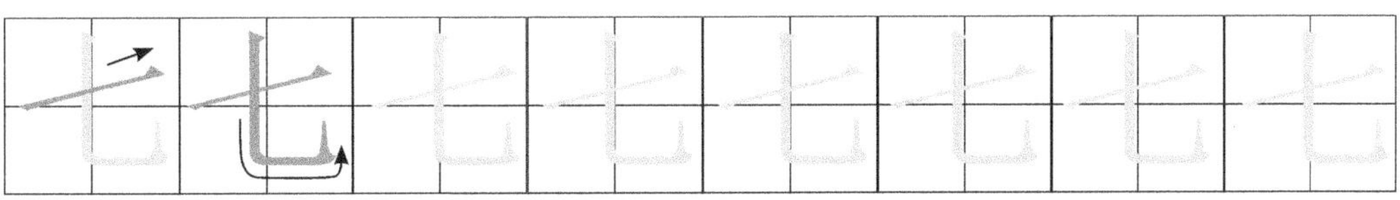

八 • acht

bā

八 Radikal: 八

Die Zahl acht ist ein Homonym (gleichlautendes Wort) für das Schriftzeichen **fā** 发 – Teil des Wortes, das Reichtum und Wohlstand bedeutet. Es ist in der Tat ein Glücksbringer. Kein Wunder, dass die Eröffnungsfeier der Olympischen Spiele in Peking für den 8. August 2008 (den achten Tag des achten Monats) um 20.00 Uhr angesetzt wurde.

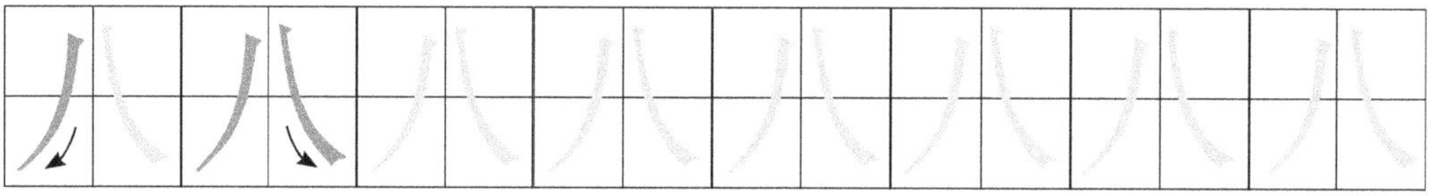

九 • neun

jiǔ

九 Radikal: 丿

Trotz seines Aussehens besteht das Zeichen **jiǔ** 九 aus nur zwei Strichen – dem ersten, der diagonal von oben nach unten verläuft, und dem zweiten, einer horizontalen Linie, die dann nach unten abfällt und in einem Haken endet.

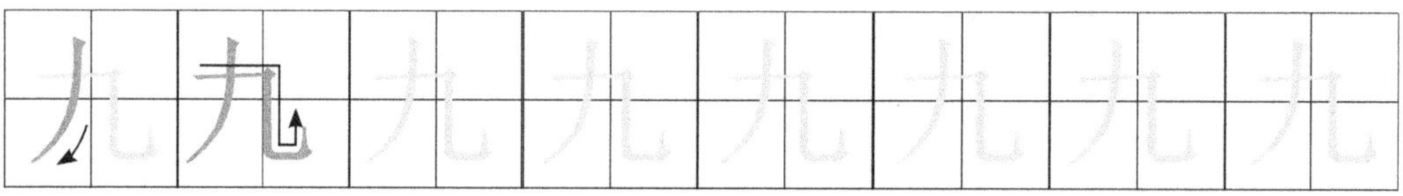

个 • Zähleinheitswort

gè

个

An und für sich ist **gè** 个 kein eigenständiges Wort. Vielmehr ist es ein Zähleinheitswort so ähnlich wie eine »Tasse« Tee oder ein »Glas« Wasser. Zwischen einer Zahl und einem Substantiv eingefügt, klassifiziert das Zähleinheitswort die allgemeine Bedeutung des nachfolgenden Substantivs.

Radikal: 人

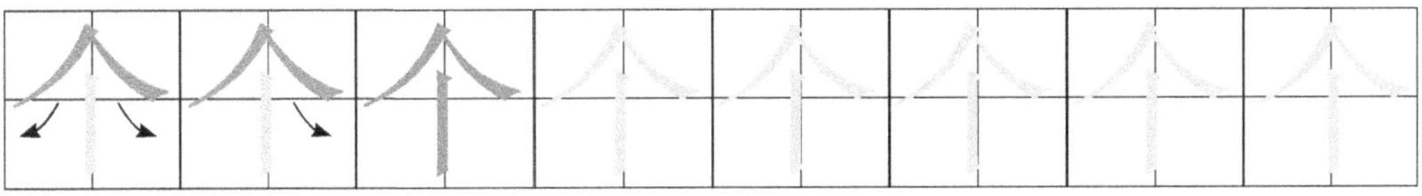

了 • Partikel für die Vergangenheit

le

了

Als Partikel für die Vergangenheit, die den Abschluss einer Handlung oder eine Veränderung des Zustands einer Sache anzeigt, steht »le« immer direkt nach einem Verb. **Tā lái le.** (他/她来了.) bedeutet »Er (oder Sie) kam«. Ohne das »le« am Ende könnte es bedeuten, dass er kommt oder dass er kommen wird.

Radikal: ⺈

人 • die Person

rén

Rén 人 ist eines der wichtigsten und am einfachsten zu erlernenden Schriftzeichen. Als Piktogramm ähnelt es einer Person, die aufrecht steht und vorwärts geht, wobei das auf dem Kopf stehende »v« die beiden Beine darstellt, die gehen. Das Zeichen **kǒu** 口 bedeutet »Mund« und wird in Zusammensetzungen wie **rénkǒu** 人口 verwendet, was »Bevölkerung« bedeutet – also die Anzahl der »Münder«, die zu ernähren sind.

人

Radikal: 人

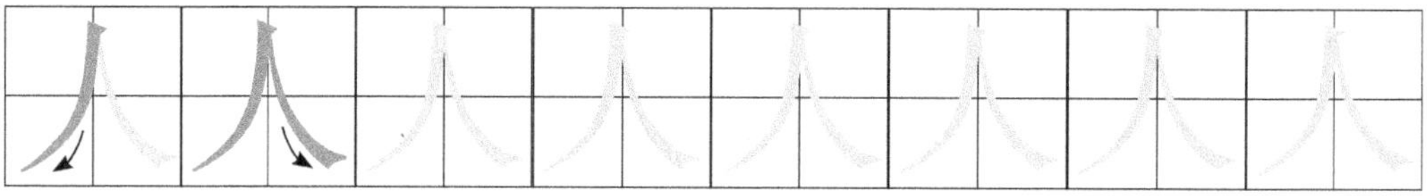

门 • die Tür

mén

Das traditionelle Zeichen für Tür sah aus wie eine Schwingtür aus einem alten Westernfilm: 門. Es findet sich in **dà mén** 大门 (große Tür [Haupteingang]) oder **mén kǒu** 门口 (Mund der Tür [Türrahmen]).

门

Radikal: 门

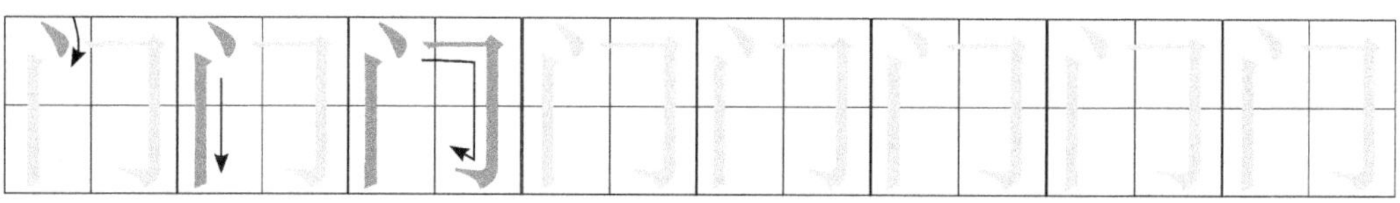

口 • der Mund

kǒu

口 Radikal: 口

Das ursprüngliche, antike Orakelknochenzeichen für Mund sah aus wie ein offener Mund, aus dem zwei Zähne oben und zwei unten herausragten. Nachdem alle Zähne ausgefallen sind, bleibt **kǒu** 口 übrig. Kombiniert man 口 mit **hé** 禾, also Getreide, erhält man 和 (Frieden). Wenn es in einer Agrarwirtschaft genug Getreide für die Münder der Menschen gibt, herrscht Frieden im Land.

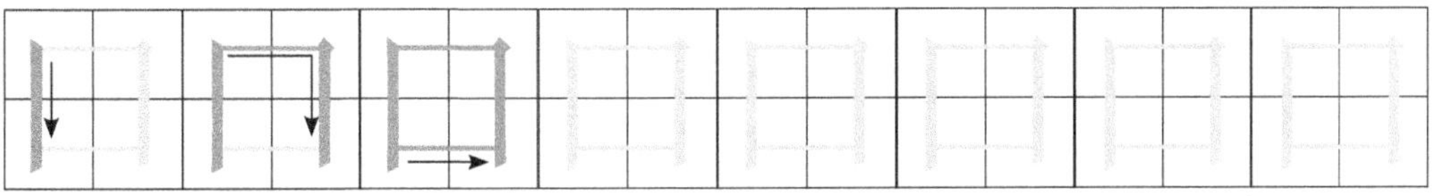

女 • weiblich

nǚ

女 Radikal: 女

Ursprünglich wurde es als unterwürfige, kniende Figur geschrieben: . Das moderne Zeichen für weiblich kann eher als schwingende Hüfte unter der horizontalen Linie des Oberkörpers wahrgenommen werden.

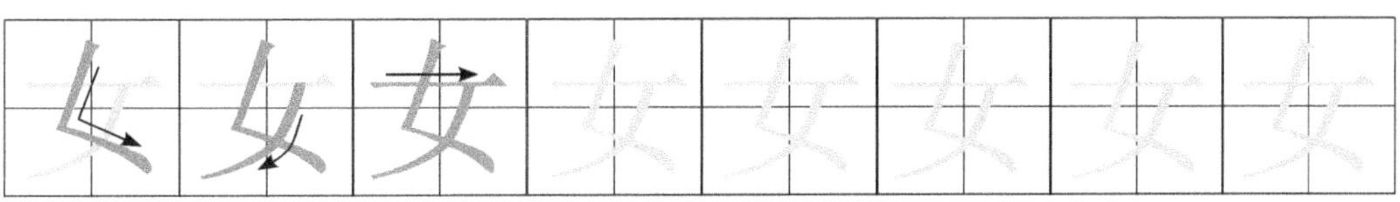

工 • die Arbeit/arbeiten

gōng

Die alte Schrift dieses Zeichens stellte ein landwirtschaftliches Werkzeug dar, das auf Arbeit hinweist. Mit dem Zeichen **rén** 人, das Person bedeutet, wird es zu **gōngrén** 工人 – Arbeiter/Arbeiterin.

工

Radikal: 工

大 • groß

dà

Das Schriftzeichen **dà** 大 stellt einen aufrecht stehenden Mann mit ausgestreckten Armen dar. Auf diese Weise sieht er wirklich groß aus.

大

Radikal: 大

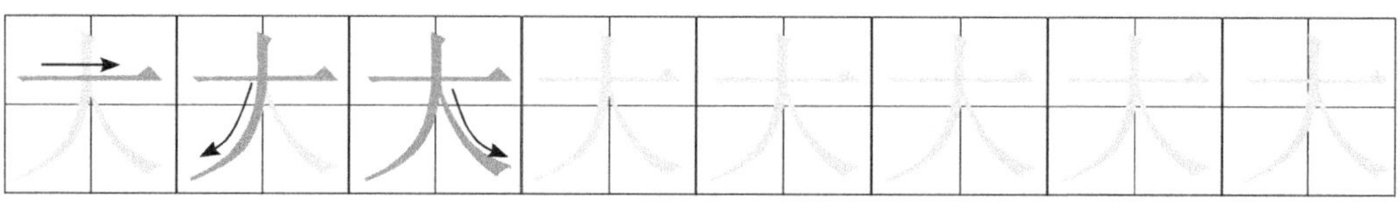

小 • klein

xiǎo

Wenn man das Zeichen für groß, **dà** 大, mit dem Zeichen für klein, **xiǎo** 小, kombiniert, erhält man das Wort für »Größe« – groß/klein: **dà xiǎo** 大小, verstanden?

小 Radikal: 小

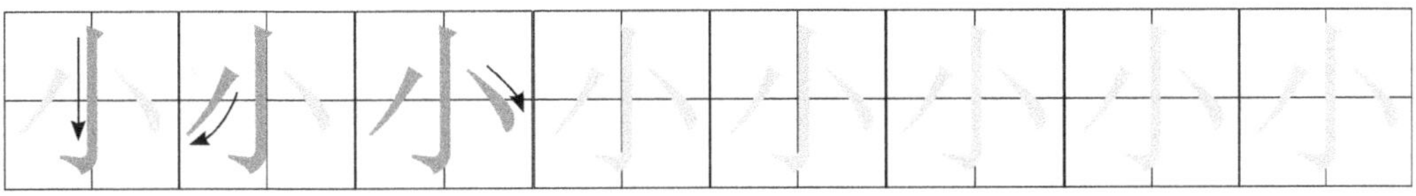

三 • drei

sān

Es ist kinderleicht eins, zwei, drei: **yī, èr, sān** 一, 二, 三. Die Zeichen für die ersten drei Zahlen sind am einfachsten zu merken. Beginnen Sie einfach mit einer horizontalen Linie und fügen Sie eine weitere Linie hinzu, bis Sie bei drei angelangt sind. Danach folgen die Zahlen leider nicht mehr dieser Regel.

三 Radikal: 一

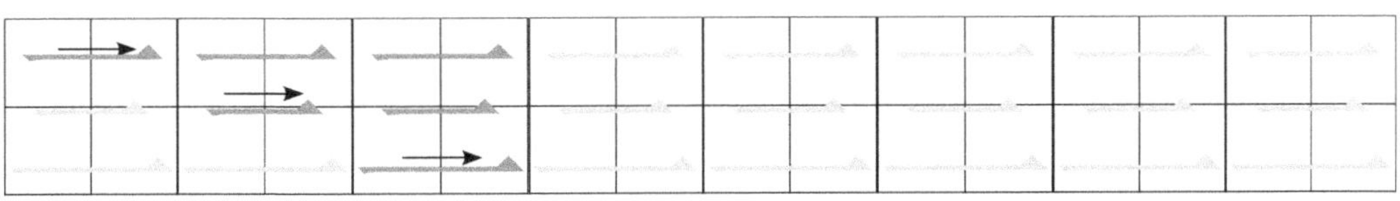

山 • der Berg

shān

Eines der interessanteren Piktogramme ist **shān** 山, das fast genauso aussieht wie ein Berg. Wenn man es mit dem Zeichen für Feuer, **huǒ** 火, kombiniert, erhält man Vulkan: **huǒ shān** 火山 (wörtliche Bedeutung: Feuerberg).

山

Radikal: 山

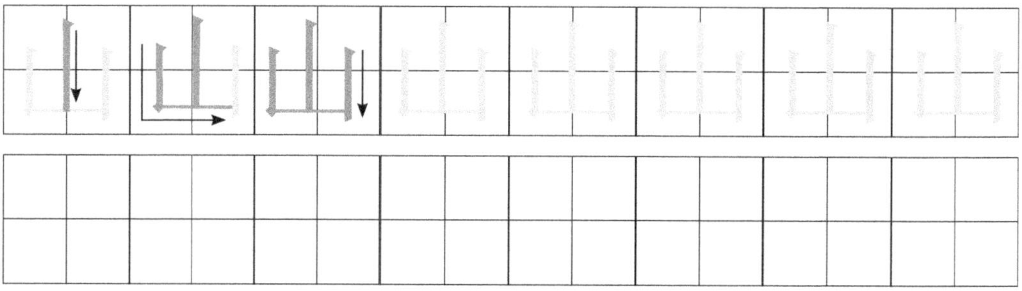

上 • oben; auf der Oberseite

shàng

Stellen Sie sich den Horizont vor. Schauen Sie dann gerade nach oben in den Himmel, wenn die Sonne aufgeht. Nehmen Sie einfach eine horizontale Linie, fügen Sie eine vertikale Linie darüber hinzu, und Sie befinden sich auf der Oberseite der Welt. (Oder zumindest irgendwo auf der Oberseite.)

上

Radikal: ⺊

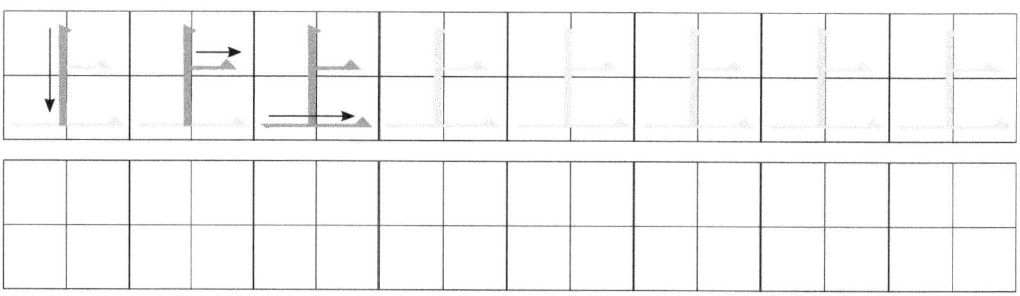

下 • unter/unten

xià

Wie bei **shàng** 上 zeigt auch dieses Zeichen einen Horizont, aber diesmal zeigt die vertikale Linie nach unten unter die Erde und nicht nach oben in den Himmel. Daher auch der Begriff für unten.

下

Radikal: 一

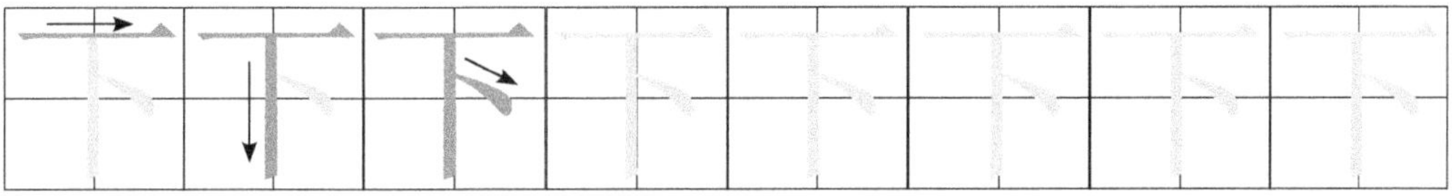

也 • auch

yě

Warum das ursprüngliche Bild einer Schlange zur Darstellung des Wortes »auch« verwendet wurde, werden wir nie erfahren, aber so ist es nun einmal.

也

Radikal: 乙/乛

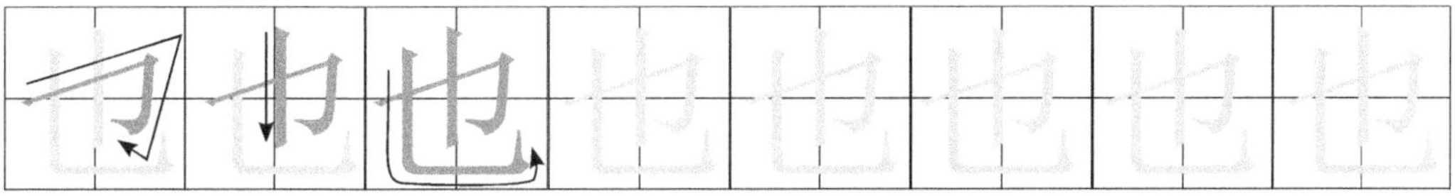

子 • das Kind/Baby

zi

Diese Figur zeigt das Bild eines kleinen Babys mit ausgestreckten Armen, dessen Beine aber noch in eine Decke gewickelt sind. Niedlich, oder?

子

Radikal: 子

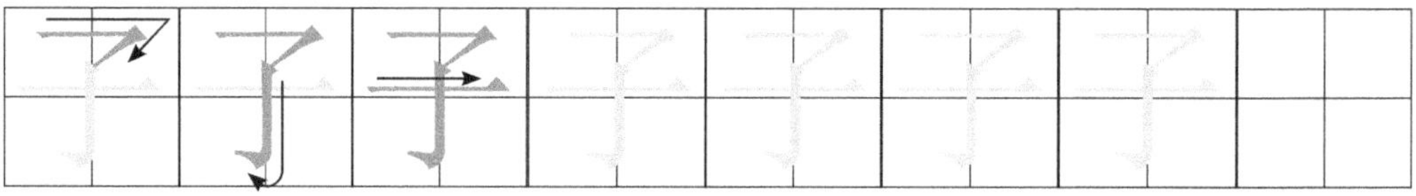

五 • fünf

wǔ

Die Zahl Fünf ist bei den chinesischen Feinschmeckern besonders beliebt. Setzt man das Schriftzeichen **wèi** 味, das Geschmack bedeutet, dahinter, erhält man **wǔ wèi** 五味 (die fünf Geschmacksrichtungen) – salzig, scharf, sauer, süß und bitter, die zusammen Gesundheit und Harmonie fördern.

五

Radikal: 一

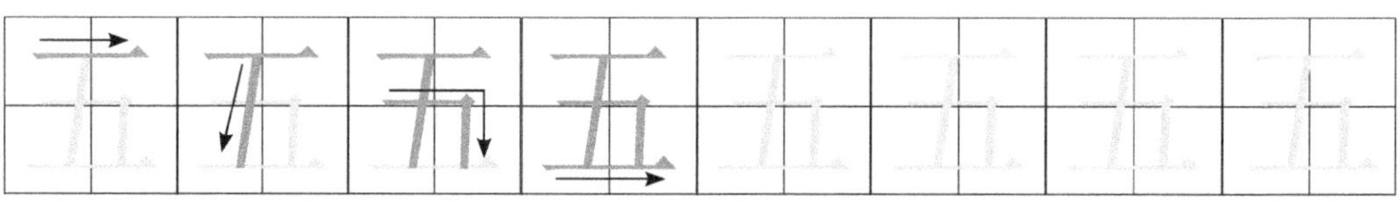

六 • sechs

liù

Während die Zahl sechs ursprünglich wie eine Hütte aussah, kann sie mit dem Zeichen für zehn in der einen Richtung, **liù shí** 六十, kombiniert werden und bedeutet sechzig (sechs mal zehn), oder in der anderen Richtung, **shí liù** 十六 (zehn plus sechs) und bedeutet sechzehn.

六 Radikal: 八

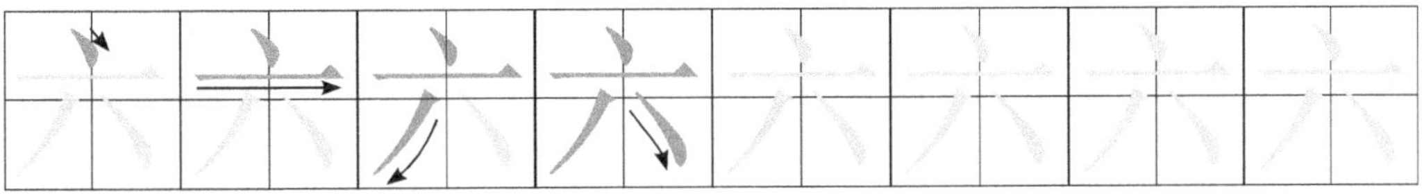

水 • das Wasser

shuǐ

Dieses Schriftzeichen stellt fließendes Wasser dar und kann auf drei Punkte 氵 auf der linken Seite anderer Schriftzeichen reduziert werden, um anzuzeigen, dass das Wort etwas mit Wasser oder Flüssigkeit zu tun hat, wie etwa Fluss (**hé,** 河) oder Ozean (**hǎiyáng**, 海洋).

水 Radikal: 水

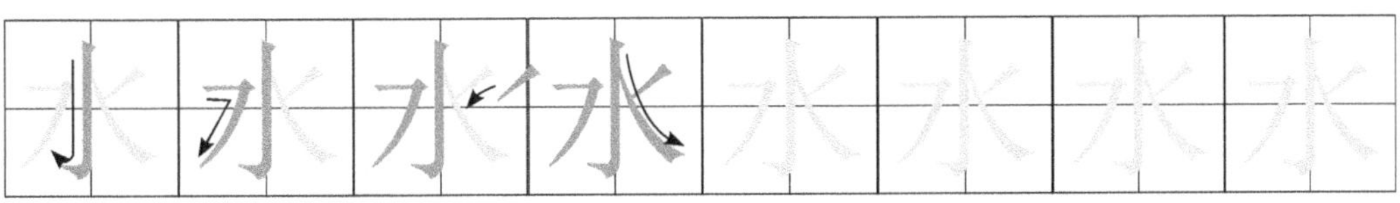

火 • das Feuer

huǒ

Stellen Sie sich zwei Funken vor, die zu beiden Seiten einer Flamme davonfliegen, und Sie haben das Schriftzeichen für Feuer. Da Chinesisch eine so alte Sprache ist, setzt man es vor das Zeichen für Fahrzeug, **chē** 车, und man hat ein Feuerfahrzeug, **huǒ chē** 火车, auch bekannt als Zug.

火

Radikal: 火

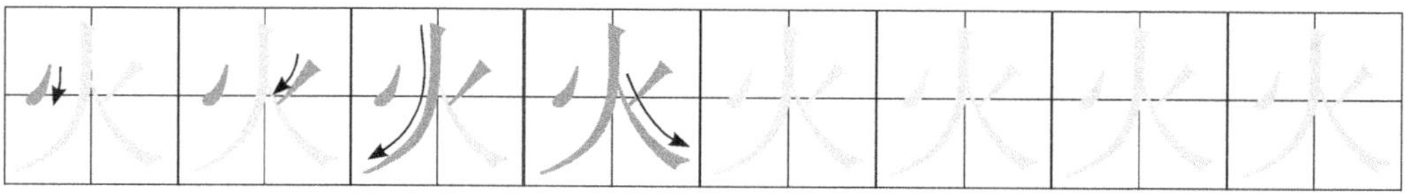

手 • die Hand

shǒu

Dieses Schriftzeichen kann in einem Wimpernschlag von der Antike zur Moderne wechseln. Wenn es zwischen **kōng** 空 (leer) und **dào** 道 (der Weg) steht, ergibt es **kōngshǒudào** 空手道 (Karate), den Weg der leeren Hand. Setzt man es vor **jī** 机 (Maschine), erhält man **shǒujī** 手机 (Handgerät), also ein Mobiltelefon.

手

Radikal: 手

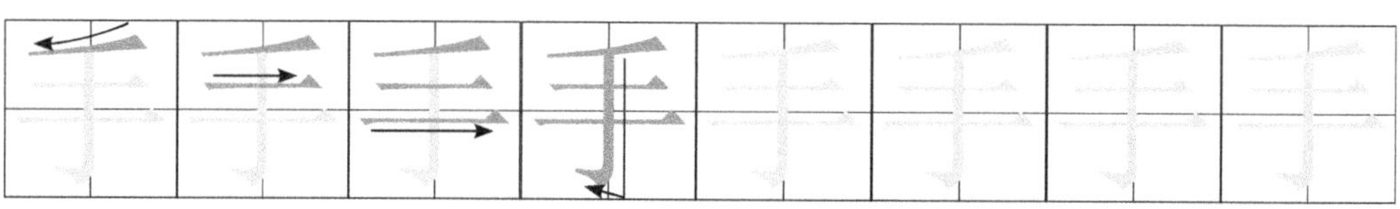

车 • das Fahrzeug

chē

Von **huǒchē** 火车 (Feuerfahrzeug [Zug]) bis **qìchē** 汽车 (Dampffahrzeug [Auto]) bis hin zu **chūzū chē** 出租车 (Mietfahrzeug [Taxi]) kommt das Zeichen 车 ganz schön rum.

车

Radikal: 车

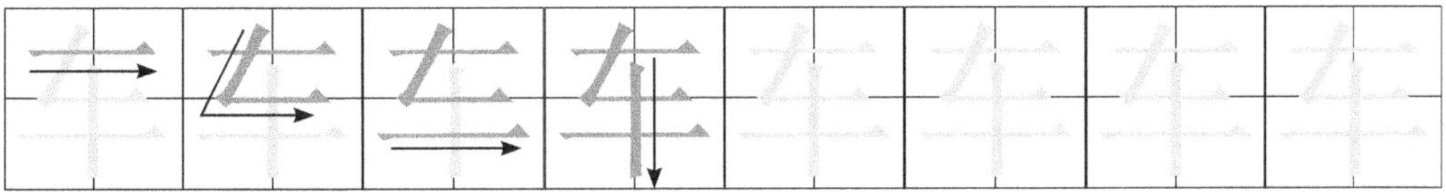

日 • die Sonne

rì

Was könnte heller sein als die Sonne? Wie wäre es mit der Sonne und dem Mond, **yuè** 月, zusammen? 日+月=明, auch bekannt als hell.

日

Radikal: 日

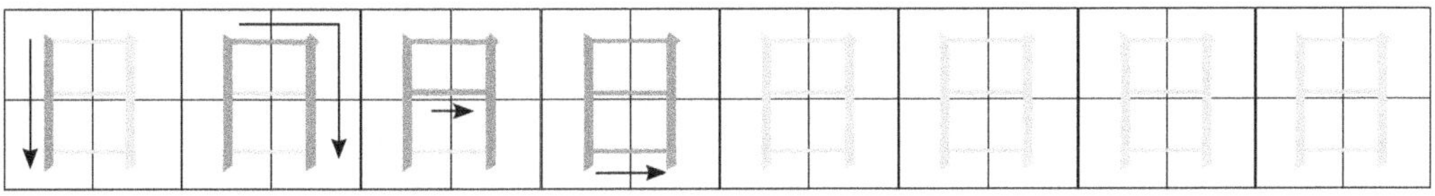

中 • Mitte

zhōng

Dieses Zeichen ist für China von entscheidender Bedeutung. Es ist sogar der Hauptbestandteil des Wortes für das Land selbst: **Zhōngguó** 中国 (China). Seit der Antike hat sich China jahrhundertelang das Reich der Mitte genannt und die Schriftzeichen beweisen es.

中

Radikal: 丨

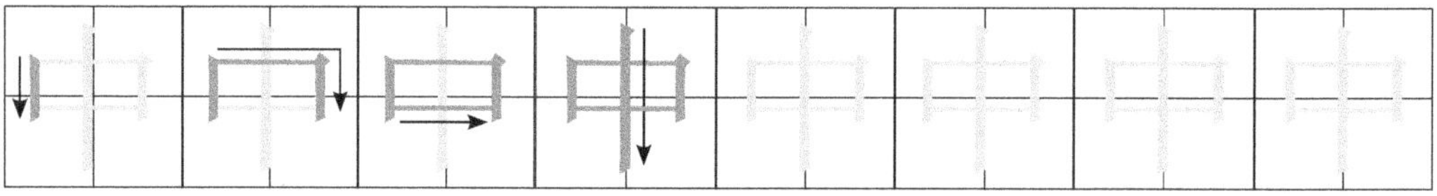

天 • der Tag/Himmel

tiān

Eine Kombination aus **dà** 大 (groß) und **yī** 一 (eins), dieses Zeichen steht für die große »Einheit« oder den Himmel. Setzt man nach **tiān** 天 **xià** 下 (darunter), erhält man **tiān xià** 天下 (Erde oder die Welt), die sich unter dem Himmel befindet.

天

Radikal 大

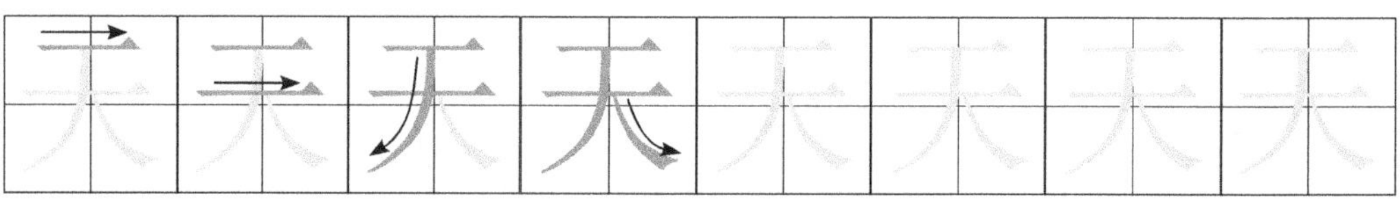

文 • Literatur; Schrift

wén

Dieses Zeichen hat viele Bedeutungen, entweder im Zusammenhang mit Literatur, **wénxué** 文学; Kultur, **wénhuà** 文化; oder Zivilisation, **wénmíng** 文明.

文

Radikal: 文

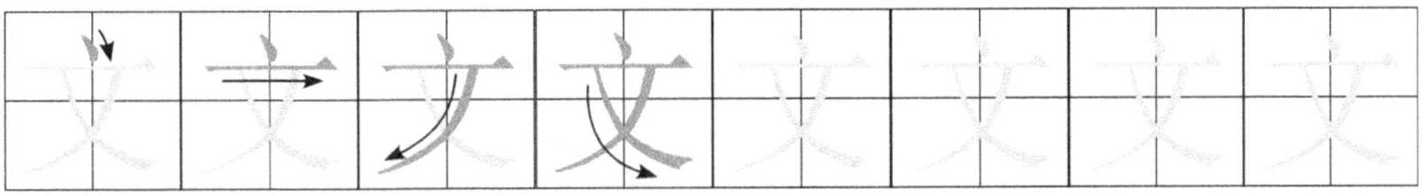

心 • das Herz

xīn

Das Studium dessen, was im Herzen vorgeht – **xīnlǐ xué** 心理学 – ist der chinesische Begriff für Psychologie. Es hat viele verschiedene Bedeutungen, je nachdem, mit welchem anderen Zeichen es kombiniert wird, und sie alle bringen den Kern der Sache auf den Punkt.

心

Radikal: 心

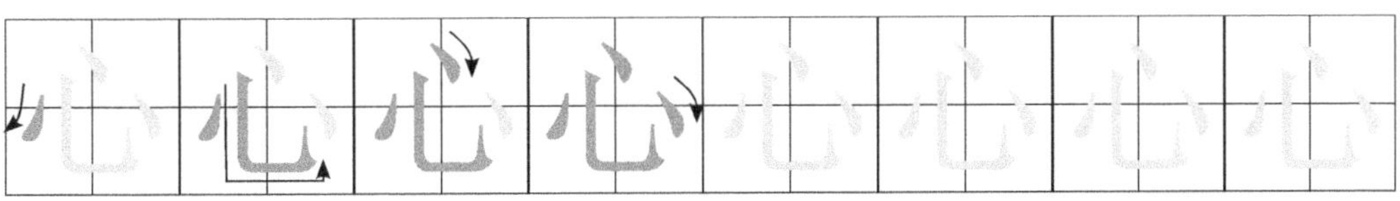

月 • der Mond/Monat

yuè

月

Ursprünglich in Form eines Mondes, der sich dann in das heutige Schriftzeichen verwandelte, findet man den Mond in **yuèguāng** 月光 (Mondlicht). Die Namen der einzelnen Monate enthalten ebenfalls das Zeichen »Mond« und werden numerisch aufgeführt: **yī yuè** 一月 (Januar) ist der erste Monat.

Radikal: 月

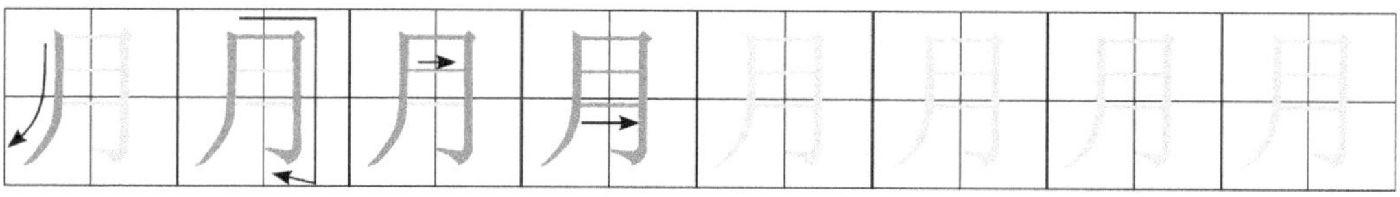

书 • das Buch

shū

书

Dieses Zeichen kann unter anderem Buch, Dokument oder schreiben bedeuten. Die schönste aller Künste, die mit den Feinheiten der chinesischen Schrift verbunden sind, **shūfǎ** 书法 (Kalligrafie), bedeutet das Gesetz der Schrift.

Radikal: 乛

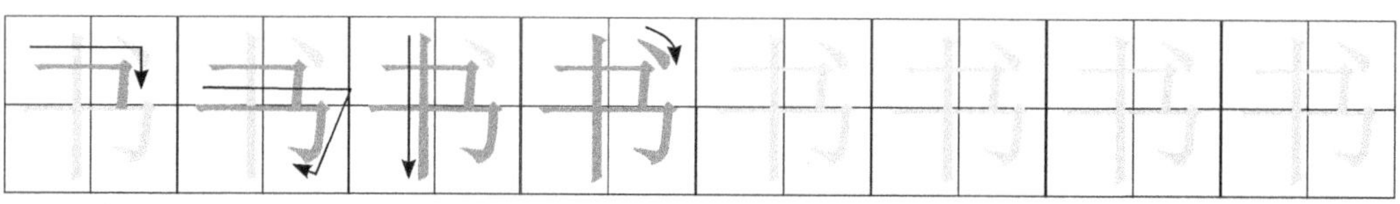

开 • öffnen/fahren

kāi

开

Die alte Schreibweise dieses Zeichens bedeutete, dass man die Tür mit zwei Händen öffnet. Heutzutage setzt es sich aus 一 (eine) und 廾 (zwei Hände) zusammen und bedeutet »öffnen«. Setzt man es vor **chē** 车 (Auto), erhält man **kāi chē** 开车 (ein Fahrzeug fahren).

Radikal: 廾

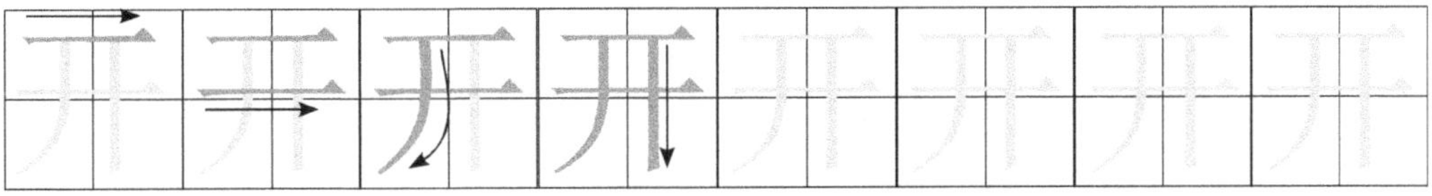

少 • wenig

shǎo

少

Zusammengesetzt aus dem Zeichen für klein, 小, und dem einzelnen Strich 丿, bedeutet dieses Zeichen wenig. Kombiniert man es mit seinem Gegenteil, **duō** 多 (viel), erhält man 多少 – viel und wenig. Wie bei so vielen anderen Wörtern, die durch die Kombination von Gegensätzen entstehen, bedeutet 多少 »Wie viel?« (Ist es viel oder wenig?)

Radikal: 小

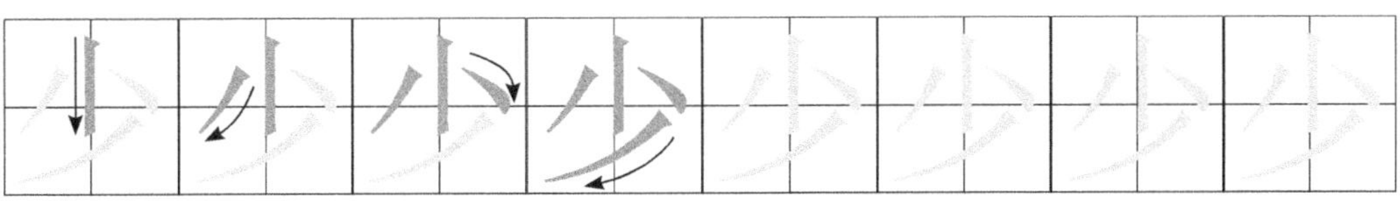

不 • nein/nicht; negatives Präfix

bù

不

Radikal: 一

不 verneint das Verb, das danach kommt. Es kann »nein/nicht« oder einfach etwas ganz Negatives bedeuten. Man kann in Sekundenbruchteilen von etwas Positivem, **hǎo** 好 (gut), zu etwas Negativem, **bù hǎo** 不好 (nicht gut), wechseln.

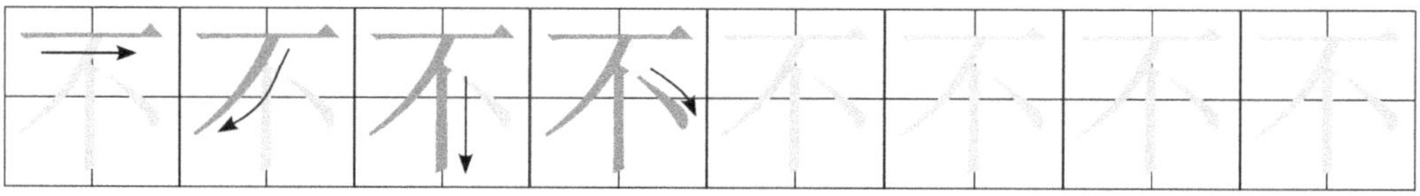

四 • vier

sì

四

Radikal: 囗

Das Zeichen für die Zahl Vier besteht aus fünf Strichen. Im Gegensatz zur Glückszahl Acht ist die Zahl Vier ein Homonym für »Tod« und sollte daher unter allen Umständen bei Telefonnummern und E-Mail-Adressen vermieden werden, vor allem wenn Sie Geschäfte mit China machen.

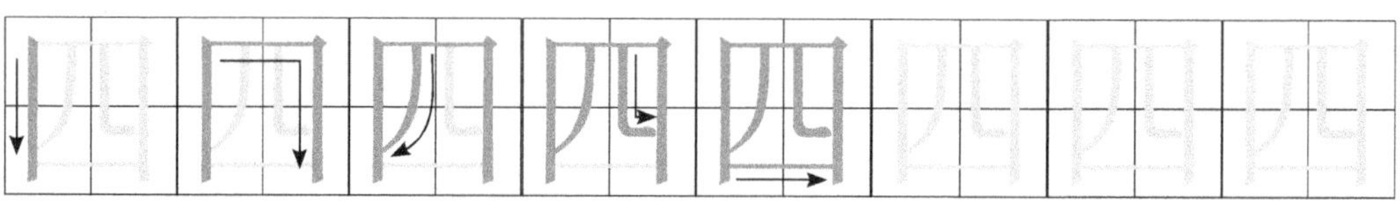

白 • weiß

bái

Es setzt sich aus dem Schriftzug 丿 und dem Zeichen **rì** 日 (Sonne) zusammen und bedeutet nicht nur weiß, sondern kann auch Teil eines Wortes mit zwei Buchstaben sein und zum Beispiel »tagsüber«, **bái tiān** 白天, oder »kaukasisch«, **bái rén** 白人 (wörtlich: weiße Person) bedeuten.

白 Radikal: 白

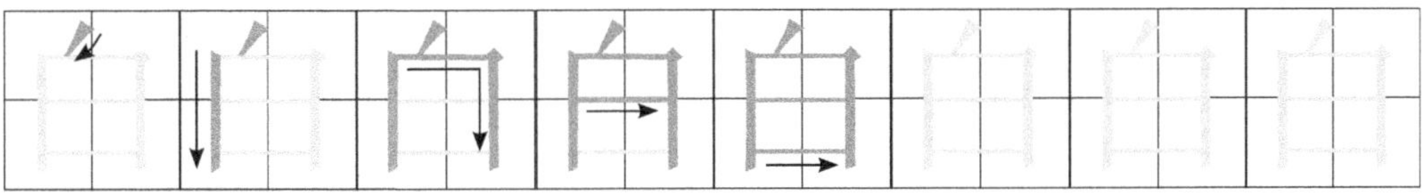

出 • hinausgehen

chū

Wenn Sie genau hinsehen, sehen Sie das Zeichen für Berg 山 zweimal geschrieben – übereinander. Wenn Sie den Weg aus zwei Gebirgszügen herausfinden, haben Sie Glück gehabt. Sie haben es unbeschadet überstanden.

出 Radikal: 凵

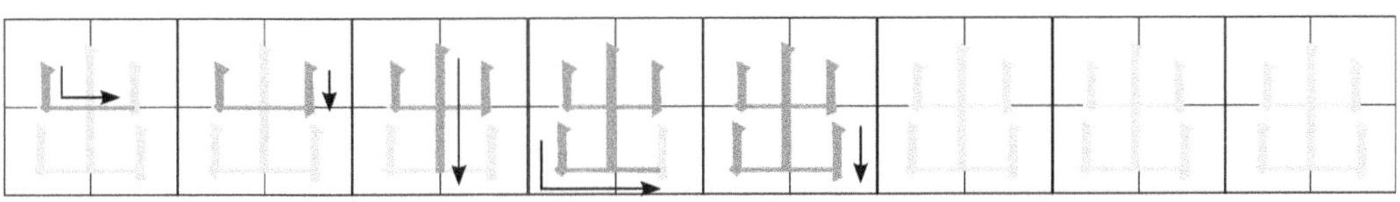

用 • benutzen

yòng

用

Radikal: 用

Aus dem Zeichen für Mond, **yuè** 月, und dem senkrechten Strich 丨 zusammengesetzt, bedeutet das Zeichen **yòng** 用 »benutzen«. Fügt man das Zeichen **yǒu** 有 (haben) hinzu, bedeutet **yǒu yòng** 有用 »nützlich sein« (wörtlich: eine Art von Nutzen haben). Setzt man vor diese beiden Wörter die Verneinung **méi** 没, so erhält man **méi yǒu yòng** 没有用 (nutzlos).

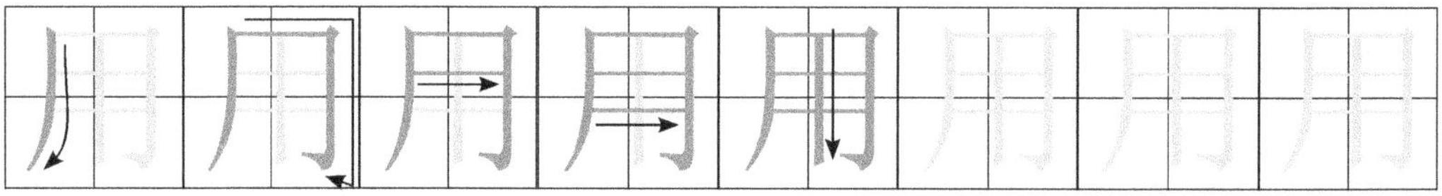

来 • kommen

lái

来

Radikal: 木

Das Wort setzt sich aus sieben Strichen zusammen – einer davon bedeutet »eins« (一), die anderen sechs stehen für »Reis« 米. Kombiniert man es mit **lù** 路 (Straße), erhält man **láilù** 来路 – wörtlich »die Straße, von der man kommt«, was sinngemäß für Herkunft oder Ursprung steht.

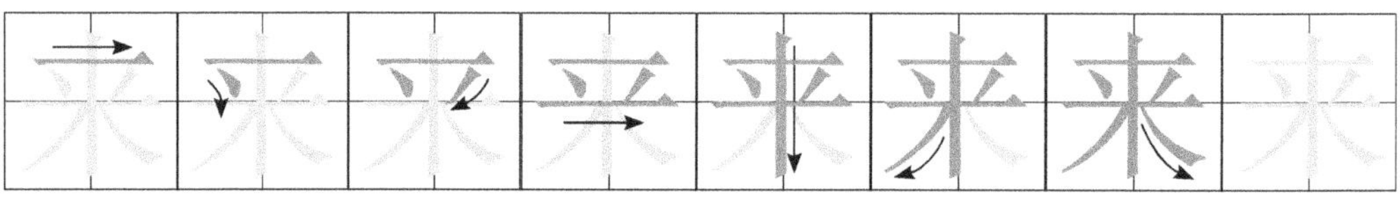

里 • innen/innerhalb

lǐ

Aus den Zeichen **rì** 日 (Sonne) und **tǔ** 土 (Erde) zusammengesetzt, kann man sehen, dass das Zeichen für Erde in das Zeichen für Sonne hineinragt … es ist innerhalb der Sonne. Es bedeutet innen oder innerhalb.

里 Radikal: 里

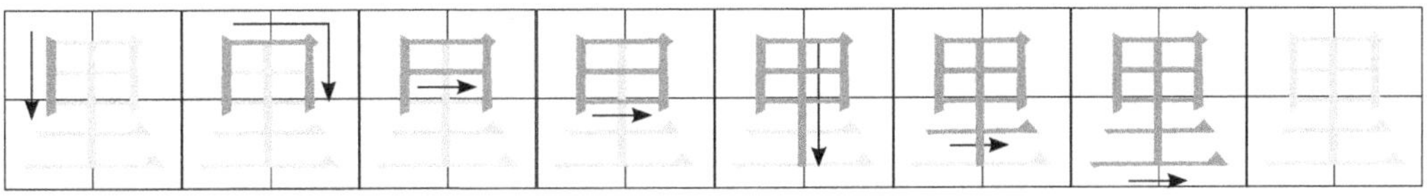

我 • ich

wǒ

Dieses Zeichen, das sich auf jeden von uns bezieht, sobald wir es aussprechen, setzt sich aus einer Hand 手 und einer Hellebarde 戈 – einer Kombination aus Speer und Streitaxt – zusammen, als wolle es uns daran erinnern, dass wir uns schon in der Zeit, als die Orakelknochenschrift entstand, vor allerlei Bedrohung schützen mussten.

我 Radikal: 戈

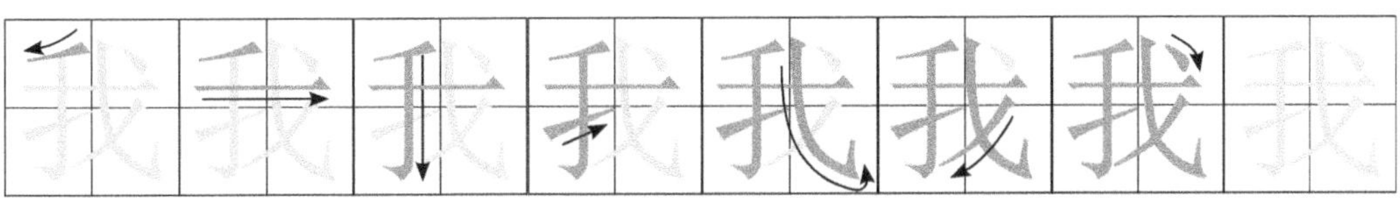

他 • er/ihn

tā

Zusammengesetzt aus **rén** 亻 (Mann) und **yě** 也 (auch), wird dieses Zeichen genauso ausgesprochen wie **tā** 她 (sie) und **tā** 它 (es), aber es ist das einzige der drei, das ein Radikal hat, das Person bedeutet. Was man daraus macht, bleibt einem selbst überlassen.

他 Radikal: 亻

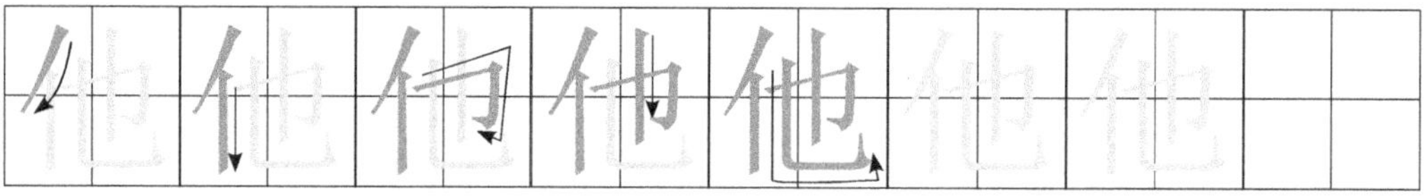

们 • Plural

men

Aus den Zeichen **rén** 亻 (Mann) und **mén** 门 (Tür) zusammengesetzt, dient 们 als Suffix, das anzeigt, dass etwas Menschliches im Plural steht. Achten Sie darauf, das Radikal »Mann/亻« mit einzuschließen, sonst ist es nur eine Tür.

们 Radikal: 亻

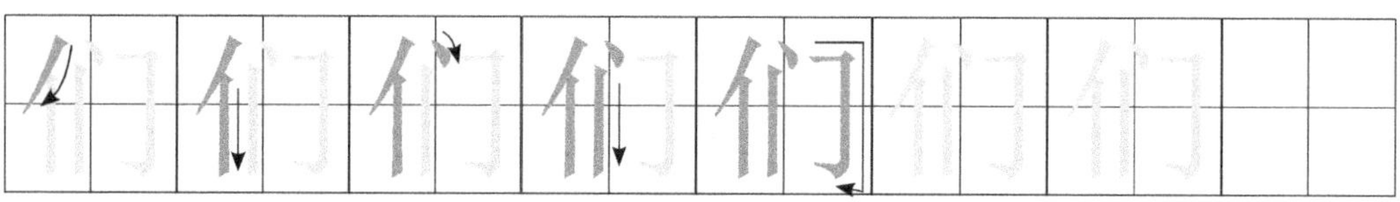

对 • richtig; zu/für

duì

Dieses Zeichen setzt sich aus den Zeichen **yòu** 又 (wieder) und **cùn** 寸 (Zoll) zusammen und kann »richtig« bedeuten, und auch als Präposition »für« oder »zu« fungieren.

对

Radikal: 寸

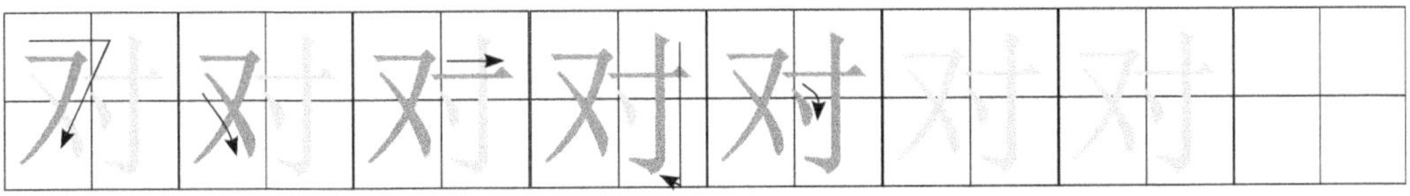

外 • draußen/außerhalb von

wài

Das Zeichen 外 kann sowohl im übertragenen als auch im wörtlichen Sinne interpretiert werden. Viele Bezeichnungen für Verwandte auf der weiblichen Seite der Familie beginnen mit diesem Zeichen, denn es heißt, dass Frauen ihr Elternhaus verlassen, um Teil der Familie ihres Mannes zu werden. Sie stehen »außerhalb« der Hauptfamiliengruppe.

外

Radikal: 夕

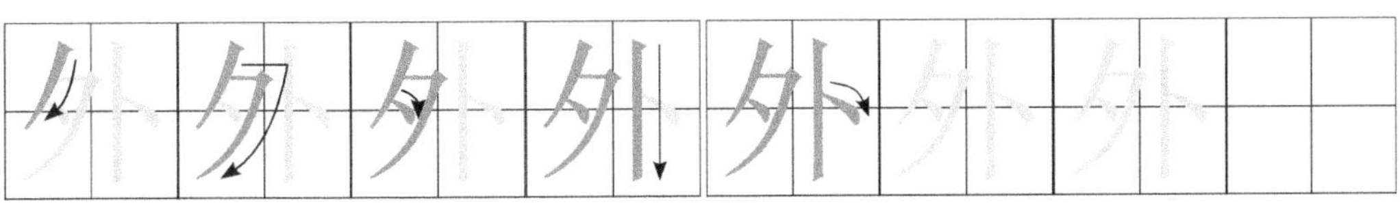

右 • rechts (rechte Seite)

yòu

Aus den Zeichen **shǒu** 手 (Hand) und **kǒu** 口 (Mund) zusammengesetzt, kann 右 auch mit seinem Gegenteil **zuǒ** 左 (links) kombiniert werden, um eine neue Bedeutung zu erhalten: ungefähr (weder links noch rechts).

右

Radikal: 口

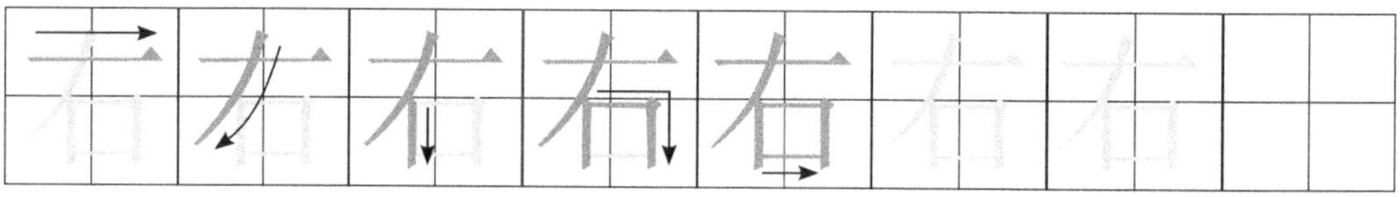

左 • links (linke Seite)

zuǒ

Das polare Gegenteil von **yòu** 右, **zuǒ** 左, besteht aus einer Hand, unter der sich das Zeichen 工 befindet, das Arbeit bedeutet.

左

Radikal: 工

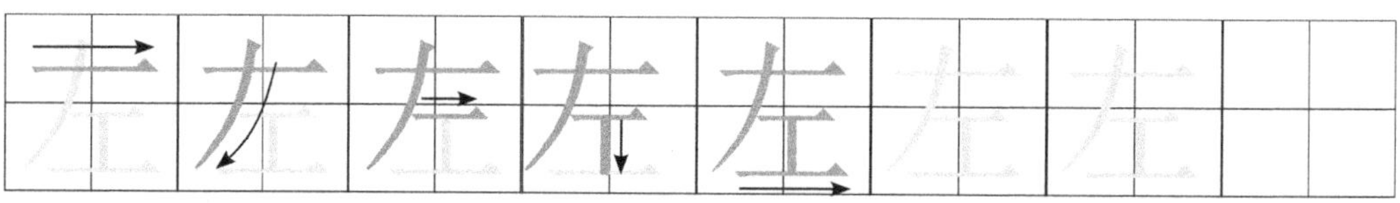

叫 • heißen

Mit seinem radikalen Mundwerk (口) ist dieses Zeichen der Inbegriff des Sprechens. Es ist unverzichtbar, wenn man sich Fremden gegenüber vorstellen möchte: **Wǒ jiào** … 我叫 … (Ich heiße …).

jiào

叫

Radikal: 口

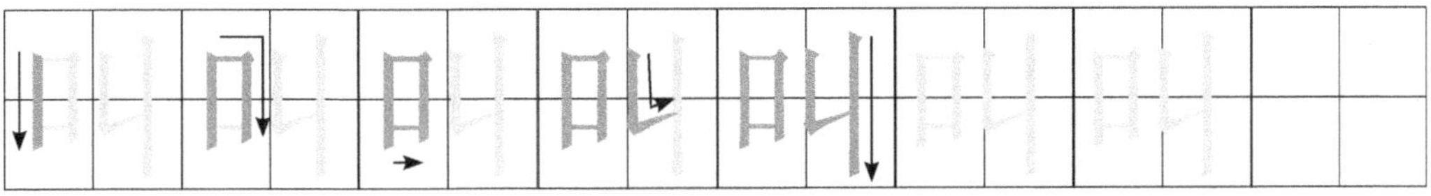

去 • gehen

Dieses Zeichen setzt sich zusammen aus dem Zeichen 土 (Erde) und einem Teil des Zeichens 厶 (privat). Es kann in dem Satz verwendet werden: **Wǒ qù Zhōngguó**. 我去中国. (Ich gehe nach China.)

qù

去

Radikal: 厶

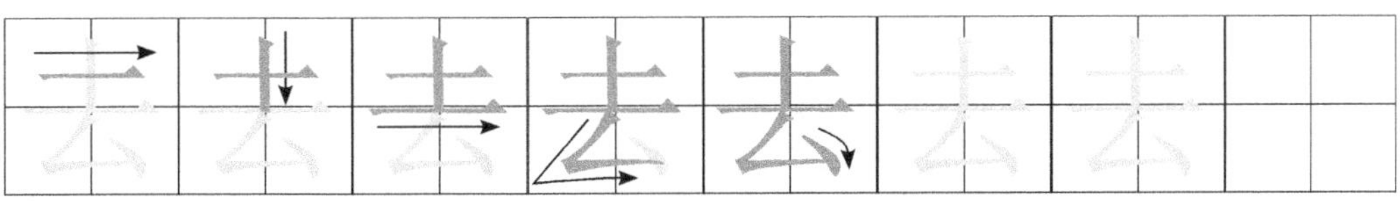

写 • schreiben

xiě

Aus dem Radikal 冖 und dem Zeichen **yǔ** 与 zusammengesetzt, bedeutet es für sich genommen schreiben. Setzt man das Zeichen **tīng** 听 (zuhören) davor, erhält man **tīngxiě** 听写, was Diktat (zuhören und dann schreiben) bedeutet.

写

Radikal: 冖

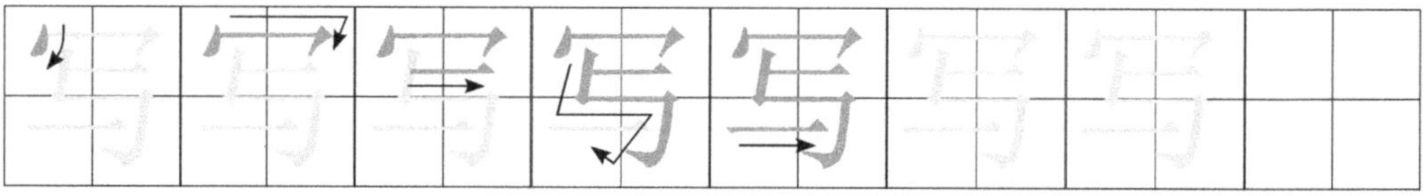

她 • sie/ihr

tā

Zusammengesetzt aus dem Zeichen für weiblich, **nǚ** 女, und dem Zeichen für auch/ebenfalls, **yě** 也, wird das Wort »sie« gleich ausgesprochen wie das Wort für »er«, **tā** 他. Die einzige Möglichkeit, sie zu unterscheiden, ist das geschriebene Wort.

她

Radikal: 女

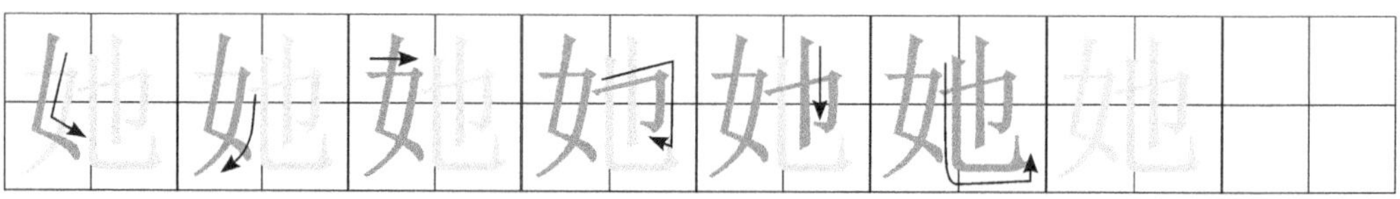

那 • das

nà

那

Radikal: 阝

Die alte Schrift dieses Zeichens stand für ein Volk mit Stammesdichtern, die in weit entfernten Städten lebten. Zusammen mit dem Zeichen 个 bildet es **nàgè** 那个, was so viel wie »dieses« bedeutet.

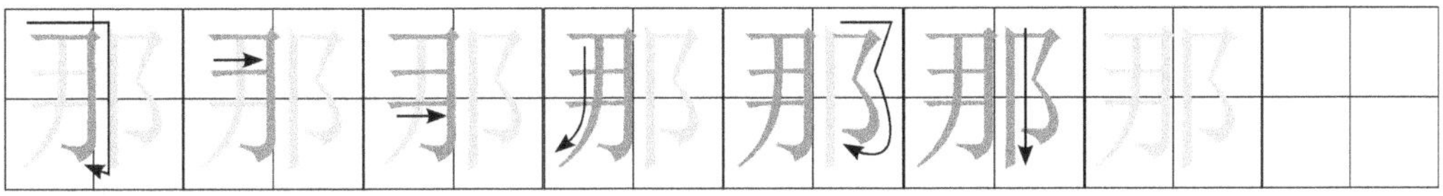

吃 • essen

chī

吃

Radikal: 口

Aus den Zeichen **kǒu** 口 (Mund) und **qǐ** 乞 (betteln) zusammengesetzt, bedeutet 吃 essen. Kombiniert man es mit anderen Zeichen, kann es **chī fàn** 吃饭 (eine Mahlzeit zu sich nehmen) oder **hǎochī** 好吃 (lecker) bedeuten.

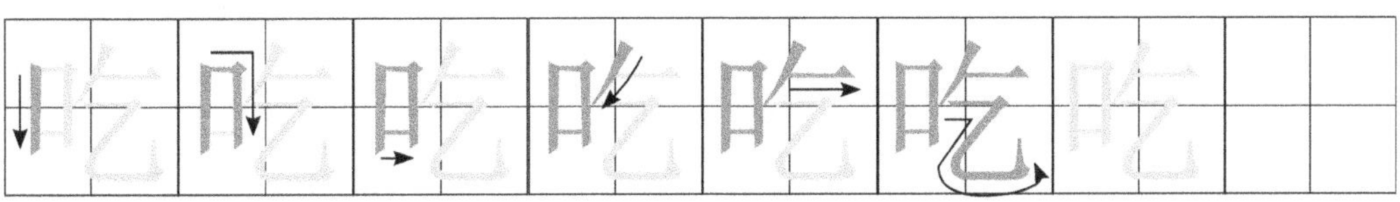

关 • schließen

guān

Zusammengesetzt aus dem Radikal 丷 und dem Zeichen für Himmel, **tiān** 天, bedeutet es schließen. Man findet es in »die Tür schließen«, **guān mén** 关门, und »besorgt sein«, **guānxīn** 关心.

关

Radikal: 丷

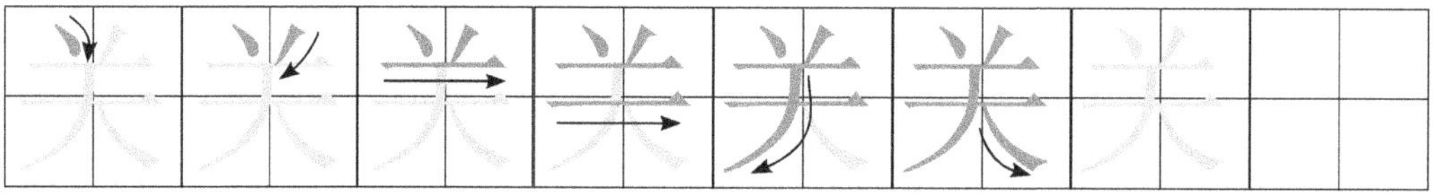

回 • zurückkehren

huí

Aus den Zeichen **wéi** 囗 (Gehäuse) und **kǒu** 口 (Mund) zusammengesetzt, sieht 回 aus, als würde es sich fast in sich selbst zurückziehen. In Verbindung mit anderen Zeichen kann man **huí jiā** 回家 (nach Hause gehen) und **huí Zhōngguó** 回中国 (nach China zurückkehren) bilden.

回

Radikal: 口

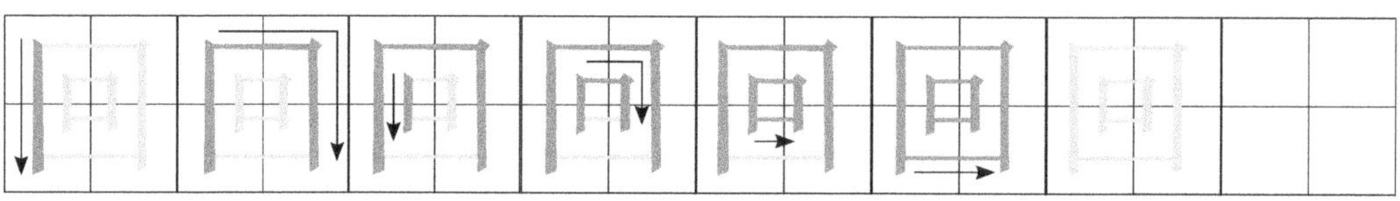

买 • kaufen

mǎi

买

Radikal: 乛

Zusammengesetzt aus dem Radikal 乛 (einer Variante des Radikals 乙) und dem Zeichen für Kopf, **tóu** 头, bedeutet es in Kombination mit Osten (**dōng** 东) und Westen (**xī** 西), **mǎi dōngxī** 买东西, Dinge kaufen.

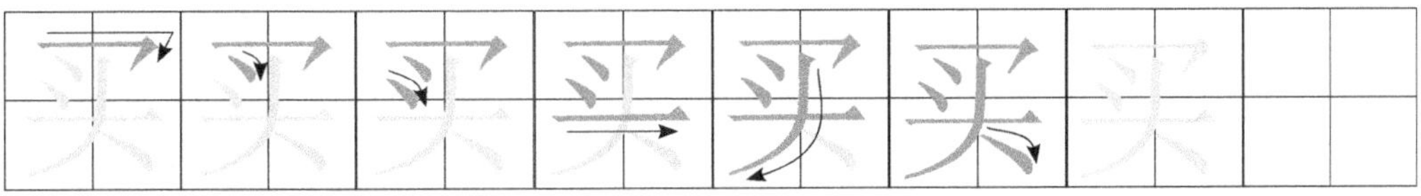

有 • haben/besitzen

yǒu

有

Radikal: 月

Die alte Schrift dieses Zeichens stellte eine Hand dar, die Fleisch hält. Es ist also logisch, dass es sich aus den Zeichen 𠂇 (Hand) und dem Mond, **yuè** 月, zusammensetzt. Wenn Sie den Mond in Ihren Händen halten, haben Sie alles. Das Gegenteil, **méiyǒu** 没有, bedeutet, etwas nicht zu haben … oder sogar nichts zu haben.

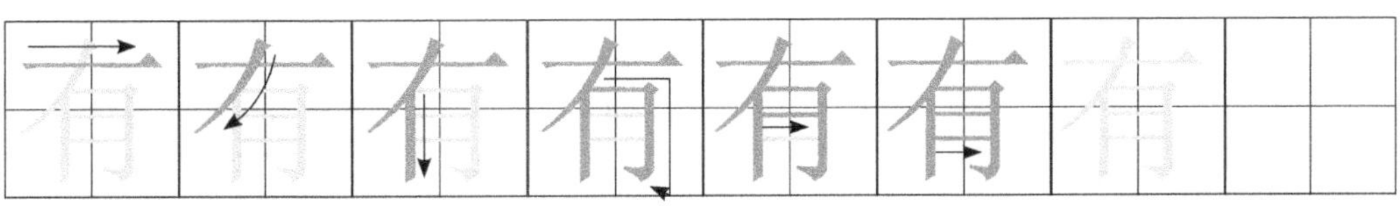

在 • in/bei/an/auf/über

zài

Dies ist einfach ein Aspektmarker, der angibt, wo etwas, jemand oder eine Handlung stattfindet, wie zum Beispiel: »Er ist in der Schule«. **Tā zài xuéxiào.** 他在学校.

在 Radikal: 土

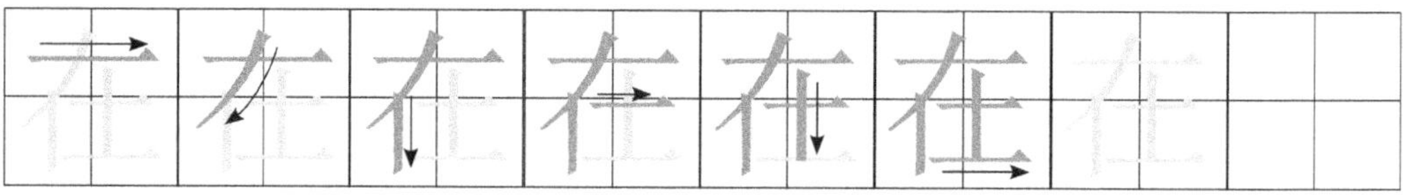

问 • fragen

wèn

Das Mund-Radikal 口 steht genau in der Mitte des Zeichens, das fragen bedeutet: **wèn** 问. Das ganze Zeichen (问) ist auch ein Teil von zusammengesetzten Zeichen wie **wèn hào** 问号, was Fragezeichen bedeutet, und **wèn hǎo** 问好 (einen Gruß senden).

问 Radikal: 门

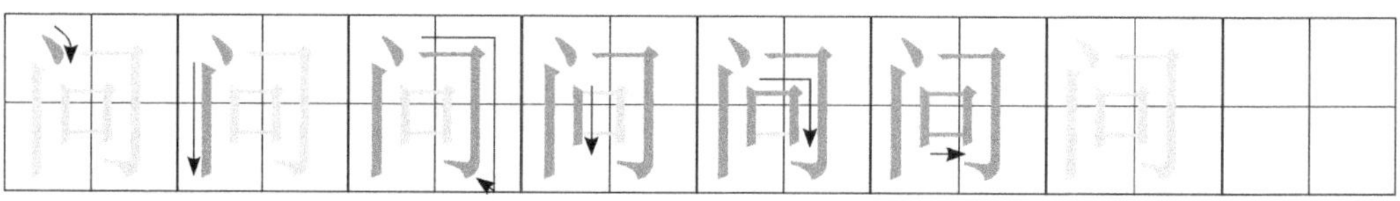

多 • viel

Dieses Zeichen setzt sich aus dem Radikal für Sonnenuntergang zusammen – und zwar aus zwei übereinanderliegenden. Gepaart mit seinem Gegenteil, **shǎo** 少 (wenige), wird es zu einer Frage: Wie viele?

duō

多

Radikal: 夕

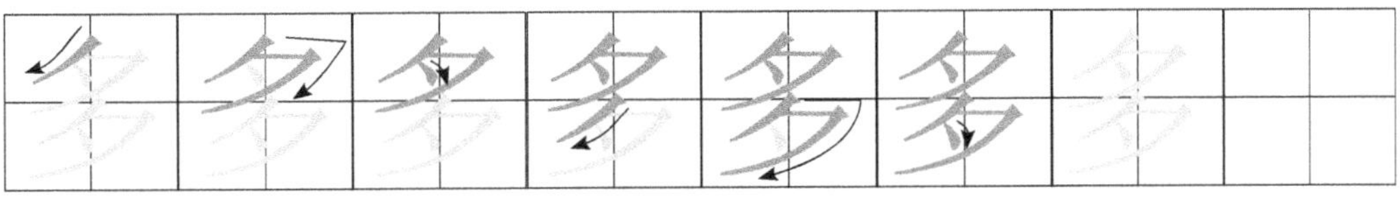

好 • gut

Diese Schriftzeichen besteht aus einer Frau auf der linken Seite und einem Kind auf der rechten Seite. Was könnte besser sein als eine Mutter und ihr Kind? Es ist gut.

hǎo

好

Radikal: 女

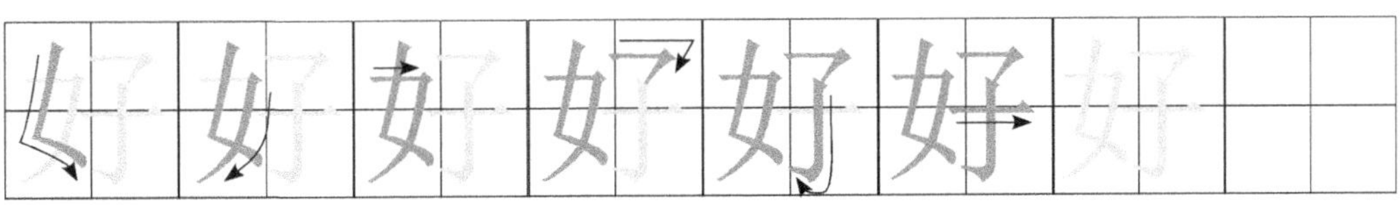

早 • früh/morgens

zǎo

早

Das Sonnenradikal 日 wird von der Zahl zehn, **shí** 十, nach oben geschoben, um das Wort »früh« zu bilden. Für sich allein genommen kann es auch »Guten Morgen« bedeuten. Kombiniert man es mit dem Wort für Essen, **fàn** 饭, bedeutet es Frühstück: **zǎofàn** 早饭 – die frühe Mahlzeit.

Radikal: 日

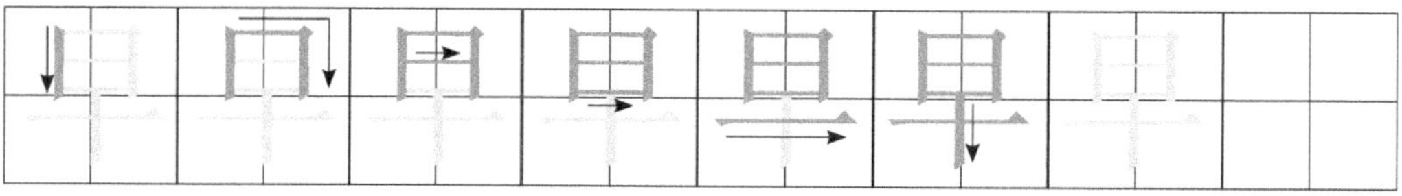

后 • hinter/nach

hòu

后

Bestehend aus einer Klippe, einer Zahl eins 一 und einem Mund 口, bedeutet dieses Zeichen hinter oder nach. Setzt man das Zeichen für Tag, **tiān** 天, dahinter, erhält man **hòutiān** 后天 (übermorgen).

Radikal: 口

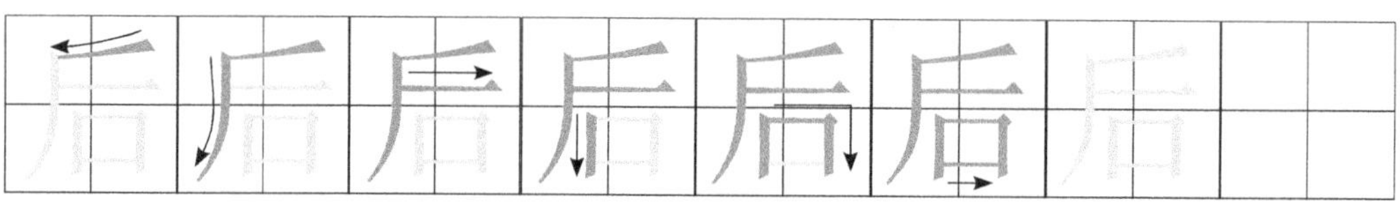

吗 • Fragepartikel

ma

Es setzt sich aus den Zeichen für Mund, **kǒu** 口, und Pferd, **mǎ** 马, zusammen und stellt eine abschließende Fragepartikel dar. Man nehme einen beliebigen Satz, füge ein 吗 am Ende hinzu, und voilà – es wird eine Frage.

吗

Radikal: 口

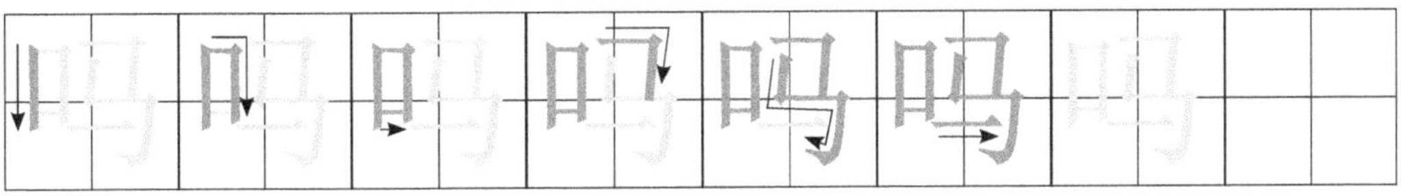

会 • wissen, wie man etwas macht (Fähigkeit haben, etwas zu tun)

huì

Das Zeichen setzt sich aus der Person, **rén** 人, oberhalb des Zeichens für Wolken, **yún** 云, zusammen. Wer über den Wolken gehen kann, beweist, dass er wirklich außergewöhnliche Fähigkeiten besitzt.

会

Radikal: 人

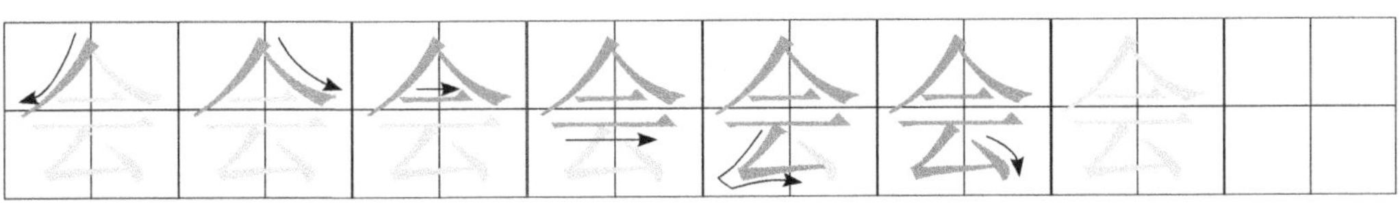

你 • du

nǐ

你 Radikal: 亻

Die einfachste aller Fragen enthält dieses Wort: **Nǐ hǎo ma?** 你好吗? (Wie geht es dir?)

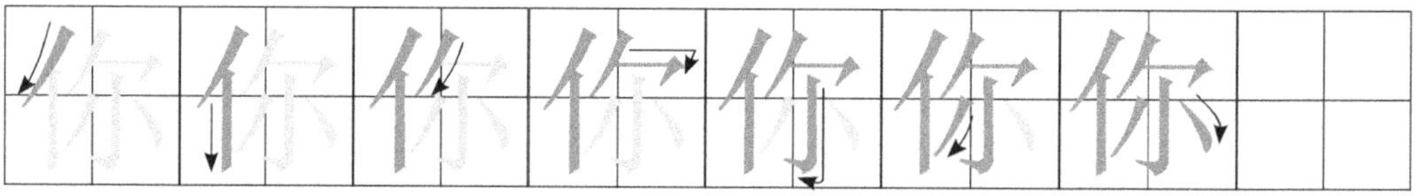

这 • diese(s)

zhè

这 Radikal: 辶

Zusammengesetzt aus dem Schriftzeichen **wén** 文 (schreiben) und dem Radikal 辶 (gehen), bedeuten es »dies«. Es wird oft von dem Klassifikator **ge** 个 gefolgt. **Zhège** 这个 (dieser) und **zhè lǐ** 这里 (hier) sind zwei Wörter, die Sie immer wieder sehen und verwenden werden.

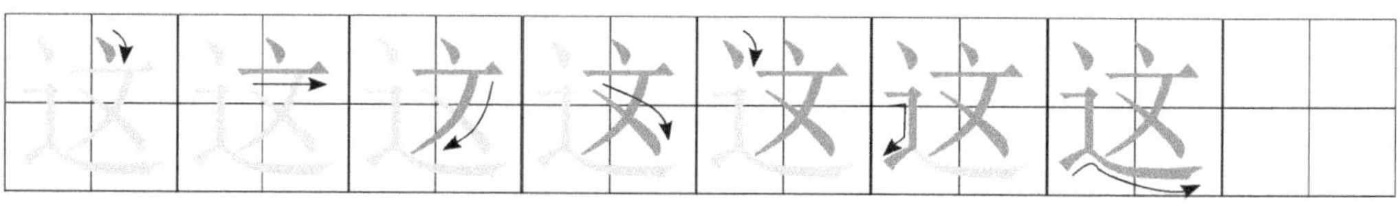

还 • noch/oder/wieder

hái

Zusammengesetzt aus dem Zeichen für »nicht«, **bù** 不, und dem Radikal für »gehen«, 辶, kann es in Kombination mit dem Zeichen **yǒu** 有 (haben) auch »oder« bedeuten.

还

Radikal: 辶

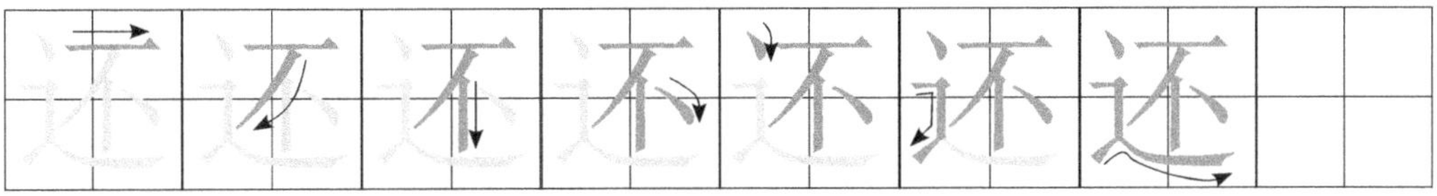

没 • Negativpartikel

méi

Dieses Zeichen setzt sich aus einem Radikal 氵 (Wasser) und den zwei Zeichen **jǐ** 几 (wie viele) und **yòu** 又 (noch) zusammen und ist eigentlich eine negative Vorsilbe, die nur direkt vor dem Verb **yǒu** 有 (haben) verwendet wird.

没

Radikal: 氵

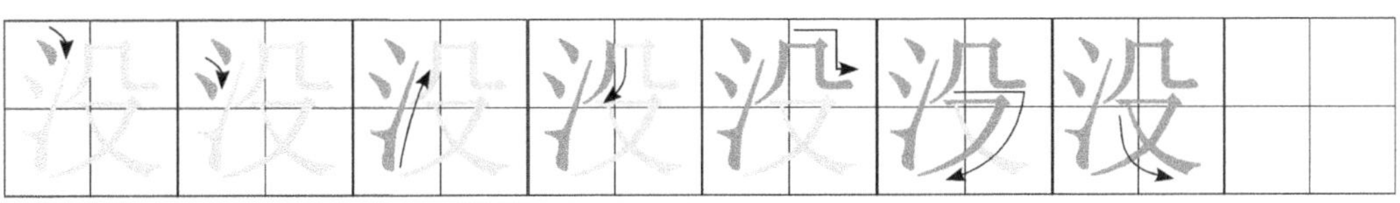

进 • eintreten/voranbringen

jìn

Man kann Fortschritte machen, **jìnbù** 进步, in ein anderes Land einmarschieren, **jìnfàn** 进犯, oder sogar im Import-Export-Geschäft arbeiten, **jìnchūkǒu** 进出口, solange das Zeichen 进 dazugehört.

进 Radikal: 辶

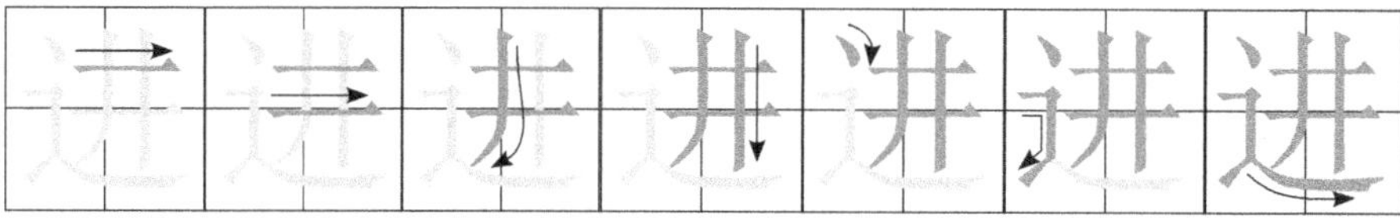

听 • zuhören/hören

tīng

Dieses Wort setzt sich aus den Schriftzeichen **kǒu** 口 (Mund) und 斤 (Teil einer Axt) zusammen und wird in Sätzen wie **Wǒ tīng shuō** 我听说 (Ich habe gehört, dass ...) und **hǎotīng** 好听 (es klingt wunderschön) verwendet.

听 Radikal: 口

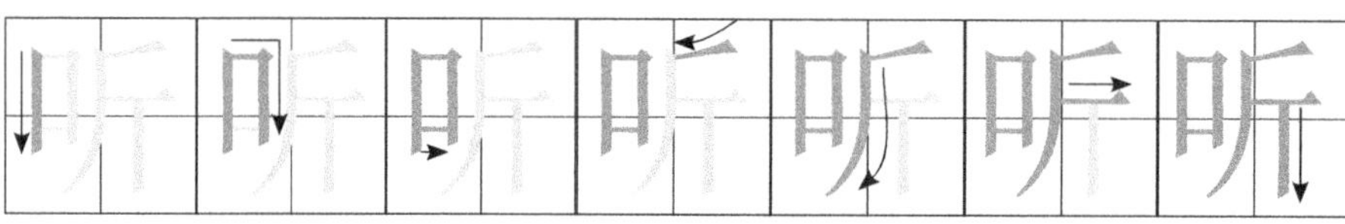

住 • wohnen

zhù

住

Radikal: 亻

Die Kombination des Radikals 亻 (Person) und des Zeichens **zhǔ** 主 (Herr) bedeutet, dass eine Person, die der Herr ihres eigenen Hauses ist, dort wirklich lebt.

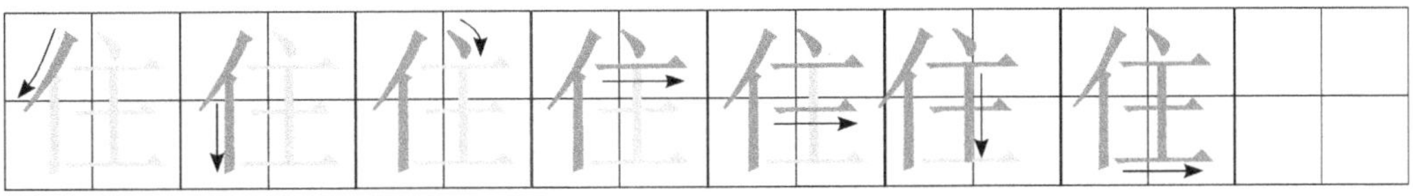

走 • zu Fuß gehen

zǒu

走

Radikal: 走

Die alte Schrift dieses Zeichens stellte eine Person dar, die geht und mit den Armen winkt. **Tā zǒu le** 他走了 (Er ging).

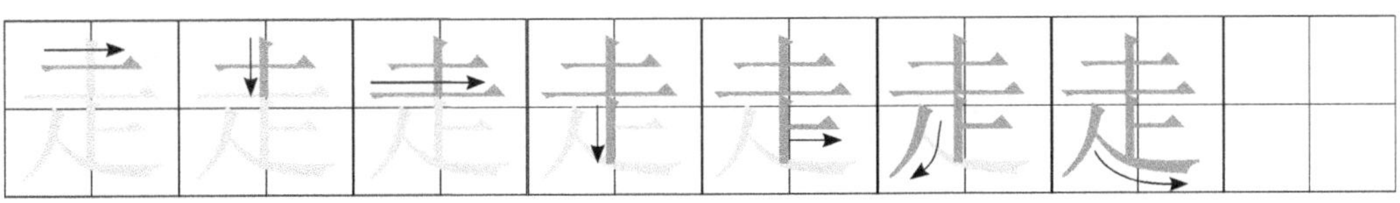

作 • tun/machen/arbeiten

zuò

Wenn man einen Menschen, **rén** 亻, mit einem Gerät, 乍, zusammenbringt, wird er einen Weg finden, damit irgendeine Arbeit zu verrichten, **gōngzuò** 工作.

作 Radikal: 亻

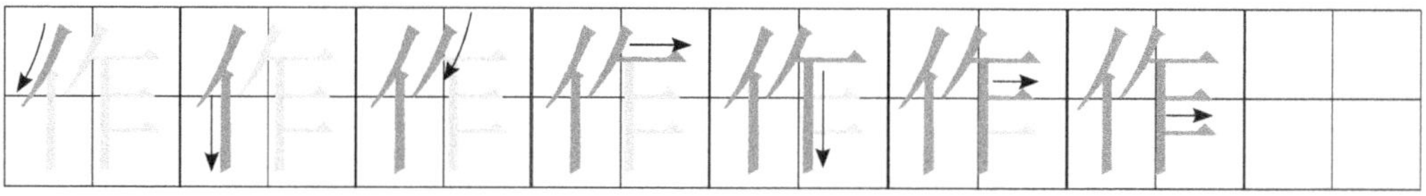

坐 • sitzen

zuò

Es ist ganz einfach. Zwei Menschen (人人), die auf der Erde (土) sitzen, können nur eines bedeuten: sich hinsetzen. Es findet sich in **zuò chē** 坐车 (im Auto mitfahren) und **zuò xià** 坐下 (sich hinsetzen).

坐 Radikal: 土

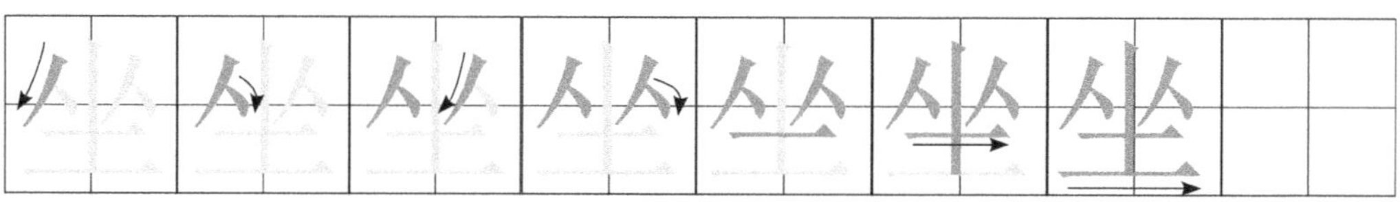

饭 • Essen

fàn

Kombiniert mit **zǎo**, 早 (früh), bedeutet dies Frühstück, **zǎofàn** 早饭 – die frühe Mahlzeit. Kombiniert mit **wǎn** 晚 (spät), bedeutet es Abendessen, **wǎnfàn** 晚饭 – die späte Mahlzeit.

饭

Radikal: 饣

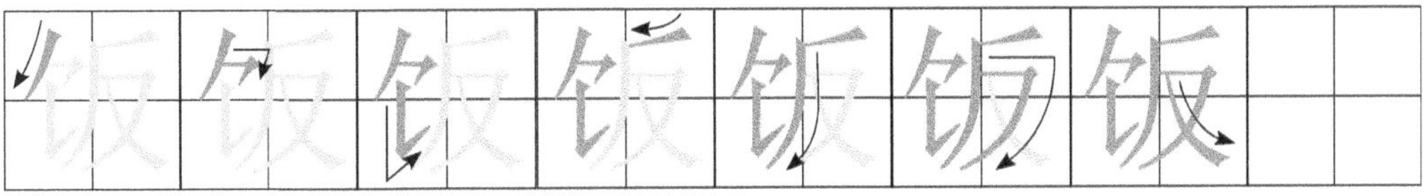

男 • Mann/männlich

nán

China ist seit mehreren tausend Jahren eine Agrargesellschaft. Männer waren diejenigen mit der nötigen **lì** 力 (Kraft), um die in Quadranten unterteilten **tián** 田 (Felder) zu bestellen. Setzt man das 田 auf das 力, so erhält man das Zeichen für Mann/männlich.

男

Radikal: 田

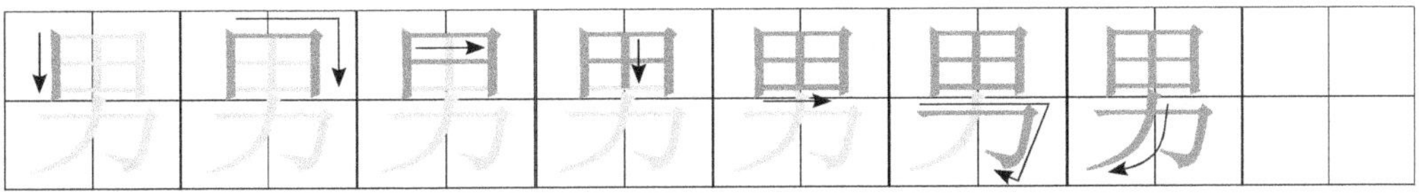

法 • Methode/Gesetz

fǎ

Zusammengesetzt aus dem Radikal für Wasser und dem Zeichen **qù** 去 (gehen), findet sich das Wort Gesetz im Namen Frankreichs: **Fǎguó** 法国 (Land der Gesetze).

法

Radikal: 氵

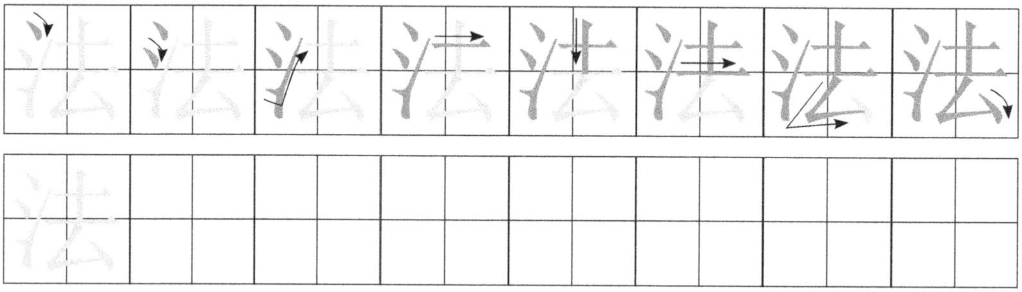

到 • ankommen

dào

Zusammengesetzt aus vier Zeichen – 一 (eins), 厶 (privat), 土 (Erde) und 刂 (Messer) – bedeutet 到 »ankommen«. Sie können dieses Zeichen verwenden, um **dào jiā** 到家 (nach Hause kommen) zu bilden.

到

Radikal: 刂

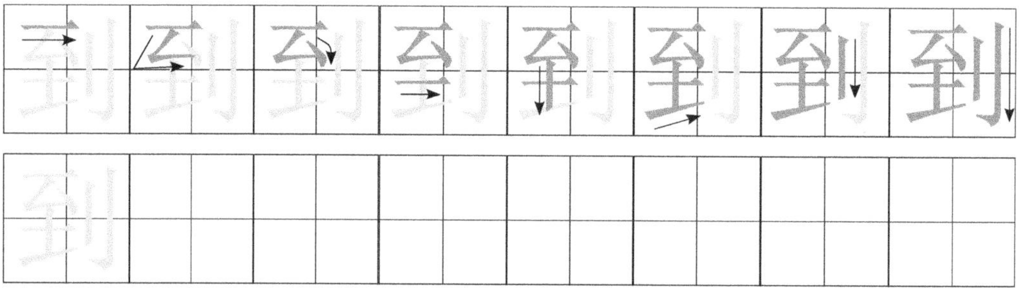

学 • lernen/studieren

xué

Die traditionelle Form dieses Zeichens ist 學. Der obere Teil zeigt zwei Hände, und der untere Teil ist das Zeichen für Kind. Das Kind wird durch das Lernen gefördert und von den Händen seiner Eltern und Lehrer angeleitet.

学

Radikal: 子

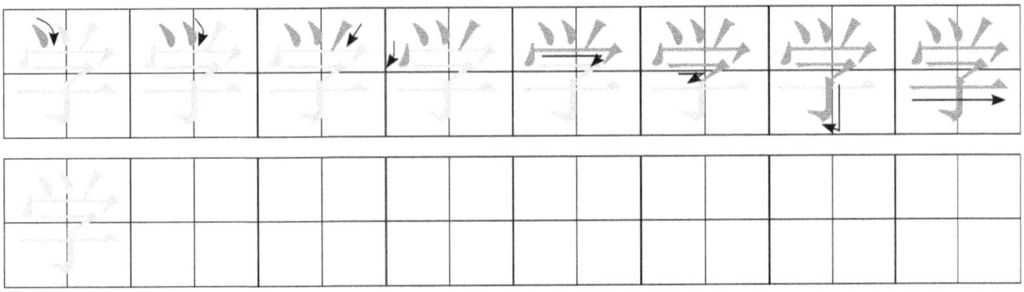

的 • Possesivpartikel (zeigt Zugehörigkeit/Besitz an)

de

Zusammengesetzt aus den Zeichen für weiß, **bái** 白, und Löffel, **sháo** 勺, ist dies ein Partikel, der etwas besitzergreifend macht. Während **wǒ** 我 »ich« bedeutet, zeigt **wǒ de** 我的 den Besitz an (mein/e).

的

Radikal: 白

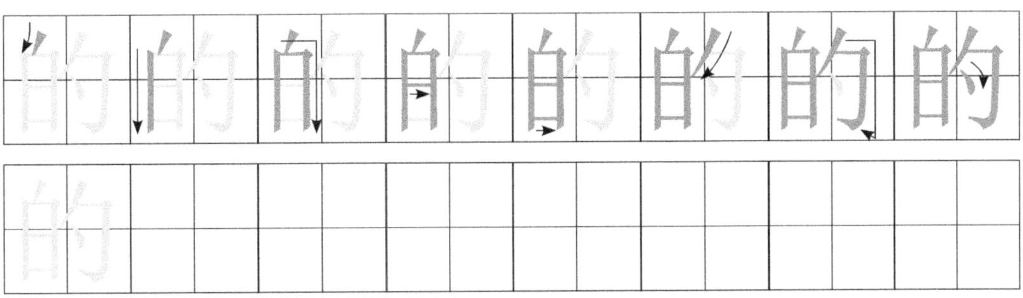

和 • und/Frieden

hé

和

Man braucht nur einen Blick auf dieses Zeichen zu werfen, um einiges über Chinas lange dynastische Geschichte zu erfahren. Es besteht aus **hé** 禾 (Getreide) auf der linken Seite und **kǒu** 口 (Mund) auf der rechten Seite und zeigt an, dass, wenn es genug Getreide gibt, um die Münder der Menschen zu füttern, es keinen Grund zur Revolte gibt und Frieden im Land herrscht.

Radikal: 口

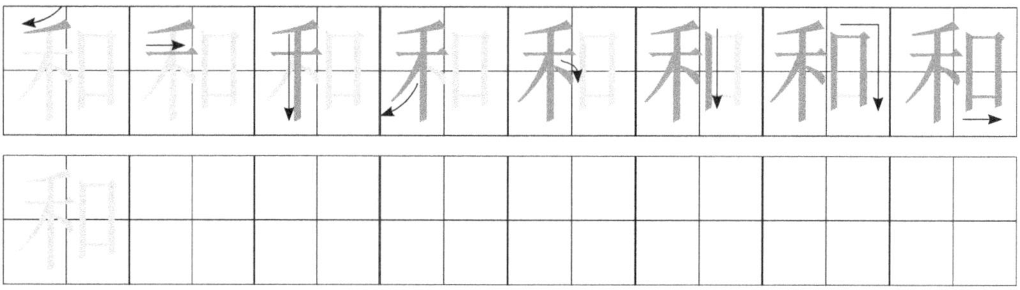

国 • das Land/Reich

guó

国

Yù 玉 (Jade) – der wertvollste Stein Chinas – ist von einem Gehäuse 囗 umgeben, um ihn zu schützen. Das eigene Land, **guójiā** 国家, ist etwas Wertvolles, das es zu schützen gilt.

Radikal: 囗

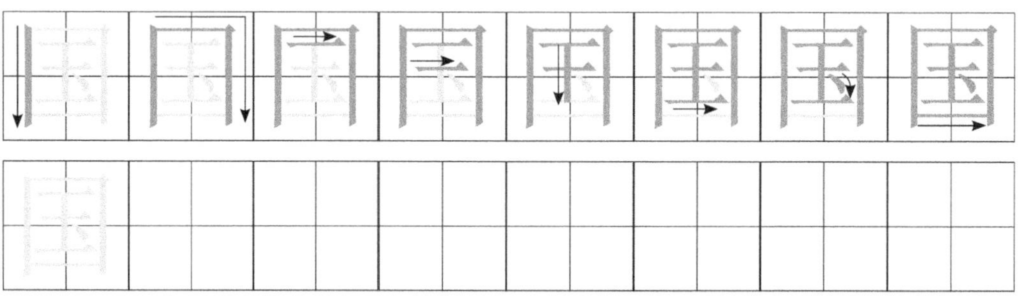

很 • sehr

hěn

Das Radikal 彳 auf der linken Seite bedeutet, »mit dem linken Fuß zu treten«, und der Rest des Zeichens, auf der rechten Seite, bedeutet »eigensinnig«. Wie es dazu kam, dass diese beiden Zeichen »sehr« bedeuten, bleibt ein großes Rätsel. Trotzdem kann man immer noch sagen: **Wǒ hěn hǎo.** 我很好. (Mir geht es sehr gut.)

很 Radikal: 彳

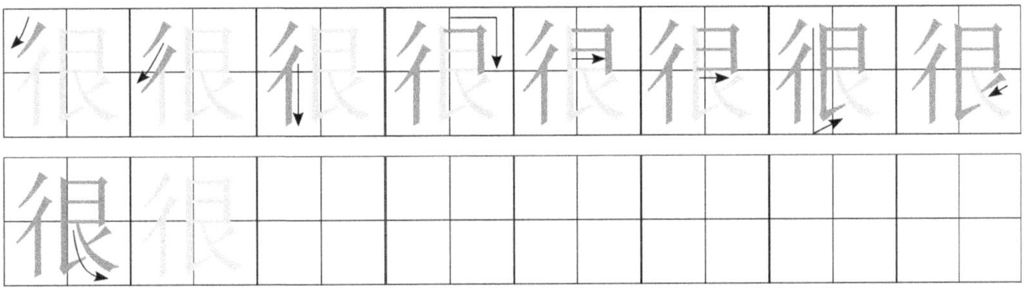

看 • sehen

kàn

Oben steht das Radikal für Hand, **shǒu** 手, und darunter das Radikal für Auge, **mù** 目. Wenn Sie Ihre Hand heben, um Ihre Augen zu bedecken, halten Sie die Sonne ab – damit Sie sehen können.

看 Radikal: 目

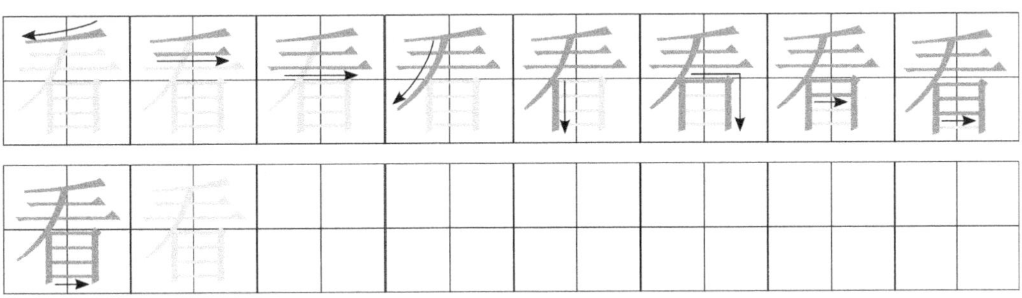

是 • sein/ja

shì

Mit **rì** 日 (die Sonne) an der Spitze, die sich ihres Platzes im Universum sicher ist, bedeutet dieses Zeichen nicht nur »sein« – es ist das einzige Wort, das Sie jemals brauchen werden, um eine Frage mit »Ja« zu beantworten. Oder? – **Shì!** 是!

是 Radikal: 日

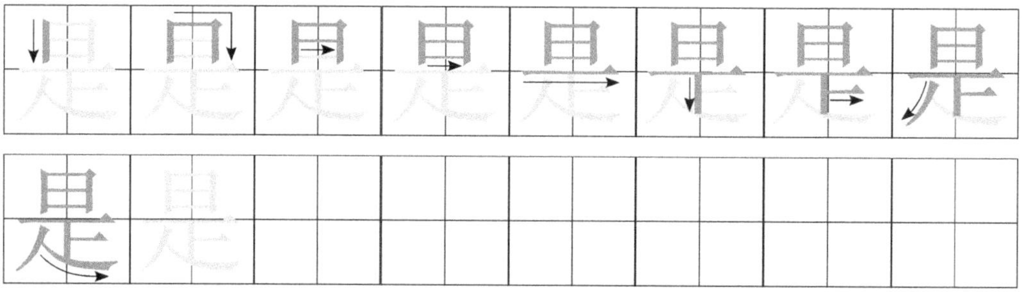

说 • sprechen/reden

shuō

Das Radikal auf der linken Seite, **yán** 讠 (Sprache/sprechen), gibt diesem Zeichen seine volle Bedeutung. Jetzt können Sie sagen: **Wǒ huì shuō Zhōngwén.** 我会说中文. (Ich kann Chinesisch sprechen.)

说 Radikal: 讠

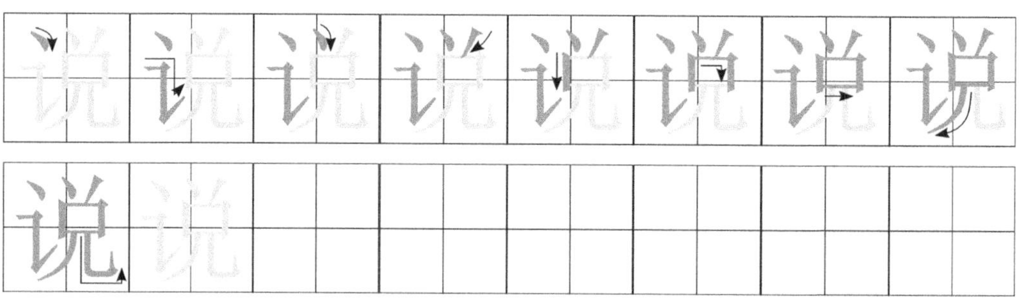

语 • die Sprache

yǔ

Dasselbe Radikal **yán** 讠 für »Sprache/sprechen« findet sich auch im Zeichen für »Sprache«, 语. Es findet sich in **yǔyán** 语言 (Sprache im Allgemeinen), und natürlich als Teil von **yǔfǎ** 语法 (Grammatik).

语

Radikal: 讠

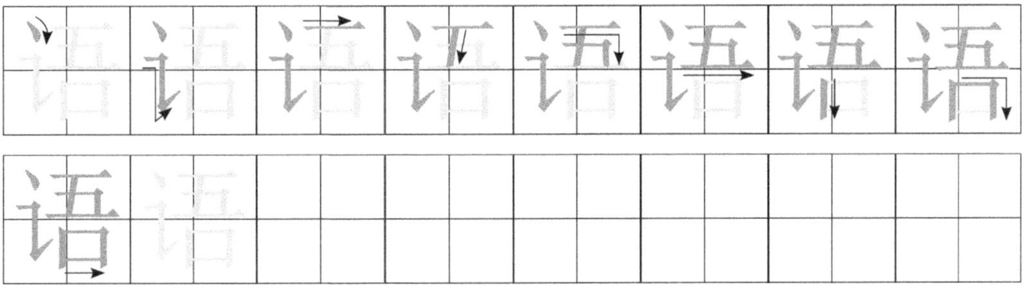

前 • bevor/vorher/vorne

qián

前 kann etwas in der Vergangenheit verorten oder anzeigen, dass etwas in der Zukunft geschehen wird. Gerade **qiántiān** 前天 (vorgestern) trafen sich nämlich die **qiánbèi** 前辈 (ältere Generation), um die Aussichten für ihre **qiántú** 前途 (Zukunft) **chīfàn qián** 吃饭前 (vor dem Essen) zu besprechen.

前

Radikal: 丷

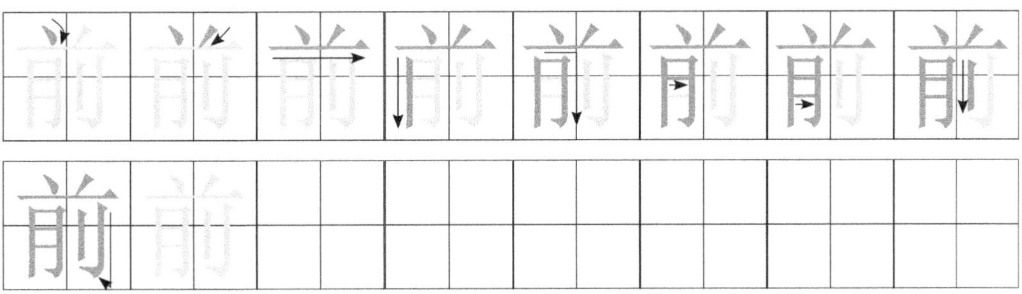

要 yào • wollen, möchten, so sehr (verstärkt eine Empfindung)

Dieses Wort kann einfach verwendet werden, wie in **Wǒ yào qù Zhōngguó.** 我要去中国. (Ich möchte nach China gehen.) Oder es kann eine dramatische Art sein zu sagen, dass etwas so schlimm ist, dass man einfach sterben möchte. **Wǒ è.** 我饿. (Ich bin hungrig.) wird zu: **Wǒ è de yàomìng!** 我饿得要命! (Ich bin am Verhungern!)

Radikal: 襾

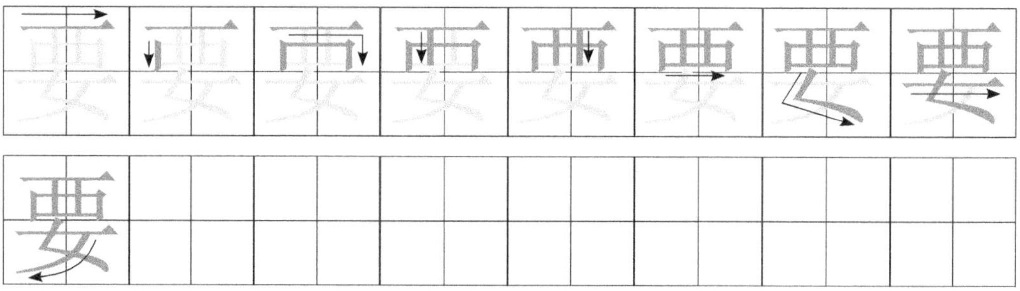

家 jiā • Haus/Familie

Setzt man ein **shǐ** 豕 (Schwein) unter ein **mián** 宀 (Dach), erhält man ein domestiziertes Tier – eines, das zu Beginn der chinesischen Zivilisation mit seinen Besitzern zusammenlebte. Seitdem wird es mit dem Haus und der Familie in Verbindung gebracht.

Radikal: 宀

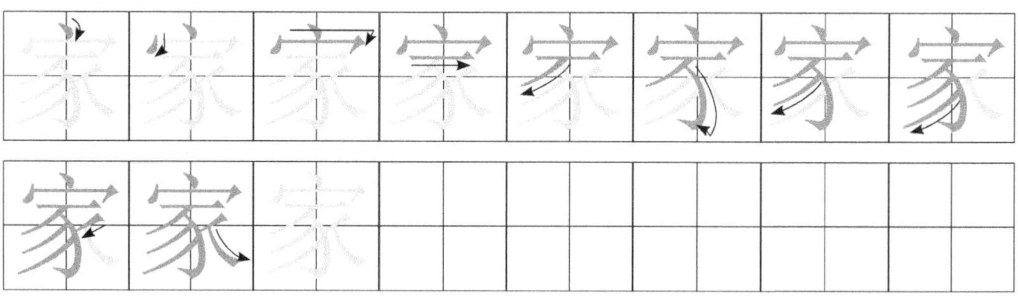

能 néng • können/kann; in der Lage sein, etwas zu tun (Fähigkeit)

Dieses Zeichen entwickelte sich aus dem Bild eines Bären, bestehend aus etwas **sī** 厶 (privat), einem **yuè** 月 (Mond) und zwei **bǐ** 匕 (Dolche), einer über dem anderen. Wenn Sie ein fähiger Mensch sind, gelten Sie als **nénggàn** 能干.

能

Radikal: 厶

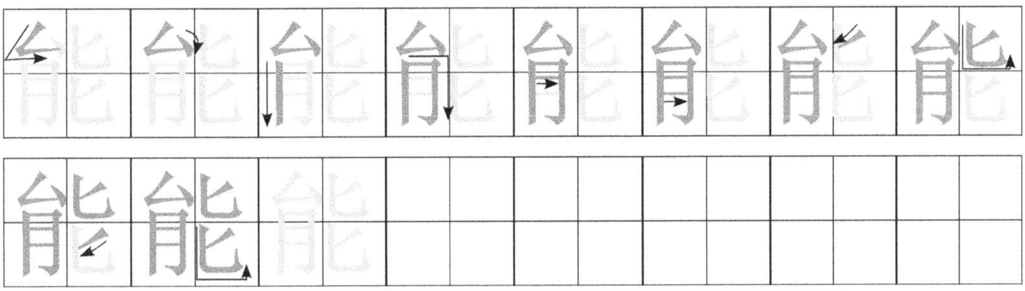

做 zuò • tun/machen

Zusammengesetzt aus dem Radikal für Mann, **rén** 亻, und dem Zeichen für alt, **gǔ** 古, sowie einer Hand, die einen Stock hält, 攵, zeigt dieses Zeichen jemanden, der etwas mit Absicht tut, wie **zuòfàn** 做饭 (kochen) oder **zuògōng** 做工 (Handarbeit).

做

Radikal: 亻

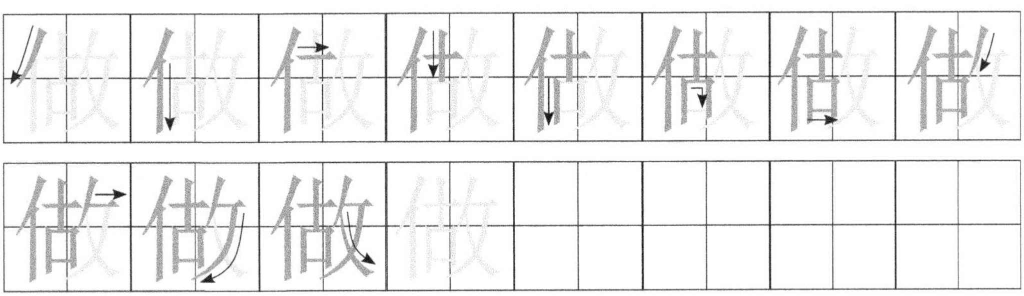

晚 • abends/spät

wǎn

晚

Radikal: 日

Obwohl auf der linken Seite ein Sonnenradikal (日) steht, bedeutet dieses Zeichen eher Abend als Morgen, denn das Wort auf der rechten Seite bedeutet »entfernen«. Ohne die Sonne ist es also Abend. Man kann über **wǎnfàn** 晚饭 (Abendessen) sprechen, zu einer **wǎnhuì** 晚会 (Abendparty) gehen, den Glanz von **wǎnxiá** 晚霞 (Sonnenuntergang) beobachten und dann **wǎn'ān** 晚安 (gute Nacht) sagen, alles mit dem Zeichen 晚.

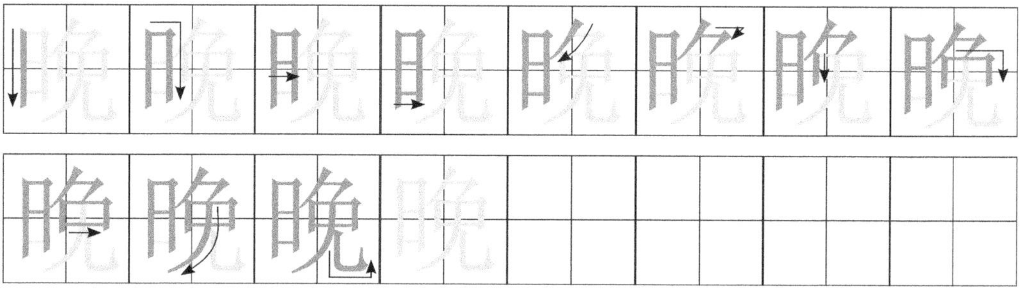

喝 • trinken

hē

喝

Radikal: 口

Ein **kǒu** 口 (Mund) ist der Schlüssel zu diesem Zeichen, denn Sie brauchen ihn, um **hēshuǐ** 喝水 (Wasser zu trinken) oder **hējiǔ** 喝酒 (Wein zu trinken). Passen Sie nur auf, dass Sie nicht **hē zuì** 喝醉 (betrunken) werden.

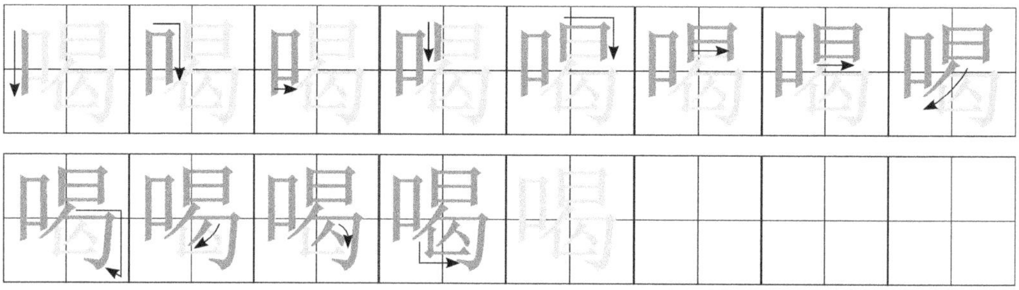

黑 • schwarz

Schwarz ist sowohl ein Zeichen als auch ein Radikal, alles in einem. Kombinieren Sie es mit 白 (weiß), dann erhalten Sie **hēi bái** 黑白 – richtig und falsch. Und Sie wissen, was der Unterschied ist.

hēi

黑

Radikal: 黑

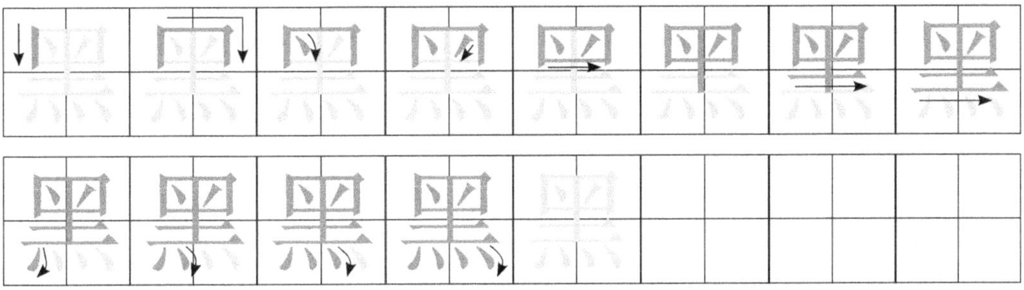

想 • denken/wollen/wünschen

Ein Baum und ein Auge über einem Herz. Diese drei Radikale zusammen bedeuten, dass man, um ein guter Denker zu sein, so geerdet sein muss wie ein Baum, die Welt durchschauen und ein gutes Herz haben muss. All dies sollte die Gedanken und Wünsche der Menschen leiten.

xiǎng

想

Radikal: 心

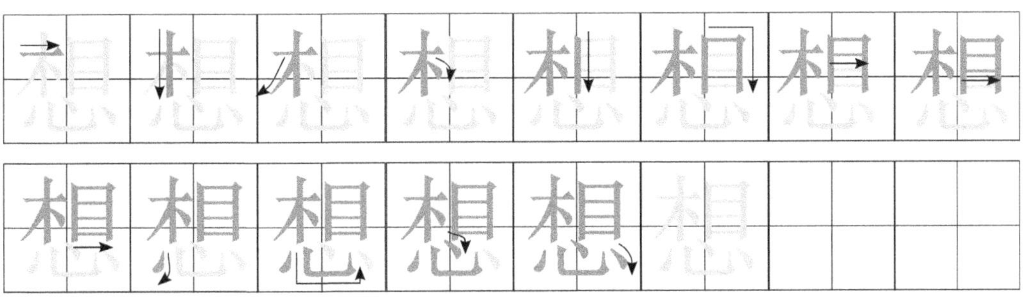

Teil V
Der Top-Ten-Teil

Auf der Website zum Buch www.wiley-vch.de/ISBN9783527723232 oder unter www.downloads.fuer-dummies.de finden Sie die Audiodateien zu diesem Buch.

IN DIESEM TEIL …

- ✔ Hier bekommen Sie praktische Hinweise zum Lernen.
- ✔ Gleichermaßen wichtig sind die zehn Dinge, die Sie niemals in China oder in der Gegenwart Ihrer chinesischen Bekannten tun sollten.
- ✔ Außerdem lernen Sie noch einige Wörter und Redewendungen, die Sie wie einen Einheimischen klingen lassen.
- ✔ Schlussendlich können Sie Ihre Schreibkünste direkt an den Redewendungen üben und verbessern.
- ✔ Also tauchen Sie richtig ein. Die nächsten Kapitel machen viel Spaß!

IN DIESEM KAPITEL

Übung durch Hören

Beim Kochen sprechen

Übungen im Internet und Fernsehen finden

Chinesische Freunde treffen

Ihr Name in Schriftzeichen

Kapitel 21 Zehn Wege zum schnellen Chinesischlernen

Dieses Kapitel nennt Ihnen zehn Möglichkeiten, die Ihnen beim schnellen Erlernen der chinesischen Sprache helfen. Sie werden Ihre Fortschritte spüren, wenn Sie nützliche, einfach verfügbare und leicht anzuwendende Lernhilfen einsetzen. Außerdem macht das Lernen damit auch noch richtig Spaß!

Chinesische Podcasts oder Playlists hören

Stellen Sie sich vor, wie es wäre, wenn Sie, ohne es zu hören, wissen wollten, wie Chinesisch klingt. Das wäre etwa so, als würden Sie sich aufgrund einer schriftlichen Beschreibung vorstellen, wie sich Beethovens neunte Sinfonie anhört. Selbst wenn Sie dieses Buch von Anfang bis Ende durcharbeiten – Sie werden nur wissen, wie die vier Töne klingen, wenn Sie sich die dazu gehörigen Audiodateien anhören. Seien Sie kreativ bei der Entdeckung der Sprache (und beim Hören) und nutzen Sie alle Playlists, die Sie im Netz finden können. Ahmen Sie immer wieder nach, was Sie hören, denn nur so werden sich Ihre Aussprache und Intonation verbessern. Bald werden Sie in der Lage sein zu sagen, ob jemand Hochchinesisch oder Kantonesisch als Muttersprache spricht.

Eine Pekingoper ansehen

Gut, ich gebe zu, als ich, Wendy Abraham, das erste Mal in einer Pekingoper war, hätte ich mir gewünscht, Ohropax dabeizuhaben. Sie ist eben etwas für Kenner. So wie Kaviar vielleicht. Aber trotzdem sei Ihnen empfohlen, sich die Zeit zu nehmen, Gefallen daran zu entwickeln. Die Pekingoper entstand 1790, als kaiserliche Inspektoren anlässlich des 80. Geburtstages von Kaiser Qianlong Operntruppen aus den Provinzen Anhui, Hubei und Shaanxi in die Hauptstadt zu Aufführungen an den Kaiserhof holten. Später wurde die Pekingoper dann zu einer Kunstform, die sich im Volk großer Beliebtheit erfreute. Und heute ist sie bei all denen in Mode, die von sich sagen, die chinesische Kultur zu schätzen. Diese Opernform mit ihren Kostümen, der Gesichtsbemalung, Musik und den stilisierten Bewegungen erfreut sich in China großer Beliebtheit. Wenn Sie Pekingoper hören, werden Sie nicht nur mehr Verständnis für die chinesische Kultur entwickeln, sondern es wird Ihnen auch helfen, mehr Gefühl für die korrekte Aussprache des Hochchinesischen zu bekommen. Sie können natürlich auch gleich ein paar Melodien lernen. Ein Gewinn in jeder Hinsicht.

Mit dem Wok kochen

Sie werden erstaunt sein, wie Ihnen ein Wok beim Chinesischlernen helfen kann. Sie ernähren sich nicht nur gesünder, sondern müssen auch einige chinesische Wörter aufsagen, wenn Sie im Asia-Laden Zutaten kaufen. Schon mal was von **dòufu** (*dou fuh*) gehört? Meist werden Sie das wohl als Tofu lesen oder in deutscher Übersetzung Sojabohnenkäse. Wie sieht es mit bok choi aus? Das ist Kantonesisch, auf Hochchinesisch heißt es **báicài** (*bai tsai*; Chinakohl). Kochen mit dem Wok, wie es üblich ist, wird Sie für mehr Chinesisch bereit machen. Versuchen Sie es mit Rezepten aus chinesischen Kochbüchern und wiederholen Sie die Namen der Zutaten immer wieder, ein todsicherer Weg, um mehr Chinesisch zu sprechen. Und wenn Sie nicht gut kochen können, gehen Sie einfach ins Chinarestaurant und versuchen Sie, die Namen von mindestens zehn Gerichten zu lernen.

Im Asia-Laden einkaufen

Versuchen Sie, sich unter Chinesen und Chinesinnen zu mischen, wenn Sie ein Ohr für die chinesischen Laute und Töne bekommen wollen. Ein Asia-Laden bietet dazu durchaus Gelegenheit. Dort werden Sie auch gleich in die Gestik eingeweiht. (Und Sie dachten, nur Italiener reden mit den Händen.) Aber Achtung, nicht nur chinesische Personen kaufen dort ein!

Im Internet surfen

Unmengen von Informationen zur chinesischen Sprache und Kultur sind nur einen Mausklick entfernt. Nutzen Sie diese Möglichkeit im Informationszeitalter. Sie finden dort alles, von der Strichfolge der Schriftzeichen bis hin zu Hörbeispielen der Pekingoper. Ganz gleich, welche Motivation Sie zum Chinesischlernen haben, das Internet hält Sie auf dem

Laufenden. Suchen Sie doch einfach mal nach Informationen zu Beijing, Shanghai oder Nanjing und nach Schlüsselwörtern wie Wok oder Pagode. Sie werden erstaunt sein, was Sie dazu alles finden.

Kung-Fu-Filme ansehen

Bruce Lee ist nur einer von vielen. Gehen Sie doch einfach mal ins Internet und recherchieren Sie nach Kung-Fu-Filmen. Sie werden bestimmt fündig. Sie können ja auch einen Film von Zhang Yimou oder Chen Kaige ansehen.

Am besten ist es, wenn Sie sich einen Film mehrmals anschauen, um so viele Wörter wie möglich aufzuschnappen. Sie werden bald wissen, welche Geste von welchen Worten begleitet wird und ein Ohr für die Töne entwickeln (achten Sie darauf, Hochchinesisch oder Mandarin als Sprache zu wählen).

Sprachaustausch

Ein Sprachpartner ist einer der besten Wege zum Chinesischlernen. Sie lernen nicht nur die Sprache, sondern können auch Freundschaften schließen. Viele chinesische Studierende kommen inzwischen zum Studium nach Deutschland; machen Sie doch einen Aushang am Schwarzen Brett einer Hochschule in Ihrer Nähe. Tauschen Sie auch Informationen über die deutsche und chinesische Kultur aus, das macht das Ganze noch interessanter.

Chinesische Freunde finden

Es gibt viele Möglichkeiten, jemanden zu finden, der Chinesisch spricht. Vielleicht sogar in dem Unternehmen, in dem Sie arbeiten, oder auf Ihrer Universität. Was ist eigentlich mit der Mutter des Klassenkameraden Ihres Sohnes? Sie werden sicherlich jemanden in Ihrer Umgebung finden, der Ihnen etwas über die chinesische Kultur erzählen kann, mit Ihnen einen Kung-Fu-Film ansieht oder Ihnen im Asia-Laden behilflich ist (und vielleicht auch beim Kochen mit dem Wok hilft).

Kalligrafie lernen

Chinesische Kalligrafie ist eine der schönsten Kunstformen der Welt. Warum also nicht selbst einen Pinsel in die Hand nehmen und die schönen Striche aufs Papier setzen? Das Ritual der Vorbereitung von Tusche und Papier ist eine Übung in Geduld und Meditation. Sie werden am eigenen Leib erfahren, wie schwer es für chinesische Kinder ist, die Schriftzeichen zu erlernen. Schreiben Sie Ihren Namen in chinesischen Schriftzeichen (lassen Sie sich die einzelnen Silben Ihres Namens in Schriftzeichen aufschreiben) und üben Sie die Schriftzeichen regelmäßig. Sie werden sehen, bald können Sie eine Weihnachtskarte mit Ihrem chinesischen Namen unterschreiben.

Seien Sie neugierig und kreativ

Wir sind sicher, Sie werden viele Gelegenheiten zum Üben finden, wenn Sie nur richtig danach suchen. Seien Sie einfallsreich. Und hören Sie auf, sich Sorgen über Fehler zu machen. Genau genommen sollten Sie ruhig viele Fehler machen, um daraus zu lernen. Klopfen Sie sich auf die Schulter, wenn Sie etwas Neues auf Chinesisch sagen können oder eine neue Möglichkeit gefunden haben, mehr über die Chinesen und ihre Sprache zu erfahren. Quasseln Sie einfach mit den Wörtern und Redewendungen, die Sie in diesem Buch gelernt haben, drauflos und genießen Sie die Reaktionen, wenn Sie Ihren Mund aufmachen.

IN DIESEM KAPITEL

Die chinesische Etikette verstehen

Freundlich und bescheiden im Umgang mit anderen

Kapitel 22
Zehn Dinge, die Sie in China niemals tun sollten

Dieses Kapitel wird Sie vor Peinlichkeiten bewahren und Ihnen eine Blamage ersparen. Sie finden hier zehn wichtige Tipps, die Sie beherzigen sollten, wenn Sie Freunde finden und einen guten Eindruck bei Ihren chinesischen Bekannten hinterlassen wollen.

Niemals ein Kompliment dankend annehmen

Ihnen werden sicher die Worte fehlen, wenn Sie hören, wie eine chinesische Gastgeberin oder ein Gastgeber auf Ihr Kompliment über das Essen reagiert. »Nein, nein, das Essen war überhaupt nicht gut.« Ähnliches werden Sie hören, wenn Sie chinesischen Eltern sagen, wie klug oder hübsch ihr Kind ist. »Nein, er ist wirklich dumm« oder »Nein, sie sieht überhaupt nicht hübsch aus.« Das sind keine Gemeinheiten, sondern chinesische Höflichkeit und Bescheidenheit.

Also: Heucheln Sie Bescheidenheit, auch wenn es Ihnen schwerfällt. Weniger Prahlerei und Selbstbeweihräucherung helfen Ihnen, im Umgang mit Chinesen zu punkten.

Niemals jemanden das Gesicht verlieren lassen

Das Schlimmste, was Sie einem chinesischen Bekannten antun können, ist, ihn öffentlich zu erniedrigen oder anders zu beschämen. Das lässt ihn sein Gesicht verlieren. Kritisieren Sie niemals vor anderen oder schreien Sie niemals jemanden in aller Öffentlichkeit an.

Wenn Sie jemandem Komplimente machen oder loben, dann geben Sie ihm Gesicht. Nutzen Sie dazu jede Gelegenheit. Ihre Güte wird sich auszahlen.

Niemals in der Öffentlichkeit wütend werden

Öffentlich gezeigter Ärger wird von Chinesen nicht gern gesehen und ist ihnen unangenehm. Vor allem, wenn die, die wütend werden, ausländische Touristen sind. Es ist genauso schlimm, wie jemanden das Gesicht verlieren zu lassen (meist den chinesischen Gastgebenden), was man auf jeden Fall vermeiden sollte. Harmonie ist für Chinesen von allergrößter Bedeutung, deswegen sollten Ausländer tief Luft holen, höflich sein und ihren Ärger runterschlucken.

Niemals jemanden mit seinem Vornamen ansprechen

Wie jeder andere auch haben Chinesen einen Vor- und Nachnamen. Der Nachname steht allerdings immer vor dem Vornamen. Die Familie (das Kollektiv ganz allgemein) hat Vorrang vor dem Individuum. Wenn Ihnen jemand als **Lǐ Míng** (*lih ming*) vorgestellt wird, dann können Sie ihn als Herrn Lǐ ansprechen (nicht Herr Ming).

Chinesen sprechen sich nicht gern mit dem Vornamen an. Nur Familienmitglieder und gute Freunde nennen den oben erwähnten Herrn vielleicht Ming. Sie werden aber wahrscheinlich das Präfix **lǎo** (*lau*; alt) oder **xiǎo** (*chiau*; jung) vor den Familiennamen setzen, um Vertrautheit und Nähe auszudrücken. **Lǎo Lǐ** (*lau lih*; der alte Li) wird seinen jüngeren Freund **Xiǎo Chén** (*chiau tschĕn*; kleiner Chen) nennen.

Niemals mit dem falschen Ende der Stäbchen das Essen auflegen

Wenn Sie mit Ihren chinesischen Gastgebenden beim Abendessen sitzen, könnte es Ihnen auffallen, dass es keine Löffel gibt, um sich etwas von den vielen Speisen auf dem Tisch aufzulegen. In manchen Haushalten und Restaurants drehen die Menschen ihre Stäbchen um und verwenden das dickere Ende, um sich (und den anderen) Essen auf den Teller zu legen. Dies dient dazu, die Hygiene zu wahren.

Niemals Alkohol trinken, ohne vorher einen Toast auszusprechen

Bei chinesischen Banketten gibt es meist acht bis zehn Gänge und Unmengen von Alkohol. Manchmal wird Reiswein getrunken, manchmal auch richtig starker Mao Tai, der schon den einen oder anderen Ausländer umgehauen hat. Eine Möglichkeit, das Trinktempo etwas zu drosseln, ist, der chinesischen Etikette folgend einen Toast auf den Gastgeber oder jemand anderes am Tisch auszusprechen, bevor man selbst einen Schluck trinkt. Dadurch trinkt man nicht nur langsamer, sondern zeigt auch dem Gastgeber seine Dankbarkeit und Wertschätzung den anderen Anwesenden gegenüber.

Vorsicht, wenn Ihnen jemand mit einem **gān bēi** (*gan bäi*) zuprostet. **Gān bēi** bedeutet »auf Ex trinken« und es wird von Ihnen erwartet, das Glas möglichst in einem Zug zu leeren. Keine Sorge. Sie können mit **suí yì** (*ssuäi ih*) reagieren (Prost) und nur einen kleinen Schluck nehmen.

Niemals jemandem kampflos die Rechnung überlassen

Die meisten Ausländer sind verblüfft, wenn sie zum ersten Mal Zeuge der chaotischen und lauten Szenen zum Ende eines Essens in einem chinesischen Restaurant werden. Es ist Zeit, die Rechnung zu zahlen, und jeder macht das, was von ihm erwartet wird – um die Rechnung kämpfen. Für Chinesen gehört es zum guten Benehmen, lautstark und heftig zu versuchen, den anderen die Rechnung aus den Händen zu reißen. Das ganze Hin und Her dauert ein paar Minuten, bis jemand den Kampf um die Rechnung gewinnt. Es zählt einfach die Geste und der gute Wille.

Niemals mit leeren Händen kommen

Chinesen tauschen oft Geschenke, nicht nur zu besonderen Anlässen. Wenn man bei jemandem zum Essen eingeladen ist, bei dem es auch um Geschäftliches geht, oder um einen potenziellen Geschäftspartner kennenzulernen, tauschen beide Seiten als Zeichen von Freundschaft und Wohlwollen Geschenke.

Wenn Sie im privaten Kontext einer chinesischen Person ein Geschenk überreichen, wird diese es oft nicht sofort auspacken, sondern erst später alleine betrachten. Wundern Sie sich nicht darüber. Sie können sie jedoch darauf hinweisen, dass das Geschenk gerne auch sofort ausgepackt werden darf. In China werden Geschenke häufig verpackt übergeben, daher ist es üblich, Geschenkpapier oder Geschenktüten zu verwenden.

Im beruflichen Kontext werden Geschenke oft zeremoniell von beiden Seiten ausgetauscht, und Fotos davon dokumentieren die freundschaftliche Beziehung.

Europäer und Amerikaner sind meist über die Menge der Geschenke überrascht, die der chinesische Gastgeber übergibt. Die Faustregel lautet, bringen Sie viele kleine (geschlechtsunspezifische) Geschenke mit nach China. Sie wissen vorher nie, wer Sie mit einem besonderen Andenken bedenken wird, also haben Sie Ihres besser griffbereit.

Niemals Essen, Getränke oder Geschenke ohne eine erste Ablehnung annehmen

Ein anständiger Gast akzeptiert niemals sofort, was ihm angeboten wird. Ganz gleich, wie erpicht man darauf ist, Essen, Getränke oder Geschenke anzunehmen, die chinesische Etikette verbietet es, gierig zu erscheinen. Lehnen Sie also ein paar Mal höflich ab.

Nehmen Sie niemals das erste Nein wörtlich

Chinesen lehnen automatisch mehrmals Essen und Trinken ab, selbst wenn sie hungrig oder durstig sind. Nehmen Sie das erste »Nein, danke« niemals wörtlich. Auch wenn Chinesen ein- oder zweimal Nein sagen, bieten Sie noch einmal an. Ein guter Gast muss mindestens einmal ablehnen und ein guter Gastgeber bietet mindestens zweimal an.

IN DIESEM KAPITEL

Redewendungen und idiomatische Ausdrücke erlernen

Authentisch wie Einheimische klingen

Schreibübungen zur Festigung der Kenntnisse

Kapitel 23
Zehn beliebte chinesische Redewendungen

Es gibt viele deutsche Wörter und Redewendungen, die Sie an einem Tag häufig hören. Die chinesische Sprache ist da nicht anders. Außerdem ist sie bekannt für ihre Sprichwortkultur. Dazu gehören unter anderem die **chéngyǔ** (*tschëng üh*), Redewendungen aus vier Schriftzeichen, die oft einen literarischen Hintergrund haben. Wenn Sie **chéngyǔ** kennen und wissen, wie sie zu verwenden sind, wird das Ihr Gegenüber beeindrucken und ein einladendes Lächeln in sein Gesicht zaubern.

Dieses Kapitel enthält einige idiomatische Wendungen, die Sie wie einen Muttersprachler klingen lassen werden. Es sind Redewendungen, die Sie häufig in typischen Alltagssituationen hören. Und da es bekanntlich von der Hand in den Kopf geht, möchten wir Sie dazu ermutigen, auch das Schreiben der Redewendungen zu üben.

Gōngxǐ gōngxǐ 恭喜恭喜

gung chih gung chih; Gratuliere!

Gōngxǐ gōngxǐ sagen Sie zu freudigen Anlässen, wenn Glückwünsche angebracht sind.

»Meine Frau hat gerade ein Kind bekommen«, sagt Ihr Freund. »Ich wusste gar nicht, dass sie schwanger war«, sagen Sie, »**Gōngxǐ gōngxǐ!**«

Ihr Bruder hat endlich die Abschlussprüfung bestanden (im dritten Anlauf). **Gōngxǐ gōngxǐ!**

Sie sind 18 geworden, endlich volljährig. Zeit für das eigene Auto. **Gōngxǐ gōngxǐ.** Los geht's!

Zum chinesischen Neujahr hören Sie nicht nur **Gōngxǐ gōngxǐ**, sondern auch **gōngxǐ fācái** (*gung chih fah tsai*). Das bedeutet: »Ich gratuliere dir und wünsche dir Reichtum.«

Yī lù píng'ān一路平安

ih luh ping an; Gute Reise.

Das sollten Sie sagen, wenn ein Freund oder eine Bekannte auf Reisen geht. Am Flughafen werden Sie diese Redewendung oft hören. Vielleicht bringen Sie Ihrer Familie und Ihren Freunden **Yī lù píng'ān** bei, bevor Sie ins Flugzeug steigen.

Yī yán nán jìn一言难尽

ih iän nan djin; Das lässt sich nicht mit einem Wort erklären.

Vielleicht möchte jemand wissen, wie Sie zu Ihrem blauen Auge gekommen sind. Wenn Sie nicht ins Detail gehen wollen, sagen Sie einfach **Yī yán nán jìn** und heben sich die Einzelheiten für später auf.

Mǎmǎ hūhū 马马虎虎

mah mah huh huh; So lala.

Wörtlich bedeutet **mǎmǎ hūhū** »Pferd Pferd Tiger Tiger«. Wenn Sie sagen wollen, dass irgendetwas mittelmäßig, nicht besonders ist, dann können Sie diese Redewendung benutzen.

Sie haben den Test gerade so bestanden? Dann waren Sie **mǎmǎ hūhū**. Ein bisschen unpässlich heute? Dann fühlen Sie sich **mǎmǎ hūhū**. Das Essen im neuen Restaurant ist nicht so toll? Es ist **mǎmǎ hūhū**.

Kāi wánxiào 开玩笑

kai wan chiau; Einen Scherz machen.

Sie sagen **kāi wánxiào**, wenn Sie Ihren Ohren nicht trauen. Wenn Ihre Kollegin Ihnen sagt, dass sie gerade entlassen wurde, obwohl ihre Beförderung erst einen Monat zurückliegt, dann ist das der richtige Moment für **kāi wánxiào**. Wenn sie endlich zugibt, dass es nicht stimmt, sagt sie zum Schluss: **Kāi wánxiào**. Sie hat nur einen Witz gemacht.

Máfan nǐ 麻烦你

mah fan nih; Darf ich Sie um einen Gefallen bitten?

Sie sagen **máfan nǐ**, wenn Sie jemanden um einen Gefallen bitten und sich zugleich für die Umstände, die Sie ihm damit bereiten, entschuldigen. Wenn Sie jemanden bitten, Ihnen das Salz zu reichen, das auf dem anderen Ende des Tisches steht, sagen Sie **máfan nǐ** (Entschuldigen Sie die Umstände, aber wären Sie so nett, mir das Salz zu geben?)

Sie können auch sagen, dass etwas (oder jemand) Ihnen auf die Nerven geht, einfach, indem Sie sagen: **Tā hěn máfan.** (*tah hěn nah fan*; Er geht mir wirklich auf die Nerven oder das ist wirklich nervig.)

Zěnmeyàng? 怎么样?

dsën më iang; Wie geht's? Was steht an?

Eine tolle Redewendung, wenn Sie alte Freunde treffen und wissen wollen, wie es ihnen in der letzten Zeit ergangen ist. Sie sagen einfach nur: **Zěnmeyàng?**

Zu Unbekannten oder jemandem, den Sie in einer formellen Situation kennengelernt haben, sagt man das nicht. **Zěnmeyàng** wird nur unter Freunden verwendet.

Sie können auch **Nǐ zěnme le?** (*nih dsën më lë*) fragen. Sie möchten dann wissen, was mit jemandem nicht stimmt (Was ist mit dir los?).

Qǐng wèn 请问

tjing wën; Darf ich fragen …

Bevor Sie eine Frage stellen, leiten Sie sie höflich mit **Qǐng wèn …** ein. Sie fragen damit, ob Sie fragen dürfen. Zum Beispiel, wenn Sie beim Einkaufen eine Frage an den Verkäufer haben:

Qǐng wèn (Darf ich fragen), wie teuer die tausendjährigen Eier sind?

Oder wenn Sie einen Fremden nach dem Weg fragen:

Qǐng wèn (Entschuldigung), mit welchem Bus komme ich zum Himmelstempel?

Zìjǐ lái 自己来

dsı djih lai; Ich bediene mich selbst.

Die chinesische Etikette gebietet es, dass man sich niemals selbst auflegt, ohne nicht zumindest versucht zu haben, jemanden zuerst etwas auf den Teller zu legen. **Zìjǐ lái** (Ich bediene mich selbst) ist eine höfliche Redewendung, die Sie verwenden, wenn Ihnen jemand Essen auftut. Der Gastgeber bedient immer zuerst die Gäste, die neben ihm sitzen. Der Gast sollte bei jedem Gang sagen **zìjǐ lái** (und dann doch nachgeben und sich bedienen lassen). Wenn der Gastgeber angefangen hat zu essen, dürfen Sie sich allerdings wirklich selbst bedienen.

So wie Sie sich nicht selbst auflegen sollten, sollten Sie auch niemals auch nur an Ihrem Glas nippen, ohne den anderen zugeprostet oder einen Toast ausgesprochen zu haben. (Kapitel 22 nennt noch mehr Dinge, die Sie nicht tun sollten.) Sie können zum Beispiel **Gān bēi!** (*gan bäi*; Prost, Auf Ex) sagen.

Āiyà! 哎呀!

ai yah; Ach!

Überall in China kann man **Āiyàs** hören, wenn man enttäuscht ist, schockiert oder einfach nur genervt. Sie werden es hören, wenn Sie mit einem Freund, der aussieht, als ob er in einer Punkband spielt, bei Ihren Eltern zum Essen auftauchen. Sie werden es sogar selbst sagen, wenn Sie bemerken, dass Sie Ihre Tasche im Taxi vergessen haben, das nun am anderen Ende der Stadt ist. Und Sie werden auf jeden Fall einen **āiyà**-Moment erleben, wenn Sie überlegen, wie man etwas im Chinesisch-Wörterbuch findet, wo es doch kein Alphabet gibt.

IN DIESEM KAPITEL

Das Richtige zu bestimmten Anlässen sagen

Bescheiden und höflich bleiben

Kapitel 24
Zehn Redewendungen, die Sie wie einen echten Chinesen klingen lassen

In diesem Kapitel finden Sie Redewendungen für die verschiedensten Situationen. Wenn Sie die beherrschen, dann wird Ihr Chinesisch noch authentischer und Sie vermitteln chinesische Gastfreundschaft. Verwenden Sie die Redewendungen großzügig, um sich in die chinesische Kultur einzufügen.

Sie werden beim Lesen dieses Kapitels bemerken, dass im Chinesischen oft etwas wiederholt wird. Das ist nichts Außergewöhnliches.

Huānyíng huānyíng 欢迎欢迎

huan ying huan ying; Herzlich willkommen.

Begrüßen Sie Gäste in Ihrem Land oder bei sich zu Hause mit diesen Worten, dann werden sie sich gleich wie zu Hause fühlen. Bevor Sie Ihre Gäste verabschieden, sagen Sie **Huānyíng zài lái.** (*huan ying dsai lai*; Besuchen Sie uns wieder.) Das ist chinesische Gastfreundschaft.

Bǐcǐ bǐcǐ 彼此彼此

bih tsı bih tsı; Dasselbe gilt für Sie.

Diese kleine Redewendung ist sehr nützlich, wenn Ihnen jemand alles Gute wünscht oder ein Kompliment macht, das einer Erwiderung bedarf. Was hast du gesagt? Mein Kleid sieht hübsch aus? **Bǐcǐ bǐcǐ** (Deins auch.) Ich wünsche Ihnen einen angenehmen Ruhestand. **Bǐcǐ bǐcǐ** (Danke, gleichfalls.)

Jiǔyǎng jiǔyǎng 久仰久仰

djiou iang djiou iang; Es freut mich, Sie kennenzulernen. *Wörtlich*: Ich habe schon viel von Ihnen gehört.

Es ist sehr höflich, wenn Sie **jiǔyǎng jiǔyǎng** sagen, wenn Sie jemanden, von dem Sie schon viel gehört haben, zum ersten Mal treffen.

Mànman chī 慢慢吃

man man tschı; Guten Appetit!

Bevor Sie Ihren ersten Bissen tun, sollten Sie nicht vergessen, **mànman chī** zu sagen. Sie werden alle für sich einnehmen. Es bedeutet eigentlich »Iss langsam«. Wenn Sie **mànman chī** sagen, dann wissen alle, dass Sie hoffen, dass sich Ihre Gäste Zeit nehmen und ihr Essen genießen.

Wǒ qǐng kè 我请客

uo tjing kë; Es geht auf mich.

Mittlerweile hört man das überall in China. Jeder möchte die Rechnung übernehmen (siehe Kapitel 22), also wird eine große Sache daraus gemacht, wenn sie kommt. Auch wenn Sie es eigentlich nicht so meinen, fragen Sie unter dem Protest der anderen ein- oder zweimal nach der Rechnung. Wer auf der Bezahlung besteht, bekommt schließlich die Rechnung.

Unter Freunden wird oft scherzhaft angefügt **nǐ fù qián** (*nih fuh tjiän*). Wenn Sie jemanden sagen hören **Wǒ qǐng kè, nǐ fù qián**, dann heißt das »Ich lade ein, aber du bezahlst«. Sagen

Sie das nur, wenn Sie mit guten Freunden essen gehen, die einen Spaß verstehen, oder Sie sind gleich am Anfang geliefert.

Yǒu kòng lái wán 有空来玩

yoh kung lai wan; Kommen Sie bald wieder vorbei.

Bevor sich Ihre Gäste auf den Heimweg machen, sollten Sie sagen: **Yǒu kòng lái wán** (Wenn Sie Zeit haben, kommen Sie vorbei.) Manchmal hören Sie auch: **Màn zǒu** (*man dsou*). Das bedeutet wörtlich »Gehen Sie langsam« und wird zur Verabschiedung der Gäste gesagt. Ein guter Gastgeber gibt seinen Gästen immer gute Wünsche mit auf den Heimweg. Chinesische Höflichkeit in Bestform.

In Nordchina werden Sie **wár** anstelle von **wán** hören. In Nordchina wird an viele Wörter ein **-r** angefügt. Daran können Sie deutlich erkennen, woher der Sprecher oder die Sprecherin kommt.

Láojià láojià 劳驾劳驾

lau djiah lau djiah; Entschuldigung.

Haben Sie sich schon gefragt, was Sie sagen, wenn Sie an jemandem vorbeigehen möchten? Vor allem wenn Sie sich inmitten einer riesigen Menschenmenge im geschäftigen Shanghai wiederfinden? **Láojià láojià** ist genau das Richtige. Damit können Sie auf eine sehr höfliche Art und Weise die Aufmerksamkeit von jemandem erlangen.

Zhù nǐ zǎo rì kāngfù 祝你早日康复

dschuh nih dsau rı kang fuh; Gute Besserung.

Hoffentlich müssen Sie das nicht zu oft sagen. Aber wenn Sie diese Redewendung benutzen, wird Ihr Gegenüber sofort wissen, dass Sie die Umgangssprache gut beherrschen. Sie fallen unter den anderen Krankenbesuchern gar nicht mehr auf und Ihre chinesischen Freunde wissen auf jeden Fall Ihre guten Wünsche zu schätzen.

Bù kèqi不客气

buh kë tjih; Nichts zu danken.

Auf **Xièxie** (*chiä chiä*; Danke) sagen Sie **Bù kèqi. Bù kèqi** ist allerdings viel mehr, als einfach nur »nichts zu danken«. Es ist Teil einer ganzen Reihe von Floskeln, die Bescheidenheit ausdrücken und von den Chinesen so hoch geschätzt werden. Wenn Ihnen jemand dankt, ob für etwas Großes oder Kleines, nehmen Sie den Dank niemals als etwas hin, das Ihnen zusteht. Eigenlob wollen Sie auf keinen Fall vermitteln. Lassen Sie es immer so klingen, als würden Sie Ihr Handeln herunterspielen. So passen Sie bestens in das Harmoniekonzept der Chinesen. (Mehr über Fettnäpfchen in Kapitel 22.)

Hǎo jiǔ méi jiàn好久没见

hau djiou mäi djiän; Lange nicht gesehen.

Sie können diese Redewendung allen Ernstes oder im Scherz verwenden, wenn Sie jemanden gerade vor einer Stunde gesehen haben. Auf jeden Fall vermittelt es ein schönes Gefühl, wenn man weiß, dass sich jemand freut, einen wiederzusehen. Sie können es sogar zu Ihrem *Chinesisch Sprechen und Schreiben für Dummies*-Buch sagen, wenn es zu lange das Bücherregal hütet.

Teil VI
Anhang

IN DIESEM TEIL …

Die Anhänge helfen Ihnen, schnell etwas nachzuschlagen.

- ✔ Sie finden eine Übersicht über die 214 Radikale.
- ✔ Lernen Sie die am häufigsten verwendeten chinesischen Verben.
- ✔ Hier finden Sie ein Mini-Wörterbuch. Aus Gründen der besseren Lesbarkeit wird dabei das generische Maskulinum verwendet. Es sind jedoch immer alle Geschlechter gemeint.
- ✔ Außerdem können Sie Ihre Lösungen zu den Übungen aus der Rubrik *Spiel und Spaß* am Ende eines jeden Kapitels überprüfen.
- ✔ Es sind noch einmal alle Tracks aufgeführt, die Sie in der Audiodatei zum Buch hören können.
- ✔ Schließlich finden Sie Platz, um die Schriftzeichen zu üben.

A

214 Chinesische Radikale

In Kapitel 18 haben Sie alles über Radikale erfahren – die Grundbausteine chinesischer Schriftzeichen. Sie helfen Ihnen, die Bedeutung eines Wortes zu erschließen und bieten eine praktische Methode, Wörter in einem chinesischen Wörterbuch nachzuschlagen.

Dabei ist wichtig zu verstehen, dass die Übersetzungen der Radikale nicht wie Vokabeln auswendig gelernt werden sollten. Sie dienen lediglich als Gedächtnisstütze, denn in Kombination mit anderen Bestandteilen kann sich die Bedeutung eines Zeichens stark verändern.

Die folgende Liste enthält alle Radikale, die mit Menschen in Verbindung stehen. Wenn Sie es schaffen, sich alle 214 Radikale zu merken – herzlichen Glückwunsch, Sie haben den Preis gewonnen! Falls nicht, geht es Ihnen wie den meisten von uns: Werfen Sie einfach immer wieder einen Blick in die Liste und versuchen Sie, das richtige Radikal für das jeweilige Zeichen zu erraten.

Radikal Nummer	Radikal	Deutsch	Pinyin	Summe der Striche	Variante (Traditionell)
1	一	eins	yī	1	
2	丨	vertikaler Strich	shù	1	
3	丶	Punkt	diǎn	1	
4	丿	Schrägstrich	piě	1	乀 ⺄
5	乙	zweite	yǐ	1	乚 乛
6	亅	Haken	gōu	1	
7	二	zwei	èr	2	
8	亠	Deckel	tóu	2	
9	人	Person	rén	2	亻
10	儿	Beine	ér	2	
11	入	eintreten	rù	2	
12	八	acht	bā	2	丷
13	冂	offenes Quadrat (unten)	jiǒng	2	
14	冖	dach	mì	2	
15	冫	Eis	bīng	2	
16	几	Tisch	jī, jǐ	2	
17	凵	offenes Quadrat (oben)	qǔ	2	
18	刀	Messer	dāo	2	刂

Radikal Nummer	Radikal	Deutsch	Pinyin	Summe der Striche	Variante (Traditionell)
19	力	Kraft	lì	2	
20	勹	wickeln	bāo	2	
21	匕	Messer	bǐ	2	
22	匚	offenes Quadrat (rechts)	fāng	2	
23	匸	verstecken, Schachtel	xǐ	2	
24	十	zehn	shí	2	
25	卜	Wahrsagung	bǔ	2	
26	卩	Siegel	jié	2	
27	厂	Klippe	hàn	2	
28	厶	privat	sī	2	
29	又	wieder	yòu	2	
30	口	Mund	kǒu	3	
31	囗	Gehege	wéi	3	
32	土	Erde	tǔ	3	
33	士	Gelehrter	shì	3	
34	夂	gehen	zhī	3	
35	夊	langsam gehen	suī	3	
36	夕	Sonnenuntergang	xī	3	
37	大	groß	dà	3	
38	女	Frau	nǚ	3	
39	子	Kind	zǐ	3	
40	宀	Dach	gài	3	
41	寸	eine Messung der Länge	cùn	3	
42	小	klein	xiǎo	3	
43	尢	lahm	yóu	3	兀
44	尸	Leichnam	shī	3	
45	屮	Sprossen	chè	3	
46	山	Berg	shān	3	
47	川	Fluss	chuān	3	巛 巜
48	工	arbeiten	gōng	3	
49	己	selbst	jǐ	3	
50	巾	Handtuch	jīn	3	
51	干	trocken	gān	3	
52	幺	Faden	yāo	3	
53	广	Schutz	guǎng	3	
54	廴	schreiten	yǐn	3	

Radikal Nummer	Radikal	Deutsch	Pinyin	Summe der Striche	Variante (Traditionell)
55	廾	beide Hände	gǒng	3	
56	弋	Bogenschießen	yì	3	
57	弓	Bogen (wie in Pfeil und Bogen)	gōng	3	
58	彐	Schnauze	jì	3	彑
59	彡	Haare	shān	3	
60	彳	Schritt	chì	3	
61	心	Herz	xīn	4	忄
62	戈	Speer	gē	4	
63	户	Tür	hù	4	
64	手	Hand	shǒu	4	扌
65	支	Zweig	zhī	4	
66	攴	schlagen	pū	4	攵
67	文	Schrift	wén	4	
68	斗	ein Gefäß im alten China	dǒu	4	
69	斤	Axt	jīn	4	
70	方	Quadrat	fāng	4	
71	无	kein(e)	wú	4	
72	日	Sonne	rì	4	
73	曰	sagen	yuē	4	
74	月	Mond	yuè	4	
75	木	Baum	mù	4	
76	欠	schulden	qiàn	4	
77	止	stoppen	zhǐ	4	
78	歹	Tod	dǎi	4	
79	殳	Waffe	shū	4	
80	母	Mutter	wú	4	毋
81	比	vergleichen	bǐ	4	
82	毛	Fell	máo	4	
83	氏	Clan	shì	4	
84	气	Dampf	qì	4	
85	水	Wasser	shuǐ	4	氵
86	火	Feuer	huǒ	4	灬
87	爪	Klaue	zhǎo	4	爫
88	父	Vater	fù	4	
89	爻	Linien eines Trigramms	yáo	4	

Radikal Nummer	Radikal	Deutsch	Pinyin	Summe der Striche	Variante (Traditionell)
90	爿	Hälfte eines Baumstamms	qiáng	4	
91	片	Scheibe	piàn	4	
92	牙	Zahn	yá	4	
93	牛	Kuh	niú	4	牜
94	犭	Hund	quǎn	3	犬
95	玄	tiefgründig	xuán	5	
96	玉	Jade	yù	5	王
97	瓜	Melone	guā	5	
98	瓦	Fliese	wǎ	5	
99	甘	süß	gān	5	
100	生	Leben	shēng	5	
101	用	verwenden	yòng	5	
102	田	Feld	tián	5	
103	疋	Stoffe	pǐ	5	
104	疒	krank	bìng	5	
105	癶	Fußspuren	bō	5	
106	白	weiß	bái	5	
107	皮	Haut	pí	5	
108	皿	Kochbehälter	mǐn	5	
109	目	Auge	mù	5	
110	矛	Speer	máo	5	
111	矢	Pfeil	shǐ	5	
112	石	Stein	shí	5	
113	示	Geist	shì	5	礻
114	禸	Spur	róu	4	
115	禾	Getreide	hé	5	
116	穴	Höhle	xuè	5	
117	立	stehen	lì	5	
118	竹	Bambus	zhú	6	
119	米	Reis	mǐ	6	
120	纟	Seide	sī	3	糸
121	缶	ein Behälter im alten China	fǒu	6	
122	网	Netz	wǎng	6	罒
123	羊	Schaf	yáng	6	

Radikal Nummer	Radikal	Deutsch	Pinyin	Summe der Striche	Variante (Traditionell)
124	羽	Federn	yǔ	6	
125	老	alt	lǎo	6	
126	而	und/aber	ér	6	
127	耒	pflügen	lěi	6	
128	耳	Ohr	ěr	6	
129	聿	Bürste	yù	6	
130	肉	Fleisch	ròu	6	
131	臣	Minister	chén	6	
132	自	selbst	zì	6	
133	至	ankommen	zhì	6	
134	臼	ein Behälter im alten China	jiù	6	
135	舌	Zunge	shé	6	
136	舛	gegen	chuǎn	6	
137	舟	Boot	zhōu	6	
138	艮	Stille	gèn	6	
139	色	Farbe	sè	6	
140	艹	Gras	cǎo	6	艸
141	虍	Tiger	hǔ	6	
142	虫	Insekt	chóng	6	
143	血	Blut	xuě	6	
144	行	gehen	xíng	6	
145	衣	Kleidung	yī	6	衤
146	西	Westen	xī	6	襾
147	见	sehen	jiàn	4	見
148	角	Horn	jiǎo	7	
149	讠	Rede	yán	2	言
150	谷	Tal	gǔ	7	
151	豆	Bohne	dòu	7	
152	豕	Schwein	shǐ	7	
153	豸	Dachs	zhì	7	
154	贝	Muschel	bèi	4	貝
155	赤	rot	chì	7	
156	走	zu Fuß gehen	zǒu	7	
157	足	Fuß	zú	7	
158	身	Körper	shēn	7	

Radikal Nummer	Radikal	Deutsch	Pinyin	Summe der Striche	Variante (Traditionell)
159	车	Wagen	chē	4	車
160	辛	bitter	xīn	7	
161	辰	Morgen	chén	7	
162	辶	spazieren	chuò	3	
163	邑	Stadt	yì	7	阝
164	酉	Wein	yǒu	7	
165	釆	unterscheiden	biàn	7	
166	里	Dorf	lǐ	7	
167	钅	Metall	jīn	5	金
168	长	lang	cháng	4	長
169	门	Tor	mén	3	門
170	阜	Erdhügel	fù	8	阝
171	隶	Sklave	lì	8	
172	隹	Vogel	zhuī	8	
173	雨	Regen	yǔ	8	
174	青	dunkelblau	qīng	8	
175	非	falsch	fēi	8	
176	面	Gesicht	miàn	9	
177	革	Leder	gé	9	
178	韦	weiches Leder	wěi	4	韋
179	韭	Lauch	jiǔ	9	
180	音	Ton/Stimme	yīn	9	
181	页	Seite	yè	6	頁
182	风	Wind	fēng	4	風
183	飞	fliegen	fēi	4	飛
184	饣	essen	shí	3	飠 食
185	首	Kopf	shǒu	9	
186	香	duftende	xiāng	9	
187	马	Pferd	mǎ	3	馬
188	骨	Knochen	gǔ	9	
189	高	hoch	gāo	10	
190	髟	langes Haar	biāo	10	
191	鬥	kämpfen	dòu	10	
192	鬯	Opferwein	chàng	10	
193	鬲	Kessel	lì	10	
194	鬼	Geist	guǐ	9	

Radikal Nummer	Radikal	Deutsch	Pinyin	Summe der Striche	Variante (Traditionell)
195	鱼	Fisch	yú	8	魚
196	鸟	Vogel	niǎo	5	鳥
197	卤	salzig	lǔ	7	
198	鹿	Hirsche	lù	11	
199	麦	Weizen	mài	7	麥
200	麻	Hanf	má	11	
201	黄	gelb	huáng	11	
202	黍	Hirse	shǔ	12	
203	黑	schwarz	hēi	12	
204	黹	Stickerei	zhǐ	12	
205	黾	Frosch	mǐn	8	黽
206	鼎	Dreibeinkessel	dǐng	12	
207	鼓	Trommel	gǔ	13	
208	鼠	Ratte	shǔ	13	
209	鼻	Nase	bí	14	
210	齐	gleich	qí	6	齊
211	齿	Zahn	chǐ	8	齒
212	龙	Drache	lóng	5	龍
213	龟	Schildkröte	guī	7	龜
214	龠	Flöte	yuè	17	

B

Chinesische Verben

Hier finden Sie eine Liste mit nützlichen chinesischen Verben. Zur Verwendung von Verben lesen Sie Kapitel 2.

àn/*an*/drücken 按

ānpái/*an pai*/arrangieren, organisieren, einteilen 安排

ānzhuāng/*an dschuang*/installieren 安装

bāng máng/*bang mang*/helfen 帮忙

bō/*bo*/wählen 拨

cānjiā/*tsan djiah*/teilnehmen 参加

chàng/*tschang*/singen 唱

chī/*tschı*/essen 吃

chídào/*tschı dau*/sich verspäten 迟到

chóngxīn kāijī/*tschung chin kai djih*/(den Computer) neu starten 重新开机

chuān/*tschuan*/tragen, anhaben 穿

chuī/*tschuäi*/blasen, wehen 吹

cún qián/*tsun tjiän*/Geld sparen, einzahlen 存钱

dǎ/*dah*/schlagen, spielen 打

dài/*dai*/mitnehmen, mitbringen, tragen (Mütze etc.) 带/戴

děng/*dëng*/warten 等

diǎn/*diän*/(Essen) bestellen 点

dǒng/*dung*/verstehen 懂

è/*ë*/hungrig sein 饿

fēi/*fäi*/fliegen 飞

fù zhàng/*fuh dschang*/eine Rechnung bezahlen 付账

gǎibiàn/*gai biän*/verändern 改变

gǎnjué/*gan djüä*/spüren, empfinden 感觉

gǎnxiè/*gan chiä*/danken 感谢

gàosu/*gau ssuh*/mitteilen 告诉

gāoxìng/*gau ching*/froh sein, sich freuen 高兴

gěi/*gäi*/geben 给

gōngxǐ/*gung chih/*gratulieren, beglückwünschen 恭喜

gōngzuò/*gung dsuo*/arbeiten 工作

guà/*guah*/hängen, aufhängen; (Telefon) auflegen 挂

guān/*guan*/schließen, abschalten 关

gūjì/*guh djih*/schätzen, vermuten 估计

guò/*guo*/vorbeigehen, passieren; (Zeit) vergehen 过

hē/*hë*/trinken 喝

hézuò/*hë dsuo*/zusammenarbeiten 合作

huà/*hua*/malen, zeichnen 画

huàn/*huan*/wechseln, tauschen 换

huānyíng/*huan ying*/willkommen heißen 欢迎

huí/*huäi*/zurückkehren 回

huì/*huäi*/können 会

hūxī/*huh chih*/atmen 呼吸

jiàn/*djiän*/sehen, treffen 见

jiǎng/*djiang*/sprechen 讲

jiànlì/*djiän lih*/errichten, gründen 建立

jiànyì/*djiän ih*/vorschlagen 建议

jiào/*djiau*/heißen, nennen; herbeirufen 叫

jiē/*djiä*/(einen Anruf) entgegennehmen 接

jiè/*djiä*/ausleihen, sich leihen 借

jiěfàng/*djiä fang*/befreien 解放

jiéhūn/*djiä hun*/heiraten 结婚

jiějué/*djiä djüä*/lösen, erledigen 解决

jièshào/*djiä schau*/vorstellen, bekannt machen 介绍

jié zhàng/*djiä dschang*/die Rechnung bezahlen 结账

jiù/*djiou*/retten (Leben) 救

juédìng/*djüä ding*/entscheiden 决定

kāi/*kai*/öffnen, anschalten 开

kāi chē/*kai tschë*/Auto fahren 开车

kāi huì/*kai huäi*/ein Meeting haben, abhalten 开会

kàn/*kan*/lesen, anschauen 看

kě/*kë*/durstig sein 渴

lái/*lai*/kommen 来

liànxí/*liän chih*/üben 练习

líkāi/*lih kai*/verlassen 离开

liú/*liou*/hinterlassen (Nachricht), zurücklassen; bleiben 留

mà/*mah*/beschimpfen 骂

mǎi/*mai*/kaufen 买

mài/*mai*/verkaufen 卖

máng/*mang*/beschäftigt sein 忙

mílù/*mih luh*/sich verirren, sich verlaufen 迷路

ná/*nah*/nehmen, halten 拿

néng/*nëng*/können, in der Lage sein 能

pànjué/*pan djüä*/ein Urteil fällen 判决

qiānrù/*tjiän ruh*/sich anmelden, einloggen 签入

qiānchū/*tjiän tschuh*/sich abmelden, ausloggen 签出

qǐng/*tjing*/bitten, einladen 请

qù/*tjüh*/gehen 去

qǔ qián/*tjüh tjiän*/Geld abheben 取钱

qǔxiāo/*tjüh chiau*/streichen, stornieren 取消

ràng/*rang*/lassen, veranlassen 让

rènshi/*rën schı*/kennen, kennenlernen 认识

shàng/*schang*/einsteigen 上

shàng wǎng/*schang wang*/ins Internet gehen 上网

shì/*schı*/sein 是

shōu/*schou*/annehmen, erhalten 收

shòu/*schou*/bekommen, erhalten 受

shū/*schuh*/verlieren, eine Niederlage erleiden 输

shuō/*schuo*/sprechen 说

sòng/*sung*/schicken; schenken 送

tánpàn/*tan pan*/verhandeln 谈判

tǎolùn/*tau lun*/diskutieren 讨论

tián/*tiän*/ausfüllen (Formular) 填

tīng/*ting*/hören, anhören 听

tóngyì/*tung ih*/zustimmen, einverstanden sein 同意

tuìfáng/*tuäi fang*/auschecken 退房

tuìhuò/*tuäi huo*/Waren zurückgeben 退货

tuōyùn/*tuo yün*/Gepäck aufgeben 托运

wán/*wan*/spielen, sich vergnügen 玩

wàng/*wang*/vergessen 忘

wèn/*wën*/fragen 问

xǐ/*chih*/waschen 洗

xià/*chiah*/aussteigen 下

xiǎng/*chiang*/denken; vermissen 想

xiàzài/*chiah dsai*/herunterladen 下载

xǐhuān/*chih huan*/mögen, gernhaben 喜欢

xìn/*chin*/glauben, vertrauen 信

xuǎnzé/*chüän dsë*/auswählen 选择

xuéxí/*chüä chih*/lernen, studieren 学习

yǎnshì/*yän schı*/eine Präsentation machen 演示

yào/*yau*/wollen, brauchen 要

yíng/*ying*/gewinnen 赢

yòng/*yung*/benutzen, verwenden; brauchen 用

yǒu/*yoh*/haben; es gibt 有

yóulǎn/*yoh lan*/besichtigen, besuchen 游览

yóuyǒng/*yoh yung*/schwimmen 游泳

yuànyì/*üän ih*/wollen, möchten; bereit sein 愿意

yùsuàn/*üh ssuan*/ein Budget aufstellen 预算

zhǎo/*dschau*/suchen; aufsuchen 找

zhàoxiàng/*dschau chiang*/fotografieren 照相

zhīdao/*dschı dau*/wissen 知道

zhù/*dschuh*/wohnen 住

zhuā/*dschuah*/greifen; festhalten 抓

zhuǎn/*dschuan*/weitergeben; wenden 转

zhuāngrù/*dschuang ruh*/packen 装入

zhuǎnzū/*dschuan dsuh*/untervermieten 转租

zhǔchí/*dschuh tschı*/den Vorsitz haben 主持

zǒu (lù)/*dsou (luh)*/(zu Fuß) gehen 走

zū/*dsuh*/mieten; vermieten 租

zuò/*dsuo*/machen, tun 做

zuò/*dsuo*/sitzen 坐

zuò fàn/*dsuo fan*/ kochen 做饭

C

Mini-Wörterbuch

Chinesisch-Deutsch

A

ǎi/*ai*/klein; niedrig 矮

àirén/*ai rën*/Ehepartner (in der VR China verwendet) 爱人

āiyà/*ai yah*/oh weh 哎呀

ānjìng/*an djing*/ruhig, still 安静

ānpái/*an pai*/arrangieren, organisieren 安排

ānquándài/*an tjüän dai*/Sicherheitsgurt 安全带

Àodìlì/*au dih lih*/Österreich 奥地利

B

bàba/*bah bah*/Vater 爸爸

bǎifēnbǐ/*bai fën bih*/Prozent 百分比

bàn/*ban*/halb 半

bāngmáng/*bang mang*/helfen 帮忙

bàngōngshì/*ban gung schı*/Büro 办公室

bàngōngzhuō/*ban gung dschuo*/Schreibtisch 办公桌

bànyè/*ban iä*/Mitternacht 半夜

bàoqiàn/*bau tjiän*/es tut mir leid; leider 抱歉

bàozhǐ/*bau dschı*/Zeitung 报纸

biéde/*biä dë*/anderer, andere, anderes 别的

bìng/*bing*/krank sein 病

bīnguǎn/*bin guan*/Hotel 宾馆

bō/*bo*/wählen 拨

bówùguǎn/*bo uh guan*/Museum 博物馆

bù/*buh*/nicht, kein 不

bù kèqi/*buh kë tjih*/nichts zu danken 不客气

bǔchōng/*buh tschung*/hinzufügen, ergänzen 补充

bùcuò/*buh tsuo*/ziemlich gut 不错

bùzhǎng/*buh dschang*/Minister; Leiter einer Abteilung 部长

C

cā/*tsah*/abwischen 擦

cài/*tsai*/Gemüse; Gericht, Speise 菜

càidān/*tsai dan*/Speisekarte 菜单

cānguǎn/*tsan guan*/Restaurant 餐馆

cānjīnzhǐ/*tsan djin dschı*/Serviette 餐巾纸

cèsuǒ/*tsë ssuo*/Toilette 厕所

chá/*tschah*/Tee 茶

chá/*tschah*/nachschlagen 查

chángcháng/*tschang tschang*/oft 常常

chángtú diànhuà/*tschang tuh diän hua*/ Ferngespräch 长途电话

chāojí shìchǎng/*tschau djih schı tschang*/ Supermarkt 超级市场

chātóu/*tschah tou*/Stecker 插头

chāzi/*tschah dsı*/Gabel 叉子

chéngshì/*tschëng schı*/Stadt 城市

chī yào/*tschı yau*/Medikamente einnehmen 吃药

chī fàn/*tschı fan*/essen 吃饭

chuān/*tschuan*/tragen, anhaben 穿

chuáng/*tschuang*/Bett 床

chuánzhēnjī/*tschuan dschën djih*/Faxgerät 传真机

chūfā/*tschuh fah*/aufbrechen, losgehen, losfahren 出发

chūzū/*tschuh dsuh*/vermieten 出租

chūzūchē/*tschuh dsuh tschë*/Taxi 出租车

cóng/*tsung*/von (her), seit 从

cōngmíng/*tsung ming*/klug 聪明

cuò/*tsuo*/falsch; Fehler 错

D

dà/*dah*/groß 大

dǎ/*dah*/schlagen, spielen 打

dàlù/*dah luh*/Festland (China) 大陆

dānchéngpiào/*dan tschëng piau*/einfache Fahrkarte 单程票

dāngrán/*dang ran*/natürlich, selbstverständlich 当然

dànshì/*dan shı*/aber 但是

dàshǐguǎn/*dah schı guan*/Botschaft 大使馆

dàtīng/*dah ting*/Lobby 大厅

Déguó/*dë guo*/Deutschland 德国

Déguórén/*dë guo rën*/Deutscher 德国人

Déwén; **Déyǔ**/ *dë wën*; *dë üh*/Deutsch 德文/德语

děng/*dëng*/warten 等

dēngjīpái/*dëng djih pai*/Bordkarte 登机牌

diǎn/*diän*/(Essen) bestellen 点

diànhuà/*diän hua*/Telefon 电话

diànhuà hàomǎ/*diän hua hau mah*/ Telefonnummer 电话号码

diànhuà hàomǎbù/*diän hua hau mah buh*/ Telefonbuch 电话号码簿

diànnǎo/*diän nau*/Computer 电脑

diànshì/*diän schı*/Fernseher 电视

diàntī/*diän tih*/Fahrstuhl 电梯

diànyǐng/*diän ying*/Film 电影

diànzǐ yóujiàn/*diän dsı yoh djiän*/E-Mail 电子邮件

diànzǐ yóuxiāng dìzhǐ/*diän dsı yoh chiang dih dschı*/E-Mail-Adresse 电子邮箱地址

dìfāng/*dih fang*/Ort, Platz 地方

dìng wèi/*ding wäi*/Plätze reservieren 订位

dìqū/*dih tjüh*/Region, Gebiet 地区

dìtiě/*dih tiä* /U-Bahn 地铁

dìtú/*dih tuh*/Stadtplan, Landkarte 地图

dìzhǐ/*dih dschı*/Adresse 地址

dōngxi/*dung chih*/Ding, Sache 东西

dōu/*dou*/alle, beide 都

duìbuqǐ/*duäi buh tjih*/Entschuldigung 对不起

duìfāng fùfèi diànhuà/*duäi fang fuh fäi diän hua*/R-Gespräch 对方付费电话

duìhuànlǜ/*duäi huan lüh*/Wechselkurs 兑换率

duìhuànchù/*duäi huan tschuh*/Wechselstube 兑换处

duìmiàn/*duäi miän*/gegenüber 对面

dùjià/*duh djiah*/Ferien machen, in Urlaub fahren 度假

duō/*duo*/viele 多

duō jiǔ/*duo djiou*/wie lange 多久

duōshǎo/*duo schau*/wie viel(e) 多少

E

è/*ë*/hungrig sein 饿

érzi/*ër dsı*/Sohn 儿子

F

fǎlǜ/*fah lüh*/Recht, Gesetz 法律

fàn/*fan*/Essen; gekochter Reis 饭

fàndiàn/*fan diän*/Restaurant 饭店

fàndiàn qiántái/*fan diän tjiän tai*/Empfangstresen im Restaurant 饭店前台

fàng jià/*fang djiah*/Ferien haben, Urlaub machen 放假

fángjiān/*fang djiän*/Zimmer 房间

fànguǎn/*fan guan*/Restaurant 饭馆

fángzi/*fang dsı*/Haus 房子

fàntīng/*fan ting*/Esszimmer 饭厅

fēijī/*fäi djih*/Flugzeug 飞机

fēijīchǎng/*fäi djih tschang*/Flughafen 飞机场

féizào/*fäi dsau*/Seife 肥皂

fēn/*fën*/Minute; Fen (Währungseinheit) 分

fùjìn/*fuh djin*/in der Nähe 附近

fùmǔ/*fuh muh*/Eltern 父母

fù qián/*fuh tjiän*/bezahlen 付钱

fùqīn/*fuh tjin*/Vater 父亲

fúwùqì/*fuh uh tjih*/Server 服务器

fúwùtái jīnglǐ/*fuh uh tai djing lih*/Concierge 服务台经理

fúwùyuán/*fuh uh üän*/Bedienung 服务员

G

gǎibiàn/*gai biän*/verändern, wandeln 改变

Gǎngbì/*gang bih*/Hongkong-Dollar 港币

gāngbǐ/*gang bih*/Füller 钢笔

gānjìng/*gan djing*/sauber 干净

gǎnxiè/*gan chiä*/danken 感谢

gāofēngqī/*gau fëng tjih*/Hauptverkehrszeit 高峰期

gàosu/*gau ssuh*/mitteilen 告诉

gāosù gōnglù/*gau ssuh gung luh*/Autobahn 高速公路

gāoxìng/*gao ching*/froh sein, sich freuen 高兴

gěi/*gäi*/geben 给

gèng/*gëng*/noch (Komparativ) 更

gèrén diànnǎo/*gë rën diän nau*/Personalcomputer (PC) 个人电脑

gōnggòng qìchē/*gung gung tjih tschë*/Bus 公共汽车

gōnggòng qìchēzhàn/*gung gung tjih tschë dschan*/Bushaltestelle 公共汽车站

gōnglù/*gung luh*/Straße 公路

gōngsī/*gung ssı*/Firma 公司

gōngwénbāo/*gung wën bau*/Aktentasche 公文包

gōngxǐ/*gung chih*/gratulieren, beglückwünschen 恭喜

gōngyòng diànhuà/*gung yung diän hua*/öffentliches Telefon 公用电话

gōngzuò/*gung dsuo*/arbeiten; Arbeit 工作

guà/*guah*/aufhängen; auflegen 挂

guǎn/*guan*/sich kümmern um 管

guānguāngtuán/*guan guang tuan*/Reisegruppe 观光团

guāngpán/*guang pan*/CD 光盘

gǔdài/*guh dai*/antik; Antike 古代

guì/*guäi*/teuer, wertvoll 贵

guójì diànhuà/*guo djih diän hua*/internationales Telefongespräch 国际电话

guójì wǎngluò/*guo djih wang luo*/Internet 国际网络

guójiā/*guo djiah*/Land, Staat 国家

guóyǔ/*guo üh*/Landessprache (Nationalsprache; Bezeichnung für Chinesisch in Taiwan) 国语

H

hǎiguān/*hai guan*/Zoll 海关

háizi/*hai dsı*/Kind 孩子

Hànyǔ/*han üh*/Chinesisch 汉语

hǎo/*hau*/gut, gut gehen 好

hǎokàn/*hau kan*/hübsch 好看

hàomǎ/*hau mah*/Nummer 号码

hē/*hë*/trinken 喝

hétóng/*hë tung*/Vertrag 合同

huài/*huai*/schlecht; kaputt 坏

huàn/*huan*/wechseln, umtauschen, umziehen, umsteigen 换

huàndēngjī/*huan dëng djih*/Diaprojektor 幻灯机

huàndēngpiàn/*huan dëng piän*/Dia 幻灯片

huānyíng/*huan ying*/willkommen heißen 欢迎

huí/*huäi*/zurückkehren 回

huì/*huäi*/können 会

huílái/*huäi lai*/zurückkommen 回来

huìyì/*huäi ih*/Meeting 会议

huòzhě/*huo dschë*/oder 或者

huòbì/*huo bih*/Währung 货币

huǒchēzhàn/*huo tschë dschan*/Bahnhof 火车站

hùshì/*huh schı*/Krankenschwester, Pfleger 护士

hùtóu/*huh tou*/Konto 户头

hùzhào/*huh dschau*/Pass 护照

J

jí/*djih*/es eilig haben 急

jǐ/*djih*/wie viele 几

jiā/*djiah*/Familie, Zuhause 家

jiàgé/*djiah gë*/Preis 价格

jiàn/*djiän*/sehen, treffen 见

jiàn/*djiän*/(Zählwort) 件

jiǎnchá/*djiän tschah*/überprüfen, nachschauen 检查

jiǎng/*djiang*/sprechen 讲

jiànshēn yùndòng/*djiän schën yün dung*/ sportliche Betätigung 健身运动

jiǎnsuǒ/*djiän ssuo*/wiederauffinden 检索

jiànyì/*djiän ih*/Vorschlag; vorschlagen 建议

jiào/*djiau*/nennen, heißen; rufen 叫

jiāo/*djiau*/lehren, unterrichten 教

jiàoshòu/*djiau schou*/Professor 教授

jiāotōng/*djiau tung*/Verkehr 交通

jiàrì/*djiah rı*/Feiertag 假日

jiè/*djiä*/ausleihen, sich leihen 借

jiē/*djiä*/(einen Anruf) annehmen 接

jiē/*djiä*/Straße 街

jiéhūn/*djiä hun*/heiraten 结婚

jiějué/*djiä djüä*/lösen, erledigen 解决

jiérì/*djiä rı*/Fest, Feiertag 节日

jièshào/*djiä schau*/vorstellen 介绍

jiéyú/*djiä üh*/positiver Saldo 结余

jìn/*djin*/nah 近

jǐngchá/*djing tschah*/Polizei 警察

jǐngchájú/*djing tschah djüh*/Polizeirevier 警察局

jīngjìcāng/*djing djih tsang*/Economy Class 经济舱

jīngjìrén/*djing djih rën*/Vermittler, Makler 经纪人

jīnglǐ/*djing lih*/Manager, Geschäftsführer 经理

jǐnjí chūkǒu/*djin djih tschuh kou*/Notausgang 紧急出口

jīntiān/*djin tiän*/heute 今天

jiǔ/*djiou*/Alkohol 酒

jiùhùchē/*djiou huh tschë*/Krankenwagen 救护车

jiùshēngyī/*djiou schëng ih*/Rettungsweste 救生衣

jízhěnshì/*jih dschën schı*/Notaufnahme 急诊室

K

kāfēi/*kah fäi*/Kaffee 咖啡

kāfēitīng/*kah fäi ting*/Café 咖啡厅

kāi/*kai*/öffnen, anschalten 开

kāi chē/*kai tschë*/Auto fahren 开车

kāi huì/*kai huäi*/eine Sitzung haben, abhalten 开会

kāi mén/*kai mën*/die Tür öffnen 开门

kāishǐ/*kai schı*/anfangen, beginnen 开始

kàn/*kan*/lesen, sehen 看

kànbìng/*kan bing*/zum Arzt gehen 看病

kàojìn/*kau djin*/in der Nähe von 靠近

kè/*kë*/Unterricht 课

kě/*kë*/durstig sein 渴

kèhù/*kë huh*/Kunde 客户

kěndìng/*kën ding*/bestimmt; bestätigen 肯定

kěnéng/*kë nëng*/vielleicht 可能

kěpà/*kë pah*/erschreckend, schrecklich 可怕

kèrén/*kë rën*/Gast 客人

kěxī/*kë chih*/bedauerlich, leider 可惜

kěyǐ/*kë ih*/können, in der Lage sein 可以

kōngtiáo/*kung tiau*/Klimaanlage 空调

kōngwèi/*kung wäi*/freier Sitzplatz, freier Tisch 空位

kuài/*kuai*/Kuai (Währungseinheit) 块

kuàijì/*kuai djih*/Buchhaltung, Buchhalter 会计

kuàizi/*kuai dsı*/(Ess-)Stäbchen 筷子

L

lái/*lai*/kommen 来

láihuípiào/*lai huäi piau*/Hin- und Rückfahrkarte 来回票

lǎo/*lau*/alt; veraltet 老

lǎobǎn/*lau ban*/Chef 老板

lǎoshī/*lau schı*/Lehrer 老师

lèi/*läi*/müde sein 累

léishè guāngpán/*läi schë guang pan*/CD-ROM 镭射光盘

lěng/*lëng*/kalt sein 冷

lǐ/*lih*/innen, chinesisches Längenmaß 里

liáotiān/*liau tiän*/plaudern 聊天

lǐbài/*lih bai*/beten; Woche 礼拜

líkāi/*lih kai*/verlassen 离开

lǐngqǔdān/*ling tjüh dan*/Abholschein 领取单

lǐngshìguǎn/*ling schı guan*/Konsulat 领事馆

lǐtáng/*lih tang*/Aula 礼堂

liú huà/*liou hua*/eine Nachricht hinterlassen 留话

liúlǎn/*liou lan*/blättern, browsen 浏览

liúxíng/*liou ching*/populär, beliebt 流行

lǐwù/*lih uh*/Geschenk 礼物

lóushàng/*lou schang*/Obergeschoss 楼上

lóuxià/*lou chiah*/Untergeschoss 楼下

lù/*luh*/Straße 路

lǚguǎn/*lüh guan*/Hotel 旅馆

lǜshī/*lüh schı*/Rechtsanwalt 律师

lùxiàngjī/*luh chiang djih*/Videorekorder 录像机

lǚxíng/*lüh ching*/reisen 旅行

lǚxíng dàilǐrén/*lüh ching dai lih rën*/Reisekaufmann 旅行代理人

lǚxíng zhīpiào/*lüh ching dschı piau*/Reisescheck 旅行支票

lǚxíngshè/*lüh ching schë*/Reisebüro 旅行社

lùyīn diànhuà/*luh yin diän hua*/Anrufbeantworter 录音电话

lǚyóu/*lüh yoh*/reisen 旅游

lǚyóu shǒucè/*lüh yoh schou tsë*/Reiseführer (Buch) 旅游手册

M

máfan/*mah fan*/belastend, umständlich 麻烦

mǎi/*mai*/kaufen 买

mài/*mai*/verkaufen 卖

māma/*mah mah*/Mutter 妈妈

màn/*man*/langsam 慢

mànchē/*man tschë*/Personenzug 慢车

máng/*mang*/beschäftigt sein 忙

máojīn/*mau djin*/Handtuch 毛巾

máotǎn/*mau tan*/Wolldecke 毛毯

màoyì zhǎnxiāohuì/*mau ih dschan chiau huäi*/Fachmesse 贸易展销会

měi/*mäi*/jeder, jede, jedes 每

Měiguó/*mäi guo*/USA 美国

méiyǒu/*mäi yoh*/nicht haben, nicht vorhanden sein 没有

Měiyuán/*mäi üän*/US-Dollar 美元

mén/*mën*/Tür, Tor 门

ménkǒu/*mën kou*/Eingang 门口

miàn/*miän*/Gesicht 面

miǎnfèi/*miän fäi*/kostenlos 免费

miàntiáo/*miän tiau*/Nudeln 面条

mǐfàn/*mih fan*/Reis 米饭

mílù/*mih luh*/sich verlaufen 迷路

mìmǎ/*mih mah*/Passwort 密码

míngnián/*ming niän*/nächstes Jahr 明年

míngpiàn/*ming piän*/Visitenkarte 名片

míngtiān/*ming tiän*/morgen 明天

mìshū/*mih schuh*/Sekretärin 秘书

mǔqīn/*muh tjin*/Mutter 母亲

N

ná/*nah*/nehmen, halten 拿

nà/*nah*/jener, jene, jenes 那

nǎ/*nah*/welcher, welche, welches 哪

nán péngyou/*nan pëng yoh*/fester Freund 男朋友

nàozhōng/*nau dschung*/Wecker 闹钟

nǎr/*nahr*/wo 哪儿

nǐ/*nih*/du, Sie 你

niánjì/*niän djih*/Alter 年纪

niánqīng/*niän tjing*/jung 年轻

nǐmen/*nih mën*/ihr (Plural)你们

nín/*nin*/Sie (höfliche Form)您

nuǎnhuo/*nuan huo*/warm 暖和

nǚ péngyou/*nüh pëng yoh*/feste Freundin 女朋友

O

Ōuyuán/*ou üän*/Euro 欧元

Ōuzhōu/*ou dschou*/Europa 欧洲

P

pànjué/*pan djüä*/verurteilen 判决

pēngtiáo yìshù/*pëng tiau ih schuh*/Kochkunst 烹调艺术

péngyou/*pëng yoh*/Freund 朋友

piányi/*piän ih*/preiswert, billig 便宜

piānzi/*piän dsı*/Film 片子

piào/*piau*/Ticket, Karte 票

piàoliang/*piau liang*/hübsch, schön 漂亮

píngcháng/*ping tschang*/üblich, gewöhnlich 平常

Pīnyīn/*pin yin*/Pīnyīn-Transkription 拼音

Pŭtōnghuà/*puh tung hua*/Hochchinesisch 普通话

Q

qián/*tjiän*/Geld 钱

qiānchū/*tjiän tschuh*/abmelden, ausloggen 签出

qiánbāo/*tjiän bau*/Geldbörse 钱包

qiānbĭ/*tjiän bih*/Bleistift 铅笔

qiántái fúwùyuán/*tjiän tai fuh uh üän*/ Rezeptionsangestellter 前台服务员

qiānzhèng/*tjiän dschëng*/Visum 签证

qiáo/*tjiau*/Brücke 桥

qìchē/*tjih tschë*/Auto 汽车

qĭfēi/*tjih fäi*/abheben, abfliegen 起飞

qíguài/*tjih guai*/seltsam, komisch 奇怪

qiānrù/*tjiän ruh*/anmelden, einloggen 签入

qíng/*tjing*/Gefühl 情

qìng/*tjing*/feiern 庆

qĭng/*tjing*/bitten, einladen 请

qīng/*tjing*/heiter, klar 清

qīngzăo/*tjing dsau*/Morgen 清早

qítā/*tjih tah*/anderer, andere, anderes 其他

qīzi/*tjih dsı*/Ehefrau 妻子

qù/*tjüh*/gehen 去

qŭ qián/*tjüh tjiän*/Geld abheben 取钱

quánbù/*tjüän buh*/ganz, sämtlich 全部

qùdiào/*tjüh diau*/beseitigen 去掉

qùnián/*tjüh niän*/letztes Jahr 去年

qúnzi/*tjün dsı*/Rock 裙子

qŭxiāo/*tjüh chiau*/stornieren, streichen 取消

R

ràng/*rang*/lassen, veranlassen 让

rè/*rë*/heiß 热

rén/*rën*/Mensch, Person 人

Rénmínbì/*rën min bih*/RMB (Währung der VR China) 人民币

rènshi/*rën schı*/kennen, kennenlernen 认识

Rìyuán/*rı üän*/Japanischer Yen 日元

rìlì/*rı lih*/Kalender 日历

rìqī/*rı tjih*/Datum 日期

róngxìng/*rung ching*/geehrt sein 荣幸

róngyì/*rung ih*/einfach, leicht 容易

ròu/*rou*/Fleisch 肉

ruănjiàn/*ruan djiän*/Software 软件

S

shàng/*schang*/oben 上

shàng/*schang*/nach oben gehen, einsteigen 上

shāngdiàn/*schang diän*/Laden, Geschäft 商店

shàng ge xīngqī/*schang gë ching tjih*/letzte Woche 上个星期

shàng ge yuè/*schang gë yüä*/letzter Monat 上个月

shàng wǎng/*schang wang*/ins Internet gehen 上网

shāngwù zhōngxīn/*schang uh dschung chin*/Business Center 商务中心

shāngyè/*schang iä*/Handel 商业

shéi/*schäi*/wer, wem, wen 谁

shēn/*schën*/dunkel, tief 深

shēngqì/*schëng tjih*/ärgerlich 生气

shēngrì/*schëng rı*/Geburtstag 生日

shēngyì huǒbàn/*schëng ih huo ban*/Geschäftspartner 生意伙伴

shēngyīn/*schëng yin*/Stimme, Laut 声音

shénme/*schën më*/was 什么

shēntǐ/*schën tih*/Körper 身体

shì/*schı*/sein 是

shīfu/*schı fuh*/Meister (als Anrede) 师傅

shíhou/*schı hou*/Zeit 时候

shíjiānbiǎo/*schı djiän biau*/Zeitplan, Fahrplan 时间表

shípǐn záhuò/*schı pin dsah huo*/Lebensmittel 食品杂货

shuǐzāi/*schuäi dsai*/Flut 水灾

shōudào/*schou dau*/erhalten 收到

shǒujī/*schou djih*/Mobiltelefon, Handy 手机

shǒujī hàomǎ/*schou djih hau mah*/Handynummer 手机号码

shōujù/*schou djüh*/Quittung 收据

shòushāng/*schou schang*/verletzt sein 受伤

shǒutí xíngli/*schou tih ching lih*/Handgepäck 手提行李

shǒutíshì/*schou tih schı*/Laptop 手提式

shū/*schuh*/Buch 书

shuāng/*schuang*/Paar 双

shuāngrén fángjiān/*shuang rën fang djiän*/Doppelzimmer 双人房间

shūfu/*schuh fuh*/angenehm, bequem 舒服

shuǐguǒ/*schuäi guo*/Obst 水果

shuìjiào/*schuäi djiau*/schlafen 睡觉

shuō/*schuo*/sprechen 说

sījī/*ssı djih*/Fahrer 司机

sìzhōu/*ssı dschou*/rundherum 四周

sòng/*ssung*/schicken, schenken 送

sōng/*ssung*/locker 松

sùcài/*ssuh tsai*/vegetarisches Gericht 素菜

suì/*ssuäi*/Lebensalter 岁

suǒ/*ssuo*/verschließen 锁

sùshè/*ssuh schë*/Wohnheim 宿舍

T

tā/*tah*/er, sie 他/她

tā de/*tah dë*/sein, ihr 他的/她的

tài/*tai*/zu, allzu太

táishì/*tai schı*/Desktop-Computer 台式

tàitai/*tai tai*/Ehefrau 太太

Táiwān/*tai wan*/Taiwan 台湾

tàiyáng yǎnjìng/*tai iang yän djing*/Sonnenbrille 太阳眼镜

tāmen/*tah mën*/sie (Plural)他们

tāng/*tang*/Suppe 汤

tánpàn/*tan pan*/verhandeln 谈判

tǎnzi/*tan dsı*/Bettdecke 毯子

tàojiān/*tau djiän*/Suite 套间

tǎolùn/*tau lun*/diskutieren 讨论

tèsè/*të së*/Besonderheit 特色

tián/*tiän*/ausfüllen 填

tiānqì/*tiän tjih*/Wetter 天气

tiào wǔ/*tiau uh*/tanzen 跳舞

tīng/*ting*/hören, zuhören 听

tóngshì/*tung schı*/Kollege 同事

tóngwū/*tung uh*/Mitbewohner 同屋

tóngyì/*tung ih*/zustimmen, einverstanden sein 同意

tóuděngcāng/*tou däng tsang*/Erste Klasse 头等舱

tóu téng/*tou tëng*/Kopfschmerzen haben 头疼

tuīchí/*tuäi tschı*/verschieben 推迟

tuìfáng/*tuäi fang*/auschecken 退房

tuìhuí/*tuäi huäi*/(Waren) zurückgeben, umtauschen 退回

tuìkuǎn/*tuäi kuan*/Geld zurückerstatten 退款

tuōyùn/*tuo yün*/(Gepäck) aufgeben 托运

W

wài/*wai*/außen 外

wàibì/*wai bih*/Devisen 外币

wàijiāoguān/*wai djiau guan*/Diplomat 外交官

wǎnfàn/*wan fan*/Abendessen 晚饭

wǎngluò liánjiē/*wang luo liän djiä*/ Internetanschluss 网络连接

wǎngshang fúwù tígōngshāng/*wang shang fuh uh tih gung schang*/Internetprovider 网上服务提供商

wǎngzhàn/*wang dschan*/Website 网站

wǎnhuì/*wan huäi*/Party 晚会

wǎnshang/*wan schang*/Abend 晚上

wéi/*wäi*/Hallo (am Telefon) 喂

wèishēngzhǐ/*wäi schëng dschı*/Toilettenpapier 卫生纸

wèishénme/*wäi schën më*/warum 为什么

wénjiàn/*wën djiän*/Akte, Dokument 文件

wèn lù/*wën luh*/nach dem Weg fragen 问路

wèntí/*wën tih*/Frage, Problem 问题

wǒ/*uo*/ich 我

wǒ de/*uo dë*/mein 我的

wǒmen/*uo mën*/wir 我们

wòshì/*uo schı*/Schlafzimmer 卧室

wǔfàn/*uh fan*/Mittagessen 午饭

Wǔyuè/*uh yüä*/Mai 五月

X

xǐ/*chih*/waschen 洗

xià/*chiah*/unten 下

xià/*chiah*/nach unten gehen, aussteigen 下

xià ge/*chiah gë*/nächst, folgend 下个

xià ge xīngqī/*chiah gë ching tjih*/nächste Woche 下个星期

xià ge yuè/*chiah gë yüä*/nächster Monat 下个月

xiǎng/*chiang*/denken, vermissen 想

Xiānggǎng/*chiang gang*/Hongkong 香港

xiàngmù/*chiang muh*/Gegenstand, Posten 项目

xiāngzi/*xiang dsı*/Koffer 箱子

xiànjīn/*chiän djin*/Bargeld 现金

xiánliáo/*chiän liau*/Geplapper, Smalltalk 闲聊

xiántán/*chiän tan*/plaudern 闲谈

xiànzài/*chiän dsai*/jetzt, zurzeit 现在

xiǎo/*chiau*/klein, jung 小

xiǎofèi/*chiau fäi*/Trinkgeld 消费

xiǎogéjiān/*chiau gë djiän*/Arbeitsplatz (im Großraumbüro) 小隔间

xiǎoxīn/*chiau chin*/vorsichtig sein 小心

xiàwǔ/*chiah uh*/Nachmittag 下午

xiàzài/*chiah dsai*/herunterladen 下载

xīcān/*chih tsan*/westliches Essen 西餐

xièxie/*chiä chiä*/Danke, danken 谢谢

xiézi/*chiä dsı*/Schuhe 鞋子

xǐhuān/*chih huan*/mögen, gernhaben 喜欢

xīn/*chin*/neu 新

Xīnbì/*chin bih*/Singapur-Dollar 新币

xíngli/*ching lih*/Gepäck 行李

Xīngqī'èr/*ching tjih ër*/Dienstag 星期二

Xīngqīliù/*ching tjih liou*/Samstag 星期六

Xīngqīsān/*ching tjih ssan*/Mittwoch 星期三

Xīngqīsì/*ching tjih ssı*/Donnerstag 星期四

Xīngqītiān/*ching tjih tiän*/Sonntag 星期天

Xīngqīwǔ/*ching tjih uh*/Freitag 星期五

Xīngqīyī/*ching tjih ih*/Montag 星期一

xìnxī/*chin chih*/Nachricht, Information 信息

xìnyòngkǎ/*chin yung kah*/Kreditkarte 信用卡

xǐshǒujiān/*chih schou djiän*/Bad 洗手间

xiūxi/*chiou chih*/sich ausruhen, Pause machen 休息

xǐyī fúwù/*chih ih fuh uh*/Wäscherei-Service 洗衣服务

xuǎnzé/*chüän dsë*/auswählen 选择

xuésheng/*chüä schëng*/Schüler, Student 学生

xuéxí/*chüä chih*/lernen, studieren 学习

xuéxiào/*chüä chiau*/Schule 学校

xūyào/*chüh yau*/brauchen 需要

Y

yǎnjīng/*yän djing*/Auge 眼睛

yǎnjìng/*yän djing*/Brille 眼镜

yǎnshì/*yän schı*/Präsentation 演示

yào/*yau*/Medikament 药

yàofáng/*yau fang*/Apotheke 药房

yáokòngqì/*yau kung tjih*/Fernbedienung 遥控器

yàoshi/*yau schı*/Schlüssel 钥匙

yàowán/*yau wan*/Tablette 药丸

yáshuā/*yah schuah*/Zahnbürste 牙刷

yáyī/*yah ih*/Zahnarzt 牙医

Yàzhōu/*yah dschou*/Asien 亚洲

yě/*iä*/auch 也

yī/*ih*/eins 一

yìchéng/*ih tschëng*/Tagesordnung 议程

yīfu/*ih fuh*/Kleidung 衣服

yǐhòu/*ih hou*/später, danach 以后

yīhuìr jiàn/*ih huär djiän*/bis später 一会儿见

yīhuìr/*ih huär*/eine Weile, ein Moment 一会儿

yìjiàn/*ih djiän*/Meinung 意见

yíng/*ying*/gewinnen 赢

yìngbì/*ying bih*/Münze 硬币

yīnggāi/*ying gai*/sollen 应该

yínháng/*yin hang*/Bank 银行

Yīngwén; **Yīngyǔ**/*ying wën*; *ying üh*/ Englisch 英文/英语

yǐnliào/*yin liau*/Getränk 饮料

yīnwèi/*yin wäi*/weil 因为

yīnyuè/*yin yüä*/Musik 音乐

yīqǐ/*ih tjih*/zusammen (mit) 一起

yīshēng/*ih schëng*/Arzt 医生

yǐwéi/*ih wäi*/meinen 以为

yīxiē/*ih chiä*/einige 一些

yīyàng/*ih iang*/gleich 一样

yīyuàn/*ih üän*/Krankenhaus 医院

yǐzi/*ih dsı*/Stuhl 椅子

yòng/*yung*/benutzen, brauchen 用

yònghù xìngmíng/*yung huh ching ming*/ Benutzername 用户姓名

yòu/*yoh*/rechts 右

yǒu/*yoh*/haben, vorhanden sein 有

yǒushēng yóujiàn/*yoh schëng yoh djiän*/ Sprachnachricht 有声邮件

yóujú/*yoh djüh*/Post 邮局

yóulǎn/*yoh lan*/besichtigen, besuchen 游览

yǔ/*üh*/Regen 雨

yuán/*üän*/Yuan (Währungseinheit)元

yuǎn/*üän*/weit entfernt 远

yùdìng/*üh ding*/reservieren, vorbestellen 预订

Yuènán/*yüä nan*/Vietnam 越南

yùndòng/*yün dung*/Bewegung, Sport 运动

yùnqì/*yün tjih*/Schicksal 运气

yǔsǎn/*üh ssan*/Regenschirm 雨伞

yǔyī/*üh ih*/Regenkleidung 雨衣

yùsuàn/*üh ssuan*/das Budget festsetzen 预算

Z

zàijiàn/*dsai djiän*/Auf Wiedersehen 再见

zánmen/*dsan mën*/wir 咱们

zǎofàn/*dsau fan*/Frühstück 早饭

zāogāo/*dsau gau*/Mist, Pech 糟糕

zǎoshang/*dsau schang*/Morgen 早上

zázhì/*dsah dschı*/Zeitschrift 杂志

zéi/*dsäi*/Dieb 贼

zěnme/*dsën më*/wie 怎么

zhàngdān/*dschang dan*/Rechnung 账单

zhàngfu/*dschang fuh*/Ehemann 丈夫

zhàntái/*dschan tai*/Bahnsteig 站台

zhǎo/*dschau*/suchen, aufsuchen 找

zhāohu/*dschau huh*/begrüßen 招呼

zhàopiàn/*dschau piän*/Foto 照片

zhàoxiàng/*dschau chiang*/fotografieren 照相

zhàoxiàngjī/*dschau chiang djih*/Fotoapparat 照相机

zhēn/*dschën*/wirklich; echt 真

zhèngdiǎn/*dschëng diän*/pünktlich 正点

zhèngjiàn/*dschëng djiän*/Ausweis 证件

zhí/*dschı*/geradeaus 直

zhǐ/*dschı*/nur 只

zhīdao/*dschı dao*/wissen 知道

zhìliàng/*dschı liang*/Qualität 质量

zhīpiào/*dschı piau*/Scheck 支票

zhīpiàobù/*dschı piau buh*/Scheckbuch 支票簿

zhōng/*dschung*/Mitte, Größe M 中

zhōng/*dschung*/Uhr 钟

Zhōngguó/*dschung guo*/China 中国

Zhōngguórén/*dschung guo rën*/Chinese 中国人

Zhōngwén/*dschung wën*/Chinesisch 中文

zhōngwǔ/*dschung uh*/Mittag 中午

zhōngyú/*dschung üh*/schließlich, endlich 终于

zhōumò/*dschou mo*/Wochenende 周末

zhù/*dschuh*/wohnen 住

zhuǎn/*dschuan*/weiterleiten; wenden 转

zhūbǎo/*dschuh bau*/Schmuck 珠宝

zhǔguǎn/*dschuh guan*/Geschäftsführer 主管

zhuóluò/*dschuo luo*/landen 着落

zhuōzi/*dschuo dsı*/Tisch 桌子

zìdòng lóutī/*dsı dung lou tih*/Rolltreppe 自动楼梯

zìdòng tíkuǎnkǎ/*dsı dung tih kuan kah*/ Scheckkarte, Geldkarte 自动提款卡

zìdòng tíkuǎnjī/*dsı dung tih kuan djih*/ Geldautomat 自动提款机

zìjǐ/*dsı djih*/selbst 自己

zǒngcái/*dsung tsai*/Generaldirektor, Präsident 总裁

zǒngshì/*dsung schı*/immer 总是

zǒngsuàn/*dsung ssuan*/schließlich, endlich 总算

zǒu/*dsou*/(zu Fuß) gehen, laufen 走

zūfèi/*dsuh fäi*/Miete 租费

zǔfù/*dsuh fuh*/Großvater 祖父

zuì/*dsuäi*/meist, am … -sten 最

zuǒ/*dsuo*/links 左

zuótiān/*dsuo tiän*/gestern 昨天

Deutsch-Chinesisch

A

Abend/**wǎnshang**/*wan schang* 晚上

Abendessen/**wǎnfàn**/*wan fan* 晚饭

aber/**dànshì**/*dan schı* 但是

abheben, abfliegen/**qǐfēi**/*tjih fäi* 起飞

Abholschein/**lǐngqǔdān**/*ling tjüh dan* 领取单

abmelden, ausloggen/**qiānchū**/*tjiän tschuh* 签出

abwischen/**cā**/*tsah* 擦

Adapter/**chātóu**/*tschah tou* 插头

Adresse/**dìzhǐ**/*dih dschı* 地址

Akte, Dokument/**wénjiàn**/*wën djiän* 文件

Aktentasche/**gōngwénbāo**/*gung wën bau* 公文包

Alkohol/**jiǔ**/*djiou* 酒

alle, beide/**dōu**/*dou* 都

allzu, zu/**tài**/*tai* 太

alt; veraltet/**lǎo**/*lau* 老

Alter/**niánjì, suì**/*niän djih, ssuäi* 年纪/岁

Amerikaner/**Měiguórén**/*mäi guo rën* 美国人

anderer, andere, anderes/**biéde**; **qítā**/*biä dë; tjih tah* 别的/其他

anfangen, beginnen/**kāishǐ**/*kai schı* 开始

angenehm, bequem/**shūfu**/*schuh fuh* 舒服

anmelden, einloggen/**qiānrù**/*tjiän ruh* 签入

Anrufbeantworter/**lùyīn diànhuà**/*luh yin diän hua* 录音电话

antik; Altertum/**gǔdài**/*guh dai* 古代

antworten/**huí**/*huäi* 回

Apotheke/**yàofáng**/*yau fang* 药房

arbeiten; Arbeit/**gōngzuò**/*gung dsuo* 工作

Arbeitsplatz (im Großraumbüro)/**xiǎogéjiān**/*chiau gë djiän* 小隔间

arrangieren/**ānpái**/*an pai* 安排

Arzt/**yīshēng**/*ih schëng* 医生

zum Arzt gehen/**kànbìng**/*kan bing* 看病

Asien/**Yàzhōu**/*yah dschou* 亚洲

auch/**yě**/*iä* 也

Auf Wiedersehen/**zàijiàn**/*dsai djiän* 再见

aufbrechen, losgehen, losfahren/**chūfā**/*tschuh fah* 出发

(Gepäck) aufgeben/**tuōyùn**/*tuo yün* 托运

aufhängen; auflegen/**guà**/*guah* 挂

Auge/**yǎnjīng**/*yän djing* 眼睛

Aula/**lǐtáng**/*lih tang* 礼堂

auschecken/**tuìfáng**/*tuäi fang* 退房

ausfüllen/**tián**/*tiän* 填

ausleihen, sich leihen/**jiè**/*djiä* 借

sich ausruhen, Pause machen/**xiūxi**/*chiou chih* 休息

außen/**wài**/*wai* 外

aussteigen/**xià**/*chiah* 下

auswählen/**xuǎnzé**/*chüän dsë* 选择

Ausweis/**zhèngjiàn**/*dschëng djiän* 证件

Auto/**qìchē**/*tjih tschë* 汽车

Auto fahren/**kāi chē**/*kai tschë* 开车

Autobahn/**gāosù gōnglù**/*gau ssuh gung luh* 高速公路

B

Bad/**xǐshǒujiān**/*chih schou djiän* 洗手间

Bahnhof/**huǒchēzhàn**/*huo tschë dschan* 火车站

Bahnsteig/**zhàntái**/*dschan tai* 站台

Bank/**yínháng**/*yin hang* 银行

Bargeld/**xiànjīn**/*chiän djin* 现金

bedauerlich, leider/**kěxī**/*kë chih* 可惜

Bedienung/**fúwùyuán**/*fuh uh üän* 服务员

begrüßen/**zhāohu**/*dschau huh* 招呼

belästigen/**máfan**/*mah fan* 麻烦

benutzen, brauchen/**yòng**/*yung* 用

Benutzername/**yònghù xìngmíng**/*yung huh ching ming* 用户姓名

beschäftigt sein/**máng**/*mang* 忙

beseitigen/**qùdiào**/*tjüh diau* 去掉

besichtigen, besuchen/**yóulǎn**/*yoh lan* 游览

Besonderheit/**tèsè**/*të së* 特色

(Essen) bestellen/**diǎn**/*diän* 点

bestimmt; bestätigen/**kěndìng**/*kën ding* 肯定

Bett/**chuáng**/*tschuang* 床

Bettdecke/**tǎnzi**/*tan dsı* 毯子

Bewegung, Sport/**yùndòng**/*yün dung* 运动

bezahlen/**fù qián**/*fuh tjiän* 付钱

bis später/**yīhuìr jiàn**/*ih huär djiän* 一会儿见

bitten, einladen/**qǐng**/*tjing* 请

blättern, browsen/**liúlǎn**/*liou lan* 浏览

Bleistift/**qiānbǐ**/*tjiän bih* 铅笔

Bordkarte/**dēngjīpái**/*dëng djih pai* 登机牌

Botschaft/**dàshǐguǎn**/*dah schı guan* 大使馆

brauchen/**xūyào**/*chüh yau* 需要

Brille/**yǎnjìng**/*yän djing* 眼镜

Brücke/**qiáo**/*tjiau* 桥

Buch/**shū**/*schuh* 书

Buchhaltung/**kuàijì**/*kuai djih* 会计

das Budget festsetzen/**yùsuàn**/*üh ssuan* 预算

Büro/**bàngōngshì**/*ban gung schı* 办公室

Bus/**gōnggòng qìchē**/*gung gung tjih tschë* 公共汽车

Bushaltestelle/**gōnggòng qìchēzhàn**/*gung gung tjih tschë dschan* 公共汽车站

Business Center/**shāngwù zhōngxīn**/*schang uh dschung chin* 商务中心

C

Café/**kāfēitīng**/*kah fäi ting* 咖啡厅

CD/**guāngpán**/*guang pan* 光盘

CD-ROM/**léishè guāngpán**/*läi schë guang pan* 镭射光盘

Chef/**lǎobǎn**/*lau ban* 老板

China/**Zhōngguó**/*dschung guo* 中国

Chinese/**Zhōngguórén**/*dschung guo rën* 中国人

Chinesisch/**Hànyǔ**; **Zhōngwén**/*han üh; dschung wën* 汉语/中文

Computer/**diànnǎo**/*diän nau* 电脑

Concierge/**fúwùtái jīnglǐ**/*fuh uh tai djing lih* 服务台经理

D

Danke, danken/**xièxie**/*chiä chiä* 谢谢

danken/**gǎnxiè**/*gan chiä* 感谢

Datum/**rìqī**/*rı tjih* 日期

denken, vermissen/**xiǎng**/*chiang* 想

Desktop-Computer/**táishì**/*tai schı* 台式

Deutsch/**Déwén; Déyǔ**/*dë wën; dë üh* 德文/德语

Deutscher/**Déguórén**/*dë guo rën* 德国人

Deutschland/**Déguó**/*dë guo* 德国

Devisen/**wàibì**/*wai bih* 外币

Dia/**huàndēngpiàn**/*huan dëng piän* 幻灯片

Diaprojektor/**huàndēngjī**/*huan dëng djih* 幻灯机

Dieb/**zéi**/*dsäi* 贼

Dienstpersonal/**fúwùyuán**/*fuh uh üän* 服务员

Ding, Sache/**dōngxi**/*dung chih* 东西

Diplomat/**wàijiāoguān**/*wai djiau guan* 外交官

diskutieren/**tǎolùn**/*tau lun* 讨论

Doppelzimmer/**shuāngrén fángjiān**/*shuang rën fang djiän* 双人房间

du, Sie/**nǐ**/*nih* 你

dunkel, tief/**shēn**/*schën* 深

durstig sein/**kě**/*kë* 渴

E

Economy-Class/**jīngjìcāng**/*djing djih tsang* 经济舱

Ehefrau/**qīzi; tàitai**/*tjih dsı; tai tai* 妻子/太太

Ehemann/**zhàngfu**/*dschang fuh* 丈夫

Ehepartner/**àirén**/*ai rën* 爱人

(es) eilig haben/**jí**/*djih* 急

einfach, leicht/**róngyì**/*rung ich* 容易

einfache Fahrkarte/**dānchéngpiào**/*dan tschëng piau* 单程票

Eingang/**ménkǒu**/*mën kou* 门口

einige/**yīxiē**/*ih chiä* 一些

einsteigen/**shàng**/*schang* 上

Eltern/**fùmǔ**/*fuh muh* 父母

E-Mail/**diànzǐ yóujiàn**/*diän dsı yoh djiän* 电子邮件

E-Mail-Adresse/**diànzǐ yóuxiāng dìzhǐ**/*diän dsı yoh chiang dih dschı* 电子邮箱地址

Englisch/**Yīngwén**; **Yīngyǔ**/*ying wën; ying üh* 英文/英语

entgegennehmen (Anruf)/**jiē**/*djiä* 接

Entschuldigung/**duìbuqǐ**/*duäi buh tjih* 对不起

er, sie/**tā**/*tah* 他/她

ergänzen/**bǔchōng**/*buh tschung* 补充

erhalten/**shōudào**/*schou dau* 收到

erschreckend, schrecklich/**kěpà**/*kë pah* 可怕

Erste Klasse/**tóuděngcāng**/*tou dëng tsang* 头等舱

essen/**chī fàn**/*tschı fan* 吃饭

Essen; gekochter Reis/**fàn**/*fan* 饭

Esszimmer/**fàntīng**/*fan ting* 饭厅

Euro/**Ōuyuán**/*ou üän* 欧元

Europa/**Ōuzhōu**/*ou dschou* 欧洲

F

Fachmesse/**màoyì zhǎnxiāohuì**/*mau ih dschan chiau huäi* 贸易展销会

Fahrer/**sījī**/*ssı djih* 司机

Fahrstuhl/**diàntī**/*diän tih* 电梯

falsch; Fehler/**cuò**/*tsuo* 错

Familie, Zuhause/**jiā**/*djiah* 家

Faxgerät/**chuánzhēnjī**/*tschuan dschën djih* 传真机

feiern/**qìng**/*tjing* 庆

Feiertag/**jiàrì**/*djiah rı* 假日

Fen (Währungseinheit)/**fēn**/*fën* 分

Ferien haben, Urlaub machen/**fàng jià**/*fang djiah* 放假

Ferien machen, in Urlaub fahren/**dùjià**/*duh djiah* 度假

Fernbedienung/**yáokòngqì**/*yau kung tjih* 遥控器

Ferngespräch/**chángtú diànhuà**/*tschang tuh diän hua* 长途电话

Fernseher/**diànshì**/*diän schı* 电视

Fest, Feiertag/**jiérì**/*djiä rı* 节日

feste Freundin/**nǚ péngyou**/*nüh pëng yoh* 女朋友

fester Freund/**nán péngyou**/*nan pëng yoh* 男朋友

Festland (China)/**dàlù**/*dah luh* 大陆

Film/**diànyǐng**; **piānzi**/*diän ying; piän dsı* 电影/片子

Firma/**gōngsī**/*gung ssı* 公司

Fleisch/**ròu**/*rou* 肉

Flughafen/**fēijīchǎng**/*fäi djih tschang* 飞机场

Flugzeug/**fēijī**/*fäi djih* 飞机

Flut/**shuǐzāi**/*schuäi dsai* 水灾

Foto/**zhàopiàn**/*dschau piän* 照片

Fotoapparat/**zhàoxiàngjī**/*dschau chiang djih* 照相机

fotografieren/**zhàoxiàng**/*dschau chiang* 照相

Frage, Problem/**wèntí**/*wën tih* 问题

freier Sitzplatz, freier Tisch/**kōngwèi**/*kung wäi* 空位

Freund/**péngyou**/*pëng yoh* 朋友

froh sein, sich freuen/**gāoxìng**/*gao ching* 高兴

Frühstück/**zǎofàn**/*dsau fan* 早饭

Füller/**gāngbǐ**/*gang bih* 港币

G

Gabel/**chāzi**/*tschah dsı* 叉子

ganz, sämtlich/**quánbù**/*tjüän buh* 全部

Gast/**kèrén**/*kë rën* 客人

geben/**gěi**/*gäi* 给

Gebiet/**dìqū**/*dih tjüh* 地区

Geburtstag/**shēngrì**/*schëng rı* 生日

geehrt sein/**róngxìng**/*rung ching* 荣幸

Gefühl/**qíng**/tjing 情

Gegenstand, Posten/**xiàngmù**/*chiang muh* 项目

gegenüber/**duìmiàn**/*duäi miän* 对面

Geheimzahl/**mìmǎ**/*mih mah* 秘密

gehen/**qù**/*tjüh* 去

Geld/**qián**/*tjiän* 钱

Geld abheben/**qǔ qián**/*tjüh tjiän* 取钱

Geld zurückerstatten/**tuì kuǎn**/*tuäi kuan* 退款

Geldautomat/**zìdòng tíkuǎnjī**/*dsı dung tih kuan djih* 自动提款机

Geldbörse/**qiánbāo**/*tjiän bau* 钱包

Geldkarte/**zìdòng tíkuǎnkǎ**/*dsı dung tih kuan kah* 自动提款卡

(zu Fuß) gehen, laufen/**zǒu**/*dsou* 走

Gemüse; Gericht, Speise/**cài**/*tsai* 菜

Generaldirektor, Präsident/**zǒngcái**/*dsung tsai* 总裁

Gepäck/**xíngli**/*ching lih* 行李

geradeaus/**zhí**/*dschı* 直

Geschäftsführer/**zhǔguǎn**/*dschuh guan* 主管

Geschäftspartner/**shēngyì huǒbàn**/*schëng ih huo ban* 生意伙伴

Geschenk/**lǐwù**/*lih uh* 礼物

Gesicht/**miàn**/*miän* 面

gestern/**zuótiān**/*dsuo tiän* 昨天

Getränk/**yǐnliào**/*yin liau* 饮料

gewinnen/**yíng**/*ying* 赢

gleich/**yīyàng**/*ih iang* 一样

gratulieren, beglückwünschen/**gōngxǐ**/*gung chih* 恭喜

groß/**dà**/*dah* 大

Großvater/**zǔfù**/*dsuh fuh* 祖父

gut, gut gehen/**hǎo**/*hau* 好

H

haben, vorhanden sein/**yǒu**/*yoh* 有

halb/**bàn**/*ban* 半

Hallo (am Telefon)/**wéi**/*wäi* 喂

Handgepäck/**shǒutí xíngli**/*schou tih ching lih* 手提行李

Handel/**shāngyè**/*schang iä* 商业

Handtuch/**máojīn**/*mau djin* 毛巾

Handynummer/**shǒujī hàomǎ**/*schou djih hau mah* 手机号码

Hauptverkehrszeit/**gāofēngqī**/*gau fëng tjih* 高峰期

Haus/**fángzi**/*fang dsı* 房子

heiraten/**jiéhūn**/*djiä hun* 结婚

heiß/**rè**/*rë* 热

heiter, klar/**qīng**/*tjing* 清

helfen/**bāngmáng**/*bang mang* 帮忙

herunterladen/**xiàzài**/*chiah dsai* 下载

heute/**jīntiān**/*djin tiän* 今天

Hin- und Rückfahrkarte/**láihuípiào**/*lai huäi piau* 来回票

Hochchinesisch/**Pǔtōnghuà**/*puh tung hua* 普通话

hören, zuhören/**tīng**/*ting* 听

Hongkong/**Xiānggǎng**/*chiang gang* 香港

Hongkong-Dollar/**Gǎngbì**/*gang bih* 港币

Hotel/**bīnguǎn**; **lǚguǎn**/*bin guan*; *lüh guan* 宾馆/旅馆

Hotelrezeption/**bīnguǎn qiántái**/*bin guan tjiän tai* 宾馆前台

hübsch/**hǎokàn**/*hau kann* 好看

hübsch, schön/**piàoliang**/*piau liang* 漂亮

hungrig sein/**è**/*ë* 饿

I

ich/**wǒ**/*uo* 我

ihr (Plural)/**nǐmen**/*nih mën* 你们

immer/**zǒngshì**/*dsung schı* 总是

innen, chinesisches Längenmaß/**lǐ**/*lih* 里

internationales Telefongespräch/**guójì diànhuà**/*guo djih diän hua* 国际电话

Internet/**guójì wǎngluò**/*guo djih wang luo* 国际网络

ins Internet gehen/**shàng wǎng**/*schang wang* 上网

Internetanschluss/**wǎngluò liánjiē**/*wang luo liän djiä* 网络连接

Internetprovider/**wǎngshang fúwù tígōngshāng**/*wang shang fuh uh tih gung schang* 网络服务提供商

J

Japanischer Yen/**Rìyuán**/*rı üän* 日元

jeder, jede, jedes/**měi**/*mäi* 每

jener, jene, jenes/**nà**/*nah* 那

jetzt, zurzeit/**xiànzài**/*chiän dsai* 现在

jung/**niánqīng**/*niän tjing* 年轻

K

Kaffee/**kāfēi**/*kah fäi* 咖啡

Kalender/**rìlì**/*rı lih* 日历

kalt sein/**lěng**/*lëng* 冷

kaufen/**mǎi**/*mai* 买

kennen, kennenlernen/**rènshi**/*rën schı* 认识

Kind/**háizi**/*hai dsı* 孩子

Kleidung/**yīfu**/*ih fuh* 衣服

klein, niedrig/**ǎi**/*ai* 矮

klein, jung/**xiǎo**/*chiau* 小

Klimaanlage/**kōngtiáo**/*kung tiau* 空调

klug/**cōngmíng**/*tsung ming* 聪明

Kochkunst/**pēngtiáo yìshù**/*pëng tiau ih schuh* 烹调艺术

Koffer/**xiāngzi**/*xiang dsı* 箱子

Kollege/**tóngshì**/*tung schı* 同事

kommen/**lái**/*lai* 来

können/**huì**/*huäi* 会

können, in der Lage sein/**kěyǐ**/*kë ich* 可以

Konsulat/**lǐngshìguǎn**/*ling schı guan* 领事馆

Konto/**hùtóu**/*huh tou* 户头

Kopfschmerzen haben/**tóu téng**/*tou tëng* 头疼

Körper/**shēntǐ**/*schën tih* 身体

kostenlos/**miǎnfèi**/*miän fäi* 免费

krank sein/**bìng**/*bing* 病

Krankenhaus/**yīyuàn**/*ih üän* 医院

Krankenschwester, Pfleger/**hùshì**/*huh schı* 护士

Krankenwagen/**jiùhùchē**/*djiou huh tschë* 救护车

Kreditkarte/**xìnyòngkǎ**/*chin yung kah* 信用卡

Kuai (Währungseinheit)/**kuài**/*kuai* 块

(sich) kümmern um/**guǎn**/*guan* 管

Kunde/**kèhù**/*kë huh* 客户

L

Laden, Geschäft/**shāngdiàn**/*schang diän* 商店

Land, Staat/**guójiā**/*guo djiah* 国家

landen/**zhuóluò**/*dschuo luo* 着落

Landessprache (Bezeichnung für Chinesisch in Taiwan)/**guóyǔ**/*guo üh* 国语

langsam/**màn**/*man* 慢

Laptop/**shǒutíshì**/*schou tih schı* 手提式

lassen, veranlassen/**ràng**/*rang* 让

Lebensmittel/**shípǐn záhuò**/*schı pin dsah huo* 食品杂货

lehren, unterrichten/**jiāo**/*djiau* 教

Lehrer/**lǎoshī**/*lau schı* 老师

leider; es tut mir leid/**bàoqiàn**/*bau tjiän* 抱歉

lernen, studieren/**xuéxí**/*chüä chih* 学习

lesen, sehen/**kàn**/*kann* 看

letzte Woche/**shàng ge xīngqī**/*schang gë ching tjih* 上个星期

letzter Monat/**shàng ge yuè**/*schang gë yüä* 上个月

letztes Jahr/**qùnián**/*tjüh niän* 去年

links/**zuǒ**/*dsuo* 左

Lobby/**dàtīng**/*dah ting* 大厅

locker/**sōng**/*ssung* 松

lösen, erledigen/**jiějué**/*djiä djüä* 解决

M

Manager, Geschäftsführer/**jīnglǐ**/*djing lih* 经理

Medikament/**yào**/*yau* 药

Medikamente einnehmen/**chī yào**/*tschı yau* 吃药

Meeting/**huìyì**/*huäi ich* 会议

meinen/**yǐwéi**/*ih wäi* 以为

Meinung/**yìjiàn**/*ih djiän* 意见

meist, am … -sten/**zuì**/*dsuäi* 最

Mensch, Person/**rén**/*rën* 人

Miete/**zūfèi**/*dsuh fäi* 租费

Minister; Leiter einer Abteilung/**bùzhǎng**/*buh dschang* 部长

Minute/**fēn**/*fën* 分

Mist, Pech/**zāogāo**/*dsau gau* 糟糕

Mitbewohner/**tóngwū**/*tung uh* 同屋

Mittag/**zhōngwǔ**/*dschung uh* 中午

Mitte, Größe M/**zhōng**/*dschung* 中

Mittagessen/**wǔfàn**/*uh fan* 午饭

mitteilen/**gàosu**/*gau ssuh* 告诉

Mitternacht/**bànyè**/*ban iä* 半夜

Mobiltelefon, Handy/**shǒujī**/*schou djih* 手机

mögen, gern haben/**xǐhuān**/*chih huan* 喜欢

morgen/**míngtiān**/*ming tiän* 明天

Morgen/**qīngzǎo**; **zǎoshang**/*tjing dsau; dsau schang* 清早/早上

müde sein/**lèi**/*läi* 累

Münze/**yìngbì**/*ying bih* 硬币

Museum/**bówùguǎn**/*bo uh guan* 博物馆

Musik/**yīnyuè**/*yin yüä* 音乐

Mutter/**māma**; **mǔqīn**/*mah mah; muh tjin* 妈妈/母亲

N

nach/**yǐhòu**/*ih hou* 以后

nach dem Weg fragen/**wèn lù**/*wën luh* 问路

Nachmittag/**xiàwǔ**/*chiah uh* 下午

Nachricht, Information/**xìnxī**/*chin chih* 信息

eine Nachricht hinterlassen/**liú huà**/*liou hua* 留话

nachschlagen/**chá**/*tschah* 查

nächst, folgend/**xià ge**/*chiah gë* 下个

nächste Woche/**xià ge xīngqī**/*chiah gë ching tjih* 下个星期

nächster Monat/**xià ge yuè**/*chiah gë yüä* 下个月

nächstes Jahr/**míngnián**/*ming niän* 明年

nah/**jìn**/*djin* 近

nahe bei/**fùjìn**/*fuh djin* 附近

in der Nähe von/**kàojìn**/*kau djin* 靠近

natürlich, selbstverständlich/**dāngrán**/*dang ran* 当然

nehmen, halten/**ná**/*nah* 拿

nennen, heißen; rufen/**jiào**/*djiau* 叫

neu/**xīn**/*chin* 新

nicht, kein/**bù**/*buh* 不

nicht haben, nicht vorhanden sein/**méiyǒu**/*mäi yoh* 没有

nichts zu danken/**bù kèqi**/*buh kë tjih* 不可以

noch (Komparativ)/**gèng**/*gëng* 更

Notaufnahme/**jízhěnshì**/*jih dschën schı* 急症室

Notausgang/**jǐnjí chūkǒu**/*djin djih tschuh kou* 紧急出口

Nudeln/**miàntiáo**/*miän tiau* 面条

Nummer/**hàomǎ**/*hau mah* 号码

nur/**zhǐ**/*dschı* 只

O

oben/**shàng**/*schang* 上

Obergeschoss/**lóushàng**/*lou schang* 楼上

Obst/**shuǐguǒ**/*schuäi guo* 水果

oder/**huòzhě**/*huo dschë* 或者

öffentliches Telefon/**gōngyòng diànhuà**/*gung yung diän hua* 公用电话

öffnen, anschalten/**kāi**/*kai* 开

oft/**chángcháng**/*tschang tschang* 常常

oh weh/**āiyà**/*ai yah* 哎呀

Ort, Platz/**dìfāng**/*dih fang* 地方

Österreich/**Àodìlì**/*au dih lih* 奥地利

P

Paar (Zählwort)/**shuāng**/*schuang* 双

Party/**wǎnhuì**/*wan huäi* 晚会

Pass/**hùzhào**/*huh dschau* 护照

Personal Computer (PC)/**gèrén diànnǎo**/*gë rën diän nau* 个人护照

Personenzug/**mànchē**/*man tschë* 慢车

Pīnyīn-Transkription/**Pīnyīn**/*pin yin* 拼音

Plätze reservieren/**dìng wèi**/*ding wäi* 订位

plaudern/**liáotiān**; **xiántán**/*liau tiän; chiän tan* 聊天/闲谈

Polizei/**jǐngchá**/*djing tschah* 警察

Polizeirevier/**jǐngchájú**/*djing tschah djüh* 警察局

populär, beliebt/**liúxíng**/*liou ching* 流行

positiver Saldo/**jiéyú**/*djiä üh* 结余

Post/**yóujú**/*yoh djüh* 邮局

Präsentation/**yǎnshì**/*yän schı* 演示

Preis/**jiàgé**/*djiah gë* 价格

preiswert, billig/**piányi**/*piän ich* 便宜

Professor/**jiàoshòu**/*djiau schou* 教授

Prozent/**bǎifēnbǐ**/*bai fën bih* 百分比

pünktlich/**zhèngdiǎn**/*dschëng diän* 证件

Q

Qualität/**zhìliàng**/*dschı liang* 质量

Quittung/**shōujù**/*schou djüh* 收据

R

R-Gespräch/**duìfāng fùfèi diànhuà**/*duäi fang fuh fäi diän hua* 对方付费电话

Rechnung/**zhàngdān**/*dschang dan* 账单

Recht, Gesetz/**fǎlǜ**/*fah lüh* 法律

rechts/**yòu**/*yoh* 右

Rechtsanwalt/**lǜshī**/*lüh schı* 律师

Regen/**yǔ**/*üh* 雨

Regenkleidung/**yǔyī**/*üh ih* 雨衣

Regenschirm/**yǔsǎn**/*üh ssan* 雨伞

Reis/**mǐfàn**/*mih fan* 米饭

Reisebüro/**lǚxíngshè**/*lüh ching schë* 旅行社

Reiseführer (Buch)/**lǚyóu shǒucè**/*lüh yoh schou tsë* 旅游手册

Reisegruppe/**guānguāngtuán**/*guan guang tuan* 观光团

Reisekaufmann/**lǚxíng dàilǐrén**/*lüh ching dai lih rën* 旅行代理人

reisen/**lǚxíng**; **lǚyóu**/*lüh ching; lüh yoh* 旅行/旅游

Reisescheck/**lǚxíng zhīpiào**/*lüh ching dschı piau* 旅行支票

RMB (Währung der VR China)/**Rénmínbì**/*rën min bih* 人民币

reservieren, vorbestellen/**yùdìng**/*üh ding* 预订

Restaurant/**cānguǎn**/*tsan guan* 餐馆

Restaurant/**fàndiàn**/*fan diän* 饭店

Rettungsweste/**jiùshēngyī**/*djiou schëng ih* 救生衣

Rezeptionsangestellter/**qiántái fúwùyuán**/*tjiän tai fuh uh üän* 前台服务员

Rock/**qúnzi**/*tjün dsı* 裙子

Rolltreppe/**zìdòng lóutī**/*dsı dung lou tih* 自动楼梯

ruhig, still/**ānjìng**/*an djing* 安静

S

sauber/**gānjìng**/*gan djing* 干净

Scheck/**zhīpiào**/*dschı piau* 支票

Scheckbuch/**zhīpiàobù**/*dschı piau buh* 支票簿

Scheckkarte, Geldkarte/**zìdòng tíkuǎnkǎ**/*dsı dung tih kuan kah* 自动提款卡

schicken, schenken/**sòng**/*ssung* 送

Schicksal/**yùnqì**/*yün tjih* 运气

schlafen/**shuìjiào**/*schuäi djiau* 睡觉

Schlafzimmer/**wòshì**/*uo schı* 卧室

schlagen, spielen/**dǎ**/*dah* 打

schlecht; kaputt/**huài**/*huai* 坏

schließlich, endlich/**zhōngyú**; **zǒngsuàn**/*dschung üh*; *dsung ssuan* 终于/总算

Schlüssel/**yàoshi**/*yau schı* 钥匙

Schmuck/**zhūbǎo**/*dschuh bau* 珠宝

Schreibtisch/**bàngōngzhuō**/*ban gung dschuo* 办公桌

Schuhe/**xiézi**/*chiä dsı* 鞋子

Schule/**xuéxiào**/*chüä chiau* 学校

Schüler, Student/**xuésheng**/*chüä schëng* 学生

sehen, treffen/**jiàn**/*djiän* 见

Seife/**féizào**/*fäi dsau* 肥皂

sein/**shì**/*schı* 是

Sekretär(-in)/**mìshū**/*mih schuh* 秘书

selbst/**zìjǐ**/*dsı djih* 自己

seltsam, komisch/**qíguài**/*tjih guai* 奇怪

Server/**fúwùqì**/*fuh uh tjih* 服务器

Serviette/**cānjīnzhǐ**/*tsan djin dschı* 餐巾纸

Sicherheitsgurt/**ānquándài**/*an tjüän dai* 安全带

Sie (höfliche Form)/**nín**/*nin* 您

eine Sitzung haben, abhalten/**kāi huì**/*kai huäi* 开会

Smalltalk/**xiánliáo**/*chiän liau* 闲聊

Software/**ruǎnjiàn**/*ruan djiän* 软件

Sohn/**érzi**/*ër dsı* 儿子

sollen/**yīnggāi**/*ying gai* 应该

Sonnenbrille/**tàiyáng yǎnjìng**/*tai iang yän djing* 太阳眼镜

Speisekarte/**càidān**/*tsai dan* 菜单

sportliche Betätigung/**jiànshēn yùndòng**/*djiän schën yün dung* 健身运动

Sprachnachricht/**yǒushēng yóujiàn**/*yoh schëng yoh djiän* 有声邮件

sprechen/**jiǎng**; **shuō**/*djiang*; *schuo* 讲/说

(Ess-)Stäbchen/**kuàizi**/*kuai dsı* 筷子

Stadt/**chéngshì**/*tschëng schı* 城市

Stadtplan, Landkarte/**dìtú**/*dih tuh* 地图

Stecker/**chātóu**/*tschah tou* 插头

Stimme, Laut/**shēngyīn**/*schëng yin* 声音

Straße/**gōnglù**; **jiē**; **lù**/*gung luh; djiä; luh* 公路/街/路

stornieren, streichen/**qǔxiāo**/*tjüh chiau* 取消

Stuhl/**yǐzi**/*ih dsı* 椅子

suchen, aufsuchen/**zhǎo**/*dschau* 找

(Hotel-)Suite/**tàojiān**/*tau djiän* 套间

Supermarkt/**chāojí shìchǎng**/*tschau djih schı tschang* 超级市场

Suppe/**tāng**/*tang* 汤

T

Tablette/**yàowán**/*yau wan* 药丸

Tagesordnung/**yìchéng**/*ih tschëng* 议程

Taiwan/**Táiwān**/*tai wan* 台湾

tanzen/**tiào wǔ**/*tiau uh* 跳舞

Taxi/**chūzūchē**/*tschuh dsuh tschë* 出租车

Tee/**chá**/*tschah* 茶

Telefon/**diànhuà**/*diän hua* 电话

Telefonbuch/**diànhuà hàomǎbù**/*diän hua hau mah buh* 电话号码簿

Telefonnummer/**diànhuà hàomǎ**/*diän hua hau mah* 电话号码

Ticket, Karte/**piào**/*piau* 票

Tisch/**zhuōzi**/*dschuo dsı* 桌子

Toilette/**cèsuǒ**/*tsë ssuo* 厕所

Toilettenpapier/**wèishēngzhǐ**/*wäi schëng dschı* 卫生纸

tragen, anhaben/**chuān**/*tschuan* 穿

trinken/**hē**/*hë* 喝

Trinkgeld/**xiǎofèi**/*chiau fäi* 小费

Tür, Tor/**mén**/*mën* 门

die Tür öffnen/**kāi mén**/*kai mën* 开门

U

U-Bahn/**dìtiě**/*dih tiä* 地铁

überprüfen, nachschauen/**jiǎnchá**/*djiän tschah* 检查

üblich, gewöhnlich/**píngcháng**/*ping tschang* 平常

Uhr/**zhōng**/*dschung* 钟

um … herum/**sìzhōu**/*ssı dschou* 四周

unten/**xià**/*chiah* 下

Untergeschoss/**lóuxià**/*lou chiah* 楼下

Unterricht/**kè**/*kë* 课

USA/**Měiguó**/*mäi guo* 美国

US-Dollar/**Měiyuán**/*mäi üän* 美元

V

Vater/**bàba**; **fùqīn**/*bah bah*; *fuh tjin* 爸爸/父亲

vegetarisches Gericht/**sùcài**/*ssuh tsai* 素菜

verändern, wandeln/**gǎibiàn**/*gai biän* 改变

verhandeln/**tánpàn**/*tan pan* 谈判

verkaufen/**mài**/*mai* 卖

Verkehr/**jiāotōng**/*djiau tung* 交通

verlassen/**líkāi**/*lih kai* 离开

sich verlaufen/**mílù**/*mih luh* 迷路

verletzt sein/**shòushāng**/*schou schang* 受伤

vermieten/**chūzū**/*tschuh dsuh* 出租

Vermittler, Makler/**jīngjìrén**/*djing djih rën* 经纪人

verschieben/**tuīchí**/*tuäi tschı* 推迟

verschließen/**suǒ**/*ssuo* 锁

Vertrag/**hétóng**/*hë tung* 合同

verurteilen/**pànjué**/*pan djüä* 判决

Videorekorder/**lùxiàngjī**/*luh chiang djih* 录像机

viele/**duō**/*duo* 多

vielleicht/**kěnéng**/*kë nëng* 可能

Visitenkarte/**míngpiàn**/*ming piän* 名片

Visum/**qiānzhèng**/*tjiän dschëng* 签证

von (her), seit/**cóng**/*tsung* 从

Vorschlag; vorschlagen/**jiànyì**/*djiän ih* 建议

vorsichtig sein/**xiǎoxīn**/*chiau chin* 小心

vorstellen/**jièshào**/*djiä schau* 介绍

W

wählen (Telefon)/**bō**/*bo* 拨

Währung/**huòbì**/*huo bih* 货币

warm/**nuǎnhuo**/*nuan huo* 暖和

warten/**děng**/*dëng* 等

warum/**wèishénme**/*wäi schën më* 为什么

was/**shénme**/*schën më* 什么

waschen/**xǐ**/*chih* 洗

Wäscherei-Service/**xǐyī fúwù**/*chih ih fuh uh* 洗衣服务

Website/**wǎngzhàn**/*wang dschan* 网站

Wecker/**nàozhōng**/*nau dschung* 闹钟

Wechselkurs/**duìhuànlǜ**/*duäi huan lüh* 兑换率

wechseln, umtauschen, umziehen, umsteigen/**huàn**/*huan* 换

Wechselstube/**duìhuànchù**/*duäi huan tschuh* 兑换处

weil/**yīnwèi**/*yin wäi* 因为

eine Weile, ein Moment/**yīhuìr**/*ih huär* 一会儿

weit entfernt/**yuǎn**/*üän* 远

weiterleiten; wenden/**zhuǎn**/*dschuan* 转

welcher, welche, welches/**nǎ**/*nah* 哪

wer, wem, wen/**shéi**/*schäi* 谁

wertvoll, teuer/**guì**/*guäi* 贵

westliches Essen/**xīcān**/*chih tsan* 西餐

Wetter/**tiānqì**/*tiän tjih* 天气

wie/**zěnme**/*dsën më* 怎么

wiederauffinden/**jiǎnsuǒ**/*djiän ssuo* 检索

wie lange/**duō jiǔ**/*duo djiou* 多久

wie viel(e)/**duōshǎo**; **jǐ**/*duo schau; jih* 多少/几

willkommen heißen/**huānyíng**/*huan ying* 欢迎

wir/**wǒmen**; **zánmen**/*uo mën; dsan mën* 我们/咱们

wirklich; echt/**zhēn**/*dschën* 真

wissen/**zhīdao**/*dschı dao* 知道

wo/**nǎr**/*nahr* 哪儿

Woche/**lǐbài**/*lih bai* 礼拜

Wochenende/**zhōumò**/*dschou mo* 周末

wohnen/**zhù**/*dschuh* 住

Wohnheim/**sùshè**/*ssuh schë* 宿舍

Wolldecke/**máotǎn**/*mau tan* 毛毯

wütend/**shēngqì**/*schëng tjih* 生气

Y

Yuan (Währungseinheit)/**yuán**/*üän* 元

Z

Zahnarzt/**yáyī**/*yah ih* 牙医

Zahnbürste/**yáshuā**/*yah schuah* 牙刷

Zeit/**shíhou**/*schı hou* 时候

Zeitplan, Fahrplan/**shíjiānbiǎo**/*schı djiän biau* 时间表

Zeitschrift/**zázhì**/*dsah dschı* 杂志

Zeitung/**bàozhǐ**/*bau dschı* 报纸

ziemlich gut/**bùcuò**/*buh tsuo* 不错

Zimmer/**fángjiān**/*fang djiän* 房间

Zoll/**hǎiguān**/*hai guan* 海关

zum Arzt gehen/**kànbìng**/*kan bing* 看病

(Waren) zurückgeben, umtauschen/**tuìhuí**/*tuäi huäi* 退回

zurückkehren/**huí**/*huäi* 回

zurückkommen/**huílái**/*huäi lai* 回来

zusammen (mit)/**yīqǐ**/*ih tjih* 一起

zustimmen/**tóngyì**/*tung ih* 同意

D

Lösungen

Hier finden Sie die Lösungen zu allen Aufgaben aus der Rubrik *Spiel und Spaß*.

Kapitel 2

wǔ, qī, shí, sānshí, liùshí, jiǔshí

Kapitel 3

hǎo, míngzi, Déguórén, bàofēngxuě, jiàn

1. Hǎo jiǔ méi jiàn.
2. Wǎn ān.
3. Zǎo.
4. Nǎr de huà.
5. Hěn gāoxìng jiàndào nǐ.
6. Yī lù píng'ān.

Kapitel 4

yīshēng: Arzt

lǎoshī: Lehrer

fēixíngyuán: Pilot

zúqiú duìyuán: Fußballspieler

Kapitel 5

A. píngguǒ (Apfel)

B. júzi (Orange)

C. shēngcài (Kopfsalat)

D. fānqié (Tomate)

E. húluóbo (Karotte)

F. yángcōng (Zwiebel)

G. xīlánhuā (Broccoli)

Kapitel 6

A. zhūbǎodiàn: Schmuckgeschäft

B. càishìchǎng: Lebensmittelmarkt

C. huādiàn: Blumenladen

D. yàofáng: Apotheke

E. wánjùdiàn: Spielzeugladen

Kapitel 7

9.15 Uhr: zǎoshang jiǔ diǎn yī kè

nächster Monat: xià ge yuè

Mitternacht: bànyè

vor zwei Wochen: liǎng ge xīngqī yǐqián

16.30 Uhr: xiàwǔ sì diǎn bàn

Kapitel 8

A. dǎ pīngpāngqiú

B. tán gāngqín

C. dǎ tàijíquán

D. chuī chángdí

E. pá shān

Kapitel 9

Einen Moment bitte! – Shāo děng!

Ist sie da? – Tā zài ma?

Hallo? – Wéi?

Tut mir leid, Sie haben sich verwählt. – Duìbuqǐ, nǐ bōcuò hàomǎ le.

Bitte hinterlassen Sie eine Nachricht. – Qǐng nǐ liú yī gè huà.

Kapitel 10

yùshì	Bad
wòshì	Schlafzimmer
fàntīng	Esszimmer
tǎnzi	Bettdecke
yángtái	Balkon
zhěntou	Kissen
bèizi	Decke
shūzhuō	Schreibtisch
shāfā	Sofa

Kapitel 11

A. zìdòng tíkuǎnjī (Geldautomat)

B. chūnàyuán (Kassierer)

C. yínháng (Bank)

D. hùzhào (Pass)

E. xìnyòngkǎ (Kreditkarte)

F. qiánbāo (Geldbörse)

Kapitel 12

Xuéxiào zài běibian. (oder běimian) Die Schule ist im Norden.

Yóujú zài dōngbian. (oder dōngmian) Die Post ist im Osten.

Yínháng zài nánbian. (oder nánmian) Die Bank ist im Süden.

Fángzi zài xībian. (oder xīmian) Das Haus ist im Westen.

Kapitel 13

1. fángjiān

2. kè mǎn

3. qǐ chuáng

4. zhàngdān
5. tuìfáng

Kapitel 14

A. fēijī
B. huǒchē
C. dìtiě
D. gōnggòng qìchē
E. chūzū qìchē

Kapitel 15

1. Àiěrlán
2. liù yuè bā hào
3. fómiào
4. yáshuā
5. Kāi wánxiào.

Kapitel 16

1. gēbo: Arm
2. jiānbǎng: Schulter
3. shǒuzhǐ: Finger
4. tuǐ: Bein
5. bózi: Hals
6. xiōng: Brust
7. yǎnjīng: Auge
8. ěrduō: Ohr
9. bízi: Nase

E

Audiodateien

Hier sind alle Tracks, die Sie unter www.wiley-vch.de/ISBN9783527723232 downloaden können.

Kapitel 1

Track 1: Die chinesischen Anlaute

Track 2: Die Töne

Kapitel 2

Track 3: Menschen beobachten

Track 4: Wohin zum Essen?

Kapitel 3

Track 5: Freunde miteinander bekannt machen

Track 6: Jemanden kennenlernen

Kapitel 4

Track 7: Wie spät ist es?

Track 8: Über Berufe sprechen

Kapitel 5

Track 9: Sich im Restaurant treffen

Track 10: Auf dem Lebensmittelmarkt einkaufen

Kapitel 6

Track 11: Die richtige Kleidergröße finden

Track 12: Sich für eine Farbe entscheiden

Kapitel 7

Track 13: Ein Kinobesuch

Track 14: Im Museum

Kapitel 8

Track 15: Über die Landschaft sprechen

Track 16: Ein Basketballspiel

Kapitel 9

Track 17: Einen Freund anrufen

Track 18: Eine Nachricht hinterlassen

Kapitel 10

Track 19: Eine Präsentation machen

Track 20: Beim Makler

Kapitel 11

Track 21: Nach einer Wechselstube suchen

Track 22: Ein Konto eröffnen

Kapitel 12

Track 23: Der Weg zur Botschaft

Track 24: Der Weg zur Post

Kapitel 13

Track 25: Ein Hotelzimmer reservieren

Track 26: Kein Zimmer frei

Kapitel 14

Track 27: Am Flughafen einchecken

Track 28: Am Zoll

Kapitel 15

Track 29: Reisepläne machen

Track 30: Im Reisebüro

Kapitel 16

Track 31: In der Arztpraxis

Track 32: Eine Diagnose vom Arzt bekommen

F

Platz zum Üben

Stichwortverzeichnis

H

I

J

K

L

M

N

O

P

R

S